REVISTA DE FINANÇAS PÚBLICAS E DIREITO FISCAL

Ano 1 • Número 1 • PRIMAVERA

ARTIGOS
COMENTÁRIOS DE JURISPRUDÊNCIA
RECENSÕES
CRÓNICA DA ACTUALIDADE

ÍNDICE

Editorial – **Eduardo Paz Ferreira**................................. 5

Michel Bouvier – La Revue Portugaise de Finances Publiques: Une revue pour repenser et reconstruire les finances publiques de demain 13

ARTIGOS

Paulo de Pitta e Cunha – Os Ajustamentos Fiscais do Ano 2000 e o Sistema de Rendimentos Presumidos................................. 15

José Guilherme Xavier de Basto/Maria Odete Oliveira – Desfazendo mal--entendidos em matéria de direito à dedução de Imposto sobre o Valor Acrescentado: As recentes alterações do artigo 23.° do Código do IVA   35

Carlos Baptista Lobo – As Operações Financeiras no Imposto do Selo: Enquadramento Constitucional e Fiscal........................... 73

Rogério M. Fernandes Ferreira/Olívio Mota Amador – O Novo Enquadramento Orçamental na Gestão do Património Imobiliário Público........ 87

Rui Duarte Morais – Dupla Tributação Internacional em IRS 109

Clotilde Celorico Palma – Algumas reflexões sobre o novo regime do Centro Internacional de Negócios da Madeira...................... 129

Miguel Brito Bastos – A concessão de garantias pessoais pelo Estado e por outras pessoas colectivas públicas – I Parte 155

Guilherme d'Oliveira Martins – IN MEMORIAM – António de Sousa Franco (1942-2004) – Caminho do Rigor, Consciência Social e Cidadania   191

Vito Tanzi – IN MEMORIAM – Richard Musgrave (1910-2007) – The Father of Modern Public Finance................................ 215

Paulo de Pitta e Cunha – IN MEMORIAM – Richard Abel Musgrave 223

Uma carta de Richard Musgrave – O Futuro da Fiscalidade........... 231

COMENTÁRIOS DE JURISPRUDÊNCIA

António Carlos Santos – O estranho caso do conceito comunitário de autonomia suficiente em sede de auxílios de Estado sob forma fiscal – Comentário ao Acórdão do TJCE de 6 de Setembro de 2006, relativo à insuficiente autonomia da Região Autónoma dos Açores 235

Luís Máximo dos Santos – Derrogação do segredo bancário no âmbito do procedimento de reclamação graciosa e do processo de impugnação judicial: anotação ao Acórdão do Tribunal Constitucional n.º 442/2007, de 14 de Agosto... 259

Vasco Valdez – Anotação ao Acórdão do Tribunal Constitucional n.º 711/2006 (Lei de Finanças Locais)............................... 271

Nuno Cunha Rodrigues – Anotação ao Acórdão do Tribunal de Contas n.º 50/06, de 17 Outubro, 1.ª S-PL (Contrato de Cessão de Créditos das Autarquias Locais) 281

Gustavo Lopes Courinha – Ainda a Propósito da Tributação dos Trabalhadores Portugueses na Alemanha – Algumas notas ao Acórdão do Supremo Tribunal Administrativo, de 12 de Julho de 2006 289

Síntese dos principais **Acórdãos do Tribunal de Justiça das Comunidades** em matéria Fiscal proferidos desde Junho de 2006.............. 297

Síntese dos principais **Acórdãos do Tribunal Constitucional** – 2007 ... 301

Síntese dos principais **Acórdãos do Supremo Tribunal Administrativo** – 2008 302

Acórdãos da 1.ª e 3.ª secções do **Tribunal de Contas**................ 319

RECENSÕES

The Conscience of a Liberal, Paul Krugman, por Eduardo Paz Ferreira   323

IRS, Incidência real e determinação dos rendimentos líquidos, José Guilherme Xavier de Basto, por Ana Paula Dourado.................. 329

Direito Tributário Internacional, Alberto Xavier, por Ana Paula Dourado, Gustavo Lopes Courinha 333

A Lei de Enquadramento Orçamental. Anotada e Comentada por Guilherme d'Oliveira Martins, Guilherme Waldemar d'Oliveira Martins e Maria de Oliveira Martins, por Eduardo Paz Ferreira................ 337

Índice

La LOFL et la nouvelle gouvernance financière de l'État, André Barilari e Michel Bouvier, por Guilherme Waldemar d'Oliveira Martins 343

A Fraude Fiscal – A norma incriminadora, a simulação e outras reflexões, Nuno Pombo, por Isabel Marques da Silva................... 347

O crime de abuso de confiança fiscal: As consequências jurídico-penais da alteração introduzida pela Lei n.º 53-A/2006, de 29 de Dezembro, Américo Taipa de Carvalho, por Isabel Marques da Silva 351

Revue Française de Finances Publiques – n.º 100, Novembro 2007, dir. Michel Bouvier, por Guilherme d'Oliveira Martins................ 355

CRÓNICA DE ACTUALIDADE

União Europeia e OCDE – Principais iniciativas desde Junho de 2007 – **Brigas Afonso/Clotilde Palma/Manuel Faustino**...................... 361

61ème Congres International de L`International Fiscal Association – **Jacques Malherbe/Philippe Malherbe** 383

Breve apreciação das principais medidas fiscais constantes do Orçamento do Estado para 2008 – **Carlos Loureiro**........................... 393

Planeamento fiscal abusivo – Decreto-Lei n.º 29/2008, de 25 de Fevereiro – **Mónica Velosa Ferreira**...................................... 401

Jubilação do Professor Paulo de Pitta e Cunha – **Eduardo Paz Ferreira** 405

Agregação do Professor Fernando Araújo – **Eduardo Paz Ferreira** 409

Doutoramentos de Nazaré da Costa Cabral e Sérgio Vasques – **Ana Paula Dourado** 411

Alterações na Secretaria de Estado dos Assuntos Fiscais............. 417

Novo Secretário de Estado – **Eduardo Paz Ferreira e Ana Paula Dourado** 417

Na saída de Amaral Tomaz – **Eduardo Paz Ferreira e Ana Paula Dourado** 419

Novo Director-Geral dos Impostos – **Eduardo Paz Ferreira** 421

Na saída de Paulo Macedo – **Eduardo Paz Ferreira** 423

João Durão Cessa Funções de Director-Geral – **Eduardo Paz Ferreira** 425

Novo Director-Geral da DGAIEC – **Eduardo Paz Ferreira**............. 427

Vítor Caldeira Eleito Presidente do Tribunal de Contas Europeu – **Eduardo Paz Ferreira**... 429

Alterações no Tribunal de Contas............................... 431

Conselheiro Ernesto Cunha, Vice-Presidente do Tribunal de Contas na Comissão de Auditoria da NATO – **Eduardo Paz Ferreira** 431

Novos Magistrados no Tribunal de Contas – **Mónica Velosa Ferreira** 432

Conferências, Colóquios, Seminários e Outros Eventos............. 437

EDITORIAL
Eduardo Paz Ferreira

1. Ao longo de três décadas de ensino universitário, de dois mandatos como Presidente da Associação Fiscal Portuguesa e dos anos de presidência do Instituto de Direito Económico, Fiscal e Financeiro da Faculdade de Direito de Lisboa, pude verificar a enorme apetência da comunidade científica e profissional pelas áreas das finanças públicas e do direito fiscal, bem como a existência de um reduzido número de *fora* que permitam um debate fundamental para a organização sócio-económica e para o legado que queremos deixar às gerações futuras. Tive, também, o privilégio de trabalhar, privar ou beneficiar dos ensinamentos de figuras maiores da economia pública e da fiscalidade. Convenci-me, finalmente, da importância de conjugar a excelência da análise técnico-jurídica com o debate aprofundado sobre os problemas da decisão financeira, para uma e outro convocando académicos e profissionais da área.

Tal como, nos anos sessenta, a relativa industrialização e modernização do país levaram à Reforma Fiscal Teixeira Ribeiro e à criação da Associação Fiscal Portuguesa e, nos anos oitenta, o novo quadro constitucional e a integração europeia conduziram à Reforma Pitta e Cunha, acompanhada de ampla discussão pública, creio que a crise do Estado Social, o renovado confronto de concepções sobre o equilíbrio entre público e privado, o impacto das novas tecnologias e da globalização sobre a base tributável, a crescente pujança das normas fiscais internacionais e a agudização do potencial conflito entre equidade e eficiência fiscal exigem de quantos reflectem sobre estas matérias um empenhamento acrescido.

2. A Revista de Finanças Públicas e Direito Fiscal constitui um espaço de debate e intervenção, não no sentido de se assumir como um instrumento de um projecto político ou ideológico, mas na ambição de aprofundar as grandes questões da cidadania fiscal. As personalidades que me honraram ao aceitar colaborar, a vários títulos, com este projecto, funcionam como um aval de qualidade e pluralismo, que muito me honra.

Tenho, no entanto, perfeita consciência que as ciências económicas e sociais nunca são neutras e que, por trás delas, se perfila sempre uma dada opção ideológica. Melhor é que revele a minha: acredito nas potencialidades da intervenção pública, que não vá até ao ponto de suprimir ou espartilhar o mercado, reconheço a existência de falhas, que urge aperfeiçoar, nos mecanismos de decisão financeira, considero que existe um contrato fiscal entre o Estado e os seus cidadãos, que é decisivo para o funcionamento das instituições, defendo que a justiça fiscal não deve ser sacrificada a critérios economicistas de eficiência, sustento que a simplificação fiscal pode comportar factores indesejáveis de iniquidade, pugno, finalmente, por um controlo eficiente dos dinheiros públicos e pelo seu correcto controlo.

A forma como me coloco nesta área nem sempre coincidirá com a de outros colaboradores da Revista. A eles não perguntei como se situavam em relação às questões ideológicas das finanças públicas e dos sistemas fiscais, tal como deles não recebi qualquer questão sobre o meu posicionamento. É, pois, na base de um pacto implícito sobre as vantagens em aprofundar os estudos nesta área e promover a sua discussão pública que a Revista arranca, com o compromisso assumido de se nortear apenas por critérios de qualidade científica.

3. A excelência do perfil das personalidades que integram os conselhos científico e consultivo dispensa que sobre elas nos alonguemos. Explicita-se, apenas, que se optou por não incluir no Conselho Científico – verdadeiro órgão orientador da Revista – pessoas que estejam a exercer cargos políticos ou jurisdicionais, por forma a evitar situações de melindre ou potencial conflito de interesses, bem como a garantir a independência da publicação.

Num momento em que, à internacionalização da problemática das finanças públicas e da fiscalidade, corresponde idêntico movimento no domínio da investigação científica, é-nos especialmente grato poder contar com a presença no Conselho Científico de figuras maiores da área em diversos países, bem como de formas de cooperação com revistas congéneres. Permito-me, neste primeiro número, saudar especialmente a prestigiada *Revue Française des Finances Publiques*, revista-irmã-inspiradora e o trabalho de Michel Bouvier. Realço, ainda, o grupo de correspondentes que nos permitirá seguir com especial atenção a realidade internacional, sendo de sublinhar a forte presença do espaço da fiscalidade lusófona, para cuja consolidação a Revista e o IDEFF pretendem contribuir mais activamente.

Destaco, com especial agrado, o magnífico trabalho desenvolvido pela Professora Ana Paula Dourado, que aceitou comigo partilhar a direcção da Revista, pela Comissão de Redacção e pela Dr.ª Sara Pina, responsável editorial.

Regozijo-me, finalmente, com o prestigiado conjunto de entidades públicas e privadas com quem estabelecemos protocolos que permitirão conferir uma especial visibilidade à sua actividade e fornecer informação especialmente qualificada e actualizada aos nossos leitores. Permito-me salientar, de modo especial, a colaboração com a Associação Fiscal Portuguesa e, através dela, com a Associação Fiscal Internacional e o Instituto Latino-americano de Direito Tributário, instituições de enorme importância no domínio da fiscalidade.

4. O modelo que gizei para esta revista – e ao qual obedece já este primeiro número – assenta em quatro secções fundamentais. Numa primeira, encontram-se artigos doutrinários, provenientes de diferentes sensibilidades e variadas gerações, apresentando como traço comum a qualidade da análise. Uma segunda orienta-se para a análise da forma como o direito financeiro e fiscal é interpretado e aplicado pelos tribunais (Tribunal de Justiça das Comunidades Europeias, Tribunal Constitucional, Supremo Tribunal Administrativo, Tribunal de Contas) e para a informação sobre os mais importantes arestos proferidos. Na terceira, procede-se à apreciação crítica da mais relevante produção literária da especialidade. Finalmente, na quarta, dá-se conta das principais novidades na área a nível de projectos, estudos, decisões, alterações legislativas, informa-se sobre a realização de encontros científicos e profissionais relevantes, aprecia-se e publicitam-se provas académicas, bem como mudanças na estrutura ou nos cargos da Administração Fiscal e Financeira.

A Revista está aberta à publicação de artigos, comentários de jurisprudência ou recensões que nos sejam enviados, nos termos explicitados noutros locais, certo, como estou, que as novas gerações de fiscalistas e financeiros produzem um trabalho de grande qualidade que importa dar a conhecer.

5. Neste primeiro número da Revista evoca-se a memória do António Luciano de Sousa Franco, através de um artigo de Guilherme d'Oliveira Martins, um dos seus mais próximos discípulos. Richard Musgrave, o pai das modernas finanças públicas e referência obrigatória para todos nós, é recordado e homenageado por Vito Tanzi, num artigo especialmente escrito para a Revista, o que muito nos honra, bem como por Paulo de Pitta e Cunha, que apadrinhou o seu doutoramento *honoris causa* pela Universidade de Lisboa.

Paulo Pitta e Cunha reflecte, por outro lado, sobre a evolução do sistema fiscal português e sobre alguns problemas dos regimes simplificados, enquanto José Xavier de Basto, num artigo em co-autoria com Odete Oliveira, analisa problemas de dedução do IVA. Temos, assim, o vivo prazer de juntar neste número duas figuras tutelares da fiscalidade portuguesa, responsáveis pelas grandes reformas da tributação directa e indirecta.

É também com prazer que publicamos um artigo sobre imposto do selo do recém-nomeado Secretário de Estado dos Assuntos Fiscais, Carlos Lobo.

A fiscalidade comunitária e internacional merece uma especial atenção por parte de Rui Duarte Morais, que analisa jurisprudência portuguesa sobre dupla tributação, de Clotilde Palma, que estuda o novo regime da zona franca da Madeira.

António Carlos Santos elaborou um comentário aprofundado do acórdão do Tribunal de Justiça das Comunidades de 6 de Setembro, sobre as reduções de impostos na Região Autónoma dos Açores. Rogério Manuel Fernandes Ferreira, presidente da Associação Fiscal Portuguesa, escreve, em colaboração com Olívio Mota Amador, sobre o património do Estado, enquanto que Miguel Bastos inicia neste número a análise das garantias pessoais do Estado, tema pouco explorado pela doutrina portuguesa.

Editorial

A especial atenção que tencionamos dedicar à jurisprudência portuguesa e comunitária é atestada nos comentários já referenciados, assim como nos de Luís Máximo dos Santos e Vasco Valdez (Tribunal Constitucional), Nuno Cunha Rodrigues (Tribunal de Contas) e Gustavo Courinha (STA), para além da resenha de jurisprudência do Tribunal de Justiça das Comunidades, do Tribunal Constitucional, do Supremo Tribunal Administrativo e do Tribunal de Contas.

O Manual de Alberto Xavier, *Direito Tributário Internacional*, é comentado por Ana Paula Dourado e Gustavo Courinha. O estudo de Xavier de Basto, *IRS, Incidência Real e Determinação dos Rendimentos Líquidos*, é apreciado por Ana Paula Dourado. Isabel Marques da Silva recenseia teses de mestrado recentemente publicadas, Guilherme d'Oliveira Martins escreve sobre o número 100 da *Revue Française des Finances Publiques* e Guilherme Waldemar d'Oliveira Martins aprecia *La LOFL et la Nouvelle governnce financière de l'État*, de André Barilari e Michel Bouvier. Pessoalmente, dou conta da minha leitura da *Lei de Enquadramento Orçamental*, Comentada e Anotada por Guilherme d'Oliveira, Guilerme Waldemar d'Oliveira Martins e Maria d'Oliveira Martins e do novo e polémico livro de Paul Krugman, *The Conscience of a Liberal*, uma importante contribuição para o debate sobre o futuro do Estado Social.

Na Crónica da actualidade, temos a honra de acolher uma nota de Jacques Malherbe, em co-autoria com Philippe Malherbe, sobre o último congresso da IFA Clotilde Palma, Brigas Afonso e Manuel Faustino dão-nos conta das últimas novidades fiscais no âmbito da CE e da OCDE. Carlos Loureiro (a quem me compete agradecer todo o apoio dispensado à *Revista*) correspondeu da melhor forma ao meu pedido para que sintetizasse em cinco páginas as medidas fiscais do Orçamento para 2008 e Mónica Velosa Ferreira faz uma primeira análise ao Decreto-Lei n.º 29/2008, de 25 de Fevereiro (planeamento fiscal abusivo). Também se lhe fica a dever a crónica sobre os movimentos de magistrados do Tribunal de Contas. Com Ana Paula Dourado, faço uma breve referência ao novo Secretário de Estado dos Assuntos Fiscais, Carlos Lobo e ao Secretário de Estado cessante, João Amaral Tomás. Da mesma forma, dou conta de outras movimentações na Administração Fiscal.

Momentos altos da vida da Faculdade de Direito de Lisboa, Faculdade-mãe da Revista – a jubilação de Paulo Pitta e Cunha, a agregação de Fernando Araújo e os doutoramentos de Nazaré Costa Cabral e Sérgio Vasques – são igualmente noticiados neste número da Revista.

6. Iniciamos, com o presente número, uma aventura que os cépticos pensaram que nunca seria possível. Creio poder falar por todos nós ao afirmar que o fazemos com o sentido de cumprir o nosso dever para com as instituições em que trabalhamos e para a comunidade científica e cívica em que nos inserimos.

Boa leitura e Boa Primavera.
Voltamos no Verão, antes das férias.

ARTIGOS

LA REVUE PORTUGAISE DE FINANCES PUBLIQUES : UNE REVUE POUR REPENSER ET RECONSTRUIRE LES FINANCES PUBLIQUES DE DEMAIN

Michel Bouvier

Professeur de Finances Publiques et Fiscalité (Université Paris I Sorbonne)
Directeur de la Revue Française de Finances Publiques
Directeur du GERFIP (www.gerfip.org)
Président de FONDAFIP (www.fondafip.org)

Je voudrais en premier lieu saluer la création de cette nouvelle revue et dire combien je suis sensible au fait que le Professeur Eduardo Paz Ferreira, dont l'énergie, le courage et le sens de l'intérêt général sont bien connus de tous, m'ait fait l'honneur de m'y associer. La *Revue Portugaise de Finances Publiques* apparaît à un moment où il est urgent et même crucial, pour le Portugal comme d'ailleurs pour tous les pays, de réfléchir à une *doctrine de la gouvernance budgétaire et à une stratégie financière pour les années à venir*. Il y va, d'un point de vue économique comme d'un point de vue politique et social, de la qualité de vie des générations actuelles et futures. Il est indispensable de *repenser et de reconstruire les finances publiques de demain* et c'est du côté d'un travail scientifique original vers lequel il convient de se tourner pour comprendre, réfléchir et proposer des réformes. C'est bien là le projet de l'équipe du Professeur Eduardo Paz Ferreira, et notre revue, la Revue Française de finances Publiques ainsi que FONDAFIP-GERFIP ne peuvent bien entendu qu'encourager une telle initiative mais plus encore faire tout leur possible pour la faire connaître et l'aider à se développer.

D'autant que l'on assiste aujourd'hui à *une mutation d'ampleur de l'organisation des systèmes financiers publics qui se développe dans le monde*, comme une onde de choc qui s'étend progressivement et que l'on a plus que jamais besoin de lieux de réflexion. Tous les pays sont confrontés, en effet, à la réforme de leurs finances publiques et, par effet systémique, ces réformes rétroagissent, se répercutent de pays à pays si bien que l'on peut constater un rapprochement progressif des dispositifs.

Mais plus encore, et sur la base de cette refonte des institutions financières l'on assiste en réalité à une *réforme en profondeur, voire même à une véritable révolution de l'Etat*. C'est pourquoi, contrairement à ce que l'on estime parfois, on est très loin de simples aménagements techniques. Car c'est bien une forme tout à fait nouvelle de *gouvernance financière publique* qui se dessine pour les prochaines années. Il est par conséquent particulièrement important de faciliter la circulation des informations et faire en sorte que les recherches effectuées et les dispositifs nouveaux mis en place ici ou là soient connus et discutés.

Enfin, c'est un fait que dans nombre de pays, nous sommes actuellement, en ce qui concerne l'Etat et ses institutions financières, entre deux mondes, dans une situation intermédiaire, dans une époque charnière où rien n'est encore vraiment stabilisé. C'est une époque difficile que nous vivons, elle est pleine d'incertitude et il faut bien le dire de dangers de dérapages si les mutations ne sont pas correctement pilotées. Nous avons en effet atteint le pic ultime, le point de bascule vers un autre monde. En fait, nous vivons depuis la fin des années 1970 un processus évolutif au cours duquel les systèmes financiers publics n'ont cessé de se transformer et à travers ces évolutions c'est l'Etat qui change progressivement, *ce sont aussi les mentalités, les valeurs qui se transforment*, autrement dit l'ensemble de nos sociétés.

Il reste maintenant à faire en sorte que la réforme s'intègre au sein de notre culture et dépasse le seul souci technique. En effet, l'objectif final doit demeurer le bien être des hommes et la recherche de l'efficacité de la gestion ne doit jamais faire oublier cet objectif.

Les finances publiques sont un fait de l'homme et un phénomène citoyen. Autrement dit, la gestion axée sur la performance ne doit pas conduire à déshumaniser l'Etat. C'est là une raison de plus pour s'engager dans une réflexion de fonds au-delà de toute forme de préjugé et c'est bien la direction qu'entend prendre la toute jeune Revue Portugaise de Finances Publiques. Souhaitons-lui tout le succès qu'elle mérite.

Paulo de Pitta e Cunha

A pseudo-reforma fiscal do final do século XX e o regime simplificado do IRS

Paulo de Pitta e Cunha

Professor catedrático jubilado da Faculdade de Direito de Lisboa.
Presidente do Instituto Europeu da Faculdade de Direito de Lisboa.
Director da Revista Estudos Europeus.
Presidente da Comissão da Reforma Fiscal de 1985/88
e da Comissão de Estudo da Tributação das Instituições
e Produtos Financeiros 1999

RESUMO:

Neste artigo analisam-se, em geral, os aspectos positivos e negativos da "reforma fiscal" de 2000, concluindo-se que se trata, na realidade, de ajustamentos fiscais. Em especial, é analisado o regime simplificado de tributação em IRS então introduzido, defendendo-se que um ponto profundamente negativo é a tributação de um rendimento mínimo, em ligação com a introdução do sistema simplificado, representando uma entorse à filosofia de base do sistema de IRS e que nem sequer facilita a vida dos pequenos contribuintes. Neste contexto, tal como se demonstra, é inaceitável a regra, entretanto estabelecida, da necessidade de exercer uma opção anual para se manter a sujeição ao regime de contabilidade organizada.

Palavras chave:
reforma fiscal
regime simplificado de IRS
rendimentos presumidos

ABSTRACT

The objective of this article is to present an analysis of the 2000 Tax Reform positive and negative aspects, to conclude that this reform is merely a tax adjustment.

Special analysis is given to the simplified personal income tax system then introduced, concluding that one of the most negative features is the minimum taxable income, in connection with the introduction of the simplified system, which represents a sprain on the basis of the Portuguese personal income tax and makes life more difficult to taxpayers.

In this legal framework, as demonstrated, the rule meanwhile established is unacceptable, according to which it is necessary to exercise an yearly option to maintain the subjection to the organized accounting system.

Key words:
tax reform
simplified personal income tax system
notional income

Artigos

I

OS AJUSTAMENTOS FISCAIS DO ANO 2000 E O SISTEMA DE RENDIMENTOS PRESUMIDOS (*)

1.Se vamos tentar definir o que é uma reforma fiscal, pensamos nela como uma operação em descontinuidade, tendo na base uma insatisfação global quanto ao sistema vigente e envolvendo a adopção de uma nova matriz, uma nova referência. E isso aconteceu entre nós algumas vezes durante o século XX: em 1922, em 1929, durante os anos 60, e depois, a reforma que se lançou no limiar dos anos 90 – aquela em que tive o ensejo de exercer uma função coordenadora dos trabalhos que conduziram à criação do IRS e do IRC – e na qual a morfologia do sistema foi completamente modificada.

Passou-se à tributação do rendimento global – substituindo a tradicional tributação cedular –, o que só por si revela a descontinuidade que foi referida.

2. É claro que é difícil definir exactamente o que se entende por reforma fiscal. Os políticos podem dizer que "pequenas medidas são uma reforma fiscal", porque lhes convém exaltar o sentido dessas mesmas medidas, ou ao invés, que "medidas profundas não são uma reforma fiscal", porque não querem que elas se tornem demasiado evidentes.

Mas os académicos têm uma noção diferente e muito mais consistente. "Reforma fiscal", para eles, traduz-se em "alterações fundamentais no sistema fiscal instituído no país" (*major changes*, como dizem os anglo-saxónicos), e é nesse sentido que procuraremos demonstrar em

---

(*) A primeira parte do presente texto corresponde à reconstituição de uma comunicação apresentada no I Congresso de Direito Fiscal, que se realizou no Auditório da Fundação Calouste Gulbenkian, em Lisboa, em Outubro de 2001. Nela se retoma, com apontamentos de actualização, o estudo que foi inserido na edição de Junho de 2002 da Revista "Fisco", epigrafado "Alterações na Tributação do Rendimento: Reforma Fiscal ou Simples Ajustamentos?" – de que não se extraiu separata, e que até ao presente não foi inserido em qualquer colectânea. A segunda parte foi elaborada em Novembro e Dezembro de 2006.

que termos é que os esforços de "reforma" empreendidos em anos recentes, são, ou não são, uma autêntica reforma fiscal.

Em Portugal, a reforma teve como fulcro a unicidade do imposto – unicidade tendencial –, mas também se norteou em função de outros aspectos, como o alargamento da base de incidência, a diminuição das taxas e o abrandamento da progressividade – na linha da inspiração da reforma dos EUA, depois transposta para reformas de numerosos países, desde o Reino Unido até à Nova Zelândia.

3. Os esforços reformistas que têm sido empreendidos entre nós nos últimos anos não pretendem a remodelação total do sistema – visam introduzir simples ajustamentos. Tem sido preocupação dos seus autores manter a observância da matriz do sistema instituído em 1988/1989. Esses esforços, muitas vezes motivados por grandes pressões de obtenção de receitas, ou pelo propósito, em si louvável, de combater a evasão fiscal, nem sempre se têm traduzido na produção de diplomas que assegurem o progresso da fiscalidade portuguesa.

Os ajustamentos processados apresentam-se obviamente como "aperfeiçoamentos", na proclamação do legislador; mas acabam, em certos casos, por se mostrar contraproducentes. Talvez o aspecto mais negativo da última tentativa de alterar o sistema, a chamada "reforma" que teria nascido nos fins de 2000 (portanto, ainda no séc. XX), resida na introdução de uma colecta mínima, quer em IRS, quer em IRC, traduzindo a ansiedade do fisco em obter rendimentos de qualquer maneira, o que redunda na ofensa dos princípios da personalização e da justiça fiscal, que tinham sido inspiradores da reforma originária. Porque a colecta mínima leva a tributar-se quem não dispõe de rendimento.

4. Tem havido proclamações sucessivas da intenção de proceder a nova reforma fiscal. O Governo anunciou em 1997 uma reforma da tributação do rendimento e de outros aspectos da fiscalidade, visando preparar a transição para o século XXI; mas embora esta reforma tenha sido objecto de porfiados estudos, não chegou praticamente a ter execução. O que surpreende é que, quando o titular da coordenação governamental das Finanças muda, se faça tábua rasa do que se fez para trás, surgindo um novo conjunto de ideias sem atenção à continuidade.

Foi mais sereno o quadro em que se gerou a reforma de 1988/1989, em clima de consenso entre as principais forças políticas quanto às linhas gerais dos trabalhos desenvolvidos. Estes começaram num Governo de Mário Soares, com Ernâni Lopes como Ministro das Finanças, e terminaram num Governo de Cavaco Silva, com Miguel Cadilhe como titular dessa pasta. Foi na ponta final dos seus trabalhos que a Comissão de Reforma enfrentou uma situação difícil na sua relação com o Governo; é que este entendeu, à última hora, alargar a categorias inteiras de rendimentos o regime de taxas liberatórias, regime que a Comissão entendia representar uma entorse ao sistema unitário, devendo ser limitadas ao mínimo. Por intervenção construtiva da Assembleia da República acabou por se formar uma solução de compromisso, em que se ressalvava basicamente a unicidade – um pouco mais afectada do que seria desejável –, e, ao mesmo tempo, se dava alguma satisfação ao ponto de vista governamental.

5. A Comissão de Reforma sempre advertira que a criação de figuras fiscais sofisticadas, como o IRS e o IRC, em condições administrativamente realizáveis, implicaria a plena remodelação do sistema de funcionamento da Administração fiscal, incluindo a informatização global do sistema. Este último aspecto começou a ser realizado, mas, a breve trecho, por motivos que ficaram pouco esclarecidos, o ímpeto quebrou-se.

Em 1993, ocorreu um (quase) colapso na Administração fiscal (foi o Banco de Portugal que, no seu relatório desse ano, empregou essa expressão), por manifesta incapacidade de se assegurar a arrecadação de receitas fiscais em termos eficazes. Foi-se marcando o contraste entre uma reforma norteada por princípios em si mesmo adequados e a impreparação da Administração fiscal para a sua aplicação.

6. No contexto daquilo que se pretendeu apresentar como reforma (fins de 2000) constou, no plano do IRS, a unificação de três categorias em uma só – a categoria B –, a qual acabou por absorver as duas seguintes, em termos que se me afiguram desajustados: sempre foi tradição do sistema português que os profissionais livres, em atenção à tradicional estrutura da sua ocupação, não tivessem tratamento semelhante ao dos empresários, merecendo ser integrados numa categoria fiscal autónoma.

Em grande número de casos, na actividade dos profissionais livres o elemento trabalho supera o elemento empresarial. Ora, até os direitos de autor sobre obras científicas e literárias são arrastados para a categoria que trata dos rendimentos empresariais!

Dada a heterogeneidade das situações que agora estão abrangidas na categoria alargada, não surpreende que tenham de estabelecer-se regras diferentes, em matéria de retenção na fonte e em variados outros aspectos, para cada uma das subcategorias que resultaram desta aglutinação. É de muito duvidosa vantagem a unificação das categorias.

Compreende-se que se tenha criado uma categoria unificada, chamada "incrementos patrimoniais" – a categoria H – mas, parece infeliz esta denominação, porque na filosofia geral de um imposto como este, tudo são "incrementos patrimoniais": desde os rendimentos das fontes às mais-valias. A categoria em causa, quanto muito, deveria denominar-se "outros incrementos".

7. No prefácio de um pequeno livro em que se apresentaram as linhas gerais da "reforma", disse-se que esta tem a marca política e ideológica de um Governo do Partido Socialista. Creio que melhor seria que uma reforma não ostentasse marcas desse tipo, que até podem afectar a sua durabilidade, pois semelhantes afirmações podem suscitar, por parte dos partidos que se sucedem no poder, o desejo de aporem também a sua marca, praticando alterações eventualmente desnecessárias.

Esta "reforma" reflecte ligeira redução do recurso a taxas liberatórias, o que merece referência positiva. Já um ponto negativo é a manutenção da incomunicabilidade de perdas entre as várias categorias: se se visa tributar globalmente o rendimento, o que interessa é o rendimento líquido de todas as categorias. Mas o legislador, na preocupação de evitar perdas de rendimento, depois de ter estabelecido o princípio geral da comunicabilidade, fez-lhe excepções de tal maneira grandes (que se mantêm na actualidade), que ele acaba por perder o seu sentido. Porque, na prática, as únicas categorias em que é consentida a comunicabilidade das perdas são aquelas em que, por definição, não podem gerar-se prejuízos...

8. Sintetizemos alguns aspectos positivos e outros assaz controversos da recente mutação fiscal, tanto no que toca ao IRS como ao IRC. Quanto ao IRS, foi bom que tivesse havido um aumento nos benefícios concedidos à família, e que se operasse uma redução ao nível do escalão mais baixo. Mas, como foi dito, não é de aplaudir a aglutinação das três

categorias, *B*, *C* e *D,* numa única confusa categoria misturando profissionais independentes e empresários individuais. Um ponto profundamente negativo é a tributação de um rendimento mínimo, em ligação com a introdução do sistema simplificado. Inaceitável é a tributação de rendimentos com base em indicadores objectivos de riqueza, em afastamento dos cânones da tributação pessoal global, ainda por cima de mais do que duvidosa eficácia: se aqueles que têm uma casa adquirida por mais de 50 mil contos passam a estar sujeitos a este regime, é bem provável que deixem de comprar-se casas por mais de 49 mil contos...

9. Quanto ao IRC, os principais aspectos positivos são a acentuação da gradual redução das taxas (talvez, em certa medida, sob a pressão da comparação competitiva com a Irlanda, onde as taxas são baixíssimas) e a introdução de regras sobre os preços de transferência (matéria que vinha a ser debatida há longo tempo).

Constituem pontos controversos o regime simplificado, a tributação das mais-valias formadas nas sociedades *holding* – onde, mesmo que se admita que a alteração legislativa não trouxe grande agravamento, é visível a inoportunidade da medida em face da fraqueza das bolsas e do quadro psicológico depressivo que já existia.

10. A nível do IRS, o «regime simplificado» constituiu uma novidade. Com ele pretende dispensar-se a apresentação de documentos de despesa por parte dos contribuintes, porque se pratica uma dedução fixa de 35%, a titulo de custos. É uma presunção de custos, dispensando prova documental, para os pequenos contribuintes.

O grave é estabelecer-se uma presunção de rendimento mínimo, ao nível de metade do valor anual do salário mínimo mais elevado, pois isto representa uma profunda distorção das concepções inerentes à filosofia de base do imposto único. Particularmente grave, porque não sendo admitidas presunções *iuris et de iure* no nosso sistema fiscal, a verdade é que a lei nada diz sobre como se pode ilidir essa presunção de rendimento mínimo.

Estes coeficientes (referi o coeficiente de 35%, porque estou a pensar nos trabalhadores por conta própria, mas há outros coeficientes para empresários, ligados ao volume das vendas) virão a ser substituídos, segundo se diz, por "indicadores objectivos de base técnico-científica" para os diferentes sectores. Não sei se alguma vez esses indicadores aparecerão. Aproximam-se de um dispositivo italiano, que foi introduzido também com o propósito de assegurar receita e de evitar as oportunidades de fraude, o famoso *redditómetro* – igualmente baseado em indicadores "técnico-científicos" – e que foi qualificado por eminentes finalistas como uma «evolução perversa da fiscalidade italiana».

Outro ponto negativo é o dos limites à consideração de custos, designadamente com respeito aos trabalhadores por conta própria, em que o legislador, de uma forma estranha, veio definir limites mesmo para os contribuintes que dispõem de contabilidade organizada (os que estão dentro do sistema normal). Assim, esses contribuintes, que já têm de suportar as despesas de manutenção e de escrituração dos livros, e que têm de fazer face ao encargo de um revisor de contas, ainda por cima vêm-se limitados arbitrariamente ao máximo de 25% (em relação ao seu rendimento bruto), quanto a alguns tipos de custos ou de despesas que estão autorizados a apresentar. Trata-se de uma restrição que, à partida, não existia, tendo depois sido introduzida ao nível de 32%, e passando agora a ainda mais apertados limites.

11. Outra particularidade que me parece aberrante é ter-se criado uma tributação autónoma – repare-se: enxertar-se no IRS uma tributação autónoma! – que não tem nada a ver com o resto do sistema do imposto sobre o rendimento. O imposto, que se pretende único, que já sofre a entorse das taxas liberatórias (mas, em certos casos, comportando a alternativa da opção pelo englobamento, o que melhora um pouco as coisas), abrange agora a "tributação autónoma" de despesas confidenciais, despesas com viaturas, despesas de representação, etc., a taxas fixadas, é certo, a nível baixo, que representam a tributação adicional de encargos que por seu turno constituem despesas dedutíveis no apuramento do rendimento colectável do IRS!

Ainda se compreende que as despesas confidenciais sejam tributadas – deviam sê-lo num diploma diferente –, mas o que justifica a tributação autónoma dos gastos com as viaturas e dos gastos com representação? Faz algum sentido introduzir esta figura autónoma de imposto, que aberrantemente surge dentro do próprio IRS?

12. Quanto aos sinais exteriores de riqueza, e às disparidades entre os respectivos valores e o que consta da declaração, melhor seria fiscalizar adequadamente os contribuintes com essas características, em lugar de proceder à sua arbitrária tributação através de soluções de imposição de rendimentos não reais.

Esta nova categoria faz lembrar um tristemente célebre documento de 1975, uma espécie de "Manual do contribuinte", muito toscamente apresentado, a que se chamava *olhinhos*, porque todos os aspectos eram prescrutados, onde tudo se devia declarar no âmbito do imposto complementar (repare-se que era meramente um imposto sobre o rendimento), desde a casa aos automóveis e às jóias, e não omitindo, até, o dinheiro que havia em casa...

Pretende-se que este sistema de rendimentos presumidos, entre nós agora introduzido, representando uma entorse à filosofia de base do sistema de IRS, se destina a combater a evasão fiscal. Mas a simplificação introduzida nem sequer parece facilitar a vida dos pequenos contribuintes, porque a tributação cega do rendimento mínimo, sem possibilidade prática de ilisão, penaliza os que não possuam efectivamente rendimentos.

A adopção de fórmulas simplificadas de tributação, fórmulas autónomas, fórmulas baseadas em indicadores mais ou menos grosseiros, que traduzem uma regressão para sistemas que se pensava definitivamente ultrapassados (recorde-se a tributação de rendimentos normais), não constitui o melhor caminho.

Seria preferível seguir outros trilhos: estou a lembrar-me de que o relatório recente da OCDE sobre Portugal, embora não ataque frontalmente as formas tributárias do regime simplificado e dos indicadores exteriores de riqueza, nota que há uma alternativa "boa" a esses aspectos, que é encorajar os pequenos contribuintes a adoptarem soluções organizadas de contabilidade, e a entrarem devidamente no sistema correcto.

Por exemplo, no Japão consagra-se uma «declaração azul», em que se proporcionam vantagens fiscais aos contribuintes que se estruturem devidamente, a partir do ponto de desorganização em que se encontravam.

Seria bem preferível activar controlos cruzados, intensificar acções de fiscalização, aperfeiçoar a informatização do sistema, em lugar de, bem mais toscamente, enveredar para fórmulas rudimentares de tributação. No limite, deparar-se-nos-ia uma espécie de tributação do tipo da *"poll tax"* – a tributação britânica que não distinguia as situações prediais e afectava todos por igual, de tão má memória que terá estado na origem da perda do poder pela Sra. Thatcher.

13. Compreende-se a ansiedade do legislador fiscal de, por várias vias, procurar alargar o caudal das receitas tributárias; mas para tal não deveria passar-se por cima, ou fazer-se obstrução, à filosofia de base do imposto sobre o rendimento.

Estamos, portanto, perante simples ajustamentos do nosso sistema (uns talvez oportunos, outros – a maior parte – bem menos felizes), e não em face de uma reforma fiscal em sentido próprio.

14. Vejamos se ainda há margem para ser lançada em Portugal uma reforma fiscal autêntica. No caso dos impostos sobre o rendimento das pessoas singulares e colectivas, não se vislumbra tão cedo a hipótese de uma verdadeira reforma. Os tipos tributários estão consolidados, sendo passíveis de ajustamentos, mas não de uma substituição ou alteração de fundo.

Não é de esperar que se processem mudanças de morfologia, a não ser que se conceba a passagem, por exemplo, para o imposto progressivo sobre a despesa – é uma formulação que teve origem em Stuart Mill, e que foi assumida por Nicholas Kaldor, um economista britânico do séc. XX –, em que se procura tributar, com taxas progressivas, a despesa pessoal global.

Simplesmente, esse sistema, que comporta alguns aspectos aliciantes (a Comissão de Reforma Fiscal de 1984-88, embora não aderisse à ideia, reconheceu os seus pontos positivos) envolve enormes dificuldades de aplicação: 1.º) a complexidade da definição da poupança a ser deduzida; 2.º) a necessidade de se estabelecerem relações com o regime dos países que mantêm o sistema clássico de tributação do rendimento; 3.º) a circunstância de nenhum país da OCDE (apesar de este sistema já ter sido ensaiado em países do Oriente) ter até agora introduzido esse imposto. Assim, a única figura alternativa de fundo, potencialmente motivadora de uma reforma, não oferece viabilidade prática, pelo menos nos tempos mais próximos.

15. No domínio dos impostos sobre o património, a situação é diferente. Aqui temos um certo número de figuras tributárias insatisfatórias,

que se pretende ver substituídas por tipos fiscais novos – ou por um tipo fiscal novo –, o que tem um sentido de reforma.

Só que deverá relativizar-se a importância dessa reforma em função do peso relativo dos impostos em causa; e isto porque os impostos sobre o património estão a nível de 5% ou 4% das receitas fiscais totais, dentro dos países da OCDE, e, entre nós, não atingem sequer esse valor (representam cerca de 3%, quando muito, do total das receitas tributárias). Seria uma reforma tecnicamente interessante, mas, todavia, com alcance limitado, porque não atinge as grandes figuras da fiscalidade: o IRS, o IRC e o IVA.

16. Falta referir o aspecto internacional. Por vezes, diz-se que, na remodelação do nosso sistema devemos atender ao que se passa a nível da fiscalidade internacional, e, em particular, a nível da fiscalidade comunitária.

Quando a Comissão de Reforma Fiscal funcionou ao longo dos anos 80 já existia essa visão de enquadramento numa perspectiva internacionalista dos impostos – naturalmente com menos intensidade do que hoje.

Se houve avanços na fiscalidade comunitária com respeito à criação de um modelo de IVA da União Europeia, os progressos têm sido bem reduzidos no âmbito da fiscalidade directa sobre o rendimento (quer das sociedades, quer das pessoas singulares).

Houve uma proposta de directiva da Comissão para harmonizar os impostos de sociedades, a nível da Comunidade Europeia, que esteve quinze anos na mesa do Conselho, sem que este órgão procedesse à sua apreciação, e que foi ingloriamente retirada em 1990. Ainda hoje não existe harmonização global dos impostos sobre as sociedades.

E agora há a experiência dos "pacotes fiscais", que abrangem aspectos não vinculativos, envolvendo compromissos políticos, como é o caso do conhecido Código de Conduta sobre a tributação das empresas.

Com as vestes dos instrumentos jurídicos clássicos depara-se-nos a directiva em matéria de tributação dos rendimentos obtidos sob a forma de juros por não residentes. Procurou fazer-se avançar uma proposta neste domínio no Conselho Europeu de Santa Maria da Feira, em meados de 2000. Só alguns anos depois, porém, é que se entrou no estádio das realizações concretas. A Directiva relativa à tributação da poupança veio a ser aprovada em 2003, e ainda assim persistiram regimes excepcionais para determinados Estados-membros.

Já o Código de Conduta sobre a tributação das empresas dimana de deliberações do Conselho, e não de legislação comunitária – faz parte da *soft law* da Comunidade Europeia –, e o seu efectivo acatamento envolve problemáticas questões.

17. Talvez mais importante do que acompanhar estes esforços a nível comunitário seja reflectir sobre a concorrência internacional entre sistemas fiscais, considerando a situação das diferentes economias e a necessidade de se ir convergindo com as alterações fiscais que nos outros países se vão realizando. Um dos elementos positivos neste contexto é a descida planeada (e em parte já efectivada) das taxas do IRC, para acompanhar a evolução internacional e manter a competitividade externa das nossas empresas.

18. Concluindo:

Não queria ser demasiadamente pessimista, e compreendo as dificuldades com que se debatem os nossos governantes, preocupados em encontrar formas eficazes de combater a fraude e a evasão fiscal.

A discussão centra-se, fundamentalmente, em saber quais são os meios mais adequados: criar regimes rudimentares ou simplificados, regimes autónomos, etc.; ou pelo contrário, manter a harmonia central do sistema de tributação, assegurando a preeminência da fórmula da contabilidade organizada, procurando incentivar os contribuintes a aderir à organização das suas contas para efeitos fiscais, melhorando a eficácia da Administração, informatizando o sistema, incluindo a realização de controlos cruzados automáticos, etc. Tal é a alternativa que se defronta no quadro actual da revisão do regime fiscal português.

II

O REGIME SIMPLIFICADO E A "LEI DE GRESHAM

1. Desde o início, o sistema de tributação do rendimento saído da reforma de 1989 visou estabelecer a forma evoluída de imposto global, assente na realidade e na efectividade do apuramento da situação do contribuinte.

Quando, a partir de 2001, passou a haver, além do regime de apuramento dos rendimentos efectivos, uma alternativa que remetia para fórmulas simplificadas e rudimentares, inclusivamente tornando dispensável a apresentação de justificativos de custos por parte do contribuinte, tornou-se claro que esta alternativa representava uma mera tolerância, por razões pragmáticas, em relação ao regime geral, por virtude da inaptidão dos contribuintes a que se destinava de organizarem a sua contabilidade – via que, naturalmente, iria sendo abandonada à medida que os contribuintes adquirissem a capacidade de se sujeitarem à fórmula evoluída.

Nesta linha, não podem deixar de considerar-se como positivas todas as evoluções que traduzam a adequação dos contribuintes àquela fórmula.

2. A regra, entretanto estabelecida, de que se torna necessário exercer uma opção anual para se manter a sujeição ao regime de contabilidade organizada é, neste contexto, inaceitável. Se o contribuinte adopta aquele regime, demonstrando estar apto a submeter-se a uma fiscalidade evoluída, o natural é que nele permaneça: a opção, a fazer-se, deveria ser pelo regime simplificado e não pelo regime regra, que não pode deixar de ser o de contabilidade organizada.

Em princípio, não há razão para que um contribuinte que tenha estado sujeito ao regime geral passe para o regime simplificado. Nem se compreende por que é que os contribuintes que já estão sujeitos ao regime de contabilidade organizada terão de fazer uma "declaração de *alterações*", quando nenhuma alteração ocorre, e se trata só de *manter* a situação em que se encontram. Mas, por absurdo que seja, este dispositivo continua a aplicar-se.

Mesmo supondo a necessidade de "formular uma opção", haverá que evitar-se que a fixação das respectivas datas-limite se converta numa "ratoeira" para o contribuinte que, regularmente sujeito ao regime de contabilidade organizada, incorra, por motivo justificado, em algum atraso na entrega da "declaração de alterações".

3. Quase duas décadas passadas sobre a Reforma Fiscal, é surpreendente que a Administração fiscal pareça conformar-se com a preeminência do recentemente introduzido regime simplificado do IRS, o qual constitui um manifesto retrocesso (alegando-se para tal discutíveis exigências práticas) em relação aos princípios de fiscalidade evoluída que nortearam a Reforma.

Na verdade, o tratamento que vem sendo dado aos dois regimes é de molde a implicar que o regime dominante passou a ser o simplificado, relegando-se o de contabilidade organizada para plano secundário, e parecendo até que a Administração fiscal se congratula em fazer retroceder o contribuinte que não tenha tido a cautela de confirmar a sua opção pela organização contabilística, em arbitrariamente fixada data-limite (data que, não imposta claramente por lei, que decorre de simples circular administrativa), para a fórmula rudimentar de simplificação.

Por outro lado, é de lamentar que o receio de abrir precedentes – precedentes que, aliás, não vinculam os particulares no sistema português – passe à frente das exigências de equidade e de razoabilidade das soluções, postergando o reconhecimento dos princípios de que a reforma fiscal foi portadora. É de recear que a "viragem histórica" da fiscalidade portuguesa, com que se saudou a Reforma de 1988/89, venha a converter-se numa nostálgica recordação...

4. A posição assumida (inadequadamente) pela Administração fiscal no sentido de acalentar o regime simplificado faz lembrar o funcionamento da "Lei de Gresham".

Na verdade, coexistem o regime simplificado – sem dúvida a "má moeda" – e o regime de contabilidade organizada – a "boa moeda". Só que, neste caso, diferentemente do que acontecia no tempo do bimetalismo, a "moeda expulsa" não encontra destinos alternativos quando afastada da circulação...

A reforma fiscal de 1988/89 foi apresentada pelos seus promotores como reflectindo o "state-of-the-art". É pena que, com as entorses que vai sofrendo por via de discutíveis interpretações da Administração fiscal, e dos seus serviços, e também por efeito de alterações legislativas, como a que introduziu o próprio regime simplificado, vão sendo minadas as bases daquela reforma, ao ponto de se recear que, a prazo, a modernização do sistema que ela representou se torne irreconhecível.

5. Um sinal de esperança é dado pela alteração do artigo 28.º do Código do IRS, contida na Proposta de Orçamento do Estado para 2007.

Passa a haver (n.º 5 do art. 28.º) um período mínimo de permanência de três anos também no regime de contabilidade organizada, e a comunicação da opção pela mudança torna-se uma verdadeira declaração de *alterações*.

Trata-se de um passo significativo – embora tímido – na direcção correcta, que é a de se pôr termo à injustificável preeminência que vem sendo conferida ao regime simplificado e à concomitante depreciação do de contabilidade organizada.

O novo sistema de formulação de opções, a admitir que a proposta se converta em lei, destina-se a funcionar para o futuro; mas reflecte, sem dúvida, um espírito de reposição da lógica do sistema.

6. Esta alteração vem, aliás, ao encontro da interpretação, que já hoje está sendo feita, do texto vigente do artigo 28.º, no sentido de se considerar que a data-limite, aí fixada, de 31 de Março, respeita ao ano em que se inicia o regime de contabilidade organizada, não implicando a exigência de, em cada ano subsequente, se confirmar, por declaração de (inexistentes) "alterações", a persistência nesse regime.

A fixação de datas-limite para a opção deverá ser interpretada com discernimento, para que o contribuinte que segue no sistema de contabilidade organizada não seja impelido, só por entregar com algum atraso a formulação da sua opção, a regredir, perversamente, para o regime simplificado.

Para mais, quando esse contribuinte tenha observado o regime de contabilidade organizada durante os anos anteriores, sem interrupção, tornando-se óbvio que nada se terá passado além de um ligeiro atraso na confirmação feita – atraso, aliás, sem consequências nefastas, pois a declaração de opções destina-se a produzir efeitos a cerca de um ano de distância.

7. Num caso que estamos analisando, e que se nos afigura paradigmático, tendo mediado praticamente um ano entre a confirmação e a entrega da declaração, sem que ao contribuinte haja, por parte da Administração, sido contestada a opção por ele formulada pela contabilidade organizada, saiu logicamente reforçada a convicção do mesmo contribuinte de que havia sido aceite a apresentação nos moldes desse sistema.

Ora, o que é aberrante é que, tendo aquele contribuinte logicamente enviado, por via informática, conjuntamente com os restantes elementos da sua declaração fiscal, o anexo C (contabilidade organizada), lhe tenha sido exigido pelos serviços do imposto sobre o rendimento que retirasse essa declaração e, em seu lugar, entregasse a que corresponde ao sistema simplificado (anexo B)!

Tudo parece passar-se como se a Administração fiscal se deleite em fazer decair o contribuinte do campo dos praticantes da contabilidade organizada para o do sistema tosco.

O despacho da Administração fiscal que indeferiu a reclamação do contribuinte no caso em análise parece entreabrir uma porta, ao declarar-se compreensivo das "razões justificáveis alegadas pelo contribuinte", mas isto pouco adiantou, pois logo se fechou a mesma porta, ao concluir-se secamente "que a situação corrente não é passível de um enquadramento distinto". Daí a reclamação deduzida pelo contribuinte.

Aquele despacho ignora completamente a valoração relativa do regime de contabilidade organizada em face do simplificado, e não atenta em que a apresentação pelo contribuinte da sua declaração de IRS do ano em questão com base na contabilidade organizada – na sequência de sucessivas declarações apresentadas nestes moldes nos anos precedentes – é, só por si, reveladora da sua capacidade para a prática do regime evoluído.

8. E, sobretudo, é impensável – e lamentável – que se pretenda forçar o contribuinte, no caso concreto, a trocar a declaração correcta pela correspondente à fórmula rudimentar.

Até parece que a Administração tributária, ao invés da tendência que se observa na generalidade dos países fiscalmente evoluídos ou mesmo medianamente evoluídos, se compraz em estender ao maior número possível de contribuintes o regime simplificado e a inerente forma grosseira da tributação.

9. A preeminência do regime de contabilidade organizada é, aliás, o único sentido compaginável com o espírito do sistema fiscal instituído pela Reforma de 1988/89, que se pauta em relação ao IRS pela tributação dos rendimentos realmente auferidos, com base em declaração do contribuinte – não sendo de admitir que a entorse que representou a criação, no final de 2000, do regime simplificado, forma tosca de tributação, possa subverter todo o progresso representado pela consagração daqueles princípios.

Todo o esforço a fazer deverá ser no sentido de se encorajar os contribuintes a passar do regime simplificado para o organizado, e de se evitar a criação de alçapões, que levem os contribuintes em regime de contabilidade organizada a retroceder para o sistema simplificado, alheio à realidade dos factos tributários.

10. Talvez seja de admitir, embora não se concorde – já que, na interpretação correcta da lei, como foi dito, a opção pela contabilidade organizada, para quem já a pratique, não tem de ser repetida em cada ano –, que a falta de comunicação atempada daquela opção implique, em termos razoáveis, a fixação de uma coima, mas o que já não pode aceitar-se é que o simples facto de haver um pequeno atraso na reformulação da opção possa levar à condenação do contribuinte a regredir para o regime simplificado.

Aliás, no caso em exame, a falta da apresentação da "declaração de alterações" até 31 de Março de 2005 deveu-se a uma circunstância justificada – a comprovada negligência do técnico de contas, a qual era do conhecimento da Administração fiscal por o mesmo técnico ter sido responsável pela demora na apresentação, por via informática, da declaração de IRS de ano anterior, sem embargo de lhe terem sido fornecidos para tal todos os dados inerentes à actividade do contribuinte.

11. Parece que a hesitação, aparentemente inexplicável, de se atender a pretensão do contribuinte (de se considerar válida a opção pelo regime organizado) estará ligada – como já foi referido – ao receio de abertura de um precedente. Mas, além de não ser admissível que o propósito de evitar precedentes se superiorize ao imperativo da correcção e justeza das soluções, julga-se que aquele risco não existe. Na verdade, no caso que ficou analisado, a declaração de IRS, baseada na contabilidade organizada, foi *efectiva e atempadamente enviada* – e a Administração fiscal dispôs de praticamente um ano para contestar a opção pela contabilidade organizada formulada na declaração de "alterações", e não o fez. Seria contrário ao mais elementar bom senso que pretendesse agora impor a substituição da boa pela má declaração.

Para mais, atenta a alteração atrás referida do art. 28.º do Código do IRS, aquele risco de abertura de precedente deverá estar afastado.

Notas:

(1) Em Itália, um Decreto de 1983 consagrou um mecanismo de aplicação de métodos indirectos. O decreto, correntemente denominado "redditometro", baseia-se em índices relativos à utilização de veículos de elevada cilindrada, rulotes, cavalos de corrida, residências principais e secundárias. Recaía sobre o contribuinte o ónus de provar que o rendimento resultante do redditometro não era o correcto. Gaspare Falsitta, "Manuale de Diritto Tributario", Cedam, Pádua, 1995,p.222-232.

Para Raffaello Lupi, "Diritto Tributario", Giuffrè Editore, Milão, 3ª. ed., 1995, p.227 a 232, a determinação sintética, utilizando os coeficientes e o redditometro, constituiu um corpo estranho na actual fiscalidade italiana.

(2) O Relatório sublinha que uma perspectiva alternativa para o regime simplificado poderia ser a promoção da determinação correcta do rendimento dos profissionais independentes, incluindo a outorga de créditos fiscais para esse efeito. A ideia seria encorajar os profissionais independentes a manter livros adequados de contabilidade. O principal objectivo da "declaração azul" é precisamente encorajar os profissionais livres e empresários de média dimensão a manterem o conjunto mínimo de registos contabilísticos, sendo o sistema promovido através da outorga de vantagens tributárias significativas para aqueles que optem pela referida declaração. Cf. OECD. Economic Surveys, 2000-2001: Portugal, Paris, 2001, p.104, 105 e 147.

(3) O "poll tax" é um imposto de carácter rudimentar, que terá sido aplicado inicialmente pelos governos coloniais britânicos em África, como forma de obter algum

Artigos

rendimento dos africanos que viviam no sector da economia não monetária. Assume o aspecto de uma soma fixa, que é cobrada de cada cidadão, independentemente do seu rendimento. É um regime por natureza regressivo e obviamente indesejável por razões de equidade. Curiosamente, a Community Charge de 1989-93, instituída na Grã-Bretanha – a qual suscitou as maiores críticas ao Governo Conservador que a introduzira, não era uma verdadeira poll tax, pois, apesar de tudo, comportava isenções para alguns cidadãos e taxas mais baixas para os que possuíam rendimentos inferiores. "A Dictionary of Economics", Oxford, 2ª.ed., 2003, termo "Poll tax".

(4) A avaliação indirecta tem carácter excepcional, só pode ser admitida nos casos e em condições expressamente previstas na lei, ou seja, nos casos enumerados no artigo 87.º da Lei Geral Tributária. José Casalta Nabais, Direito Fiscal, 3ª. ed, Almedina, Coimbra, 2005, p.319.

A regra é a declaração pelo contribuinte. Só quando este não a apresenta, ou quando os profissionais independentes não disponham da competente contabilidade, poderá passar-se `a avaliação administrativa. José Joaquim Teixeira Ribeiro, Lições de Finanças Públicas, 5ª. ed., Coimbra Editora, Coimbra, 1995, p.363.

(5) Ora, a finalidade última dos regimes alternativos, excepcionais, é incentivar a práticas contabilísticas eficazes e à generalização do sistema-regra, como notam José Gomes Santos e Susana Rodrigues, "Regimes simplificados de tributação do rendimento. Rendimentos profissionais e empresariais", Ciência e Técnica Fiscal, Janeiro/Junho de 2006, p.133. Para estes autores, os sistemas tributários utilizando métodos indirectos ou simplificados – especialmente atractivos em países onde a fiscalidade é menos eficiente – são regimes alternativos ao sistema-regra, baseado na contabilidade e nos elementos declarados. (op. cit., p.132).

(6) E, no entanto, o relatório preambular do Código do IRS é bem claro na afirmação de que a determinação do rendimento terá por base a declaração do contribuinte – afirmação que reflecte um princípio fundamental da reforma .

Note-se que numa publicação da Administração Fiscal ("Curso Básico de Ciência e Técnica Fiscal" – IRS – Noções Fundamentais, edição da Direcção Geral das Contribuições e Impostos, Lisboa, 1990), se afirma que a "Declaração de Rendimentos" apresentada pelo contribuinte goza da *presunção de verdade*, pelo que a Administração fiscal não poderá pô-la em causa sem que possua elementos fundados, que permitam demonstrar que a declaração reflecte omissões ou inexactidões (p.232).

(7) A questão que se coloca em torno da interpretação do artigo 28.º do Código do IRS (na redacção anterior à resultante da Lei Orçamental para 2007), que é naturalmente uma questão de natureza jurídico-fiscal, e não de natureza económica, foi objecto de dois pareceres do Centro de Estudos Fiscais (o primeiro, elaborado pela Jurista Dra. Margarida Mesquita Palha, pronunciou-se em sentido favorável à pretensão do requerente; o outro, elaborado por um Economista, o Dr. João Pedro Santos, veio em sentido contrário àquela pretensão). Curiosamente, só o último foi enviado com vista a habilitar o orgão decisor a tomar posição...Pelo que se vê, os canais da Administração fiscal não funcionam por forma isenta – o que é grave, pois a omissão é de molde fazer inverter o sentido daquela posição.

Sobre o mesmo assunto viria a recair mais tarde um parecer do Professor Xavier de Basto, o qual, como a jurista atrás mencionada, se pronunciou no sentido de que a data de 31 de Março, definida na Lei, funciona apenas em relação ao ano da opção inicial pelo regime de contabilidade organizada, não podendo exigir-se, em Circular, a formulação anual da opção.

(8). Neste sentido se pronuncia José Guilherme Xavier de Basto, numa passagem de um livro em preparação, a que tivemos acesso, quando declara não ver "como pode a administração fiscal exigir a renovação da declaração anual de opção, ou seja, como pode recusar o regime de contabilidade organizada a um sujeito passivo que, tendo validamente optado por esse regime, não tenha renovado a opção no período fiscal seguinte. A circular administrativa é, obviamente, insuficiente para impor essa obrigação e legitimar essa consequência".

José Guilherme Xavier de Basto
Maria Odete Oliveira

Desfazendo mal-entendidos em matéria de direito à dedução de imposto sobre o valor acrescentado: as recentes alterações do artigo 23.º do Código do IVA

José Guilherme Xavier de Basto
Presidente da Comissão de Introdução do IVA em Portugal.
Docente universitário

Maria Odete Oliveira
Docente da Faculdade de Economia
da Universidade do Porto

RESUMO

Neste estudo, procura-se desfazer alguns mal-entendidos que têm vindo a dificultar a correcta aplicação das normas do Código do IVA, em matéria de direito à dedução do imposto, sobretudo quando está em causa o IVA contido em bens e serviços adquiridos indistintamente para a realização de operações sujeitas a imposto e operações não sujeitas ou dele isentas.

Passando em revista os princípios básicos da disciplina do direito à dedução constante da directiva europeia e do Código do IVA português, os autores mostram como as normas portuguesas, apesar de algumas imperfeições, podem ser aplicadas em conformidade com o direito comunitário, tal como é interpretado pelo Tribunal de Justiça das Comunidades Europeias. Em particular, analisam o modo de apuramento do imposto dedutível suportado em bens de uso indistinto ou "promíscuo", pelos métodos da "percentagem de dedução" ou "*prorata*", da "afectação real" e da "sectorização de actividades".

Analisam, por último, as recentes alterações do artigo 23.º do Código do IVA, que concluem representarem um passo importante para a clarificação das regras legais aplicáveis na matéria, contribuindo para dar maior segurança aos sujeitos passivos no apuramento do imposto devido.

Palavras-chaves:
    IVA – direito à dedução
    IVA – regra da percentagem de dedução ou do *prorata*
    IVA – regra da "afectação real"

ABSTRACT

In this paper, the authors try to explain and solve some common misunderstandings about the interpretation of the Portuguese VAT Code, concerning the right to deduct the input tax.

They revisit in particular the rules that govern the apportionment of input tax incurred in goods or services used partly for transactions in respect of which VAT is deductible and partly for transactions in respect of which it is not. After reviewing the basic principles of the right of deduction established in the European common system of VAT and in the Portuguese Code, the authors show how the Portuguese rules, notwithstanding some shortcomings, can be interpreted according to the European tax law. They analyse the methods of apportionment of the input tax admitted by the European common system of VAT, in particular the so-called "*prorata rule*", the "sectorial accounting" and the apportionment on the basis of the use of the goods and services.

They conclude the paper with an analysis of the recent amendment of the Portuguese VAT code, introduced in 2008, which represents a step forward in clarifying the rules about the above mentioned methods of apportionment of the input tax.

Key words
    VAT – Right of deduction of input tax
    VAT – Apportionment of the input tax
    VAT – *Prorata* rule

1. Introdução

O direito a deduzir o imposto suportado nos bens e serviços instrumentais à produção constitui, como é bem conhecido, a peça fundamental do sistema do imposto sobre o valor acrescentado. É através do direito à dedução que se assegura a não cumulatividade do imposto e se garante a principal propriedade e qualidade do tributo, que é a da neutralidade do ponto de vista dos seus efeitos económicos. É o direito a deduzir que separa afinal o IVA dos impostos cumulativos, que em muitas situações históricas foram os seus antecessores[1].

A modulação desse direito, no caso em que os bens e serviços adquiridos o são tanto para operações efectivamente tributadas, como para operações que o não são (distinguindo-se aqui as actividades não sujeitas a imposto, ou seja não abrangidas pelas respectivas normas de incidência, e as que, estando a ele sujeitas, não são tributadas porque beneficiárias de uma norma de isenção simples) oferece, todavia, dificuldades regulamentares assinaláveis, que terão de ser muito ponderadas se se quer evitar que a disciplina do direito à dedução venha a redundar em distorções graves de tributação, a dano dos sujeitos passivos, ou a dano da Fazenda Nacional, em caso de sujeitos passivos mistos, ou seja, que praticam simultaneamente operações que conferem direito à dedução e operações que não conferem esse direito.

Neste estudo, iremos procurar analisar detidamente essas regras sobre direito à dedução, tanto as que constam da chamada 6ª directiva IVA[2] – o texto normativo de base do sistema comum europeu de imposto sobre o valor acrescentado – como as que, no Código do IVA português

---

[1] Para maiores desenvolvimentos, ver José Guilherme Xavier de Basto, *A tributação do consumo e a sua coordenação internacional. Lições sobre harmonização fiscal na Comunidade Económica Europeia,* Cadernos de Ciência e Técnica Fiscal, n.º 164, Lisboa, 1991, p. 39-51.

[2] Continuamos a designá-la assim, como 6ª directiva, e a referir as suas normas com a numeração que lhes corresponde nessa versão. Como se sabe, em 2006, procedeu-se a uma consolidação e codificação das normas do sistema comum, que agora se contêm na Directiva 2006/112/CE, de 28 de Novembro. A maior familiaridade com os números dos artigos da 6ª directiva, que nos habituámos a frequentar durante tantos anos, leva-nos a não usar a nova numeração constante desta directiva de codificação.

Artigos

(CIVA), transpõem para o direito fiscal nacional as soluções do referido sistema comum, as quais foram objecto recentemente, na Lei do Orçamento para 2008 (Lei n.º 67-A/2007, de 31 de Janeiro), de significativa alteração.

Começaremos assim por analisar as regras da directiva europeia, para depois, à luz dessa análise, proceder à leitura crítica das normas do CIVA, antes da recente alteração, para, finalmente, dar notícia das novas formulações normativas e verificar o bom fundamento desta última intervenção do legislador nacional.

2. Os princípios básicos sobre direito à dedução na 6ª directiva

As regras sobre o direito à dedução no sistema comum europeu constam dos artigos 17.º a 20.º da 6ª directiva. São obviamente estas normas que têm de ser tomadas em conta na interpretação das regras nacionais sobre a matéria, nos Estados membros da União Europeia.

As regras nacionais, com efeito, pela prevalência neste domínio do direito comunitário derivado, têm de ser interpretadas e aplicadas de modo conforme ao direito comunitário, obedecendo, sempre que for caso disso, ao sentido que a esse direito tem vindo a ser dado pela jurisprudência do Tribunal de Justiça das Comunidades Europeias.

Vejamos então como a 6ª directiva regula o princípio geral do direito à dedução. Como atrás dissemos, atendendo ao escopo deste trabalho, interessa-nos especialmente analisar essa regulamentação nas situações em que coexistem operações conferindo direito à dedução (efectivamente tributadas ou isentas com direito a dedução) e operações que não conferem esse direito (não sujeitas ou isentas sem direito a dedução).

Ora, resulta do artigo 17.º, números 2 e 3 da directiva, que o sujeito passivo apenas "está autorizado a deduzir" o imposto suportado na medida em que os bens e serviços sejam utilizados para efeitos das próprias operações tributadas, ou isentas que concedam tal direito. O conjunto destas operações constitui o *"output"* tributável ou, o mesmo é dizer, sujeito ao imposto. Por seu turno, o imposto suportado em *inputs* destinados à realização de operações não sujeitas não será, pois, em qualquer circunstância, susceptível de vir a ser deduzido, excepção feita às operações localizadas no estrangeiro (não sujeitas portanto, em território nacional) mas que seriam tributáveis (concedendo direito a dedução) se realizadas no território nacional (artigo 17.°, n.° 3, a), da directiva).

Este entendimento aparece explicitado pelo TJCE no Acórdão *Rompelman* (Acórdão de 21 de Setembro de 1999, Comissão contra França), quando refere que o regime de deduções instituído pela 6ª directiva IVA visa "libertar inteiramente o empresário do ónus do IVA, devido ou pago no âmbito de todas as suas actividades económicas. O sistema comum do imposto sobre o valor acrescentado garante, por conseguinte, a perfeita neutralidade quanto à carga fiscal de todas as actividades económicas, quaisquer que sejam os fins ou os resultados dessas actividades, na condição de as referidas actividades estarem, elas próprias, sujeitas ao IVA" (n.° 19). Este objectivo fundamental do direito à dedução havia já sido posto em relevo nas Conclusões do Advogado-Geral *Van Gerven*, no caso *Sofitam*, Proc. C-333/91[3], ao referir que "as normas de dedução constantes dos artigos 17.° a 20.°, inclusive, da 6ª directiva IVA, devem ser lidas à luz deste objectivo". No mesmo sentido o n.° 13 do Acórdão *Polysar* (de 20 de Junho de 1991, Proc. C-60/90)[4], estabelecia que uma actividade que não seja sujeita ao IVA fica, em consequência, "totalmente excluída do âmbito de aplicação da 6ª directiva".

O procedimento a seguir em matéria de direito à dedução implica sempre, para efeitos da determinação do âmbito do imposto suportado

---

[3] Acórdão de 22 de Junho de 1993, Recurso C-333/91, em *Colectânea de Jurisprudência do Tribunal de Justiça das Comunidades Europeias*, 1993, I, p. 3513-3545.

[4] Acórdão de 20 de Junho de 1991, Recurso C-60/90, publicado em *Ciência e Técnica Fiscal*, n.° 382, Abril/Junho de 1996, p. 179-212. Sobre esta jurisprudência comunitária, ver Maria Teresa Lemos, "IVA: direito à dedução dos *holdings*. A jurisprudência comunitária", *Fisco*, n.° 61, Janeiro de 1994, p. 47-54; J. L. Saldanha Sanches, "O direito ao reembolso do IVA: o caso da detenção de participações sociais", *Estudos em homenagem ao Professor João Lumbrales*, Coimbra Editora, 2000, p. 395-409; José Xavier de Basto/Maria Odete Oliveira, "O direito à dedução das sociedades *holding*", *Fiscalidade*, n.° 6, Abril de 2001, p. 5-31; Clotilde Celorico Palma, "Regime Fiscal das Sociedades Gestoras de Participações Sociais licenciadas no centro internacional da Madeira – Aspectos Fundamentais", *Fisco* n.° 113/114, Abril de 2004, p.63-86. Sínteses de várias dessas e de outras decisões do TJCE sobre a matéria podem ainda ver-se em Patrícia Noiret Cunha, *Imposto sobre o Valor Acrescentado. Anotações ao Código do Imposto sobre o Valor Acrescentado e ao Regime do IVA nas Transacções Intracomunitárias*, Instituto Superior de Gestão, Lisboa, 2004.

Artigos

que qualificará para inclusão na disciplina do artigo 17.º da directiva, que, imediatamente após a inicial aquisição dos bens ou serviços, deva ser feita adequada destrinça entre aqueles que indiscutivelmente se destinam a operações sujeitas e os destinados a operações não sujeitas. No que respeita aos primeiros, haverá dedução integral do imposto, se à sujeição se seguir efectiva tributação ou isenção com direito a dedução, enquanto os segundos não qualificam para qualquer dedução e o imposto neles suportado não será, portanto, deduzido.

Chame-se, porém, já a atenção, posto que ao tema tenhamos de voltar mais adiante, para que a problemática da modulação do direito à dedução não é bem a mesma quando os *inputs* são utilizados em operações não tributáveis ou em operações tributáveis, mas isentas. Na verdade, quando exista IVA suportado em bens e serviços utilizados em parte para operações sujeitas (tributáveis) e em parte para operações não sujeitas ao imposto, ele terá de ser repartido entre as duas categorias de utilizações, antes de qualquer outra discussão ou apreciação.

A dificuldade está, porém, em que a 6ª directiva IVA não define métodos para dividir o imposto suportado entre operações sujeitas e operações não sujeitas. Só estabelece métodos de repartição do imposto suportado entre operações sujeitas que conferem direito a dedução e operações sujeitas (mas isentas) que não conferem tal direito.

A distinção entre aqueles dois pares de tipos de operações tornou-se mais visível após os acórdãos *Polysar* e *Satam*, conduzindo até algumas legislações a distinguir a este propósito entre *sujeitos passivos parciais* e *devedores parciais* do imposto. Os primeiros são os que realizam operações em que apenas uma parte é sujeita ao imposto, estando a outra parte fora do seu campo de aplicação. É o caso, por exemplo, de uma sociedade *holding* mista, isto é, que além de receber dividendos das suas participadas, também lhes presta serviços. Nestas circunstâncias, a percepção de dividendos a cair fora do âmbito de aplicação do imposto, por exorbitar do conceito de actividade económica, escapando consequentemente à consideração de prestação de serviços, mesmo com a definição residual que esta apresenta. Esta foi a principal conclusão daqueles Arestos do TJCE. Os devedores parciais, por seu turno, serão os sujeitos passivos que, embora realizando na totalidade operações sujeitas ao imposto, têm uma parte dessas operações no regime de isenção simples, sendo que relativamente a estas, o sujeito passivo não é devedor ao Estado de qualquer imposto (nem repercute ao cliente, nem deduz o que lhe foi repercutido pelo fornecedor).

Como quer que seja, e independentemente de ser feita expressamente ou não tal distinção, a verdade é que as duas situações são diferentemente tratadas na disciplina do imposto, já que apenas estão previstos métodos de apuramento do IVA dedutível para os embora sujeitos passivos integrais – na terminologia acima referida – no sentido, portanto, de terem toda a sua actividade sujeita ao imposto, não obstante uma parte ser isenta sem direito a dedução. São os métodos adiante referidos da "percentagem de dedução" (*prorata*) e da "afectação real".

Já o apuramento do IVA dedutível quanto aos bens e serviços utilizados indistintamente em operações sujeitas e não sujeitas ao imposto não é objecto na directiva de qualquer referência, como atrás se referiu.

Isso explica que, por exemplo, a legislação italiana estabeleça a obrigatoriedade de uso de um "critério suficientemente objectivo para a determinação da parte respeitante à actividade sujeita", não deixando pois margem para qualquer "forfetarização" da parte "promíscua", isto é, dos *inputs* aplicados em operações sujeitas e não sujeitas. A legislação francesa, por seu turno, estabelece que *"pour les dépenses mixtes, une clé de répartition físique est determinée par exemple en fonction du temps d'utilization des matériels communs, des salaires, des surfaces, etc.*. Apenas em certas situações a empresa poderá *"retenir une clé de répartition économique fixée en fonction des recettes taxables par rapport aux recettes totales"*.

A aplicação correcta do artigo 17.º da directiva – e, reflexamente, como veremos, da norma correspondente da lei nacional – assenta assim na atribuição dos custos suportados a montante às operações efectuadas a jusante. Uma relação entre os custos suportados a montante e os preços dos bens e serviços é exigida pelo artigo 2.º da Primeira Directiva IVA[5], e em especial do segundo parágrafo que dispõe:

" Em cada transacção, o imposto sobre o valor acrescentado, calculado sobre o preço do bem ou do serviço à taxa que for aplicável a esse bem ou serviço, será exigível com dedução prévia do montante do

---

[5] Directiva 67/227/CEE do Conselho, de 11 de Abril de 1967.

imposto sobre o valor acrescentado que onerou directamente o custo dos diversos elementos constitutivos do preço".

Esta regra da Primeira Directiva IVA é expressamente invocada pela jurisprudência do TJCE como princípio orientador do direito à dedução.

Como avaliar a existência ou não dessa relação preço-custo, que constitui pois o fundamento da dedução? Como proceder à atribuição dos custos suportados a montante às operações efectuadas a jusante?

Da jurisprudência sobre a matéria retira-se que esta atribuição implica que se verifique e prove:

– uma relação directa e imediata dos bens e serviços adquiridos com o conjunto da actividade económica desenvolvida pelo sujeito passivo, excluindo-se qualquer dedução quando tal relação não exista (imposto suportado para actividades não sujeitas [6]), conclusão resultante, desde logo, do teor do corpo do n.º 2 do artigo 17.º da directiva;

– uma relação directa e imediata entre bem ou serviço adquirido e operação tributável realizada. Só ela permite concluir pela existência do direito a dedução, ao mesmo tempo que é indispensável para determinar o seu montante.

Pela exigência destas relações entre o preço e o custo se tem pronunciado o Tribunal Europeu de Justiça em vários acórdãos, e em especial no Caso *Midland* [7] e no Caso *BLP-Group*[8], ou no mais recente Caso *Kretztechnik* [9].

Sendo assim, suscita-se a questão de saber qual a natureza dessa relação directa e imediata em geral, e em especial, sempre que as operações realizadas pelo sujeito passivo a jusante sejam diferenciadas em termos de direito a dedução (umas concedendo esse direito e outras não).

---

[6] Excepção feita às não localizadas em território nacional (não sujeitas) mas que dariam direito a dedução se aqui fossem localizadas, como se disse já.

[7] Processo C-98/98, Acórdão de 8 de Junho de 2000; Conclusões do Advogado-Geral António Saggio de 30.09.1999.

[8] Processo C-4/94, Acórdão de 6 de Abril de 1995; Conclusões do Advogado-Geral Lenz de 24.01.1995.

[9] Processo C-465/03, Acórdão de 26.05.2005; Conclusões do Advogado-Geral F. G.Jacobs, de 24.02.2005.

Qual o critério para determinar a existência ou não dessa relação directa e imediata e, em definitivo, modular o IVA dedutível?

Resulta daquela jurisprudência comunitária que a melhor interpretação para o artigo 17.º n.º 2, quando impõe que os bens e serviços contendo imposto potencialmente dedutível sejam utilizados *"para as necessidades das operações tributadas..."*, vai no sentido de que tais bens devem ligar-se em primeira linha à actividade económica do sujeito passivo e, depois, à operação em que são utilizados (ligação esta não material porque a operação pode ainda não ter ocorrido, atento o facto de a dedução ser financeira e não física)[10].

Por seu turno, o n.º 3, interpretado tomando em conta princípios já enunciados na primeira directiva IVA (ligação ao custo dos diversos elementos constitutivos do preço), implica que:
– sempre que os bens e serviços adquiridos com imposto possam considerar-se afectos a uma operação realizada pelo sujeito passivo de forma a justificar a dedução (operação tributada ou isenta mas com direito a dedução), o montante a deduzir deve ter "onerado directamente o custo dos diversos elementos constitutivos do preço";
– sempre que os bens e serviços adquiridos com imposto possam ser afectos a uma operação realizada pelo sujeito passivo que não confira direito a dedução (operação isenta sem direito a dedução), não haverá qualquer montante de imposto que tenha "onerado directamente o custo dos diversos elementos constitutivos do preço" e não haverá direito a deduzir.

De onde se concluirá que o que está em causa, neste n.º 3 do artigo 17.º, são os bens ou serviços que tenham sido identificados como elementos do preço de específicas transmissões de bens ou prestações de serviços tributadas, ou de específicas transmissões de bens ou prestações

---

[10] Como resulta dos acórdãos referidos, a existência de uma relação directa e imediata, seja entre operação a montante e operação a jusante, seja entre operação a montante e actividade a jusante será sempre de verificação casuística, e não depende nunca de saber se a operação a jusante já foi efectuada ou será efectuada em data posterior (o imposto é dedutível no momento em que se torna exigível e não no momento em que se verifique liquidação a jusante).

de serviços não tributadas. O imposto contido nos primeiros é integralmente dedutível, o contido nos segundos é integralmente não dedutível.

O n.° 3, porém, não resolve o caso em que os bens e serviços com IVA suportado podem ser, ao mesmo tempo, elementos do preço de operações que conferem e de operações que não conferem direito à dedução. Todavia, os critérios básicos do direito à dedução são ainda fundamentalmente os mesmos, como a seguir veremos, já que o artigo 17.°, como impõe a jurisprudência comunitária, deve ser interpretado como um todo.

O que vai agora estar em causa é apenas o imposto "residual" suportado a montante, que não pôde ser tratado através do estabelecimento de uma relação directa e imediata com uma específica operação realizada a jusante. Aqui se abrangem apenas os bens e serviços cujo uso não possa ser considerado imputável como um todo a uma operação tributável (tributada ou isenta com ou sem direito a dedução). Para usar uma terminologia da doutrina italiana, há que estabelecer o direito à dedução para os bens e serviços de uso "promíscuo", ou seja, indistintamente utilizados em operações diferenciadas em termos da concessão de direito a dedução e que são portanto elementos do preço de ambos os tipos de operações.

Vejamos então como a 6ª directiva regula o direito à dedução nas situações em que coexistem operações conferindo direito à dedução (efectivamente tributadas ou isentas com direito a dedução) e operações que não conferem esse direito (não sujeitas ou isentas sem direito a dedução).

2.1. *O imposto suportado para a realização de actividades sujeitas, mas parcialmente isentas sem direito a dedução*

A esta problemática responde o n.° 5 do artigo 17.° da 6ª directiva.

Neste caso, todas as operações incluídas na actividade desenvolvida pelo sujeito passivo caem, por hipótese, na respectiva incidência (são operações sujeitas ao imposto), acontecendo apenas que uma parte delas não conduz à liquidação de imposto (e consequente repercussão ao respectivo cliente ou destinatário), com a consequência indissociável de não concessão do direito a dedução do imposto suportado nos bens e serviços adquiridos para a sua realização.

Não é de mais recordar e ter sempre em consideração a regra básica do direito a deduzir. Consta do artigo 17.º da 6ª directiva (corpo do seu n.º 3). Acabámos de estudar a respectiva doutrina. Existe total direito a dedução do imposto suportado quando os bens e serviços adquiridos sejam utilizados para a realização de operações sujeitas a imposto e dele não isentas, excluindo das isentas as ligadas à concretização plena do princípio do destino no comércio internacional e abrangendo naquelas (sujeitas) as operações efectuadas (localizadas) no estrangeiro que concederiam direito a dedução se fossem consideradas realizadas (localizadas) no território nacional. *A contrario*, retira-se das mesmas disposições que o IVA suportado em bens e serviços para a realização de operações não tributáveis (não sujeitas) ou para a realização de operações isentas que não sejam isenções específicas (as ligadas ao princípio do destino) não se qualificará como dedutível.

Estes princípios são suficientes para determinar o IVA dedutível na aquisição de bens e serviços, conhecida que seja a respectiva utilização *integral* nas operações activas realizadas pelo sujeito passivo: 100% do IVA suportado se a utilização se der em operações que conferem direito a dedução; 0% para utilizações em operações que não conferem, de todo, tal direito.

Não resolvem, porém, aquelas outras situações em que os bens e serviços adquiridos são utilizados tanto para operações do primeiro como do segundo tipo descritos, isto é, para operações que conferem direito a dedução e para operações que não conferem tal direito.

A directiva estabeleceu então uma disciplina autónoma para este efeito, i.e., para determinar a parcela de imposto dedutível, devendo a parte restante onerar o custo dos bens e serviços adquiridos, em resultado da sua não dedutibilidade. A disciplina consiste em "*conceder a dedução relativamente à parte do imposto sobre o valor acrescentado proporcional ao montante respeitante à primeira categoria de operações*". É essa a solução regulada no artigo 17.º, n.º 5, da directiva.

Transcrevamos esta disposição.

Artigo 17.º n.º 5

No respeitante aos bens e serviços utilizados por um sujeito passivo para efectuar, indistintamente, operações com direito a dedução, previstas nos n.ºs 2 e 3, e operações sem direito a dedução, a dedução só é concedida relativamente à parte do imposto sobre o valor acrescentado proporcional ao montante respeitante à primeira categoria de operações.

Este pro rata é determinado em função do conjunto de operações efectuadas pelo sujeito passivo em conformidade com o disposto no artigo 19.º.

Todavia, os Estados membros podem:
a) Autorizar o sujeito passivo a determinar um prorata para cada sector da respectiva actividade, se houver contabilidades distintas para cada um dos sectores;
b) Obrigar o sujeito passivo a determinar um prorata para cada sector da respectiva actividade e a manter contabilidades distintas para cada um dos sectores;
c) Autorizar ou obrigar o sujeito passivo a efectuar a dedução com base na afectação da totalidade ou de parte dos bens e serviços;
d) Autorizar ou obrigar o sujeito passivo a efectuar a dedução, em conformidade com a norma prevista no primeiro parágrafo deste número, relativamente aos bens e serviços utilizados nas operações aí referidas;
e) Estabelecer que não se tome em consideração o imposto sobre o valor acrescentado que não pode ser deduzido pelo sujeito passivo, quando o montante não for significativo.

Existem pois sempre dois momentos ou fases para calcular o montante de IVA dedutível.

A terminologia britânica para designar estas duas fases ou momentos de apuramento do imposto a deduzir é bastante expressiva, ajudando a compreender o que está em causa em cada um desses momentos. A primeira fase é a do apuramento do que aí se designa por *"direct attribution of the input tax"*. A segunda fase é o do *"apportionment of residual input tax"*, se for caso disso, e que ocorre justamente na situação que estamos agora a analisar, em que não foi possível proceder a uma atribuição directa.

Direct attribution é, pois, a identificação do IVA suportado em bens e serviços que são ou virão a ser totalmente usados em operações que conferem direito a dedução ou totalmente usados em operações que não concedem esse direito. O procedimento assenta na base do uso efectivo que é feito ou tenciona fazer-se, desses bens ou serviços e ocorre no momento da respectiva aquisição. Não existirão dúvidas a este respeito sempre que exista um nexo objectivo entre a operação a montante e a operação a jusante, de tal modo que a primeira possa e deva ser considerada, em termos exclusivos, como fazendo parte do custo suportado pelo operador para realizar a segunda, ou como acto preparatório ou ainda como sua consequência. A *direct attribution* ou conduz à dedução integral do imposto – no caso de os bens e serviços serem integralmente utilizados em operações que conferem direito à dedução – ou conduz a que nenhuma parcela do imposto suportado possa ser deduzida – se os bens e serviços forem utilizados apenas e só em operações que não conferem direito à dedução.

Se houver qualquer montante de imposto suportado em bens e serviços que não possa assim ser objecto de uma *direct attribution,* por respeitar a bens e serviços que são ou serão usados tanto em operações do primeiro como do segundo tipo, esse qualificar-se-á como "residual" e será então objecto de "repartição" *(apportionment).* O IVA que não pôde, numa primeira fase, ser directamente atribuído apenas a uma categoria (com ou sem direito a dedução) de operações porque respeita a ambas, é IVA residual – e é quanto a ele, e só quanto a ele, que terá de operar-se o respectivo *"apportionment",* o qual há-de necessariamente reflectir a medida em que os bens e serviços nos quais o IVA foi suportado sejam usados para a realização de operações com direito a dedução.

É esta a hipótese do n.° 5 do artigo 17.° da 6ª directiva (e, como veremos não pode outra ser a hipótese do artigo 23.° do CIVA, que corresponde no CIVA a esta norma comunitária, sob pena de desconformidade com o direito comunitário).

2.2. *Os procedimentos ou métodos de apuramento da parcela dedutível do imposto suportado em bens de uso indistinto ou promíscuo em operações com e sem direito a dedução*

Vejamos que métodos estabelece a directiva para proceder ao apuramento da parcela dedutível do imposto suportado em bens de uso indistinto ou promíscuo.

O princípio geral, constante do primeiro parágrafo do n.° 5 do artigo 17.°, é o recurso a um critério que espelhe a proporcionalidade das operações que concedem direito a dedução no total das operações realizadas, ou seja, que traduza o peso das mesmas no total das operações. É designado de *prorata* ou percentagem de dedução e as regras precisas para a sua determinação são fixadas no artigo 19.º da directiva.

Trata-se de um método cuja vantagem é a simplicidade e que por isso foi estabelecido com carácter geral e supletivo, ou seja, será o utilizado sempre que não deva aplicar-se (por opção do sujeito passivo ou por imposição da administração fiscal) ou não possa aplicar-se um outro método, nos termos legalmente estabelecidos.

O *prorata* é único e geral para aplicação ao imposto suportado em todos os bens e serviços utilizados para "*efectuar, indistintamente, ...*" operações com e sem direito a dedução.

Sendo certo todavia que, por aplicar um método que usa grandezas de grande generalidade, como são o valor das operações que conferem direito à dedução e o valor total das operações, tal procedimento pode não se apresentar como tradutor de uma justa e razoável determinação da medida da dedução, a própria directiva concede aos Estados membros a faculdade de autorizar ou obrigar os sujeitos passivos à determinação da parcela dedutível do imposto utilizando outros métodos ou procedimentos, reconhecendo que tal é possível por recurso a adequadas estruturas administrativas por eles mantidas, seja voluntariamente, seja por imposição legal. De qualquer modo, a directiva não deixa na liberdade regulamentar dos Estados a construção desses métodos alternativos.

Ao invés, esses procedimentos alternativos à aplicação pura e simples da regra do *prorata* susceptíveis de utilização são enumerados nas alíneas a) a d) do n.º 5 do artigo 17.º.

A nosso ver, a leitura correcta destas normas obriga a considerar esses procedimentos previstos na directiva por ordem crescente de "finura" em termos de resultado a obter, constituindo a regra do *prorata*, portanto, segundo esta leitura, a que conduz ao resultado menos rigoroso – e por isso ela é a regra aplicável sempre que não seja possível outro procedimento com resultado mais adequado.

Na verdade, o modo de apuramento mais correcto da parcela de imposto a deduzir, produzindo um resultado o mais próximo possível do que seria exigível pela construção jurídica em que assenta o imposto, (ou seja, em definitivo, com os princípios enunciados na Primeira Directiva IVA) é, indubitavelmente, aquele em que a imputação do imposto seja conforme ao *verdadeiro e efectivo uso do bem ou serviço* (de uso promíscuo) em cada um dos dois tipos de operações que caracterizam a situação em que existe "promiscuidade". O ideal seria então que a dedução fosse efectuada com base na "afectação real" do bem e serviço (ou "utilização" dos bens ou serviços, para usar a expressão da alínea c) do n.° 3 do artigo 17.°), a qual não pode deixar de ser entendida como imputação do uso real e efectivo que cada bem ou serviço adquirido tenha em cada um dos tipos de operações em que é usado conjuntamente.

Exemplos de critérios que reflictam este uso podem ser outros que não os assentes nas operações a jusante realizadas, o que, como vimos, constitui a base da regra do *prorata*. É o caso dos critérios que operam com o número de transacções realizadas ou de contratos celebrados, com o tempo ou dimensão quantitativa da equipe de pessoas que laboram nas operações em causa, com a área do local onde a actividade se exerce, com número de horas/máquina, etc., etc..

Para os efeitos contidos na alínea c) do n.° 5 do artigo 17.° da directiva, "efectuar a dedução com base na utilização da totalidade ou de parte dos bens e dos serviços" não poderá nunca ter outro significado se não o que acima definimos, ou seja, o significado de medir a *intensidade efectiva e real da utilização* dos bens e serviços em cada um dos tipos de operações em causa (tributadas e isentas com direito a dedução, por um lado, e isentas sem direito à dedução, por outro). Não pode significar, como frequentemente se supõe entre nós, separar os bens e serviços usados totalmente em operações que dão direito a dedução (apurando em consequência uma integral dedução do imposto suportado) e os bens usados totalmente em operações que não conferem direito a dedução (não apurando em consequência qualquer valor de imposto dedutível). Essa separação faz-se em momento anterior, e é imposta e regulada pelo n.° 3 do artigo 17.° da directiva e não pelo seu número 5[11]. Para apurar o

---

[11] Este erro de concepção do que seja a afectação real é generalizado entre nós e também um dos autores deste texto a ele não escapou, quando ao sistema de afectação real dedicou, de passagem, alguma atenção, em um texto publicado em 1991 (veja-se J. Xavier de Basto, *A tributação do consumo e a sua coordenação internacional. Lições sobre harmonização fiscal na Comunidade Económica Europeia*, Cadernos de Ciência e Técnica Fiscal, n.° 164, Lisboa, 1991). A páginas 59 desse livro, comete-se o erro de considerar que a regra da afectação real implica a separação contabilística do sector

imposto dedutível nestes casos, não é preciso qualquer sistema especial de afectação real. Quanto a esses *inputs,* o sujeito passivo tem garantida a dedução integral no n.º 3 do artigo 17.º (e, como veremos, em disposição homóloga do CIVA). Não precisa de adoptar nenhum procedimento excepcional, de separação das actividades: é sempre dedutível na integralidade esse imposto, tal como é não dedutível o imposto contido em *inputs* apenas utilizados em operações isentas sem direito à dedução.

O que está em causa agora é apenas o apuramento da parcela de imposto dedutível nos bens de uso "promíscuo". Quando não for esse o caso, e se afigure possível estabelecer uma relação directa e imediata dum *"input"* com um *"output"* e só com esse, o imposto é deduzido ou não consoante a regra do n.º 3, ou seja conforme os bens sejam utilizados em operações tributáveis ou em operações isentas sem direito à dedução, respectivamente.

É para a dedução do IVA contido em bens e serviços de utilização promíscua que a directiva apresenta as soluções das sucessivas alíneas do n.º 5 do artigo 17.º. O critério mais rigoroso é efectuar a dedução conforme a intensidade do uso, real e efectivo dos bens e serviços. Não é todavia o critério único, pois que a directiva admite a adopção de um critério menos "fino", em última análise, o *prorata* geral, determinado em função da proporção entre *"outputs"* tributados (os que efectivamente o são, mais os isentos com direito a dedução) e *outputs* totais (nestes incluindo, obviamente, os isentos sem direito a dedução). E deixa aos Estados membros a possibilidade de aceitar ou mesmo impor os procedimentos mais rigorosos, reservando o *prorata* como sistema residual e supletivo.

Admite ainda procedimento intermédio, como seja o previsto na alínea b) como seja o de obrigar o sujeito passivo "a determinar um *prorata* para cada sector da respectiva actividade e a manter contabilidades distintas para cada um dos sectores", efectuando assim, para efeitos do imposto, uma sectorização da actividade.

---

onde se efectuam operações isentas, quando essa separação não é de todo necessária para não permitir a dedução no sector isento e garantir a dedução total no sector tributado. Confunde-se aí afectação real com a sectorização da actividade de que trataremos mais adiante. A crítica a este entendimento, que se deixa escrita acima, no texto, constitui pois também uma autocrítica...

Pode acontecer, efectivamente, que comportando o total da actividade desenvolvida, actividades parcelares diferentes e com diferente tratamento quanto ao direito a dedução, a sectorização permita uma bem maior aproximação ao justo valor na determinação do montante global do direito a dedução, que deve sempre nortear a busca do melhor procedimento para o "*apportionment*" do "*residual input tax*", porque só da dedução deste imposto residual se trata. O que não seja imposto residual, mas antes imposto directamente atribuível tem regras de dedução constantes do n.º 3 e já suficientemente atrás analisadas.

Um exemplo quantificado pode ajudar a compreender por que razão a sectorização da actividade do sujeito passivo pode contribuir para um apuramento do imposto dedutível contido nos bens e serviços de utilização promíscua mais rigoroso e mais em linha com os princípios básicos que regem a dedução segundo a directiva europeia.

Suponha-se um sujeito passivo que desenvolve uma actividade comportando as seguintes operações, com a disciplina que entre nós resulta do articulado do CIVA: venda de imóveis para habitação (1), empreitadas de construção civil (2) e arrendamentos de imóveis (3), parte com renúncia à isenção (3.1) e parte com efectiva isenção ao abrigo do n.º 30 do artigo 9.º (3.2). Imagine-se ainda que o sujeito passivo adquire três bens, todos sujeitos a imposto: A por 1 500, B por 700 e C por 2 300, valores sem IVA, sendo que A apenas é utilizável e utilizado nas operações de tipo 2, B apenas utilizável nas operações de tipo 1 e C utilizável conjuntamente nas operações de tipo 3 (3.1 e 3.2).

De acordo com a interpretação que fizemos do artigo 17.º teríamos:

– A, porque apenas utilizável nas operações de tipo 2 – dedução integral do IVA suportado;
– B, apenas utilizável nas operações de tipo 1 – nenhuma dedução do IVA suportado;
– C utilizável conjuntamente nas operações de tipo 3 (3.1 e 3.2) – dedução parcial. Em que medida porém?

Admitindo como valores de *outputs*, a venda de imóveis por 60 000, as empreitadas por 3 000 e o arrendamento por 7 000, em que 5 000 foram objecto de renúncia à isenção, e tratando-se de um bem de uso indistinto em operações que conferem e em operações que não conferem direito a dedução, da utilização do *prorata* para apuramento da parcela

dedutível do IVA suportado, tendo em conta os valores que para os respectivos *outputs* constam do quadro adiante apresentado, resultaria:
(3 000 + 5 000): (60 000+ 3 000+ 5 000+ 2 000) = 12%
Se, porém, sectorizarmos a actividade a jusante, conforme o tratamento a dar às operações quanto ao direito a dedução, dividindo a actividade em três sectores, teríamos o resultado expresso no quadro seguinte:

	Valor	Direito a dedução
Sector 1. Venda de imóveis para habitação	60 000	Nulo
Sector 2. Empreitadas de construção civil	3 000	Integral
Sector 3. Arrendamento de imóveis 3.1 – com renúncia à isenção 3.2 – sem renúncia à isenção	 5 000 2 000	 Integral Nulo

Ou seja, poder-se-iam distinguir três sectores de actividade – Vendas de imóveis para habitação (Sector 1), Empreitadas (Sector 2) e Arrendamento de imóveis (Sector 3), evidenciando, como se disse, tratar-se não apenas de actividades distintas, mas também e sobretudo de operações agrupadas em função do regime do direito a dedução.

Sendo assim, não haveria qualquer alteração na dedução relativa aos bens A e B, mas, quanto ao bem C, a dedução alterar-se-ia drasticamente. Neste caso, a dedução deveria ser assim calculada:

Percentagem de dedução relevante "específica" deste *input*" para o sector 3, que é o único sector onde o bem é utilizável e será efectivamente utilizado:

5 000 /(5 000 + 2 000) = 72%

O resultado é bem distinto do anterior, aqui provocando uma dedução superior, mas podendo, obviamente, o resultado ser, com outros dados, de sentido inverso. O problema a discutir é o de determinar o que está mais correcto: se o primeiro, se o segundo dos procedimentos.

E a conclusão terá de ser a de que, verificado o pressuposto de que o bem C apenas se utiliza indistintamente nos *outputs* identificados como 3.1 e 3.2, ou seja, no arrendamento (suponha-se que se trata de serviços de publicidade não diferenciada de arrendamento em geral), é mais aderente à realidade que a medida da dedução resulte da proporcionalidade das operações com e sem direito a dedução, não em geral, mas daquelas em que ocorra a respectiva utilização. Nas restantes, o serviço em questão nem sequer deve verdadeiramente ser qualificado como *input*.

A sectorização permitirá, sem dúvida, uma dedução muito mais ajustada à utilização real e efectiva do *input* que no procedimento anterior em que a percentagem de dedução era de 12%.

Com a sectorização, em que os *inputs* são distinguidos em função do respectivo destino ou uso, não numa correspondência individualizada com um determinado *output,* mas em qualquer caso com *outputs* específicos agrupados em conjuntos homogéneos (sectores), poderá obter-se, desde que bem efectuada, um mais perfeito apuramento do imposto dedutível do que o resultante do uso do *prorata* geral de dedução.

A cada sector diferenciado se aplicará o seu próprio regime de dedução:
– sector 1 – nenhum direito a dedução
–sector 2 – integral direito a dedução
– sector 3 – na falta de melhor critério de imputação, percentagem de dedução (*prorata*), não em função do geral da actividade, mas apenas dos *outputs* desse sector.

Neste regime, portanto, a dedução do imposto suportado em cada *input* é apurada consoante o regime de dedução que caracteriza o sector ao qual o mesmo é afecto, logrando-se por esta via um maior grau de perfeição que a obtida em resultado da utilização do *prorata* geral de dedução.

Reconhece-se, contudo, um problema adicional: os sectores diferenciados resolvem a situação em que um bem é utilizado em comum em várias actividades que se incluem no mesmo sector, mas já não resolvem o caso em que um bem seja utilizado conjuntamente em actividades que pertençam a sectores distintos.

Imagine-se, no exemplo apresentado, o *input* constituído pelo ordenado do técnico oficial de contas, responsável pela contabilidade da empresa, com IVA por ele liquidado, e como tal suportado pela empresa.

Qual deverá ser o critério a seguir para o apuramento da parcela dedutível? Utilizado em todos os sectores, a percentagem, à falta de outra mais adequada, deverá ser a que resulta da relação de proporcionalidade entre *outputs* tributados e *outputs* totais, ou seja o *prorata* geral:

(3 000 + 5 000) : 70 000 = 12%

3. Apuramento do imposto dedutível segundo a directiva europeia: uma síntese

Vale a pena recapitular a análise a que procedemos das regras da directiva sobre o direito à dedução do imposto contido em bens e serviços utilizados em operações sujeitas ao imposto, com e sem direito a dedução e concentrar os respectivos resultados, antes de passar a considerar as soluções do Código do IVA português.

Em conclusão, retira-se da análise do artigo 17.º da directiva que a admissibilidade e o apuramento do *quantum* de imposto dedutível será sempre efectuado com base no princípio do uso dos bens e serviços adquiridos em operações tributáveis (ou seja, sujeitas a imposto), de forma a:

a) Identificar o quanto de IVA suportado que é directamente imputável a operações tributadas ou isentas com direito a dedução;

b) Identificar o quanto de IVA suportado que é directamente imputável a operações isentas sem direito a dedução;

c) Calcular o valor do IVA suportado a qualificar como residual (e que será o valor total do IVA suportado menos o directamente imputável e que resulta da soma de imposto mencionado nas duas alíneas anteriores);

d) Fazer operar um dos métodos para calcular a parcela dedutível desse IVA residual.

Em qualquer caso, como atrás mencionámos para determinar se sim ou não foi feito uso de uma particular aquisição numa determinada operação realizada a jusante, tem sempre de estabelecer-se se sim ou não existe uma relação directa e imediata entre esse custo e a operação a jusante. Só quando exista essa ligação directa entre *input* e *output* tributado é que há direito a deduzir o IVA suportado naquele *input*. De acordo com o critério da 2ª directiva, existe essa relação directa e imediata sempre que o custo suportado for uma componente do preço duma operação ou conjunto de operações realizadas ou a realizar. Se o custo ou a aquisição como um todo é uma componente do preço de operações isentas (sem direito a dedução), o imposto suportado não será recuperável, isto é, não será dedutível.

4. O regime do Código do IVA

4.1. *Os princípios básicos*

Na legislação interna, os princípios básicos do direito à dedução, na parte que aqui nos interessa, constam dos artigos 19.º e 20.º do CIVA.

O artigo 19.º, n.º 1, estabelece o princípio da dedução que os sujeitos passivos deverão efectuar para apurar o imposto devido, indicando que imposto suportado deve ser deduzido. Em princípio, todo o imposto suportado na aquisição de *inputs* produtivos, que tenha originado liquidação de imposto, está destinado a ser deduzido, para garantir a não cumulatividade da tributação e assegurar, como dissemos, a neutralidade do tributo. As diferentes alíneas do n.º 1 mais não fazem do que concretizar as várias situações de onde pode decorrer imposto suportado, que se quer que se transforme em imposto dedutível.

O artigo 20.º, por seu turno, condiciona a dedução do IVA suportado à utilização efectiva dos bens em que se suportou imposto em determinadas operações e exclui essa dedução quando os bens são utilizados em operações diversas. Daí resulta a distinção entre operações que conferem e operações que não conferem direito à dedução.

Sintetizando a disposição, dir-se-á que dela resulta que apenas concede direito a dedução o imposto suportado na aquisição de bens e serviços adquiridos para a realização de operações sujeitas ao imposto e dele não isentas (isenções das que designamos de isenções simples, incompletas ou isenções sem direito a dedução). *A contrario,* conclui-se que os bens e serviços adquiridos para a realização de operações não sujeitas ou para a realização de operações sujeitas mas declaradas depois isentas nas operações internas (isenções simples) não conferem ao imposto suportado na respectiva aquisição a qualificação de imposto dedutível.

4.2. O direito à dedução do IVA contido em bens de produção "promíscuos"

E quanto à modulação do direito à dedução do imposto contido em bens indistintamente utilizados em operações, sujeitas a imposto, que conferem e que não conferem direito à dedução?

Rege, nesta matéria o artigo 23.°, o qual foi objecto de alteração de certa profundidade na recente Lei do Orçamento para 2008. Iremos, em primeiro lugar, analisar a norma antes desta alteração, para avaliar da sua conformidade ou não com os princípios da directiva, para só depois nos debruçarmos sobre a nova versão, que entrou em vigor em 1 de Janeiro de 2008.

Começaremos por notar que a redacção do artigo 23.°, n.° 1, na versão anteiror à actual, contém logo uma primeira fonte de dificuldades – aliás resolvida, ou, pelo menos consideravelmente mitigada, na recente alteração que lhe foi introduzida e que consideraremos adiante.

Na verdade, uma comparação das expressões verbais usadas por ambos os normativos fará surgir uma divergência importante, do CIVA relativamente à directiva europeia, a qual, no limite, antes da alteração de 2008, a não se efectuar uma correcta interpretação da lei, poderia torná-la desconforme com o sistema comum europeu.

Coloquemos lado a lado, para melhor confronto, o n.° 1 do artigo 23.° do CIVA, antes da recente alteração, e a disposição homóloga da directiva europeia que é, como sabemos, o artigo 17.°, n.° 5:

6ª Directiva IVA Artigo 17.°	Código do IVA Artigo 23.°
5. No que diz respeito aos bens e aos serviços utilizados por um sujeito passivo, não só para operações com direito à dedução, previstas nos n.°s 2 e 3, como para operações sem direito à dedução, a dedução só é concedida relativamente à parte do imposto sobre o valor acrescentado proporcional ao montante respeitante à primeira categoria de operações.	*1. Quando o sujeito passivo, no exercício da sua actividade, efectue transmissões de bens e prestações de serviços, parte das quais não confira direito à dedução, o imposto suportado nas aquisições é dedutível apenas na percentagem correspondente ao montante anual de operações que dêem lugar a dedução.*

Existe claramente divergência no modo de exprimir o condicionalismo que determina a aplicação do regime de modulação do direito à dedução nos casos em que o sujeito passivo efectua operações que conferem e operações que não conferem direito à dedução. A norma de modulação do regime do direito à dedução que está n.° 1 do artigo 23.° – se comparada com a sua fonte na 6ª directiva IVA, que é o respectivo artigo 17.°, n.° 5 – revela, com efeito uma perspectiva diferente, que não contribui para uma boa aplicação do preceito.

A directiva coloca o acento tónico da regulamentação nos bens e serviços utilizados pelo sujeito passivo não só para operações que conferem direito à dedução como também para as que não conferem um tal direito, enquanto o CIVA, na disposição acima citada, acentua, ao invés, o aspecto subjectivo, ou seja os sujeitos passivos que praticam ao mesmo tempo operações com e operações sem direito à dedução.

Esta diferença de perspectiva, reflectida na redacção das normas, poderia ser fértil em consequências normativas. A nosso ver, dificultou a compreensão das regras do direito à dedução, conduzindo a aplicá-las de modo porventura não conforme ao direito comunitário[12]. Na verdade, ao pôr o ênfase na natureza dos sujeitos passivos e não na natureza dos bens utilizados, como faz a directiva europeia, a prática portuguesa tem conduzido a pretender aplicar aos designados sujeitos passivos mistos regras que só se devem impor aos *inputs* "promíscuos" (para novamente usar uma terminologia da doutrina fiscal italiana), isto é, aqueles que servem indistintamente operações tributáveis e operações isentas Os sujeitos passivos mistos, na verdade, devem, como atrás vimos, ter

---

[12] Esta crítica ao modo como o artigo 23.° aborda o tratamento do direito à dedução no caso de *inputs* promíscuos tem de entender-se como uma autocrítica dos dois autores do presente texto, já que ambos participaram na Comissão que preparou, nos anos 80 do século passado, a legislação portuguesa sobre IVA...O *Relatório da Comissão para a Simplificação do Sistema Fiscal Português*, de 2005, reconheceu esta deficiência da legislação portuguesa e recomendou que as regras sobre o direito à dedução que temos vindo aqui a considerar fossem revistas e clarificadas, o que veio a acontecer através da Lei do Orçamento para 2008. Veja-se *Simplificação do Sistema Fiscal. Relatório do Grupo de Trabalho criado por Despacho do Ministro de Estado e das Finanças, de 20 de Abril de 2005,* publicado nos Cadernos de Ciência e Técnica Fiscal, n.° 201, Lisboa, 2007, p. 252-254.

direito à dedução integral quanto ao imposto contido em bens e serviços que são só utilizados em operações tributadas (e isentas com direito a dedução) e não devem ter qualquer direito a deduzir quanto ao imposto contido em bens e serviços que são só utilizados em operações que não conferem direito à dedução. A disciplina do artigo 23.º, interpretado de acordo com a sua fonte comunitária que é o n.º 5 da 6ª directiva, não se impõe, sem mais considerações, aos sujeitos passivos mistos, mas apenas aos bens e serviços utilizados pelos sujeitos passivos em que não seja possível separar a utilização respectiva em operações que conferem e operações que não conferem direito à dedução. Só depois de verificada essa impossibilidade de separação tem sentido aplicar a disciplina prevista no artigo 23.º (correspondente ao n.º 5 do artigo 17.º da directiva comunitária). Seja como for, a norma portuguesa tinha sempre, em todo o caso, de ser interpretada em conformidade com o direito comunitário e não podia, como é óbvio, neste domínio dos princípios gerais do direito à dedução em que não são consentidas reservas ou regimes diferenciados, dele afastar-se.

Posto que, como acabamos de observar, existisse alguma divergência nas formulações do CIVA relativamente às das directivas europeias (em especial, entre o artigo 23.º, n.º 1, do CIVA e o artigo 17.º, n.º 5, da 6ª directiva), a regulamentação portuguesa podia e devia ser lida em harmonia com aqueles princípios. Impunha-se, numa palavra, em qualquer caso, uma interpretação conforme ao direito comunitário, a qual bem podia ser feita com cabimento na letra dos respectivos normativos.

As alterações recentemente introduzidas nestas regras vieram, sem dúvida, clarificar a leitura das normas e são muito bem-vindas em temas normativos onde até agora reinava muita hesitação da administração fiscal, que se transmitia aos sujeitos passivos sob a forma de insegurança ao decidir que imposto teriam direito a deduzir. Entendemos, todavia, que a nova redacção não introduziu, na parte que delas nos interessa, direito novo, porque, já antes dessas alterações as normas do CIVA deviam ser lidas em conformidade com os princípios da directiva e a sua letra não impedia, em todo o caso, essa leitura. Vamos, por isso, considerar a versão do CIVA, anterior a esta última intervenção do legislador, para só no número seguinte analisar a nova redacção destas normas.

Ora, o regime da dedução do IVA suportado em *inputs* de uso indistinto em operações que (embora na sua globalidade sujeitas ao imposto[13]) concedem e que não concedem direito a dedução constava, como agora ainda consta, do artigo 23.º do Código do IVA, que tinha a seguinte redacção:

Artigo 23.º

1 – Quando o sujeito passivo, no exercício da sua actividade, efectue transmissões de bens e prestações de serviços, parte das quais não confira direito à dedução, o imposto suportado nas aquisições é dedutível apenas na percentagem correspondente ao montante anual de operações que dêem lugar a dedução.

2 – Não obstante o disposto no número anterior, poderá o sujeito passivo efectuar a dedução, segundo a afectação real de todos ou parte dos bens e serviços utilizados, sem prejuízo de a Direcção-Geral dos Impostos lhe vir a impor condições especiais ou a fazer cessar esse procedimento no caso de se verificarem distorções significativas na tributação.

3 – A administração fiscal pode obrigar o contribuinte a proceder de acordo com o disposto no número anterior:
   a) Quando o sujeito passivo exerça actividades económicas distintas;
   b) Quando a aplicação do processo referido no n.º 1 conduza a distorções significativas na tributação.

4 – A percentagem de dedução referida no n.º 1 resulta de uma fracção que comporta, no numerador, o montante anual, imposto excluído, das transmissões de bens e prestações de serviços que dão lugar a dedução nos termos do artigo 19.º e n.º 1 do artigo 20.º e, no denominador, o montante anual, imposto excluído, de todas as operações efectuadas pelo sujeito passivo, incluindo as operações isentas ou fora do campo do imposto, designadamente as subvenções não tributadas que não sejam subsídios de equipamento.

---

[13] Relembremos que, quanto aos bens utilizados em operações não sujeitas, não existe qualquer direito à dedução.

Artigos

5 – No cálculo referido no número anterior não serão, no entanto, incluídas as transmissões de bens do activo imobilizado que tenham sido utilizadas na actividade da empresa nem as operações imobiliárias ou financeiras que tenham um carácter acessório em relação à actividade exercida pelo sujeito passivo.

6 – A percentagem de dedução, calculada provisoriamente, com base no montante de operações efectuadas no ano anterior, será corrigida de acordo com os valores referentes ao ano a que se reporta, originando a correspondente regularização das deduções efectuadas, a qual deverá constar da declaração do último período do ano a que respeita.

7 – Os sujeitos passivos que iniciem a actividade ou a alterem substancialmente poderão praticar a dedução do imposto com base numa percentagem provisória estimada, a inscrever nas declarações a que se referem os artigos 30.° e 31.°.

8 – Para determinação da percentagem de dedução, o quociente da fracção será arredondado para a centésima imediatamente superior.

9 – Para efeitos do disposto neste artigo, poderá o Ministro das Finanças e do Plano, relativamente a determinadas actividades, considerar como inexistentes as operações que dêem lugar à dedução ou as que não confiram esse direito, sempre que as mesmas constituam uma parte insignificante do total do volume de negócios e não se mostre viável o procedimento previsto nos n.°s 2 e 3.

Ora, este, tal como os demais artigos que, no CIVA, determinam o montante do IVA dedutível, devem sempre interpretar-se à luz do artigo 17.° da directiva. É indiscutível que, em geral, um Estado membro não é autorizado a tornar mais difícil e restrito (na forma e no quantitativo) a determinação do IVA dedutível em relação ao que é estabelecido pela directiva. Uma interpretação conforme à directiva impõe-se e é, mesmo com esta redacção do artigo 23.°, perfeitamente possível e a única legítima.

Como vimos, o artigo 17.°, n.° 5, da directiva europeia, construindo, como regra residual para a dedução do imposto contido naqueles *inputs*, a dedução em medida proporcional ao montante das operações tributadas, consente aos Estados membros opções em relação ao apuramento do IVA dos *inputs* promíscuos no sentido atrás descrito: permite que os Estados autorizem ou imponham a dedução segundo a efectiva utilização dos bens (afectação real), permite que os Estados não autorizem esse procedimento e permite ainda que os Estados autorizem ou obriguem a trabalhar com *prorata* distintos para distintos sectores de actividade

Será que no artigo 23.º do Código do IVA, antes da recente alteração de redacção, estão reflectidas estas mesmas opções? A nosso ver, a resposta é afirmativa.

Quanto à regra geral ou residual do *prorata* e ao regime da afectação real de todos ou de parte dos bens – entendido este último como significando dedução em função da real e efectiva utilização ou uso de cada *input* promíscuo em cada tipo de operação – não pode haver dúvidas de que estão consagrados no artigo 23.º, respectivamente no n.º 1 e no n.º 2.

E quanto à sectorização, prevista nas alíneas a) e b) do artigo 17.º, n.º 5, da directiva, como opção concedida aos Estados membros? Será que o legislador português usou essa opção? Será possível ao sujeito passivo proceder à sectorização e trabalhar com *prorata* diferenciados para os diferentes sectores?

O artigo 23.º não se refere expressamente à sectorização, nem a sectores de actividade.

Não nos parece, todavia, que a ausência dessa referência exclua, sem mais, a possibilidade de os operadores sectorizarem, para estes efeitos, a sua actividade, quando as circunstâncias o justifiquem.

Na verdade, o próprio artigo 23.º no seu número 2, ao tratar da afectação real, admite a possibilidade de a administração vir a impor aos sujeitos passivos "condições especiais", sem especificar de que condições se trata. Parece-nos que uma dessas condições poderia ser a da sectorização da actividade, para conseguir um melhor afinamento do direito à dedução, adaptando-o às circunstâncias de cada ramo de negócios com regime fiscal diferente.

Por outro lado, é certo que o CIVA, em outras disposições dá relevo a sectores diferentes da actividade económica do sujeito passivo. É o que sucede com a disciplina constante do artigo 3.º, n.º 3, alínea g), que assimila a transmissão de bens "a *afectação de bens por um sujeito passivo a um sector de actividade isento, quando relativamente a esses bens ou aos elementos que os constituem, tenha havido dedução total ou parcial de imposto*", e do artigo 4.º n.º 2 alínea a), em que se assimila a prestação de serviços a utilização de bens da empresa em "*sectores de actividade isentos, quando relativamente a esses bens ou aos elementos que os constituem, tenha havido dedução total ou parcial de imposto*".

Artigos

Ou seja, a assimilação das operações empresariais internas materializadas na afectação permanente de bens (transmissão) ou utilização temporária de bens (prestação de serviços), adquiridos ou produzidos com total direito a dedução ou com parcial direito a dedução, a operações tributáveis e que corresponde, afinal, a um desvio de afectação, não pode deixar de significar que a inicial afectação ocorreu num sector tributado (com total direito a dedução) ou num sector misto em termos de direito a dedução (com dedução parcial).

Note-se, aliás, que em variada doutrina emitida pela Administração Fiscal (Serviço de Administração do IVA) se utiliza a noção de sectores de actividade ou mesmo de sectorização, quando em discussão está a disciplina do direito a dedução em situações como as que aqui nos ocupam.

Não nos parece pois de pôr em dúvida que, na nossa legislação, se admite a sectorização da actividade, para efeitos de apuramento da parcela de imposto dedutível contida em *inputs* promíscuos, sempre que as operações do sujeito passivo sejam diferenciadas quanto ao seu regime fiscal.

A conclusão é portanto que as regras que atrás apresentámos como regendo o direito à dedução, retiradas das directivas que disciplinam o sistema comum do imposto sobre o valor acrescentado, estão, de forma explícita ou implícita, vertidas no CIVA, que, para mais, deve ver os seus preceitos sempre interpretados em conformidade com a normativa comunitária.

4.3. *O artigo 23.° do Código do IVA na redacção dada pela Lei do Orçamento para 2008*

Algumas dificuldades interpretativas que vinha suscitando o CIVA na matéria que aqui tratamos foram, senão totalmente removidas, pelo menos significativamente diminuídas, com a recente alteração do artigo 23.°, introduzida pela Lei do Orçamento para 2008 (Lei n.° 67-A/2007 de 31 de Janeiro)[14]. As alterações incidiram nos números 1, 2, 4 e 6 desse artigo, que convém, para mais fácil análise, transcrever aqui.

---

[14] A Lei n.° 67-A/2007, de 31 de Janeiro, também introduziu alterações ao artigo 24.° do CIVA, sobre regularização das deduções em bens do activo imobilizado. Trata-se, porém, de matéria irrelevante para a problemática que nos propusemos discutir aqui.

Artigo 23.º

1 – Quando o sujeito passivo, no exercício da sua actividade, efectuar operações que conferem direito a dedução e operações que não conferem esse direito, nos termos do artigo 20.º, a dedução do imposto suportado na aquisição de bens e serviços que sejam utilizados na realização de ambos os tipos de operações é determinada do seguinte modo:

    a) Tratando-se de um bem ou serviço parcialmente afecto à realização de operações não decorrentes do exercício de uma actividade económica prevista na alínea a) do n.º 1 do artigo 2.º, o imposto não dedutível em resultado dessa afectação parcial é determinado nos termos do n.º 2;

    b) Sem prejuízo do disposto na alínea anterior, tratando-se de um bem ou serviço afecto à realização de operações decorrentes do exercício de uma actividade económica prevista na alínea a) do n.º 1 do artigo 2.º, parte das quais não confira direito à dedução, o imposto é dedutível na percentagem correspondente ao montante anual das operações que dêem lugar a dedução.

2 – Não obstante o disposto na alínea b) do número anterior, pode o sujeito passivo efectuar a dedução segundo a afectação real de todos ou parte dos bens e serviços utilizados, com base em critérios objectivos que permitam determinar o grau de utilização desses bens e serviços em operações que conferem direito a dedução e em operações que não conferem esse direito, sem prejuízo de a Direcção-Geral dos Impostos lhe vir a impor condições especiais ou a fazer cessar esse procedimento no caso de se verificar que provocam ou que podem provocar distorções significativas na tributação.

3 – [...].

4 – A percentagem de dedução referida na alínea b) do n.º 1 resulta de uma fracção que comporta, no numerador, o montante anual, imposto excluído, das operações que dão lugar a dedução nos termos do n.º 1 do artigo 20.º, e, no denominador, o montante anual, imposto excluído, de todas as operações efectuadas pelo sujeito passivo decorrentes do exercício de uma actividade económica prevista na alínea a) do n.º 1 do artigo 2.º, bem como as subvenções não tributadas que não sejam subsídios ao equipamento.

*5 – [...].
6 – A percentagem de dedução referida na alínea b) do n.° 1, calculada provisoriamente com base no montante das operações realizadas no ano anterior, assim como a dedução efectuada nos termos do n.° 2, calculada provisoriamente com base nos critérios objectivos inicialmente utilizados para aplicação do método da afectação real, são corrigidos de acordo com os valores definitivos referentes ao ano a que se reportam, originando a correspondente regularização das deduções efectuadas, a qual deve constar da declaração do último período do ano a que respeita.*

Já só muito remotamente persiste, nesta nova redacção, aquele enfoque diferente do que é adoptado na directiva europeia, que atrás notámos, ou seja, o de regular o direito à dedução, nas situações em que coexistem operações tributadas e operações não tributadas ou isentas sem direito à dedução, mais em função da natureza dos sujeitos passivos do que, como procede a directiva, em função do destino dos bens que estes utilizam. O exórdio do n.° 1 ainda é semelhante ao da versão anterior, mas esse número remete a regulamentação da matéria para as suas duas alíneas e restantes números do artigo – e aí, como já veremos, o modo de abordar o problema da modulação do direito à dedução é já diferente, e bem mais esclarecedor.

Acontece, por outro lado, que agora a regulamentação se tornou muito mais explícita, em especial no que respeita ao sentido a dar ao regime da afectação real (anteriormente insuficientemente caracterizado e desenvolvido, originando não poucas perplexidades) e também à distinção entre operações sujeitas, conferindo ou não direito a dedução, e não sujeitas a imposto, sendo que, quanto a estas últimas, passou a ficar claro que não conferem nunca direito a dedução e deve o sujeito passivo quanto aos bens e serviços utilizados em parte nessas actividades proceder à respectiva separação real, como se conclui de uma disposição nova que é a alínea a) do n.° 1.

A inovação dir-se-ia que é uma adaptação da regulamentação portuguesa à doutrina dos Acórdãos do TJCE *Satam e Polysar*, já atrás referidos. Vários Estados membros, logo na sequência de tais decisões jurisprudenciais, procederam a alterações da legislação no sentido clarificar que nenhuma dedução poderia ser efectuada quanto aos *inputs* produtivos utilizados em operações que, segundo aqueles arestos, não relevam de uma actividade produtiva, como é o caso da simples recepção de dividendos por parte de uma sociedade *holding* pura (isto é, que não se imiscui nas actividades das sociedades em cujo capital participa), doutrina esta que foi depois estendida à recepção de juros. Isso não foi feito em Portugal e originou algumas incompreensões e, eventualmente, decisões e práticas administrativas não conformes com o direito comunitário.

A partir de agora, fica claro que os bens e serviços utilizados em operações que não relevam das actividades económicas previstas na alínea a) do n.º 1 do artigo 2.º do CIVA ficam segregados dos demais e o imposto neles contido é, de todo, não dedutível. A solução, constante da nova alínea a) do n.º 1 do artigo 23.º, é inspirada na legislação francesa que já foi atrás apontada. Suspeitamos que tem aplicação bastante restrita, já que serão poucos os *inputs* produtivos reservados às acima referidas operações que não relevam das actividades económicas previstas no n.º 1 do artigo 2.º. Será este o caso, tipicamente, da recepção de dividendos e de juros, que, em obediência aos princípios estabelecidos pelo TJCE, em diversos acórdãos, alguns já citados, extravasam do conceito de actividade económica construído pelo sistema comum europeu de imposto sobre o valor acrescentado.

A alínea b) do n.º 1 – onde agora se contém a regra "residual" da percentagem de dedução ou do *prorata* – é muito mais clara e de leitura imediata, no sentido imposto pela directiva comunitária. A dedução parcial, em percentagem correspondente ao montante anual das operações que dêem lugar a dedução, vale apenas para os bens e serviços afectos "à realização de operações decorrentes do exercício de uma actividade económica prevista na alínea a) do n.º 1 do artigo 2.º, parte das quais não confira direito à dedução". O que determina a aplicação eventual da regra do *prorata* não é a natureza do sujeito passivo – tratar-se ou não, em suma de um sujeito passivo "misto", com operações que conferem e que não conferem direito à dedução, como frequentemente se entendia à luz da anterior versão da lei. É antes a natureza objectiva da utilização do bem ou serviço, que determina a parte do imposto incorporado que se pode ou não deduzir. A regra tem aplicação, pois, aos bens e serviços que já atrás designámos, na esteira da doutrina italiana, como de uso promíscuo e só a eles respeita.

Também inovadora na forma – e portanto mais propensa a uma leitura conforme à directiva, a qual, a nosso ver, já era, porém, possível e, naturalmente obrigatória, na versão anterior – é a nova norma que respeita ao designado método da afectação real, constante da alínea b) do n.° 2.

Por um lado, fica claro do contexto que o método da "afectação real" é ainda um método de modulação do direito à dedução dos *inputs* promíscuos. Nada de pensar que há afectação real quando um determinado bem ou serviço tem aplicação exclusiva numa operação tributada, conferindo direito à dedução, o que era, erradamente, entendido, com frequência, sob a disciplina anterior. Como sabemos, nesse caso, há direito à dedução integral do imposto ao abrigo do princípio geral dos artigos 19.° e 20.° do CIVA. E não se trata de qualquer afectação real, mas da simples aplicação do princípio básico do direito à dedução. Do mesmo modo, na situação inversa em que um determinado bem ou serviço tem aplicação exclusiva numa operação que não confere direito à dedução, não pode deduzir-se qualquer parcela de imposto, por aplicação das mesmas disposições (lidas *a contrario*). É pois para os casos em que os bens e serviços são indistintamente, "promiscuamente", usados em ambos os tipos de operações que vale a regra desta alínea b), como, aliás, é também para essa situação que, como vimos, pode valer a regra da percentagem de dedução.

Para além de esclarecer para que situações está destinado o método da afectação real, a alínea b) dá uma "definição" do método, ou, pelo menos, proporciona elementos suficientes para entender em que consiste esse sistema de modulação do direito à dedução – diferentemente do que acontecia na versão anterior, inteiramente omissa a esse propósito, tal como, diga-se de passagem, na própria directiva europeia. Fica-se agora a saber, o que representa um assinalável progresso na segurança da aplicação das regras do IVA, que a tal afectação real consiste na aplicação de critérios objectivos, reais, sobre o grau ou a intensidade de utilização dos bens e serviços em operações que conferem direito à dedução e em operações que não conferem esse direito. É de acordo com esse grau ou intensidade da utilização dos bens, medidos por critérios objectivos, que o sujeito passivo determinará a parte do imposto suportado que poderá ser deduzida. Os critérios estão sujeitos, como não podia deixar de ser e como estava já aliás previsto na versão anterior da norma homóloga e era prática seguida, ao escrutínio da Direcção-Geral dos Impostos, que pode vir a impor condições especiais ou mesmo a fazer cessar o procedimento de afectação real, no caso de se verificar que assim se provocam ou se podem provocar distorções significativas de tributação. Nada de novo, pois, nesta atribuição de poderes de controlo à administração fiscal.

No n.º 6 do artigo 23.º, nesta nova versão entrada em vigor em 2008, introduz-se, todavia, uma inovação que merece relevo. Na verdade, aí se manda aplicar também para o método da afectação real uma técnica que a directiva – e o Código do IVA até a esta última alteração – só previam para o método da percentagem de dedução, e que é a de operar a dedução com base numa percentagem de dedução calculada provisoriamente com base no montante das operações realizadas no ano anterior, corrigindo-a de acordo com os valores definitivos referentes ao ano a que se reportam e originando assim a correspondente regularização das deduções efectuadas, a qual deve constar da declaração do último período do ano a que respeita. É o bem conhecido sistema de determinação de um *prorata* "provisório" que vai sendo anualmente confrontado com um *prorata* "definitivo", gerando regularizações a favor ou contra o sujeito passivo.

Pois bem, aquele número 6 determina a aplicação da mesma técnica para os "critérios objectivos" em que assenta o método do *prorata*. O sujeito passivo deve pois rever anualmente se houve modificações do grau de utilização dos bens e serviços nas operações que conferem e que não conferem direito à dedução e regularizar, em conformidade, a dedução efectuada. Passará porventura, a partir de agora, a ter de falar-se em "critérios objectivos provisórios" e "critérios objectivos definitivos" e em regularizações anuais da afectação real...

A directiva europeia não estabelece qualquer sistema deste tipo para a afectação real, mas tão-somente para o método da percentagem de dedução. Não queremos, todavia, com esta simples observação implicar logo, sem mais considerações, que a inovação introduzida seja contrária ao sistema comum. Na verdade, ela talvez não contrarie o espírito do sistema e, afinal, limita-se a decalcar, para o método da afectação real, os ajustamentos temporais previstos para o método do *prorata*. Tal como pode mudar, e muda efectivamente de ano para ano, o *ratio* entre operações que conferem direito à dedução e o total das operações do sujeito passivo, tendo lógica que se proceda à regularização das deduções efectuadas com base no *prorata* provisório, assim também pode mudar no tempo o grau de utilização dos bens no regime da afectação real e parece então também fazer sentido que se regularizem deduções efectuadas com base em "critérios objectivos" que já ficaram obsoletos. Deve ter sido este o raciocínio do legislador de 2007.

Parece-nos, todavia, que a natureza dos dois métodos é, apesar de tudo, diferente e que uma regularização sistemática, anual, das deduções efectuadas nos sistemas de afectação real, que lidam com variáveis bastante mais estáveis, introduz uma complexidade acrescida, numa matéria já suficientemente complicada e eriçada de dificuldades de aplicação, para além de não ter assento explícito na norma comunitária. A nosso ver, os poderes dados à Direcção-Geral dos Impostos pelo n.º 2 do artigo 23.º são plenamente suficientes para evitar distorções de tributação ligadas ao método de afectação real. A ser assim, como nos parece que é, a inovação do n.º 6 era escusada e não vai porventura ter aplicação e controlo fáceis, mesmo sem discutir a sua conformidade com o direito do sistema comum europeu.

Observe-se ainda que a nova regulamentação não incorpora expressamente os métodos que atrás analisámos de sectorização das actividades, amplamente admitidos na directiva, como deixámos assinalado. Continua a parecer-nos, não obstante, que os não proíbe e que as considerações atrás produzidas sobre o seu maior rigor na modulação do direito à dedução, em certas situações, como as aí descritas, mantêm toda a validade. Pode a administração aceitá-los sempre que o sujeito passivo demonstre que assentam em "critérios objectivos" que permitam medir, melhor do que quaisquer outros métodos, a intensidade do uso, nos diferentes "sectores", dos bens e serviços em que foi suportado IVA. Sem os admitir expressamente, deve entender-se, a nosso ver, que o CIVA não os proíbe e que estão bem inseridos na letra e no espírito do sistema e de acordo com as técnicas mais aperfeiçoadas respeitantes ao direito à dedução.

Uma última nota – que extravasa já de algum modo o escopo principal deste texto – para realçar a alteração introduzida no n.º 4 do artigo 23.º, ao eliminar a referência, constante da legislação anterior, à inclusão no denominador da fracção sobre que se constrói a percentagem de dedução, das "operações fora do campo do imposto". A norma, tal como estava construída, era contrária ao direito comunitário, tal como vinha sendo interpretado pelo TJCE na esteira dos já citados acórdão *Satam* e *Sofitam* e na extensa jurisprudência que se lhes seguiu. Com a nova redacção, fica claro que o denominador daquela fracção inclui "o montante anual, imposto excluído, de todas as operações efectuadas pelo sujeito passivo decorrentes do exercício de uma actividade económica prevista na alínea a) do n.º 1 do artigo 2.º, bem como as subvenções não tributadas que não sejam subsídios de equipamento".

Repare-se: "...todas as operações efectuadas pelo sujeito passivo decorrentes do exercício de uma actividade económica prevista na alínea a) do n.º 1 do artigo 2.º'" – o que quer justamente dizer que as tais "operações fora do campo do imposto", como a recepção de dividendos ou de juros, por exemplo, não fazem parte daquele denominador, por não relevarem do conceito de actividade económica válido para efeitos de imposto sobre o valor acrescentado[15]. Não influem assim na percentagem de dedução.

Sobre a alteração agora introduzida no artigo 23.º do CIVA, diremos, pois, em conclusão, que se deu um passo decisivo para a correcta aplicação dos princípios estabelecidos no sistema comum europeu de IVA[16]. Desfizeram-se equívocos e incompreensões que os textos normativos anteriores de algum modo alimentavam e a prática vinha seguindo[17].

---

[15] Quanto às subvenções não tributadas que não sejam subsídios de equipamento, a sua inclusão no denominador já vinha prevista na versão anterior do artigo 23.º. Trata-se de uma faculdade que a 6ª directiva concede aos Estados, no segundo traço do n.º 1 do artigo 19.º, mas cuja aplicação é restrita aos sujeitos passivos "mistos" e não pode ser estendida a sujeitos passivos integrais que recebam subvenções daquele tipo, como já entre nós se tem pretendido e até praticado. Para uma análise do problema e da jurisprudência comunitária que o suscitou, leia-se Maria Odete Oliveira; Severino Henriques Duarte, "O tratamento das subvenções em IVA. Reflexões antes e depois dos Acórdãos de 2005", em *Estudos em memória de Teresa Lemos,* Cadernos de Ciência e Técnica Fiscal, n.º 202, Lisboa, 2007, p. 223-241.

[16] Foi esta também a opinião expressa por Filipe Nogueira em artigo publicado no *Diário Económico,* de 26 de Outubro de 2007, intitulado expressivamente "E fez-se luz…".

[17] A alteração do artigo 23.º do CIVA deverá conduzir também – mas é este um posto de ordem administrativa que não é o caso de desenvolver aqui – à modificação das declarações cadastrais de IVA (declaração de início de actividade e declaração de alterações). Na verdade, o modo como se faz, no quadro 11 e nas respectivas instruções de preenchimento da declaração de início, a opção pelo enquadramento dos sujeitos passivos ou no método do *prorata* ou no da afectação real não está de acordo com a restrição desses métodos de deduzir IVA ao imposto contido nos bens de uso indistinto em operações

E, se é certo que às boas soluções se podia sempre chegar através de um esforço interpretativo, orientado pela busca de interpretações conformes ao direito comunitário, a nova regulamentação poupa contenciosos e assegura aos sujeitos passivos maior segurança na aplicação de normas de que são eles os primeiros e principais destinatários. E são eles também, não o esqueçamos, as principais vítimas quando a legislação é complexa e peca por falta de clareza.

---

que conferem e que não conferem direito à dedução. O ponto de partida para o enquadramento no regime do *prorata* ou da afectação real, no modelo actual da declaração de início, é o de o sujeito passivo efectuar simultaneamente operações que conferem e que não conferem direito à dedução, quando o ponto de partida correcto, como sabemos, deve ser o de existirem ou não bens que são utilizados indistintamente em ambos os tipos de operações. Trata-se de questões de ordem prática e operacional, mas que não deixam de ser importantes para o bom funcionamento de um imposto auto-liquidável.

Carlos Baptista Lobo

As operações financeiras no Imposto do Selo: enquadramento constitucional e fiscal

Carlos Baptista Lobo
Secretário de Estado dos Assuntos Fiscais
Mestre em Ciências Jurídico-Económicas
Assistente da Faculdade de Direito da Universidade de Lisboa

RESUMO:

O enquadramento jurídico-tributário da tributação dos instrumentos e das operações financeiras não pode ser efectuado sem uma prévia explanação das opções fundamentais que nortearam o actual desenho do Imposto do Selo. Atendendo à sua riqueza e diversidade, qualquer análise do âmbito de incidência deste imposto implica uma apreciação compreensiva da sua doutrina de tributação e da sua razoabilidade própria. Na verdade, é no campo dos instrumentos e das operações financeiras que a alteração da configuração do Imposto do Selo mais se fez sentir. De facto, também em nenhum outro campo se assistiu a uma alteração tão radical nos modelos de desenvolvimento da actividade.

Efectivamente, foi a evolução nos modelos de exercício desta actividade que fez evoluir o próprio Imposto do Selo. As críticas mais acérrimas ao Imposto do Selo resultaram precisamente do seu relativo atraso evolutivo no que diz respeito aos sistemas de tributação da actividade financeira. A demonstração é relativamente simples: existiu um momento histórico em que a actividade financeira se desmaterializou e evolui para o sistema que hoje conhecemos; porém, o legislador fiscal foi mais lento na adaptação do sistema tributário, o que implicou que muitas das opções de modernização financeira fossem sucessivamente "puxadas para trás" por razões de política tributária ancestrais de conteúdo eminentemente formalista, originando perdas de eficiência totalmente injustificadas e desproporcionadas. É o que iremos demonstrar ao longo deste texto.

Palavras chave:
    imposto do selo
    operações financeiras
    enquadramento jurídico-tributário

ABSTRACT:

The juridical tax framework of the taxation on instruments and financial transactions can't be carried out without a previous explanation of the essential choices which guided the Stamp Duty Tax present drawing. Due to its richness and diversity, any analysis of the scope of this tax base implies a wide reaching judgement of its taxation doctrine and of its own reasonability. As a matter of fact, it is in the field of instruments and financial transactions that the change in the shape of Stamp Duty Tax has been most strongly felt.

In fact, in any other field such a radical change in an activity development has been witnessed. Actually, it was the evolution in performance models in this particular activity that caused an evolution in the Stamp Duty Tax itself. Sharp criticism around the Stamp Duty Tax has arisen as a result of relative evolution delay regarding the taxation systems of the financial activity. It is quite simple to prove this: at a certain historical moment, financial activity became immaterial and developed to the systems known today; yet, tax legislators acted too slowly while adapting to taxation systems, giving rise to consecutive "push backs" that delayed financial modernization, due to excessively formal ancestral taxation policies, which lead to losses of efficiency completely unjustifiable and out of proportion. This is what we are going to demonstrate in this short essay.

Keywords:
    Stamp Duty Tax
    financial transactions
    juridical tax framework

1. Configuração do Imposto do Selo

O enquadramento jurídico-tributário da tributação das garantias não pode ser efectuado sem uma prévia explanação das opções fundamentais que nortearam o actual desenho do Imposto do Selo. Atendendo à sua riqueza e diversidade, qualquer análise do âmbito de incidência deste imposto implica uma apreciação compreensiva da sua doutrina de tributação e da sua razoabilidade própria.

De facto, o novo Código do Imposto do Selo foi aprovado pela Lei n.º 150/99, de 11 de Setembro, e corporizou uma clivagem fundamental com o modelo tributário anterior. Fundamentalmente, e com especial relevância para o caso em análise, o novo regime tributário do Imposto do Selo ultrapassou o âmbito tradicionalmente formalístico, adoptando uma estrutura tributária assente na óptica da materialidade.

Com efeito, muitas das falências que se associavam ao regime anterior decorriam directamente da não adaptação da lógica eminentemente formalística ao tráfego jurídico moderno. E, nesse âmbito, importa recordar as principais críticas à época, e que não se traduziam na contestação *ipso facto* do imposto em si mesmo, mas no aquilosamento das opções tributárias e na sua difícil convivência com os modelos jurídico-económicos actuais. Assim, todas as opções tributárias tipicamente formalistas foram abandonadas (*v.g.*, tributação da contratualização do crédito e não da sua utilização, consideração da tributação dos suprimentos unicamente se constassem de contrato escrito, exigência das estampilhas fiscais), em favor de opções mais racionais e adaptadas à realidade actual, no âmbito de um modelo de desformalização e desintermediação essencial para a eficiência e a perfeição dos novos sistemas tributários.

Denote-se que esta transformação radical do Imposto do Selo implicou uma transfiguração integral do próprio sistema de liquidação e cobrança do imposto. De facto, e a este propósito, a eliminação das estampilhas fiscais – expoente máximo do formalismo tributário anterior – nem sequer se poderão considerar como a principal revolução. Mais importante do que esta erradicação de um sistema de cobrança burocratizado foi a reconstrução de todo o edifício da incidência pessoal, com a instituição de um sistema de "substituição" tributária generalizada, corporizada na definição de um conceito de sujeito passivo atípico – próximo do sistema IVA – e da sua contraposição face ao sujeito que suporta o encargo do imposto.

Aliás, o modelo de incidência em sede de imposto de selo foi, historicamente, delimitado em função das possibilidades práticas relativamente ao processo de liquidação e cobrança. Efectivamente, e nas suas vestes originais, o fundamento do imposto do selo radicava precisamente na sua etimologia – selo – enquanto exteriorização de uma fé pública que emanava do documento onde era aposto. Era precisamente a concessão dessa fé pública que fundamentava a tributação, enquanto remuneração dessa outorga. Neste âmbito, é relativamente intuitiva a relação normalmente estabelecida entre o documento físico e o imposto do selo. Em tese, e na sua configuração histórica inicial – relembre-se que o Imposto do Selo foi criado por alvará de 24 de Dezembro de 1660 –, não existia imposto de selo sem a existência prévia do documento onde era aposto o selo, no sentido físico do termo.

Não é, portanto, por acaso que o próprio preâmbulo refere que «*a reforma de 2000 marcou uma tendência para a alteração de uma das suas mais ancestrais características, que de imposto sobre os documentos se tende a afirmar cada vez mais como imposto sobre as operações, que independentemente da sua materialização, revelem rendimento e riqueza*».

Porém, essa relação tradicional que se estabelecia entre o documento em si e o facto tributário não resultava unicamente do pressuposto de tributação. Efectivamente, essa relação intrínseca era fundamental para a praticabilidade do sistema de liquidação e cobrança do tributo dada a exiguidade dos modelos historicamente existentes.

No entanto, o Imposto do Selo sofreu uma evolução histórica significativa. E tal decorreu da relativa incompreensão da doutrina e do próprio legislador quanto à real natureza do imposto do selo enquanto imposto de registo. De facto, perante a crescente desmaterialização da realidade económica foi sendo progressivamente entendido que o imposto do selo não continha uma racionalidade e uma legitimação intrínseca, pelo que, o seu fundamento radicava única e simplesmente na emergência de angariação de receita pública, assumindo-se como pacífica a concepção do Imposto do Selo enquanto tributo residual, que tributaria unicamente realidades materiais e manifestações de capacidade contributiva não contempladas no âmbito de incidência de impostos "mais dignos", como os impostos sobre o rendimento, os impostos sobre o património ou, de forma expressa, no âmbito de incidência do IVA. Era neste sentido que a doutrina mais "benévola" considerava o Imposto do Selo como um tributo plástico que se adaptava a modelos de tributação relativamente incomuns, mas necessários para o equilíbrio do sistema tributário e para o alargamento do âmbito da incidência.

Exemplos desta plasticidade são todas as realidades que sucessivamente inseridas no seu âmbito de incidência – como por exemplo, a matéria relativa à tributação das entradas de capital, aditada pelo Decreto-Lei n.º 322-B/2001, de 14 de Dezembro, decorrente da transposição da Directiva n.º 69/335/CEE, do Conselho, de 17 de Julho de 1969, alterada pelo Directiva n.º 85/303/CEE, do Conselho, de 10 de Junho de 1985, ou matéria relativa ao "anterior" Imposto sobre Sucessões e Doações, aditada pelo Decreto-Lei n.º 287/2003, de 12 de Novembro .

Assim, e ao contrário da maioria da doutrina que defende a inexistência de uma filosofia própria de tributação subjacente ao imposto do selo, sustenta-se, ao invés, que o Imposto do Selo tem subjacente uma multiplicidade de filosofias próprias, unidades num corpo comum de princípios de regras de liquidação e cobrança. Assim, e para cada unidade tributação presente no Imposto do Selo importará efectuar uma ponderação do seu modelo próprio de tributação directamente decorrente da filosofia originária do tipo tributário em causa e, subsequentemente, torna-se necessário efectuar uma indagação de segundo grau à luz dos modelos comuns dos princípios e regras que sustentam um imposto compósito e compreensivo num modelo unificado.

Neste modelo, e somente a tipo meramente exemplificativo, assistimos, no corpo unificado do Imposto do Selo, a um:

– imposto de registo relativo a transmissões onerosas de propriedade imobiliária, de trespasse ou direitos de exploração (verbas 1.1. e 27 da Tabela);
– imposto sobre sucessões e doações (verba 1.2. da Tabela);
– imposto de registo sobre documentos públicos ou particulares para efeitos de outorga de fé pública (verbas 3, 7, 8, 9, 14, 15, 16, 20 da Tabela);
– imposto sobre actos públicos pela remuneração de serviços (verbas 12.4, 12.5 da Tabela);

– imposto sobre actos públicos tendo subjacente propósitos de desincentivo (verbas 11 – imposto sobre o jogo –, verba 12.1 e 12.2 – instalação de máquinas de diversão ou de jogo – da Tabela);
– imposto sobre manifestações indirectas de capacidade contributiva reveladas por via da celebração de determinados contratos (verbas 5, 6 da Tabela);
– imposto sobre instrumentos e operações financeiras e de seguros (verbas 4, 10, 17, 21, 22, 23,24,25 da Tabela);
– imposto ambiental sobre actividade publicitária (verba 19 da Tabela);
– imposto sobre a entrada de capitais (verba 26).

São, portanto, nove (pelo menos) as realidades tributárias incluídas no corpo compósito do Imposto do Selo, tendencialmente sujeitas a um corpo uniformizado de normas adjectivas estabelecidas no Regulamento do Imposto do Selo.

A cada um destes tipos tributários corresponde uma filosofia própria, não se podendo confundi-las sob pena de, isso sim, criarmos uma total confusão dogmática. Neste âmbito, a correcta interpretação dos tipos tributários em sede de Imposto do Selo depende da realização de um prévio "isolamento" conceptual de forma a atingirmos a filosofia própria originária de cada tipo tributário em si mesmo considerado – *in limine*, o descortínio da causa original da tributação –, e de uma subsequente aculturação desse tipo tradicional – eminentemente formal – aos princípios e regras comuns próprios de um ambiente tributário norteado para a substância, fundamental para a adaptação de um sistema tributário deste tipo a um ambiente simultaneamente desmaterializado e desformalizado.

2. Os Instrumentos e as Operações Financeiras no "novo" Imposto do Selo

No âmbito das realidades sujeitas à incidência do Imposto do Selo assumem particular importância as operações financeiras, *maxime*, a utilização de crédito e a prestação de garantias, ou seja, as verbas 17 e 10, respectivamente. De facto, além de representarem cerca de 95% da receita total do Imposto do Selo, estes tipos tributários demonstram a real natureza deste tributo. Com efeito, já ninguém contesta a legitimidade do Imposto do Selo tal como acontecia nos tempos anteriores à reforma de 2000. Efectivamente, nesses momentos, afirmava-se que o Imposto do Selo só existia para legitimar o tipo tributário de "*imposto sobre operações financeiras*". Nos termos dessa argumentação, o elevado número de verbas existentes à data (mais de 200) serviam unicamente como "nuvem de fumo" para camuflar uma intenção inequívoca do Estado em tributar as actividades financeiras de uma forma discriminatória e desproporcionada contrária aos princípios constitucionais fiscais e aos princípios de harmonização fiscal comunitária. Ora, a reforma de 2000, acrescida da inclusão do modelo de tributação harmonizada das entradas de capital e do imposto sobre sucessões e doações, afastou definitivamente esta crítica fundamental.

E, efectivamente, é no campo dos instrumentos e das operações financeiras que a alteração da configuração do Imposto do Selo mais se fez sentir. De facto, também em nenhum outro campo se assistiu a uma alteração tão radical nos modelos de desenvolvimento da actividade. Efectivamente, foi a evolução nos modelos de exercício desta actividade que fez evoluir o próprio Imposto do Selo. As críticas mais acérrimas ao Imposto do Selo resultaram precisamente do seu relativo atraso evolutivo no que diz respeito aos sistemas de tributação da actividade financeira. A demonstração é relativamente simples: existiu um momento histórico em que a actividade financeira se desmaterializou e evolui para o sistema que hoje conhecemos; porém, o legislador fiscal foi mais lento na adaptação do sistema tributário, o que implicou que muitas das opções de modernização financeira fossem sucessivamente "puxadas para trás" por razões de política tributária ancestrais de conteúdo eminentemente formalista, originando perdas de eficiência totalmente injustificadas e desproporcionadas. E, de facto, esse desfasamento temporal foi visível na tributação das operações financeiras em sede de imposto do selo. Era insustentável a adopção de um modelo de tributação do crédito tomando como base a vertente formal da sua contracção contratual e não a vertente substantiva da sua utilização.

Esta evolução abrupta que se fez sentir no sistema financeiro foi, inicialmente, mal aceite pelo sistema tributário. Até ao ano 2000, o Imposto do Selo continuou a assentar o seu enfoque no documento físico de base, ignorando a desformalização e desmaterialização crescente, o que originava discussões totalmente estéreis sob os termos de tributação de crédito em conta-corrente ou dos créditos *revolving*, operações de base essencialmente substancial, mas dificilmente enquadráveis numa visão tributária formalista. De facto, e conforme foi prática geral nos tempos anteriores à reforma de 2000, era rara qualquer liquidação adicional de imposto a este propósito apesar da "aparente" desconformidade tipológica destas operações desformalizadas com a norma de incidência vigente à altura e que se sustinha na contratação do crédito. Uma das poucas excepções a este *status quo* ocorreu em 1998 e 1999, quando a inspecção tributária efectuou liquidações adicionais relativamente a práticas de conta-corrente em descoberto, considerando, neste enquadramento, que ocorriam práticas abusivas.

Não se pode esquecer que as operações e os instrumentos financeiros constituem um campo de tributação bastante dificultada. Em primeiro lugar, as variações nos produtos e nos instrumentos são permanentes. Em segundo lugar, quem efectivamente suporta o encargo económico do imposto é o cliente da instituição financeira, que se constitui, na esmagadora maioria das ocasiões como a parte economicamente mais desfavorecida da relação contratual, o que coloca problemas significativos ao nível do princípio da igualdade fiscal, na vertente da capacidade contributiva. Em terceiro lugar, as formas de controlo e fiscalização administrativa das actividades financeiras – actos em massa – são de difícil exercício, sendo que a administração fiscal necessita de dispor de recursos pelo menos idênticos aos detidos pelas instituições financeiras, ou pelo menos, ter o acesso directo à informação bancária dos clientes.

Ora, neste enquadramento relativamente pantanoso não será de estranhar a presença de uma irresistível tentação para a adopção de modelos de tributação relativamente seguros, de conteúdo tipológico e formalista. De facto, o legislador fiscal terá a tendênciaa ancorar as suas opções tributárias em manifestações físicas bastante bem identificadas de determinados actos ou operações o que culmina na definição de tipos tributários assentes em determinados contratos formais com uma estreita ligação conceptual à doutrina civil de salvaguarda. De facto, com esta opção o legislador pensa resolver todos os problemas que se lhe colocam: tem referenciais dogmáticos sólidos que permitem uma identificação categórica da operação praticada e, no limite, existirá sempre um documento físico que prova indiscutivelmente a realização da operação tributada.

Porém, esta excessiva delimitação tipológica culmina naturalmente num exacerbamento da realidade formal subjacente, totalmente violador do princípio da proporcionalidade e da igualdade fiscal, e gerador de uma total distorção concorrencial e irracionalidade tributária.

Com a simples alteração do tipo tributário para uma lógica substantiva baseada na utilização do crédito todos os problemas e todos os desequilíbrios antes tomados como inultrapassáveis e violadores da sã concorrência no mercado bancário ficaram irremediavelmente sanados, atingindo-se um sistema de imposto unanimemente reconhecido como de modernidade – visando a substância e minimizando os aspectos formais – e totalmente adaptado aos desafios da "nova economia".

Neste enquadramento, as operações e os instrumentos financeiros são inevitavelmente sujeitos, na nova configuração do Imposto do Selo, a uma tributação que atende unicamente à substância económica das operações, alheando-se o legislador da forma jurídica dos contratos[1].

Este primado da substância no novo ordenamento do Imposto do Selo tem uma importância fundamental na tributação dos instrumentos e das operações financeiras, já que impede, *in limine*, distorções artificiais de práticas negociais unicamente com objectivos de elisão fiscal.

3. A tributação em Imposto do Selo segundo a "substância económica" das operações financeiras e os princípios constitucionais fiscais

As críticas ao regime fiscal anterior assentavam muito do seu teor no excessivo formalismo do Imposto do Selo. Porém, atendendo às suas raízes históricas e à necessidade de uma estabilidade tributária artificialmente fundada na definição de tipos formais civilisticamente delimitados e na existência de documental física, o regime tributário teimou em manter algumas ligações a este universo. Porém, e conforme se referiu, a reforma de 2000 alterou radicalmente este *status quo*.

Esta alteração decorreu de quatro razões fundamentais: (1) o reconhecimento da insustentabilidade e da irracionalidade da situação

---

[1] Cfr., e.g., J: Silvério Mateus e L. Corvelo de Freitas, *Os Impostos sobre o Património Imobiliário – O Imposto do Selo*, Engifisco, 2005, pág. 733;

anterior; (2) a verificação de um amplo movimento de inovação bancária e financeira insusceptível de ser abarcado por via da utilização de conceitos de ordem meramente formal (3) a sofisticação da administração fiscal, *maxime*, do seu departamento de controlo e fiscalização e do aumento da confiança relativamente às instituições financeiras (*in limine*, o acesso aos registos informáticos das operações); e, (4) a verificação de uma tendência inelutável para a tributação de acordo com a substância económica e a preocupação crescente com o princípio da igualdade fiscal.

Apesar de ter um alcance essencialmente dogmático, a última razão é de importância crucial para a compreensão do regime de tributação do Imposto do Selo e, na nossa opinião, constitui a verdadeira motivação da Reforma de 2000. De facto, e conforme referimos *supra*, a substância económica e a igualdade fiscal sempre foram considerados elementos estranhos ao Imposto do Selo. Com efeito, estes princípios são aparentemente antagónicos (e foram tratados como tal quer pela administração, quer pela doutrina quer pela própria jurisprudência) face à sua tradição histórica: – forma *versus* substância –; – capacidade contributiva casuística e formalmente exteriorizada num acto concreto não revelador da verdadeira situação económica do sujeito *versus* rendimento real –; – segurança jurídica *versus* justiça – ; – tipicidade *versus* igualdade–. Porém, este antagonismo é meramente aparente sendo função do intérprete a conciliação de todas as regras e princípios conformadores do "bloco de legalidade".

A este respeito, nunca se poderá esquecer que no ano anterior ao da aprovação do "novo" Código do Imposto do Selo foi aprovada a Lei Geral Tributária (Decreto-Lei n.º 398/98, de 17 de Dezembro). Ora, neste dispositivo legal, o legislador deu uma especial atenção ao princípio da tributação pela substância económica, consubstanciado de forma compreensiva no texto legal, quer ao nível das regras interpretativas quer ao nível das cláusulas anti-abuso. Por outro lado, também a jurisprudência do Supremo Tribunal Administrativo, imbuída deste espírito substancialista emanou uma série de acórdãos no mesmo sentido[2], na sequência

---

[2] Cfr., e.g., acórdão do STA, de 4 de Janeiro de 2001; acórdão do STA, de 26 de Junho de 2002; acórdão do STA

quer das orientações da jurisprudência do Tribunal de Justiça das Comunidades Europeias. Simultaneamente, a própria *International Fiscal Association* emitiu um relatório relevante sobre esta questão[3].

Como não poderia deixar de ser, esta "nova" orientação tem efeitos devastadores na concepção tradicional de tributação em Imposto do Selo, já que implica a ruína de todo o edifício ancestral de matriz essencialmente formalista.

E, note-se, esta sofisticação sucessiva da dogmática tributária tem igualmente impacto ao nível da definição dos termos de equilíbrio da relação jurídica tributária, essencial para a conformação do Imposto do Selo relativamente ao princípio da igualdade fiscal, na vertente da capacidade contributiva.

De facto, a partir do momento em que se toma em consideração a substância dos negócios, secundarizando-se a realidade formal, a justificação ou a "causa" da tributação reassumem uma dimensão fundamental. Efectivamente, se nos atermos a um conteúdo tributário de âmbito formalista, a *ratio* da tributação reduz-se à simples previsão legal positivada, norteada por um princípio da legalidade tipicamente fundamentalístico, sendo desnecessária qualquer justificação material que fundamente a pretensão tributária pública.

Porém, a partir do momento em que passamos para uma justificação substancialista, a razão da tributação adquire uma importância fundamental: a tributação de uma realidade económica substantivamente delimitada implica uma prévia justificação dessa pretensão e que deve necessariamente exceder o simples escopo redíticio.

E é aqui que nos situamos actualmente. Com o novo regime do Imposto do Selo entrámos numa nova dimensão dogmática, que superando a ancestral discussão tipológica clássica, implica um permanente escrutínio do fundamento da tributação perante os constrangimentos constitucionais. *In limine*, poderá mesmo dizer-se que os termos da análise fiscal se inverteram: enquanto que no modelo anterior se discutia os termos da possibilidade de extensão do tipo formal a outras operações materialmente semelhantes mas não contempladas positivamente na norma de incidência, actualmente, com a adopção de tipos

---

[3] IFA, *Form And Substance in Tax Law*, LXXXVIIa, n.º 1, 2002.

abertos pelo novo regime do Imposto do Selo haverá que discutir que realidades é que deverão ser incluídas no seu âmbito porque justificadamente reveladoras de alguma capacidade contributiva legitimadora da pretensão tributária da tributação e que outras deverão estar excluídas por motivos de excessiva "violência" tributária, violadora do princípio da eficiência e da proporcionalidade e igualdade fiscal. Por outras palavras, enquanto que no regime anterior, o tipo tributário de incidência objectiva constituía o ponto de chegada da função interpretativa fiscal, no novo regime esse tipo tributário de incidência constitui unicamente o ponto de partida. Assim, a utilização de um tipo aberto em sede de delimitação objectiva da incidência fiscal não pode ser entendida como a emissão por parte do legislador de um "cheque em branco" à Administração Fiscal. Pelo contrário, a definição ampla e genérica de "garantia", independentemente da sua natureza ou forma, implica um necessário escrutínio casuístico de forma a verificar-se a legitimidade substantiva de uma tributação.

Esta "inversão metodológica" ao nível da interpretação e da densificação dos tipos tributários objectivos em Imposto do Selo tem especiais consequências ao nível da tributação das garantias.

Efectivamente, se existe realidade conceptual que se encontra no limiar da fundamentação suficiente para legitimar pretensões tributárias tal será a garantia financeira. De facto, o fundamento para a tributação em selo das operações e instrumentos financeiros é relativamente díspar. Assim, a tributação da emissão de cheques parece advir dos resquícios formalisticos do Imposto do Selo, numa óptica de legitimação de um documento, sendo que, actualmente, a sua oneração visa precisamente o desincentivo na sua utilização dada a ineficiência dos mesmos face aos modernos sistemas de pagamentos. Por sua vez, as comissões ou quaisquer contraprestações por serviços financeiros são tipicamente tributadas tomando em consideração a sua natureza de prestação de serviços que gozando de isenção em sede de IVA se tornam alvos por excelência do Imposto do Selo entendido como imposto residual ou "intersticial". Quanto aos juros decorrentes de operações financeiras, a sua tributação decorre directamente não pelo facto de se constituírem como um fruto ou rendimento – sendo a sua constitucionalidade quanto ao princípio da unicidade do imposto sobre o rendimento (aparentemente) salva pelo facto de que quem suporta o encargo do imposto ser o devedor ou o cliente das operações de crédito –, mas porque se entende que a tributação dos juros financeiros em sede de Imposto do Selo tem subjacente uma configuração do juro enquanto elemento de remuneração de uma prestação de serviço de crédito que não se encontra no âmbito de incidência do IVA, dado que é alvo de uma isenção que a unanimidade da doutrina considera como sendo de natureza meramente técnica.

A utilização do crédito, quer por via geral (verba 17) quer por via de títulos de crédito (verba 23) têm um fundamento de legitimação bastante mais dúbio. De facto, ao contrário das situações tributárias anteriores, que radicam numa base de legitimação de tributação directamente assente no conceito de prestação de serviços, a tributação da utilização do crédito parece decorrer da pressuposição por parte do legislador de uma *"capacidade contributiva virtual ou aparente"* decorrente da disponibilização de liquidez para investimento ou despesa. Neste caso, e ao contrário dos juros e das comissões, o sujeito beneficiário da operação de crédito beneficia de um aumento de liquidez financeira num momento actual, sendo que a situação passiva colateral – o encargo ou dívida – se encontra disseminada num médio ou longo prazo (variando a taxa de tributação precisamente nessa função *pro rata temporis*), considerando o legislador suficiente para efeitos de tributação esse "súbito enriquecimento aparente" resultante de uma disponibilidade monetária instantânea.

Ora, nestas condições os fundamentos de legitimação deste tipo tributário estão no limite da constitucionalidade. De facto, para existir tributação é necessária a existência de uma realidade económica de base que a sustente sob pena de violação do princípio da igualdade fiscal. Tipicamente, existirão impostos sobre o rendimento – incidindo sobre o "fruto" ou ganho –, sobre o património ou capital (mobiliário ou imobiliário) e sobre a despesa (consumo, geral ou especial, ou transacções, gerais ou particulares, v.g., de imobiliário). Todas estas realidades tributárias têm subjacente uma materialidade que sustenta o pressuposto impositivo. De facto, a dimensão económica do imposto é actualmente incontestável. Ora, a tributação da utilização do crédito encontra-se no limiar desta fundamentação – *"enriquecimento temporário virtual ou aparente"* – pelo que o legislador terá de ser bastante cuidadoso, *maxime* ao nível da proporcionalidade, de forma que a tributação não se torne ineficiente e geradora de perdas absolutas de bem-estar, contrárias ao princípio constitucional da eficiência (artigos 9.º e 81.º da CRP).

Rogério M. Fernandes Ferreira
Olívio Mota Amador

O novo enquadramento orçamental na gestão do património imobiliário público

Rogério M. Fernandes Ferreira

Presidente da Associação Fiscal Portuguesa.
Ex-Secretário de Estado dos Assuntos Fiscais.
Presidente da Comissão de Reforma do Regime
do Património Imobiliário Público.
Docente universitário e advogado

Olívio Mota Amador

Vogal da Comissão de Reforma do Regime
do Património Imobiliário Público.
Docente universitário e advogado

RESUMO

O presente artigo pretende analisar as consequências resultantes do novo enquadramento orçamental na gestão do património imobiliário público. Esta análise é pertinente em todos os Estados membros da zona euro e assume em Portugal especial interesse devido à recente reforma do regime jurídico do património imobiliário público, operada através do Decreto-Lei n.º 280/2007, de 7 de Agosto.

Palavras chave:
política orçamental
reforma orçamental
gestão do património publico

ABSTRACT

This article discusses the consequences of new fiscal policy in public property management. This discussion is pertinent to both the euro area countries, but especially in Portugal that had a reform of public property management in 2007 with the Decreto--Lei n.º 280/2007, de 7 de Agosto.

Key Words:
fiscal policy
budgetary reform,
public property management

Artigos

1. Introdução

1. A crise do Estado de Bem-Estar e o neo-liberalismo dominante na concepção da política orçamental, a par das implicações financeiras do processo de unificação monetária na Europa, acarretaram mudanças significativas na gestão das despesas e receitas públicas e nas prioridades teleológicas do orçamento[1]. A respeito das despesas públicas, a preocupação dominante consiste hoje na sua diminuição ou, pelo menos, em garantir a sua contenção, através de mecanismos que permitam o seu maior controlo e que assegurem a respectiva economicidade[2].

Apesar de o financiamento das despesas públicas ser assegurado, predominantemente, por receitas tributárias, os outros tipos de receitas não podem ser ignoradas[3]. E, neste contexto, o património público, que assumiu já historicamente grande importância[4], constitui hoje uma reali-

---

[1] Quanto às implicações orçamentais da crise do Estado de Bem-Estar, VITO TANZI e LUDGER SCHUKNECHT, *Public Spending in the 20 Th Century. A Global Perspective,* Cambridge, Cambridge University Press, 2000, pp. 148 segs. e RAMESH MISHRA, "Los límites del Estado de Bienestar", in SANTIAGO MUÑOZ MACHADO, JOSÉ LUÍS GARCIA DELGADO, LUÍS GONZALEZ SEARA (org.) *Las Estruturas del Bienestar en Europa,* Madrid, Escuela Libré Editorial – Civitas Ediciones, 2000, pp. 487 segs.; sobre a influência do neo-liberalismo nas finanças públicas, EDUARDO PAZ FERREIRA, *Ensinar Finanças Públicas Numa Faculdade de Direito,* Coimbra, Almedina, 2005, pp. 231 e segs.; relativamente às implicações financeiras do processo de unificação monetária na Europa, JÜRGEN VON HAGEN e GUNTRAM WOLFF, *What do Deficits tell us about Debts ? Empirical Evidence on Creative Accounting with Fiscal Rules in the EU,* Discussion Paper Series n.º 4759, Londres, Centre for Economic Policy Research, Novembro 2004 e, também, JEAN-LOUIS ARNAUD, *Resume des Discussions,* in AA.VV., Discipline Budgetaire et Politique Macro-Economique dans L'Union Europeenne: Y a-t-il Convergence entre le Pacte de Stabilité et la Stratégie de Lisbonne?, Séminaire Groupement d'Études et de Recherches Notre Europe, Paris, 2003, pp. 3-7 (disponível em http://www.notre-europe.asso.fr/Seminaires/Semi18-en.pdf).

[2] ALBERTO ALESINA e ROBERTO PEROTTI, *The political economy of budget deficits,* IMF Staff Papers, Março 1995, pp. 1-37.

[3] Quanto à crise fiscal do Estado na economia global, MANUEL CASTELLS, *A Era da Informação: economia, sociedade e cultura,* Vol. II, *O Poder da Identidade,* Lisboa, Fundação Calouste Gulbenkian, p. 297e segs..

[4] Para uma síntese da importância histórica do património público, SOUSA FRANCO, *Finanças Públicas e Direito Financeiro,* 4ª ed., vol. I, Coimbra, Almedina, 1992, pp. 318 e segs..

dade que, além de contribuir para a satisfação de necessidades públicas, condiciona a actividade financeira pública[5].

2. No conteúdo do activo patrimonial, tem sido estabelecida uma divisão entre o património imobiliário e o património mobiliário: o património imobiliário é constituído por direitos sobre bens imóveis, ou equiparados, enquanto o património mobiliário é composto pelos direitos sobre móveis, bem como por direitos de objecto imaterial[6].

O património imobiliário é importante pelas utilidades que proporciona directamente ao Estado, às demais entidades públicas e aos particulares, porque trata-se, fundamentalmente, de um património de uso, ou seja, os bens patrimoniais podem servir para prestar utilidades mediante o seu simples uso[7]. Compreende-se, por isso mesmo, que seja salientada neste âmbito, como refere PAZ FERREIRA, a importância da problemática redistributiva[8].

Efectivamente, o património imobiliário desempenha, em muitos casos, uma função relevante na satisfação de necessidades, por exemplo, culturais e de lazer, essenciais, nomeadamente, para os estratos da população economicamente mais desfavorecidos.

Em termos orçamentais, o património imobiliário acarreta as despesas inerentes à sua manutenção e conservação, mas também constitui uma fonte de receitas, não apenas as resultantes da venda, mas também as receitas provenientes da adopção de formas de administração, como, as cedências de utilização, o arrendamento ou o direito de superfície.

---

[5]. Sobre a importância actual das receitas patrimoniais, EDUARDO PAZ FERREIRA, *Ensinar Finanças Públicas Numa Faculdade de Direito,* Coimbra, Almedina, 2005, pp. 225 e segs..

[6] Seguimos o critério utilizado por SOUSA FRANCO, *Finanças Públicas...,* cit., pp. 308.

[7] Por contraposição com o património de rendimento ou património fiscal, composto por bens cuja função é proporcionar rendimentos. SOUSA FRANCO considera que mesmo por ocasião do uso se cobre uma taxa, se ela for insuficiente para cobrir os custos ou sem paralelo com a utilização global do bem, tratar-se-á de um bem de uso e não de rendimento – SOUSA FRANCO, *Finanças Públicas...,* cit., pp. 317.

[8] EDUARDO PAZ FERREIRA, *Ensinar Finanças...,* cit., pp. 225.

3. Localizado o núcleo central do presente estudo, cumpre agora responder à seguinte interrogação: *quais serão as implicações do novo enquadramento orçamental na gestão do património imobiliário público?*

A resposta depende, primeiro, da caracterização do novo enquadramento orçamental, para, depois, nos podermos ocupar da gestão do património imobiliário público, salientando, principalmente, as soluções decorrentes da reforma da gestão do património imobiliário público, operada pelo Decreto-Lei n.º 280/2007, de 7 de Agosto.

2. O novo enquadramento orçamental: breve caracterização

2.1. *As exigências da política orçamental de estabilidade*

4. A adopção da estabilidade orçamental como objectivo das políticas orçamentais nacionais dos Estados-membros da União Europeia pertencentes à zona euro assenta no diagnóstico de que a estabilidade macroeconómica é afectada por políticas que fomentem défices geradores de acumulação de dívida pública e de elevada carga fiscal[9].

A importância de se prosseguir, e manter, uma situação de estabilidade nas finanças públicas, baseada na procura do equilíbrio orçamental, fundamenta-se, principalmente, em duas razões: primeiro, a estabilidade orçamental reforça as condições necessárias à estabilidade dos preços e a um crescimento económico sustentável que conduz à criação de emprego; segundo, ao prosseguirem o objectivo da estabilidade orçamental, as políticas orçamentais nacionais estão a apoiar a política monetária conduzida pelo Banco Central Europeu, orientada para a estabilidade dos preços, e, desta forma, a criar condições de êxito da união monetária[10].

---

[9] PAULO TRIGO PEREIRA, ANTÓNIO AFONSO, MANUELA ARCANJO, JOSÉ CARLOS GOMES DOS SANTOS, *Economia e Finanças Públicas,* Lisboa, Escolar Editora, p. 512, e segs.

[10] ANÍBAL CAVACO SILVA, *União Monetária Europeia. Funcionamento e Implicações,* Lisboa, Verbo, 1999, pp. 84 e segs..

5. A aceitação do objectivo da estabilidade orçamental decorre, directamente, do Tratado da União Europeia. Efectivamente, com o Tratado de Maastricht, de 7 de Fevereiro de 1992, os Estados membros ficaram adstritos à obrigação de evitarem défices orçamentais excessivos [11].

Os valores de referência do défice orçamental e da dívida pública referidos no número 2 do artigo 104.º do Tratado constam de Protocolo Anexo, sobre o procedimento aplicável em caso de défice excessivo, sendo fixado como limite máximo, em percentagem do PIB, os 3% [12]. Depois, com o objectivo de completar estas disposições, surgiu o Pacto de Estabilidade e Crescimento, integrando a Resolução do Conselho Europeu, de 17 de Junho de 1997, o Regulamento (CE) n.º 1466/97, de 7 de Junho de 1997, relativo ao reforço da supervisão das situações orçamentais e à supervisão e coordenação das políticas económicas, e o Regulamento (CE) n.º 1467/97, de 7 de Junho de 1977, relativo à aceleração e clarificação da aplicação do procedimento relativo aos défices excessivos[13]. Na sequência da reflexão sobre os primeiros anos de vigência, este Pacto de Estabilidade e Crescimento foi objecto de revisão, em 2005, através do Regulamento (CE) n.º 1055/2005, de 27 de Junho de 2005 [14].

6. A aplicação do Pacto de Estabilidade e Crescimento implicou a utilização de mecanismos de coordenação das políticas orçamentais dos Estados-membros e a adopção de programas de consolidação orçamental destinados ao cumprimento dos valores do défice[15]. Neste contexto, a par da reabilitação da regra do equilíbrio orçamental,[16] surgiu uma nova

---

[11] TEODORA CARDOSO, "A política orçamental e a competitividade: novos paradigmas", in AA.VV., *Desafios para Portugal. Seminários da Presidência da República*, Lisboa, Casa das Letras/Editorial Notícias, pp. 293-326.

[12] CARLOS BAPTISTA LOBO, JOÃO AMARAL TOMÁS, *Euro. Aspectos Legais e Questões Práticas Fundamentais,* Lisboa, Rei dos Livros, pp 165 e segs..

[13] ALBERTO ALESINA, "Il Patto di Stabilità e di Crescita: esperienze e prospettive", in ANDREA MONORCHIO e ANTIMO VERDE (org.) *Temi di Finanza Pubblica 2,* , Bari, Cacucci Editore, pp. 165-172.

[14] EDUARDO PAZ FERREIRA, *União Económica e Monetária – Um Guia de Estudo*, Lisboa, Quid Júris, pp. 101 e seg..

[15] Cfr. artigos 3.º,4.º, 5.º e 6.º do Regulamento (CE) n.º 1466/97, de 7 de Julho.

[16] Quanto à importância do equilíbrio orçamental nas políticas anti-cíclicas, PAULO

Artigos

vinculação externa do orçamento, que reduziu, e de forma significativa, o poder orçamental dos Estados [17].

2.2. *A Lei de Enquadramento Orçamental*

7. Em resultado do contexto acima referido, os Estados-membros encetaram processos de reforma da sua legislação orçamental. As opções foram a de proceder à revisão das normas de enquadramento orçamental, aí integrando os aspectos relativos à estabilidade orçamental, ou a de criar um dispositivo autónomo só para tratar da estabilidade[18].

Em Portugal, só em 2002 é aprovado um diploma a tratar, especialmente, da estabilidade orçamental, depois de um longo caminho legislativo, iniciado em 1997[19]. O legislador optou por não criar uma lei totalmente autónoma e relativa à estabilidade orçamental, mas incorporou na Lei de Enquadramento Orçamental as disposições relativas a esta temática. Assim, a Lei Orgânica n.º 2/2002, de 28 de Agosto, procedeu à primeira alteração à Lei de Enquadramento Orçamental (Lei n.º 91/2001, de 20 de Agosto), aditando-lhe um Título V denominado "Estabilidade Orçamental".

O legislador refere, expressamente, que a inserção na Lei de Enquadramento Orçamental do Título V se destinou a cumprir as obrigações

---

PITTA e CUNHA, *Equilíbrio Orçamental e Políticas Financeiras Anti-Cíclicas,* Lisboa, 1962, a propósito da relevância do equilíbrio como regra orçamental e PEDRO SOARES MARTINEZ, "Actualidade das regras orçamentais", in *Dispersos Económicos*, Boletim da Faculdade de Direito de Lisboa, 1990, pp. 189 e segs..

[17] Sobre a problemática das vinculações externas do orçamento, MINISTÉRIO DAS FINANÇAS, *Reforma da Lei do Enquadramento Orçamental. Trabalhos Preparatórios e Anteprojecto*, Ministério das Finanças, Lisboa, 1998, pp. 63 segs..

[18] Neste último sentido, *vd.*, a solução escolhida em Espanha, com a *Ley 18/2001, 12 de diciembre Ley General de Estabilidad Presupuestaria* e *Ley Orgânica 5/2001, 13 diciembre*.

[19] Relativamente ao atribulado caminho legislativo que levou à Lei do Enquadramento Orçamental, OLÍVIO MOTA AMADOR, "A estabilidade orçamental e os poderes do Ministro das Finanças", in *Estudos Jurídicos e Económicos em Homenagem ao Prof. Doutor António de Sousa Franco*, Ed., Faculdade de Direito da Universidade de Lisboa, Coimbra Editora, vol. III, 526 e segs..

decorrentes do artigo 104.º do Tratado CE e do Pacto de Estabilidade e Crescimento e que se aplica ao Orçamento do Estado, das Regiões Autónomas e das Autarquias Locais, sem prejuízo do princípio da independência orçamental, estabelecido no número 2 do artigo 5.º da Lei de Enquadramento Orçamental [20].

8. A estabilidade orçamental é definida como a situação de equilíbrio ou excedente orçamental calculada de acordo com a definição constante do Sistema Europeu de Contas Nacionais e Regionais, nas condições estabelecidas para cada um dos subsectores [21]. E a aprovação e a execução dos orçamentos de todos os organismos do sector público administrativo são, obrigatoriamente, efectuadas de acordo com as medidas de estabilidade orçamental a inserir na lei do Orçamento [22].

As duas principais medidas de estabilidade orçamental previstas resultam da fixação de limites de endividamento anual e da fixação de limites aos montantes das transferências do Orçamento do Estado[23].

Em cumprimento das obrigações de estabilidade orçamental decorrentes do Programa de Estabilidade e Crescimento, a Lei do Orçamento pode estabelecer limites específicos do endividamento anual da Administração central do Estado, das Regiões Autónomas e das Autarquias Locais, compatíveis com o saldo orçamental calculado para o conjunto do sector público administrativo, e esses limites de endividamento podem ser inferiores aos que resultam das leis financeiras especialmente aplicáveis a cada sector[24].

A possibilidade da redução das transferências do Orçamento do Estado em montantes inferiores aos previstos em leis financeiras especificamente aplicáveis a cada subsector tem de respeitar três requisitos[25]: primeiro, a verificação de circunstâncias excepcionais exigidas pela rigorosa observância das obrigações decorrentes do Programa de Estabilidade e Crescimento; segundo, a observância dos princípios da pro-

---

[20] Cfr. n.º 2 do artigo 82.º da Lei de Enquadramento Orçamental.
[21] Cfr. n.º 2 do artigo 84.º da Lei de Enquadramento Orçamental.
[22] Cfr. n.º 1 do artigo 86.º da Lei de Enquadramento Orçamental.
[23] Cfr. n.º 3 do artigo 86.º da Lei de Enquadramento Orçamental.
[24] Cfr. artigo 87.º da Lei de Enquadramento Orçamental.
[25] Cfr. n. º 2 do artigo 88.º da Lei de Enquadramento Orçamental.

porcionalidade, do não arbítrio e da solidariedade recíproca; por fim, a audição prévia dos orgãos constitucional e legalmente competentes dos subsectores envolvidos.

9. A verificação do cumprimento das exigências da estabilidade orçamental é feita pelos orgãos competentes para o controlo orçamental (enunciados nos artigos 55.º a 68.º da Lei de Enquadramento Orçamental), nos quais se integra o Tribunal de Contas[26].

No relatório da proposta de lei do orçamento, o Governo apresenta as informações necessárias sobre a concretização das medidas de estabilidade orçamental respeitantes ao ano anterior em cumprimento do Programa de Estabilidade e Crescimento[27].

O incumprimento das normas da estabilidade orçamental constitui sempre uma circunstância agravante da inerente responsabilidade financeira, devendo a verificação do incumprimento ser comunicada, de imediato, ao Tribunal de Contas[28]. E o não cumprimento dos limites específicos de endividamento resultantes do Programa de Estabilidade e Crescimento pode determinar a redução, na proporção do incumprimento, das transferências a efectuar, após audição prévia dos orgãos institucionais e legalmente competentes dos subsectores envolvidos[29].

3. A gestão do património imobiliário público

3.1. *Generalidades*

10. A análise do articulado das leis do orçamento do Estado revela que, no capítulo dedicado à "Disciplina Orçamental", é comum a inclusão de normas relativas à gestão do património imobiliário público[30].

---

[26] Cfr. n.ºs 1 e 2 do artigo 90.º da Lei de Enquadramento Orçamental.
[27] Cfr. n.º 2 do artigo 90.º da Lei de Enquadramento Orçamental.
[28] Cfr. n.º 1 do artigo 92.º da Lei de Enquadramento Orçamental.
[29] Cfr. n.º 4 do artigo 92.º da Lei de Enquadramento Orçamental.
[30] Cfr. a título exemplificativo as normas do Orçamento do Estado para 2008, constantes dos artigos 3.º, 4.º e 5.º da Lei n.º 67-A/2007, de 31 de Dezembro.

Algumas das disposições contidas em leis do orçamento do Estado têm, porém, uma importância que extravassa aquele âmbito temporal e que, portanto, deveriam estar inseridas noutro tipo de diplomas[31].

As matérias reguladas têm incidido, principalmente, em dois domínios: os procedimentos de alienação e oneração de imóveis a efectuar no decurso do período de execução orçamental por parte dos serviços integrados e dos fundos e serviços autónomos e a consignação do produto da alienação e oneração de imóveis.

11. Sob o ponto de vista orçamental, a relevância do património imobiliário público pode ser analisada numa dupla perspectiva: numa perspectiva material, o património imobiliário pode ser uma fonte de receita e uma fonte de despesa; numa perspectiva temporal, o património imobiliário pode ser administrado com base numa visão de mais curto prazo ou numa visão de médio e longo prazos.

3.2. *O património imobiliário como fonte de receita pública*

12. O património imobiliário constitui fonte potencial de receita pública.

A alienação de bens integrantes do património imobiliário público gera receita e provoca outros dois efeitos: liberta meios orçamentais afectos à conservação desse património para outras finalidades e transfere para o sector privado bens que se mostram desnecessários à prossecução do interesse público.

À receita proveniente da alienação dos bens do património imobiliário público justifica-se excepcionar a aplicação da regra orçamental da não consignação, porque é desejável afectar este tipo de receita à cobertura de despesas de "carácter duradouro", como, por exemplo, despesas de conservação ou de reabilitação de imóveis. Desta forma, evita-se que

---

[31] Esta questão relaciona-se com a problemática dos chamados *" cavaliers budgétaires"* – a este respeito, ANTÓNIO LOBO XAVIER, *O Orçamento como Lei. Contributo para a compreensão de algumas especificidades do direito orçamental português,* Separata do Boletim da Faculdade de Direito de Coimbra, 1991, pp. 139 e segs..

Artigos

as receitas resultantes da alienação de bens do património imobiliário sirvam para a cobertura de despesas correntes[32].

Nos últimos anos em Portugal a receita pública proveniente da venda de património imobiliário tem-se configurado, porém, como receita extraordinária necessária ao esforço de consolidação orçamental.

13. Além da venda, existem outras possibilidades de obtenção de receita, através de diversas formas de administração do património imobiliário.

Desde logo, as receitas resultantes do pagamento de compensações, no caso das cedências de utilização. Com efeito, os imóveis, tanto no domínio público, como no domínio privado do Estado, podem ser cedidos, a título precário, para fins de interesse público, mediante o recebimento de uma compensação[33]. Além disso, há as receitas provenientes do recebimento de rendas, no caso da celebração de contratos de arrendamento de imóveis integrantes do domínio privado do Estado[34], às quais acrescem as receitas obtidas pelo recebimento das quantias devidas pelo superficiário, quando haja a constituição do direito de superfície sobre imóveis do domínio privado do Estado e dos institutos públicos, designadamente por tais bens não serem necessários à prossecução de fins de interesse público e de não ser conveniente a sua alienação[35].

3.3. *O património imobiliário como fonte de despesa pública*

14. A manutenção e a conservação do património imobiliário, além da sua reabilitação, nos casos de degradação, têm custos directos, o que implica a sua cobertura através de meios financeiros, com as inerentes

---

[32] As excepções à regra da não consignação estão consagradas no número 2 do artigo 7.º da Lei de Enquadramento Orçamenal (n.º 91/2001, de 20 de Agosto); sobre este preceito legal, GUILHERME D'OLIVEIRA MARTINS, GUILHERME WALDEMAR D'OLIVEIRA MARTINS e MARIA D'OLIVEIRA MARTINS, *A Lei de Enquadramento Orçamental. Anotada e Comentada,* Coimbra, Almedina, 2007, pp. 70 e segs..

[33] Cfr. artigo 54.º do Decreto-Lei n.º 280/2007, de 7 de Agosto.

[34] Cfr. artigo 59.º do Decreto-Lei n.º 280/2007, de 7 de Agosto.

[35] Cfr. artigo 67.º do Decreto-Lei n.º 280/2007, de 7 de Agosto.

repercussões na despesa pública. A alienação do património imobiliário, além de permitir a obtenção de receita, elimina as despesas futuras inerentes à respectiva conservação e manutenção.

Frequentemente, as opções de política orçamental implicam a existência de cortes significativos nas dotações relativas à conservação do património imobiliário, o que tem gerado situações de degradação e de abandono de património imobiliário público, com a diminuição do bem-estar social geral e a inerente "má imagem" para o Estado.

A racionalização da despesa com o património imobiliário passa, pois, por uma utilização mais eficiente dos bens imóveis, eliminando, aqui também, o desperdício e a subutilização dos mesmos[36].

4. A reforma do regime jurídico do património imobiliário público

4.1. *O sentido da reforma*

15. O Decreto-Lei n.º 280/2007, de 7 de Agosto, no uso da autorização legislativa concedida pela Lei n.º 10/2007, de 6 de Março, entrou em vigor no dia 6 de Setembro de 2007, e procedeu à reforma do regime jurídico do património imobiliário público.

O legislador foi norteado por objectivos de simplificação, de garantia do rigor financeiro e de busca de maior eficiência na sua administração, contendo, além do regime jurídico da gestão dos bens imóveis do domínio privado do Estado e dos institutos públicos, as disposições gerais e comuns sobre a gestão dos bens imóveis dos domínios públicos do Estado, das Regiões Autónomas e das autarquias locais[37].

16. Nos termos do diploma em apreço, são considerados imóveis do domínio público os que assim são classificados pela Constituição, ou por

---

[36] ANTÓNIO DE SOUSA FRANCO, HELENA PEREIRA, ISABEL MARQUES DA SILVA e CARLOS LOBO, *Relatório sobre as Medidas para uma Política Sustentável de Estabilidade e Controlo da Despesa Pública* (não publicado), Ministério das Finanças, 11 de Março de 2002, pp. 114 e segs..

[37] Cfr. *Relatório da Comissão de Reforma do Regime do Património Imobiliário Público* (Janeiro a Abril de 2006), apresentado em 30 de Abril de 2006 (inédito).

Artigos

lei, individualmente ou mediante a identificação por tipos[38]. A sua titularidade é do Estado, das Regiões Autónomas ou das Autarquias Locais e abrange os poderes de uso, administração, tutela, defesa e disposição, nos termos da legislação aplicável[39].

Esses imóveis estão fora do comércio jurídico e, por isso, não podem ser objecto de direitos privados, nem de transmissão por instrumentos de direito privado, sendo insusceptíveis de aquisição por decurso do tempo (usucapião), e estando também sujeitos à regra da impenhorabilidade[40]. Mas podem ser cedidos a título precário, para utilização por outras entidades públicas e, bem assim, pode a sua titularidade vir a ser transferida para outra pessoa colectiva pública territorial, por lei, acto, ou contrato administrativo, a fim de os imóveis serem afectos a fins integrados nas suas atribuições[41].

17. Ficou legalmente previsto que o Estado e os institutos públicos podem, para instalação ou funcionamento de serviços públicos, ou para realização de outros fins de interesse público, adquirir o direito de propriedade, ou outros direitos reais de gozo sobre imóveis, a título oneroso ou gratuito, podendo ainda tomar de arrendamento bens imóveis ou celebrar contratos de locação financeira[42].

A venda de imóveis públicos passa a ser, preferencialmente, realizada por negociação, com publicação prévia de anúncio, e pode ficar sujeita a condição, suspensiva ou resolutiva, incluindo a de reserva de uso dos imóveis por parte do Estado ou dos institutos públicos, a assegurar, designadamente, mediante arrendamento, não obstante continuarem a existir as figuras da hasta pública e do ajuste directo[43].

A este propósito, torna-se necessário salientar a criação das bases legais para a avaliação dos bens imóveis públicos, e de uma bolsa de peritos avaliadores[44]. Através destes instrumentos, pretende determinar-

---

[38] Cfr. artigo 14.º do Decreto-Lei n.º 280/2007, de 7 de Agosto.
[39] Cfr. artigo 15.º do Decreto-Lei n.º 280/2007, de 7 de Agosto.
[40] Cfr. artigo 18.º, 19.º e 20.º do Decreto-Lei n.º 280/2007, de 7 de Agosto.
[41] Cfr. artigo 23.º do Decreto-Lei n.º 280/2007, de 7 de Agosto.
[42] Cfr. artigos 32.º, 38.º, 42.º e 44.º do Decreto-Lei n.º 280/2007, de 7 de Agosto.
[43] Cfr. artigos 81.º e 96.º do Decreto-Lei n.º 280/2007, de 7 de Agosto.
[44] Cfr. artigos 108.º e 109.º do Decreto-Lei n.º 280/2007, de 7 de Agosto.

-se com maior rigor o valor de mercado dos imóveis, com base em critérios uniformes, averiguando-se a existência de interesses públicos sectoriais sobre os objectos das avaliações, em resultado dos quais existam, ou possam vir a existir, ónus ou encargos.

Medida relevante que cumpre também salientar é a da obrigação de o Governo apresentar, anualmente, à Assembleia da República, um relatório sobre a aquisição, oneração e alienação do património imobiliário privado do Estado e dos institutos públicos, o que se traduz, certamente, num bom instrumento de controlo do património público[45].

Finalmente, é de salientar que, de forma inovadora, a reforma em apreço estabeleceu um conjunto de procedimentos de coordenação na administração dos bens imóveis[46].

4.2. *As consequências do novo enquadramento orçamental*

4.2.1. *A regra da onerosidade*

18. O espaço ocupado por serviços e organismos em bens integrantes do património imobiliário público deve ser avaliado e sujeito a contrapartida. Esta contrapartida pode assumir a forma de compensação financeira, a pagar pelo serviço ou organismo utilizador[47].

Sobre este aspecto, SOUSA FRANCO defendeu que não fazia sentido os serviços integrados pagarem rendas a favor do Estado, aumentando o seu défice de funcionamento, mas já os serviços e fundos autónomos, que utilizassem património do Estado, deviam pagar rendas em conformidade. Nestas situações, poderia ponderar-se a possibilidade de compensação, por eliminação de transferências da componente despesa a cargo do Orçamento do Estado. E o mesmo deveria ser aplicável às empresas públicas. Também os profissionais liberais, por exemplo notários e conservadores, que utilizem bens do Estado deveriam pagar rendas em conformidade[48].

---

[45] Cfr. artigo 115.º do Decreto-Lei n.º 280/2007, de 7 de Agosto.
[46] Cfr. artigos 112.º, 113.º e 114.º do Decreto-Lei n.º 280/2007, de 7 de Agosto.
[47] Cfr. artigo 4.º do Decreto-Lei n.º 280/2007, de 7 de Agosto.
[48] ANTÓNIO DE SOUSA FRANCO, HELENA PEREIRA, ISABEL MARQUES DA SILVA e CARLOS LOBO, *Relatório sobre as Medidas*, cit., pp. 114 e segs..

O grande argumento contra a regra da onerosidade é o relativo ao irrealismo de colocar os organismos públicos a pagar rendas ao Estado, contribuindo, assim, para o aumento das respectivas despesas, mas que obnubila a urgência de os dirigentes dos serviços e organismos públicos zelarem pela utilização eficiente dos respectivos espaços[49].

Na verdade, a consagração da regra da onerosidade promove a criação de soluções que permitem obter uma utilização mais eficiente dos bens imóveis, tendo em atenção o seu valor, os seus índices de ocupação e as características da utilização dos mesmos pelos respectivos serviços ou organismos[50].

4.2.2. *A coordenação na gestão patrimonial*

19. A coordenação na gestão patrimonial constitui um dos corolários do princípio geral da coordenação financeira do sector público[51]. Na administração dos bens imóveis, o estabelecimento de procedimentos de coordenação visa assegurar a compatibilização dos actos de administração com as orientações da política económica e financeira global e sectorialmente definidas[52].

A condição prévia para o êxito dos procedimentos de coordenação é a da existência de um programa de inventariação: o programa de inventariação estabelece, de forma calendarizada, os trabalhos destinados à elaboração e actualização dos inventários de bens imóveis do Estado e dos institutos públicos e visa contribuir para a integral execução do Plano

---

[49] Neste sentido, Recomendação n.º 15 da ECORDEP – Aproximar os custos a cargo do orçamento de cada instituição pública dos custos totais suportados pelo Estado constante, *Relatório da Estrutura de Coordenação para a Reforma da Despesa Pública*, Ministério das Finanças, Setembro de 2001 (Não publicado), pp. 92 e segs..

[50] JOSÉ F. F. TAVARES, "Reflexões sobre a gestão pública – em especial, conceito de gestão pública; gestão pública e gestão privada; e qualidade na gestão pública (2003)", in *Estudos de Administração e Finanças Públicas*, Almedina, Coimbra, pp. 397 e segs.

[51] Cfr. MINISTÉRIO DAS FINANÇAS, *Reforma da Lei do Enquadramento* ..., cit., pp. 49 e ss..

[52] Cfr. artigo 112.º do Decreto-Lei n.º 280/2007, de 7 de Agosto.

Oficial de Contabilidade Pública (POCP) ou do plano de contabilidade sectorial aplicável[53].

Sem uma inventariação dos bens imóveis, não é possível assegurar um modelo de gestão imobiliária suportado por adequadas tecnologias de informação e que permita a compatibilização, a informação recíproca e a actualização entre as bases de dados respeitantes aos recursos patrimoniais públicos.

20. O programa de inventariação tem carácter plurianual, sendo aprovado por portaria do Ministro das Finanças, a quem compete também zelar pela sua execução, em articulação com a comissão de normalização contabilística[54].

O Programa de Gestão do Património Imobiliário deve conter a aprovação de critérios e a adopção de medidas referentes à utilização mais eficiente dos bens imóveis, em especial o estabelecimento de índices relativos à ocupação e aos custos de utilização dos bens imóveis, a planificação global e integrada das necessidades de bens imóveis pelos serviços públicos, a programação de intervenções nos bens imóveis, precedidas de análises técnicas e económico-financeiras, destinadas à optimização da respectiva utilização, a programação de intervenções destinadas a assegurar a conservação dos bens imóveis e condições de segurança e de utilização adequadas e a programação das vendas e dos arrendamentos dos bens imóveis.

Este Programa de Gestão do Património Imobiliário é aprovado por resolução do Conselho de Ministros, sob proposta do Ministro das Finanças, estabelecendo os procedimentos e as medidas de coordenação a efectivar na administração dos bens imóveis integrantes dos domínios público e privado do Estado, tendo em conta as orientações da política económica e financeira.

O Programa de Gestão do Património Imobiliário do Estado é também plurianual, devendo ter a duração de quatro anos.

---

[53] Cfr. artigo 114.º do Decreto-Lei n.º 280/2007, de 7 de Agosto.
[54] Cfr. artigo116.º do Decreto-Lei n.º 280/2007, de 7 de Agosto.

Artigos

21. As medidas que integram o Programa de Gestão do Património Imobiliário do Estado constam de relatório da proposta de lei do orçamento do Estado.

Compete ao Ministro das Finanças zelar pelo cumprimento dos procedimentos e das medidas inseridas neste Programa, podendo exigir aos serviços do Estado e aos institutos públicos informação pormenorizada e justificada sobre a elaboração e a execução dos procedimentos e medidas do Programa de Gestão do Património Imobiliário do Estado.

O incumprimento do disposto no Programa de Gestão do Património Imobiliário do Estado, bem como do dever de informação para com o Ministro das Finanças, são comunicados ao Tribunal de Contas.

22. As Regiões Autónomas e as Autarquias Locais devem, igualmente, aprovar programas plurianuais que estabeleçam os procedimentos e medidas de coordenação a efectivar na administração dos bens imóveis dos respectivos domínios públicos. E a existência do Programa de Gestão do Património Imobiliário do Estado não prejudica a aprovação e execução de programas sectoriais de gestão patrimonial relacionados com a requalificação das infra-estruturas militares, dos serviços e das forças de segurança e dos serviços prisionais.

4.2.3. *O reforço do controlo político*

23. O aperfeiçoamento do controlo político sobre o património imobiliário público implica acrescidos deveres de informação, do Governo para com a Assembleia da República[55]. Desde logo, no relatório da proposta de lei do orçamento devem constar as medidas que integram o Programa de Gestão do Património Imobiliário do Estado, conforme já referido[56]. Além disso, o Governo apresenta, à Assembleia da República, nos trinta dias seguintes ao do fim de cada ano civil, um relatório sobre a aquisição, oneração e alienação de bens imóveis do domínio privado do

---

[55] Sobre a importância do controlo político nas finanças públicas actuais e centrado no caso francês, ANDRÉ BARILARI, MICHEL BOUVIER, *La nouvelle gouvernance financière de l'État,* Paris, L.G.D.J., 2004, pp. 21.

[56] Cfr. n.º 3 do artigo113.º do Decreto-Lei n.º 280/2007, de 7 de Agosto.

Estado e dos institutos públicos[57]. Neste relatório consta a identificação e a localização dos imóveis, o valor da avaliação dos imóveis, o valor da transacção dos imóveis e a identificação dos contratantes.

4.2.4. *A responsabilidade pela gestão patrimonial*

24. Os actos e as omissões de que resulte a violação do disposto no Decreto–Lei n.º 289/2007, de 7 de Agosto, podem originar responsabilidade disciplinar, financeira, civil e criminal[58].

A comunicação ao Tribunal de Contas é, expressamente, prevista em casos de:
  i) incumprimento do disposto no Programa de Gestão do Património Imobiliário do Estado[59];
  ii) incumprimento do dever de informação para com o Ministro das Finanças em matéria de Programa de Gestão do Património Imobiliário do Estado[60]; e
  iii) incumprimento dos deveres de organização e actualização do inventário[61].

4.2.5. *A equidade intergeracional*

25. O Decreto–Lei n.º 289/2007, de 7 de Agosto, integra a equidade intergeracional no núcleo fundamental de princípios relativos à actividade administrativa e financeira aplicáveis ao património imobiliário público[62]. É necessário sublinhar, porém, que já a Lei de Enquadramento

---

[57] Cfr. artigo 115.º do Decreto-Lei n.º 280/2007, de 7 de Agosto.
[58] Sobre a mesma, *vd.* ERNESTO CUNHA, "A importância do controlo da gestão patrimonial pelo Tribunal de Contas na efectivação da responsabilidade financeira dos gerentes de activos patrimoniais públicos", in *Revista Patrimónium,* n.º1, Lisboa, ed., Direcção Geral do Património do Estado, pp. 11 e segs.
[59] Cfr. n.º 3 do artigo 113.º do Decreto-Lei n.º 280/2007, de 7 de Agosto.
[60] Cfr. n.º 3 do artigo 113.º do Decreto-Lei n.º 280/2007, de 7 de Agosto.
[61] Cfr. artigo 120.º do Decreto-Lei n.º 280/2007, de 7 de Agosto.
[62] Cfr. artigo 5 .º do Decreto-Lei n.º 280/2007, de 7 de Agosto.

Orçamental subordina o orçamento do Estado ao princípio da equidade na distribuição de benefícios e custos entre gerações[63].

No âmbito patrimonial, as decisões relativas à alienação e à oneração dos bens imóveis e à escolha das respectivas formas de administração dos bens imóveis devem atender à equidade na distribuição de benefícios e custos, e designadamente entre gerações.

Os parâmetros estabelecidos na lei para a apreciação da equidade intergeracional, na vertente patrimonial, são os seguintes[64]: a aptidão do bem imóvel para a prossecução de fins de interesse público nos curto, médio e longo prazos; a perspectiva de evolução dos encargos com a manutenção e conservação do bem imóvel; e a perspectiva de evolução do valor do bem imóvel de acordo com as suas características e em face do mercado imobiliário.

5. Perspectivas futuras

26. Importa concluir sublinhando, sumariamente, algumas questões centrais que marcarão o futuro.

A primeira, respeita ao contributo que a gestão do património imobiliário pode dar para a modernização da gestão orçamental dos serviços públicos. Neste sentido, e desde logo, a necessidade imperiosa de contabilizar os custos com o património ocupado contribuirá para a eliminação de ineficiências, através do melhor aproveitamento de espaços.

Com efeito o património imobiliário público ocupado por serviços ou entidades públicas tem de ser considerado, na óptica desses organismos, um custo e as respectivas despesas registadas. Numa Administração moderna, não pode subsistir a falácia de considerar que os efeitos consolidados no conjunto da Administração são nulos, por envolverem pagamentos de uma entidade para outra da mesma natureza e sendo, portanto, desnecessário o pagamento de rendas ou outras compensações por parte dos organismos. Apesar de o pagamento de uma renda pelos organismos pressionar os seus responsáveis a obter ganhos de eficiência no aprovei-

---

[63] Cfr. artigo 10.º da Lei de Enquadramento Orçamental, Lei n.º 91/2001, de 20 de Agosto.
[64] Cfr. n.º 2 artigo 5.º do Decreto-Lei n.º 280/2007, de 7 de Agosto.

tamento dos espaços a inércia e muitos interesses instalados tentarão, certamente, obstar a que tal modificação se concretize.

27. A segunda questão será, sem dúvida, a que resulta do "dilema" entre a prossecução dos esforços de consolidação orçamental e as despesas, cada vez mais significativas, com a conservação e a manutenção do património imobiliário. A degradação e deterioração das condições dos imóveis públicos, por falta de manutenção, afectam o bem-estar social geral e degradam também a imagem do Estado. Só que as acções de manutenção e de conservação do património imobiliário têm custos e os aumentos de despesa daí resultantes podem não ser fáceis de admitir num contexto de consolidação orçamental.

A solução deste problema pode implicar a venda de património e a adopção de formas diversas de rentabilização do património. E é, precisamente, neste ponto que manifestamos concordância genérica com a necessidade de rentabilizar o património, não ignorando o importante papel que o património imobiliário desempenha para a satisfação das necessidades colectivas, entendendo que os seus efeitos redistributivos não podem ser menosprezados. Por isso, também exprimimos as nossas reservas à alienação sem limites do património imobiliário e também consideramos muito negativa a prática de vender património imobiliário de forma casuística e para fazer face a necessidades meramente conjunturais, de obtenção de receita.

A este respeito torna-se útil evocar aqui a posição de AMARTYA SEN, segundo a qual as questões orçamentais inerentes à estabilidade macroeconómica não devem ser isoladas, mas, antes, apreciadas dentro de um quadro alargado de objectivos sociais[65].

28. A terceira e última questão prende-se com a necessidade de articulação entre a gestão do património imobiliário público e os instrumentos das diversas políticas públicas, especialmente ambientais, de ordenamento do território, desenvolvimento regional e de cultura. A gestão do património imobiliário público não pode viver isolada, solitariamente,

---

[65] AMARTYA SEM, *O Desenvolvimento como Liberdade*, Lisboa, Gradiva, 2003, p. 151 e segs..

nem espartilhada em departamentos sectoriais; requer, sim, coordenação intersectorial e articulação com as demais políticas públicas[66].

29. Em síntese final, o contexto de mudança acentuada em que as finanças públicas se estão a desenvolver coloca a gestão do património imobiliário público perante o repto de melhorar a "eficácia", o que é inseparável do objectivo de contribuir para a criação de um "melhor Estado"... o que, na óptica dos autores, tem, seguramente, prioridade sobre a eliminação do Estado.[67]

---

[66] A este respeito, SOUSA FRANCO refere bem que, atendendo à péssima prestação do Estado, enquanto senhorio, poderia encarar-se a possibilidade de uma "privatização" do património habitacional aos actuais arrendatários, no desenvolvimento de uma política social de habitação – ANTÓNIO DE SOUSA FRANCO, HELENA PEREIRA, ISABEL MARQUES DA SILVA e CARLOS LOBO, *Relatório sobre as Medidas,* cit., pp. 115.

[67] Para utilizar a expressão muito feliz do artigo de ANTÓNIO DE SOUSA FRANCO e EDUARDO PAZ FERREIRA, " *Equilibrar Contas Públicas e Desenvolver*", in *Diário de Notícias* de 4 de Março de 2002, pp. 17.

Rui Duarte Morais

Dupla tributação internacional em IRS
Notas de uma leitura em jurisprudência

Rui Duarte Morais
Licenciado pela Faculdade de Direito de Coimbra,
onde foi assistente.
Doutor em Direito pela Universidade Católica,
de que é professor na Escola do Porto.
Advogado

RESUMO:

Partindo da leitura de acórdão recentes, procurou-se identificar algumas orientações dos nossos Tribunais.

Verificou-se existir alguma dificuldade em conciliar a tributação separada, pressuposta nas CDT, com a tributação conjunta do agregado familiar prevista na nossa lei, nomeadamente nos casos de "residência por dependência".

Constatou-se o acerto de muitas decisões que entenderam que a aplicação das normas convencionais não pode ficar dependente do cumprimento de obrigações formais impostas pela lei interna.

Deu-se notícia das divergências jurisprudenciais que aconteceram quanto à tributação de residentes em Portugal que tinham obtido rendimentos de trabalho dependente prestado na Alemanha. Tais divergências mostram a necessidade de, nos casos a que seja aplicável uma CDT, ter sempre presente o MOCDE e respectivos *Comentários*.

Palavras-chave:
Dupla tributação internacional
Convenções de dupla tributação
Agregado Familiar
Trabalho dependente

ABSTRACT:

From readings of recently rendered judgements, an attempt was made to identify some trends of Portuguese Courts.

A certain difficulty was noted in reconciling separate taxation, which is a given in a DTA, with joint taxation of the family unit, as foreseen under Portuguese law, namely, in cases of "dependent residence".

The correctness of many decisions was noted; where the Court found that the application of norms resulting from treaties cannot be subject to compliance with formal rules imposed by the internal order.

Attention was brought to the disparate decisions that were rendered with respect to taxation of Portuguese residents who had obtained foreign dependent employment income in Germany. Such disparities evidence the need to always refer to the OECD Model Tax Convention and its *Commentaries*, whenever a DTA is applicable.

Key-words:
International double taxation
Double taxation agreements
Family unit
Dependent employment

DUPLA TRIBUTAÇÃO INTERNACIONAL EM IRS
Notas de uma leitura de jurisprudência*

Tivemos, recentemente, ensejo de consultar jurisprudência sobre este tema. Verificámos existir um número significativo de acórdãos recentes, ser correcta a doutrina contida na maioria deles, mas, também, algumas incompreensões.

Daí a oportunidade destas linhas, que não pretendem comentar qualquer aresto em concreto, mas tão só, em diálogo com o que vem sendo decidido pelos nossos tribunais superiores, dar a conhecer algumas das grandes linhas que emergem nesta temática. É, assim, intencionalmente limitada a abordagem a que iremos proceder, que procurámos dirigir a um público vasto, interessado em ser informado do essencial, de forma expedita. Pois tal é uma das orientações que, nosso modesto entender, deve estar presente no projecto editorial agora iniciado.

1. Dupla tributação internacional

Em sentido jurídico, ocorre uma dupla tributação quando se verifica a regra das *quatro identidades*: do *objecto*, do *sujeito passivo*, do *período tributário* e do *imposto*. *Internacional* quando as normas em colisão integram ordenamentos de dois diferentes Estados.

Não cabe aqui analisar os critérios que permitirão concluir pela verificação de cada uma dessas identidades[1]. Bastar-nos-á a ideia de que está em causa a pretensão de dois Estados tributarem, na titularidade de uma mesma pessoa, o mesmo rendimento (em impostos sobre o rendimento), relativamente a um mesmo ano.

---

* *As minhas primeiras palavras são, naturalmente, de congratulação pelo surgir do primeiro número desta Revista e de agradecimento pelo honroso convite para nele participar.*

[1] Exaustivamente, Manuel PIRES, *Da Dupla Tributação Jurídica Internacional sobre o Rendimento*, 1984, p. 38 ss.

A chamada dupla tributação económica, que acontece quando se verificam as referidas identidades, excepto a relativa aos sujeitos[2], fica, aqui, fora das nossas preocupações.

O fenómeno da dupla tributação é, assim, substancialmente diferente do da duplicação da colecta, em que não há pluralidade de normas mas pluralidade de aplicações da mesma norma[3].

2. As Convenções sobre dupla tributação

Os Estados estão conscientes da necessidade de eliminar esta cumulação internacional de tributações, porquanto a desejável e inevitável internacionalização das relações económicas resultaria, de outro modo, gravemente prejudicada.

A forma mais equilibrada de o conseguirem[4], uma vez que implica a partilha amigável das pretensões tributárias nacionais, com o consequente abdicar mútuo de parte delas, é a celebração de convenções bilaterais (CDT).

Recordemos algumas noções elementares:

---

[2] É o caso lucro distribuído, sujeito a tributação enquanto rendimento da sociedade que o gera e, depois, como rendimento dos seus sócios.

[3] Como entende, correctamente, a nossa jurisprudência. Exemplos: Ac. do STA de 12/07/2006, proc. n.º 0126/06; Ac do STA de 19/10/2005, proc. n.º 0119/05.

A distinção assume relevância prática, pois a duplicação de colecta é fundamento de oposição à execução (art.º 204.º, n.º 1, al. g) do CPPT). Sendo taxativos os fundamentos da utilização deste meio de recurso, teremos que, em princípio, uma questão de dupla tributação internacional (melhor, de violação de regras legais que a visam eliminar) apenas poderá ser, judicialmente, invocada em sede de impugnação. Ora, como é sabido, o momento de deduzir oposição à execução acontece, as mais das vezes, quando já passou o prazo em que seria possível deduzir impugnação. O mesmo é dizer que o Tribunal, quando confrontado com a alegação de um tal tipo de ilegalidade em sede de oposição à execução, não pode conhecer de tal vício nem convolar o processo para o de impugnação por, então, a apresentação da petição resultar extemporânea.

[4] A preocupação de eliminar a dupla tributação internacional, especialmente por parte dos países economicamente mais desenvolvidos (aqueles em que parte significativa dos rendimentos dos respectivos residentes provém de fontes no exterior), leva os Estados a consagrarem unilateralmente medidas a tal dirigidas (vejam-se o art.º 85.º do CIRC e o art.º 81.º do CIRS):

Artigos

– as convenções celebradas por Portugal baseiam-se, em geral, no Modelo da OCDE[5];
– a aplicabilidade de uma determinada convenção resulta de estar em causa um residente[6] num dos Estados contratantes;
– as disposições convencionais, por serem normas de Direito Internacional, afastam o disposto nas leis internas, relativamente às situações que regulam[7];
– as convenções, por regra, não prevêem o direito exclusivo de um dos Estados tributar determinado rendimento. Consagram, normalmente, uma competência cumulativa, mas a títulos diferentes: um dos Estados tributará enquanto *país da fonte* (ou seja, dentro dos limites que a convenção fixa para uma tributação a tal título); o outro Estado tributará a título de *país da residência* (cabendo-lhe eliminar a dupla tributação internacional por aplicação dos mecanismos convencionais).
– só muito excepcionalmente é que o país de residência não terá direito a tributar rendimentos do seus residentes auferidos no estrangeiro. Mais do que saber qual o Estado ao qual deve ser reconhecido o primado do direito à tributação, estará aqui em causa a concretização do *worldwide income principle*, o facto de um imposto pessoal exigir que sejam considerados todos os ren-

---

[5] Importa ter presente tal Modelo e, em especial, os seus *Comentários*. Não cabendo aqui debater o valor jurídico de tais Comentários nem questões relativas à sua aplicação (nomeadamente, a pretensão da OCDE de que as Convenções, independentemente da data em que foram celebradas, sejam lidas à luz dos Comentários mais recentes), bastará frisar que tais Comentários existem para a referência primeira na aplicação das convenções baseadas em tal Modelo. Pelo que não se compreende serem sistematicamente "ignorados" pelos nossos tribunais.

[6] Ou um estabelecimento estável de um não residente. A "personalização" dos estabelecimentos estáveis leva, apesar de o seu titular ser um não residente, a que aproveitem das CDT celebradas pelo Estado em que estão situados.

[7] As convenções constituem um sistema fechado de repartição do direito à tributação entre os Estados signatários, relativamente aos impostos a que se referem. Isto significa que o disposto nas convenções não pode ser "completado" e, muito menos, subvertido por disposições nacionais, mesmo nas matérias em que a CDT remeta para as legislações nacionais.

dimentos do sujeito passivo, independentemente do lugar onde foram obtidos.

3. A qualidade de residente

As convenções não definem quem deva ser considerado residente em cada um dos Estados contratantes, remetendo para as legislações internas desses Estado.

Este ponto tem, a nosso ver, sido menos bem entendido por alguns dos nossos tribunais. Num quadro convencional não se pode, verificado que determinado sujeito passivo preenche as condições que, segundo a nossa lei (art. 16 do IRS) permitem qualificá-lo como tal, concluir, sem mais, que ele é residente no nosso país.

A aplicação de uma convenção implica que a qualidade de residente seja referida a só um dos Estados contratantes. É preciso, em cada situação concreta, saber qual é o Estado da residência e qual é o Estado da fonte, pois são diferentes os direitos e deveres que para cada um deles resulta de tais posições[8].

Se da análise do caso concreto resultar que só um dos Estados em causa pretende basear o seu direito à tributação na condição de *residente* do sujeito passivo (e o outro Estado pretende efectuar a tributação a título de não residente), nenhuma questão existe quanto ao tema "residência"[9].

---

[8] Alberto XAVIER, *Direito Tributário Internacional*, 2007, p. 284 ss.

[9] Temos notícia de algumas decisões da administração fiscal em que a questão é abordada de forma errada.

Os contornos factuais de tais situações (estão em causa funcionários de representações diplomáticas e consulares de Portugal no estrangeiro) são, em resumo, os seguintes: o sujeito passivo preenche uma das hipóteses que, segundo a nossa lei, permitem considerá-lo como residente em Portugal; a fonte financeira dos seus rendimentos situa-se no nosso país; porém, ele permanece habitualmente noutro Estado contratante, onde tem residência permanente e se situa o centro dos seus demais interesses vitais (família, emprego, etc); porém, este outro Estado considera-o não residente (o que, aliás, é correcto, pois, como assinala Maria Margarida Cordeiro MESQUITA, *As Convenções sobre Dupla Tributação*, 1998, p. 85, em comentário ao art.º 4.º do MOCDE, "os residentes segundo a lei interna mas tributados nos termos de uma obrigação limitada não são residentes para efeitos convencionais – v. agentes diplomáticos e consulares").

Se em ambos os Estados tiver ocorrido uma tributação a título de *residente*[10], haverá que recorrer às *regras de desempate* previstas na própria convenção, as quais enumeram, numa ordem de preferência sucessiva, os seguintes critérios: existência de habitação permanente num (só) desses Estados; país com o qual sejam mais estreitas as relações económicas e pessoais (centro de interesses vitais); Estado em que permanece habitualmente; Estado de que é nacional; acordo entre as administrações fiscais interessadas.

Nesta hipótese, nenhum conflito se suscita quanto à *residência*, uma vez que o outro país não pretende ser havido como Estado de residência e a qualificação como residente em Portugal é conforme à lei portuguesa.

Ora, a nossa administração cria um conflito (negativo) artificial, recusando considerar tal sujeito como residente fiscal em Portugal, por entender que ele deve ser havido residente no outro (pelo outro) Estado. Isto pela razão muito simples que o imposto devido em Portugal, caso a tributação seja feita a título de não residente (i. e., por aplicação de uma taxa liberatória), será superior ao resultante de uma tributação a título de residente (em razão das deduções a que, então, haveria lugar).

As regras de "desempate" (*tie breaker rules*) constantes das convenções servem, apenas, para dirimir conflitos positivos de competência, isto é, para permitir definir qual o Estado em que um sujeito passivo deve ser havido como residente quando ambos os Estados contratantes o consideram como tal.

Não podem ser invocadas para criar um conflito negativo, ou seja, para recusar a alguém a qualidade de residente num Estado contratante a pretexto de ser mais correcto que ele seja considerado residente no outro.

Esta (estranha) visão da questão é geradora de situações de evidente injustiça: porque não é havido como residente em nenhum dos Estados, esse contribuinte deixa, na prática, de poder exercer o direito às deduções que, no quadro dos impostos sobre o rendimento vigentes em ambos os Estados em causa, poderia efectivar, caso fosse sujeito num deles a uma tributação de natureza pessoal.

[10] Assumimos estar numa fase contenciosa, ou seja, que a dupla tributação internacional por cumulação de residências já aconteceu. A ocorrência deste tipo de situações deve ser prevenida pelas administrações fiscais, quer pela aceitação da qualificação como seu residente feita pelo outro Estado (quando esse Estado esteja em "vantagem" na aplicação das regras convencionais de "desempate"), quer, se necessário, através do recurso ao procedimento amigável, previsto no art.º 26.º do MOCDE e reproduzido no texto das diferentes convenções.

Sendo que a utilização dos mecanismos convencionais para prevenir situações de dupla tributação internacional é um direito dos beneficiários das convenções, por eles invocável perante as administrações fiscais dos Estados contratantes, como, adiante, veremos a propósito de outras situações.

3.1. O teste que determinará a condição de residente num dos Estados contratante – quando ambos invoquem, com base nas respectivas leis, ter o sujeito passivo residência (fiscal) nos respectivos territórios – é efectuado *individualmente*, independentemente da situação conjugal do sujeito passivo.

O conceito convencional de residência sobrepõe-se aos regimes, como o português, que consagram a "residência por dependência" de uma pessoa no país de residência de outro membro do seu agregado familiar (art. 16.º, n.º 2 do CIRS)[11].

Isto é algo que, sistematicamente, a nossa jurisprudência não tem em consideração. Tomemos como exemplo o seguinte excerto da fundamentação do Ac. do STA de 15/03/2006, proc. n.º 01211/05[12]: "Ora, nos termos do art. 16.º, n.º 2, do Código do Imposto sobre o Rendimento das Pessoas Singulares (redacção vigente ao tempo), "serão sempre havidos como residentes em território português, as pessoas que constituem o agregado familiar, desde que naquele resida qualquer das pessoas a quem incumbe a direcção do mesmo (…).

Trata-se de uma presunção *juris et de jure* de residência em Portugal[13], das pessoas que constituem o agregado familiar, desde que aí resida qualquer das pessoas a quem incumbe a direcção do mesmo. Cf. Alberto Xavier, *Direito Tributário Internacional, Tributação das Operações*

---

[11] Maria Margarida Cordeiro MESQUITA, *As Convenções sobre Dupla Tributação*, 1988, p. 85.

[12] Lembramos que não é nosso objectivo fazer uma análise crítica deste ou de outros acórdãos citados, mas apenas debater algumas das ideias neles presentes. No caso concreto, nem sequer dispomos de elementos que nos permitam apurar se o sujeito passivo em causa foi tributado na Alemanha a título de residente ou não residente. Se aí foi tributado a título de não residente, como supomos ter acontecido, a qualificação como residente em Portugal impunha-se, mas por outras razões que não a invocação da "residência por dependência"

[13] Esta presunção absoluta (melhor, esta verdadeira ficção legal) foi transformada em mera presunção legal relativa com a nova redacção (vigente a partir de 2006) dos n.º 3 e 4 do art.º 16.º do CIRS.

O que pode ser fonte de novo equívoco. Estando em causa uma situação factual envolvendo um Estado que seja parte numa convenção com Portugal, o sujeito passivo não tem que ilidir a presunção de residência "por dependência", pela simples razão que, num contexto convencional, a questão da *residência* terá que ser sempre apreciada de forma individual, i. e., independentemente da situação conjugal do sujeito passivo.

Internacionais, p. 245 e ss: 'Esta última situação tem como consequência que basta a residência em Portugal, de um dos chefes do agregado familiar, aferido aos critérios do art. 16.º do CIRS, para que esta arraste, por um princípio de atracção da unidade familiar, a residência dos demais (residência por dependência). Assim, por exemplo, o emigrante português que reside efectivamente na Alemanha, mas cuja mulher permanece em Portugal, é aqui sujeito a tributação numa base universal, incluindo portanto os rendimentos obtidos na Alemanha'. Pelo que é de concluir, no ponto, terem os impugnantes residência em Portugal, para efeitos fiscais, nomeadamente de IRS"[14].

O critério da *residência por dependência*, apesar de poder estar previsto na lei dos Estados contratantes, não é, pois, aplicável num quadro convencional[15].

3.2. Também o critério da presença física (o número de dias que o sujeito passivo permaneceu, em cada ano, num determinado Estado, a chamada "regra dos 183 dias") não assume relevo directo nas convenções[16].

---

[14] Este passo da obra, fundamental, de Alberto XAVIER (que se manteve na última edição, de 2007, a p. 287) é susceptível de fazer incorrer o leitor em erro. O Autor, que escreve tais linhas a propósito do tema "estatuto de residente no direito português" não alerta expressamente para o facto de tal presunção não valer quando o outro Estado em causa celebrou com Portugal uma convenção sobre dupla tributação. Esta omissão aparece esclarecida dois parágrafos adiante, quando, ao ocupar-se da "residência e domicílio nas convenções contra a dupla tributação", (pag. 291, nota 61, da edição de 2007, correspondentes à p. 248, nota 49, da edição de 1993, citada no acórdão) explicita: "A análise deve ser feita pessoa por pessoa, ainda que casados, pelo que é frequente a existência de "casais mistos", sendo um dos seus membros considerado residente num país e o outro, noutro".

[15] Maria Margarida Cordeiro MESQUITA, *As Convenções sobre Dupla Tributação*, 1988, p. 85.

[16] Enquanto critério de "desempate". Como vimos, as Convenções remetem para a lei interna de cada um dos Estados contratantes a definição do que entendem ser os seus residentes fiscais. E muitos Estados, entre os quais Portugal, perfilham uma concepção objectivista da residência, segundo a qual basta a presença física do sujeito passivo no seu território durante a maior parte do período tributário em causa para a atribuição de tal qualificação.

O n.º 2 do art. 4 do MOCDE (por regra, integralmente reproduzido no texto das convenções baseadas em tal modelo) dispõe, para os casos em que uma pessoa é considerada residente por ambos os Estados contratantes à luz das respectivas legislações, que "será considerada residente apenas do Estado em que tenha uma *habitação permanente* à sua disposição" (ou seja, o local de habitação permanente é o primeiro critério de "desempate"[17]).

É impossível precisar este conceito em abstracto[18]. O que aqui importa sublinhar é o seguinte: nas circunstâncias do mundo actual é, cada vez mais, normal um sujeito passivo ter habitações permanentes em mais de um Estado[19]; que a qualificação como residente não pode assentar em elementos de natureza meramente formal, como sejam o facto de o sujeito passivo estar "inscrito" como residente num determinado Estado ou aí ter apresentado uma declaração de rendimentos invocando a qualidade de residente[20]; que existindo um conflito positivo, por os dois Estados contratantes considerarem o mesmo sujeito passivo seu residente, relativamente a um mesmo período, estaremos perante um problema de aplicação das convenções, que deverá ser dirimido através dos mecanismos nelas previstos, nomeadamente o *procedimento amigável*[21].

---

[17] Ou seja, o art.º 4.º do MOCDE, ainda que só enquanto regra de "desempate", parece exigir um elemento subjectivo para que se encontre preenchido o conceito de residente: a intenção do sujeito passivo de, no período em causa, residir num determinado país.

[18] Alberto XAVIER, *Direito Tributário Internacional*, 2007, p. 294.

[19] O mesmo é dizer que a *habitação permanente* perde, cada vez mais, o seu interesse prático enquanto referencial para a resolução de contendas de "dupla residência" entre Estados contratantes.

[20] De outro modo, na prática, deixar-se-ia à opção do sujeito passivo a escolha do Estado em que seria havido por residente.

[21] Estamos perante um afloramento de uma questão complexa: as convenções não prevêem um órgão internacional que dirima os conflitos emergentes da sua aplicação. Conflitos esses que, aliás, não serão entre Estados mas entre um sujeito passivo (um beneficiário de uma convenção) e um ou ambos esses Estados. Sem desenvolver a questão, diremos que o recurso aos mecanismos convencionais, quando tal se imponha, integra o poder-dever de *investigação* a cargo da administração fiscal. Ou seja, defendendo a administração fiscal determinada posição que possa resultar conflituosa com a do outro Estado contratante (mais simplesmente, uma posição de onde decorra uma situação de dupla tributação internacional), deve ser-lhe exigido (pelos tribunais nacionais), enquanto elemento essencial da fundamentação da sua pretensão, que, antes, tenha

4. Limitações convencionais à tributação pelo Estado da fonte

Na perspectiva de um residente noutro Estado que obtém rendimentos com origem em Portugal, a convenção terá importantes consequências práticas.

A pretensão de tributar tais rendimentos, tal como decorre das normas internas (no caso, do CIRS), pode resultar afastada. Ou seja, a convenção pode atribuir, em exclusivo, ao Estado da residência o direito a tributar tais rendimentos.

As hipóteses concretas podem assumir diferentes configurações, até porque a repartição do direito à tributação não é uniforme nas diferentes convenções.

As decisões judiciais mais frequentes são relativas a *pagamentos de comissões a não residentes*.

A al. f) do n.º 1 do art. 18.º do CIRS considera obtidos em território português (e, por tal razão, tributados por Portugal, enquanto país da fonte), entre outros, os rendimentos decorrentes de intermediação na celebração de quaisquer contratos, realizada ou utilizada em território português, mesmo quando o respectivo beneficiário não tenha neste território estabelecimento estável ou instalação fixa a cuja actividade devam ser imputados.

Segundo as convenções, estes rendimentos revestem natureza empresarial[22], pelo que só podem ser tributados pelo Estado da fonte se o contribuinte aí possuir estabelecimento estável.

A conclusão de que a aplicação das normas de incidência do IRS, relativas à tributação de não residentes, resulta afastada quando contrária ao disposto numa Convenção é, em geral, correctamente assumida pelos nossos tribunais.

Citamos, a título de exemplo:

---

procurado resolver a questão por acordo com o outro Estado contratante, accionando os mecanismos que as convenções prevêem para tal fim.

[22] Em versões anteriores, nas quais se basearam muitas das convenções em vigor, o MOCDE distinguia entre "rendimentos de profissões independentes" e "lucros das empresas", que eram objecto de artigos diferentes. O facto de os primeiros terem passado a ser considerados como lucros pouco releva em termos práticos, uma vez que já antes a disciplina das duas situações era, no essencial, coincidente.

Demonstrado que está que não havia lugar a tributação pelo Estado Português em IRS dos rendimentos pagos em 1994 por uma sociedade portuguesa a um cidadão espanhol a título de "comissões de vendas", por este não ter residência nem estabelecimento estável ou instalação fixa em Portugal ao qual pudessem ser imputáveis os rendimentos em causa (atento o disposto nos arts. 7.º e 14.º da Convenção para Evitar a Dupla Tributação celebrado entre Portugal e a Espanha, aprovada pelo Decreto-Lei n.º 49.223, de 4 de Setembro de 1969, em vigor à data), não pode a AT liquidar àquela sociedade o IRS que considerou que esta deixou de reter na fonte, por força do disposto nos arts. 91.º e 94.º do CIRS (na versão em vigor à data) (Ac. do TCA Sul de 05-07-2005, proc. n.º 05675/01)

Em decorrência do disposto no art. 14.º, particularmente, ponto l), da Convenção para Evitar a Dupla Tributação, celebrada entre Portugal e o Reino Unido, aprovada para ratificação pelo DL. 48.497 de 24.7.1968 e ratificada em 17.1.1969 -DG. I Série de 3.9.1969, os rendimentos que a impugnante pagou, no decurso dos anos de 1996 e 1997, a dois cidadãos ingleses, ambos na qualidade de "Consultor", e residentes no Reino Unido, só neste Estado podiam ser tributados.

Na situação descrita, com referência a esses proventos não havia, em princípio, lugar a qualquer retenção na fonte e entrega de valores ao Estado Português, irrelevando, por isso, eventuais incorrecções cometidas no preenchimento de documentação entregue aos serviços tributários. (Ac. do TCA Sul de 3/11/2004, proc.º n.º 00151/04).

4.1. Quando não excluem o direito à tributação do rendimento pelo Estado da fonte (exclusão essa que é excepção), as convenções, em muitos casos, limitam-no. O imposto não poderá exceder o resultante da aplicação de determinadas taxas, variáveis consoante o rendimento em causa[23].

---

[23] Mais rigorosamente (uma vez que as convenções não prevêem taxas de tributação mas sim limites máximos às taxas aplicáveis), a tributação, feita segundo a lei interna do país da fonte (se esta a prever), não poderá exceder o limite resultante da aplicação da taxa prevista em cada convenção para esse tipo de rendimento.

A tributação de rendimentos auferidos por não residentes, sem estabelecimento estável no nosso país, acontece, por regra[24], através do mecanismo da substituição fiscal total[25]. O substituto, a entidade residente devedora, retém o montante correspondente ao imposto, calculado por aplicação de uma taxa fixa, *liberatória*. O contribuinte (o não residente) não tem qualquer relação com o fisco português, não é sujeito passivo de qualquer obrigação tributária em razão da obtenção desse rendimento.

Antecipando o que a seguir desenvolveremos, diremos que os nossos tribunais têm vindo a concluir, e bem, que, não existindo obrigação de pagamento de qualquer imposto em Portugal, por força de uma disposição convencional, não há lugar à obrigação, para o substituto, de proceder a qualquer retenção na fonte; e se a retenção na fonte estiver limitada pelo disposto em determinada convenção, o substituto não tem que proceder a retenções na fonte em valor superior (o que resultaria da aplicação da lei interna).

5. O "accionamento" dos mecanismos convencionais

Grande parte dos litígios que estão base de decisões dos nossos tribunais superiores resultam, infelizmente, do modo como a administração, sistematicamente, encara as obrigações fiscais dos sujeitos passivos (no caso, os substitutos), mais preocupada em controlar o regular cumprimento de procedimentos burocráticos a cargo destes (das obrigações acessórias) que em esclarecer se, verdadeiramente, existiu ou não omissão no pagamento de um imposto devido.

As obrigações dos substitutos aparecem enumeradas no art. 18.º do DL n.º 42/91, de 22 de Janeiro ("quadro disciplinador da retenção na fonte")[26].

---

[24] As excepções mais relevantes são as rendas de imóveis e as mais-valias obtidas com a alienação dos mesmos.
[25] CASALTA NABAIS, *Direito Fiscal*, 2006, p. 275 ss.
[26] Note-se que o capítulo IV, intitulado "retenções de IRS sobre rendimentos abrangidos por convenções internacionais" não constava da versão inicial desse diploma. A sua adição mostra bem a actualidade e importância do tema.

Em síntese, o substituto, para não proceder à retenção na fonte (tal como prevista no Código), ou proceder a uma retenção limitada, tem, até à data em que a ela deveria proceder, que estar munido de um impresso próprio, de modelo oficial, comprovativo de que o beneficiário do rendimento é residente no outro Estado contratante[27]. Se não tiver tal prova, nessa data, fica obrigado a fazer a retenção por aplicação da taxa "normal"[28].

As questões que, a este propósito, se vêm colocando aos nossos tribunais são, resumidamente:

– Saber se a prova da condição de residente no outro Estado contratante se pode fazer através de outro documento que não o "impresso" que a lei prevê[29]; ou – a questão é, no essencial, a mesma – saber, relativamente a residentes em Portugal, se existe um meio de prova "necessário" para certificar o pagamento de imposto no estrangeiro (no país da fonte), tendo em vista o exercício do direito à imputação (ao crédito de imposto) que, por força de uma convenção, o nosso país (país de residência) é obrigado a conceder em ordem à eliminação da dupla tributação internacional[30].

---

[27] "Um formulário de modelo aprovado por despacho do Ministro das Finanças, certificado pelas autoridades competentes do Estado de residência" (n.º 2 do art. 18.º).
Esta exigência burocrática, além de ser manifestamente desproporcionada em certos casos (estando em causa um pagamento de pequeno valor, o "custo" que para o não residente implica esta tramitação pode ser superior à economia de imposto resultante da redução da retenção na fonte), seria perfeitamente dispensável em muitos casos (p. ex., quando o beneficiário da remuneração reside ou está estabelecido em outro país comunitário e aí é sujeito passivo de IVA, situação essa facilmente comprovável pela nossa administração fiscal pelo recurso ao V.I.E.S.)

[28] Podendo o não residente, num prazo de dois anos, e também mediante a apresentação de "formulário próprio", requerer a devolução do montante retido em excesso. Norma esta também passível de forte crítica – o que não cabe aqui fazer – desde logo porque "contraditória" com vários outros preceitos legais relativos às garantias dos contribuintes.

[29] P. ex., Ac. do STA de 31/01/2002 (proc. n.º 1113/05) (prova de residência no estrangeiro de emigrantes).

[30] P. ex., Ac do STA de 20/04/2005, proc. n.º 01254/04: "Se o sujeito passivo do imposto estiver impossibilitado de apresentar documento, emitido pela AT alemã, comprovativo desse pagamento, é bastante para a dedução a apresentação de declaração da entidade patronal, onde constam as retenções efectuadas, bem como das guias de pagamento. No mesmo sentido, vários acórdãos do TCA Norte.

– Se, mesmo vindo a verificar-se posteriormente que a retenção na fonte efectuada foi correcta, o substituto era obrigado à entrega do montante de imposto correspondente à aplicação da taxa de retenção "normal" (a prevista na lei interna) por, na altura, não dispor da prova que lhe permitisse não a efectuar ou faze-la em montante reduzido.

As decisões dos nossos tribunais são, no geral, correctas: a prova dos factos em questão pode ser lograda por outros meios que não a apresentação de determinados "impressos" (muito embora – acrescentamos nós - a natureza das coisas pareça exigir, sempre, um documento); verificado, ainda que *a posteriori*, que o imposto entregue era o devido, nada mais pode ser exigido a tal título.

Citamos, quanto a este último ponto o Ac. do STA de 12/06/2007, proc. 0397/06)[31]:

"(…) A formalidade cujo tardio cumprimento determinou as liquidações sindicadas é uma formalidade *ad probationem*, ou seja, é uma formalidade destinada unicamente a demonstrar uma realidade pré-existente, que lhe é exterior e vive por si, e não uma formalidade *ad substanciam*, isto é, uma formalidade cujo cumprimento era essencial para a verificação da condição e que sem ela não teria validade ou não teria existência legal. (…)

As liquidações sindicadas, em certa medida, funcionaram como formas sancionatórias do cumprimento tardio de uma formalidade e não como actos tributários destinados a repor uma legalidade cuja ofensa determinou prejuízos de ordem material para a administração. Ora, as liquidações não podem ser usadas como uma forma de sanção para os contribuintes, pois para isso existem as penalidades próprias constantes dos diversos diplomas legais (…)".

---

[31] No mesmo sentido os Ac. do TCA Norte de 11/10/2007, proc. n.º 00796/05.3 e de 28/06/2007, proc. n.º 00129/03: "a prova da residência da beneficiária não é elemento constitutivo dessa dispensa [de retenção]; e, uma vez feita, não poderá deixar de retroagir os seus efeitos à data da ocorrência dos factos tributários, ou seja, ao pagamento dos rendimentos em causa".

6. O "efeito escudo" das convenções

Há, ainda, que salientar o correcto entendimento dos nossos tribunais relativamente ao chamado "efeito escudo" (*shield*) das convenções: a afirmação do dever de a administração, no quadro normal dos seus poderes de investigação, recorrer aos mecanismos de troca de informação internacional (nomeadamente, os previstos nas convenções) para comprovar as alegações dos sujeitos passivos, a realidade das suas situações tributárias. A não utilização de tais mecanismos, quando tal se impunha, é valorada contra os "interesses" da Fazenda Pública.

P. ex., diz o TCA no seu Ac. de 14/07/2005, proc. n.º00089/03[32]:

"À Administração Fiscal Portuguesa compete, no caso de lhe subsistirem dúvidas quanto à coincidência entre o valor retido na fonte e o imposto liquidado, proceder à troca de informações com as autoridades fiscais suíças, de forma a evitar a dupla tributação".

7. A tributação dos rendimentos do trabalho dependente (um problema de tradução?)

Boa parte da jurisprudência sobre este tema refere-se a rendimentos obtidos por emigrantes portugueses por trabalho realizado na Alemanha.

Em tais situações os sujeitos passivos, que são (correctamente) havidos por residentes em Portugal, obtiveram rendimentos nesse outro país, onde permaneceram mais de 183 dias no ano em causa. A questão é saber se Portugal tem legitimidade para tributar tais rendimentos ou se tal tributação cabe à Alemanha.

Tendo presente o normativo em causa[33], diremos que esta convenção consagra, relativamente aos rendimentos de emprego (rendimentos

---

[32] São vários os Acórdãos deste tribunal decidindo, uniformemente, situações idênticas.

[33] Art.º 15.º da Convenção Portugal – Alemanha (Profissões dependentes):

1 – Com ressalva do disposto nos artigos 16.º, 18.º, 19.º, 20.º e 21.º, os salários, ordenados e remunerações similares obtidos de um emprego por um residente de um Estado contratante só podem ser tributados nesse Estado, a não ser que o emprego seja exercido no outro Estado contratante. Se o emprego for aí exercido, as remunerações correspondentes podem ser tributadas nesse outro Estado.

obtidos por um residente num Estado contratante em razão de actividades por conta de outrem exercidas no outro Estado contratante), as soluções preconizadas pelo Modelo da OCDE.

Tentando sintetizá-las, diremos: normalmente, cumulam-se as competências do Estado da fonte e do Estado da residência para tributarem tais rendimentos. Porém, em certas circunstâncias, o direito à tributação pertence, em exclusivo, ao Estado da residência. Assim acontece verificando-se os seguintes condicionalismos: o beneficiário (o trabalhador) ter permanecido no país da fonte, durante o período fiscal em causa, menos de 183 dias; as remunerações terem sido suportadas por entidade patronal não residente no Estado da fonte e que não tenha, nesse Estado, estabelecimento estável a cuja actividade o pagamento de tais remunerações deva ser imputado.

A razão de ser desta excepção à competência cumulativa de ambos os Estados parece clara: em tais circunstâncias, entende-se que não existe uma conexão suficiente (tempo de presença física do trabalhador e localização no Estado onde a actividade é exercida da fonte financeira das remunerações) capaz de legitimar o direito à tributação pelo Estado da fonte (o do local onde o emprego foi exercido).

Porquê, então, tantas decisões erróneas[34] (concluindo que um trabalhador que haja permanecido mais de 183 dias na Alemanha só poderia

---

2 – Não obstante o disposto no n.º 1, as remunerações obtidas por um residente de um Estado contratante de um emprego exercido no outro Estado contratante só podem ser tributadas no Estado primeiramente mencionado se:

a) O beneficiário permanecer no outro Estado durante um período ou períodos que, no ano civil em causa, não excedam, no total, 183 dias; e

b) As remunerações forem pagas por uma entidade patronal ou em nome de uma entidade patronal que não seja residente do outro Estado; e

c) As remunerações não forem suportadas por um estabelecimento estável ou por uma instalação fixa que a entidade patronal tenha no outro Estado.

[34] P. ex, os Ac. do TCA de 06/05/2003 e de 08/10/2002, objecto de (acertada) anotação desfavorável por Lopes COURINHA, «A tributação dos cidadãos portugueses no estrangeiro à luz do art.º 15.º do Modelo de Convenção da OCDE», *Fiscalidade*, n.º 17, Janeiro (2004), 17 ss.

A administração fiscal viu-se obrigada a tomar a decisão, relativamente invulgar, de ordenar (aos Representantes da Fazenda Pública junto dos tribunais) que, sistematicamente, recorressem das decisões não conformes à interpretação – correcta – que sempre sufragou (cfr. ofício-circulado 20031, de 31/10/2001).

ser tributado nesse país, ficando excluído o direito à imposição em Portugal) numa querela jurisprudencial a que só recentemente se terá posto termo[35]?

A nosso ver, por duas razões:

– Primeiro, porque esses tribunais não começaram por clarificar a que título era feita a tributação em cada um Estados. Se sempre concluíram que, segundo a lei portuguesa, os trabalhadores em questão eram qualificáveis como residentes no nosso país, nunca, ou raramente, deixaram claro que a imposição na Alemanha tivera lugar a título de não residentes[36]. Ou seja, por não terem começado por responder claramente à questão essencial de saber qual era, no caso, o Estado da fonte e o da residência, não lograram uma visão sistematizada dos direitos e obrigações que, no quadro convencional, decorriam para cada um dos Estados em presença.

– Mas a razão principal foi, manifestamente, o teor equívoco do texto legal. A expressão " as remunerações obtidas por um residente de um Estado contratante de um emprego exercido no outro estado contratante só podem ser tributadas no Estado primeiramente mencionado se (…)", constante do corpo do n.º 2 do artigo 15.º da Convenção Portugal – Alemanha, presta-se a ser, como foi, lida no sentido, de que a tributação pelo "Estado primeiramente mencionado" (Estado da residência, ou seja, Portugal) *apenas pode ter lugar* quando se verificarem os condicionalismos previstos nas alíneas de tal número e não – como é correcto – que, verificados tais condicionalismos, o *único Estado competente para tributar* é o da residência (só podem ser tributadas no Estado primeiramente mencionado significa que só esse Estado pode tributar).

---

[35] Após o Ac. do STA de 15 de Março de 2006 (proc. n.º 1211/05), firmou-se jurisprudência decidindo correctamente a questão.

[36] O que nos leva a supor que, talvez por terem presente a "regra do 183 dias" acolhida pelo direito português na al. a) do n.º 1 do art. 16.º do CIRS, algumas decisões terão, implicitamente, entendido que, ao permanecerem 183 dias na Alemanha, os trabalhadores em causa passavam a ser considerados residentes nesse país (ou seja, Portugal, deixaria de ser o seu país de residência, perdendo, consequentemente, competência para os tributar a tal título).

Artigos

"Erro" do tradutor da versão portuguesa de tal convenção ou do do Modelo da OCDE[37] (uma vez que a versão portuguesa de ambos os textos é, neste ponto, totalmente coincidente)? A origem da dificuldade parece mais funda: a OCDE publica os seus textos em duas línguas de trabalho, em inglês e em francês. O equívoco que o texto português pode provocar está presente, também, no "original" em língua inglesa: (...) *"remuneration derived by a resident of a Contracting State in respect of an employment exercised in the other Contracting State shall be taxable only in the first-mentioned State if"* (...)

Mas a versão francesa é inequívoca: (...) *"les rémunérations q'un résident d'un État contractant reçoit au titre d'un emploi exercé dans l' autre État contractant ne sont imposables que dans le premier État si"* (...)

Ou seja, os países, como Portugal, que terão traduzido o MOCDE a partir da sua versão inglesa[38], chegaram a redacções do preceito com um sentido dubitativo (eventualmente, reforçaram o equívoco já presente no "original" a partir do qual a tradução foi feita).

Em suma, a incompreensão dos "princípios gerais" a que obedece a repartição do direito à tributação operada pelas CDT, somada ao facto de, sistematicamente, se "ignorar" (não se consultar) o Modelo da OCDE, que é "fonte" de tais convenções (e, em especial, os seus comentários), conduziu a divergências jurisprudenciais que bem se podiam ter evitado, e que – é o mais grave – implicaram um tratamento desigual de situações iguais, ou seja, injustiça.

---

[37] Não existe uma tradução oficial do MOCDE. A tradução "oficiosa" a que nos referimos é a promovida pelo Centro de Estudos Fiscais, que vem publicando algumas das sucessivas versões do MOCDE e respectivos Comentários nos seus *Cadernos de Ciência e Técnica Fiscal*.

[38] Será o caso da versão alemã da convenção com Portugal: *"Ungeachtet des Absatzes 1 können Vergütungen, die eine in einem Vertragsstaat ansässige Person für eine im anderen Vertragsstaat ausgeübte unselbständige Arbeit bezieht, nur im erstgenannten Staat besteuert werden wenn* (...)"

Clotilde Celorico Palma

Algumas reflexões sobre o novo regime do Centro Internacional de Negócios da Madeira

Clotilde Celorico Palma
Docente universitária

RESUMO:

Neste artigo faz-se um resumo do novo regime de auxílios de Estado sob a forma fiscal do Centro Internacional de Negócios da Madeira (CINM) ou Zona Franca da Madeira (ZFM), em vigor a partir de 1 de Janeiro de 2007 até 31 de Dezembro de 2013.

Neste contexto, faz-se uma resenha histórica da evolução do regime desde a sua criação na década de oitenta até aos nosso dias, indagando-se se, realmente, tem sido um instrumento real de competitividade fiscal.

Palavras chave:
    Centro Internacional da Madeira
    Regime de auxílios de Estado
    Zonas francas

ABSTRACT:

This particular article makes a summary of the state aid new regime known as Madeira International Business Centre (MIBC) or, preferably, Madeira Free Trade Zone (MFTZ), in force as from 1 January 2007 up to 31 December 2013.

In this legal framework, an historical report of the regime development is made since its creation in the eighties up to now, questioning if it has been a real instrument to achieve fiscal competitiveness.

Key Words:
    Madeira International Business Center
    State Aid Regime
    Free Trade Zone

1. Nota Prévia

Pretende-se, no presente artigo, tecer algumas considerações sobre o novo regime do Centro Internacional de Negócios da Madeira (CINM) ou Zona Franca da Madeira (ZFM) a vigorar desde 1 de Janeiro de 2007 até 31 de Dezembro de 2013, aprovado pelo Decreto-Lei n.° 13/2008, de 18 de Janeiro.

Será que compreendemos efectivamente a verdadeira natureza e os objectivos deste tipo de regime? Qual o contexto do aparecimento de um novo regime? Surge-nos atempadamente? Dará adequada resposta à necessidade de competitividade do nosso sistema fiscal? Eis algumas das questões que de seguida iremos abordar, de forma a se retirarem as devidas conclusões.

2. Evolução do regime do CINM

O regime usualmente conhecido sob a designação de regime da Zona Franca da Madeira é o resultado de uma evolução, ao longo de quase quatro décadas, da intenção de o Governo português criar e implementar um regime específico de incentivos fiscais com objectivos de desenvolvimento regional em vigor na Região Autónoma da Madeira (RAM). Tal como se reconhece no preâmbulo do Decreto – Lei n.° 13/2008, *"O regime da zona franca da Madeira ou centro internacional de negócios da Madeira, foi concebido como um programa integrado de incentivos fiscais, tendo em vista o desenvolvimento de uma região ultraperiférica com fortes constrangimentos estruturais, baseando-se numa estratégia a longo prazo. Esta estratégia assentou no reconhecimento da situação social e económica estrutural com constrangimentos permanentes e irreversíveis da ilha da Madeira enquanto pequena economia isolada, distante dos principais centros de decisão política e económica e teve em conta um quadro temporal mínimo para a produção dos efeitos económicos necessários para atenuar os constrangimentos existentes. A plena eficácia dos objectivos subjacentes à criação do regime implicou que certas condições fossem preenchidas e certos meios disponibilizados, designadamente, a previsão de um período, nunca inferior a 25 anos, de aplicação de um regime de auxílios dispondo de um quadro institu-*

cional estável, atendendo à experiência de modelos de desenvolvimento de outras pequenas economias insulares e europeias, de forma a dispor de um período longo para produção de efeitos significativos designadamente sobre o PIB e o emprego."

Ao longo desta grande e árdua caminhada de quase quatro décadas, têm sido diversas as vicissitudes sofridas por um regime criado e mantido sob a égide do desenvolvimento regional, tão pouco acarinhado entre nós. A história recente da evolução do regime, a forma como tem sido tratado, nomeadamente, por distintos Governos e aos mais diversos níveis da Administração Fiscal, demonstram uma clara ausência de uma estratégia que se vem consubstanciando numa sucessiva diminuição da respectiva atractividade, e, consequentemente, dos objectivos para os quais foi criado. A história recente do novo regime é muito sintomática a este propósito. Bastará recordar que o regime foi apresentado ao Governo da República em Fevereiro de 2006, foi enviado para negociação junto das instâncias comunitárias em sede de auxílios de Estado a 28 de Junho de 2006, foi aprovado pela Comissão a 27 de Junho de 2007[1], a autorização legislativa foi publicada a 21 de Novembro de 2007, através da Lei n.º 65-A/2007, e só a 18 de Janeiro de 2008 é que veio a ser publicado, através do Decreto-Lei n.º 13/2008. Retirem-se as devidas conclusões deste "pequeno" e lamentável episódio e compare-se com o que se passou com o regime congénere que vigora em Espanha, o regime da Zona Especial Canária[2].

---

[1] Decisão da Comissão Europeia C(2007) 3037 final, de 27 de Junho.

[2] O novo regime ZEC foi formalmente notificado à Comissão Europeia a 14 de Junho de 2006, ou seja, após o novo regime do CINM e foi aprovado pela Comissão a 20 de Dezembro de 2006 (veja-se comunicado de imprensa IP/06/1848 da mesma data). Tal como o anterior regime vigente no CINM, este regime caducava a 31 de Dezembro de 2006. Através do Real Decreto-Ley 12/2006, de 29 de Dezembro, que veio alterar a Ley 19/1994, os espanhóis implementaram o regime a partir de 1 de Janeiro de 2007. O novo regime aplica-se a entidades que se licenciem entre 1 de Janeiro de 2007 e 31 de Dezembro de 2013. Note-se que as Entidades ZEC estão sujeitas ao Imposto sobre Sociedades vigente em Espanha a uma taxa de 4%, sendo que a taxa geral é de 30%. Tal como no regime do CINM, este benefício está sujeito a *plafonds* que dependem do número de empregos criados e do tipo de actividade desenvolvida, produzindo efeitos até 31 de Dezembro de 2019, de acordo com o esquema seguinte:

De uma forma sintética, podemos afirmar que este regime evoluiu de uma clássica zona franca industrial, circunscrita a um enclave territorial demarcado, isto é, de uma área de livre importação de mercadorias, para um centro internacional de negócios que, sucessivamente, tem vindo a perder a sua atractividade e as suas características de instrumento de competitividade fiscal, pondo em causa os objectivos da sua criação pelo Governo na década de oitenta. É certo que ocorreram diversos factos relevantes desde a criação do regime. Desde a nossa adesão à então Comunidade Económica Europeia, com a consequente sujeição ao mecanismo dos auxílios de Estado, às iniciativas sobre a concorrência fiscal prejudicial e às sucessivas revisões sobre auxílios de Estado e fiscalidade directa[3]. Todavia, o que se constata é que o regime tem vindo sucessivamente a ser reconhecido como um instrumento essencial, senão indispensável, ao desenvolvimento regional, pela própria Comissão Europeia, sendo a nível interno que ultimamente se têm deparado os maiores obstáculos. Afinal, o que queremos, pois, deste regime?

A criação da Zona Franca Industrial, circunscrita a um enclave territorial, ocorreu através do Decreto-Lei n.º 500/80, de 20 de Outubro, em cujo preâmbulo se salienta que a situação geo-estratégica da Madeira e as características bem específicas da sua economia, conjugadas com

Creación neta de empleo	Actividades Industriales	Actividades de Servicios	Otros Servicios *
Entre 3 y 8 trabajadores	1.800.000 €	1.500.000 €	1.125.000 €
Más de 8 y hasta 12 trabajadores	2.400.000 €	2.000.000 €	1.500.000 €
Más de 12 y hasta 20 trabajadores	3.600.000 €	3.000.000 €	2.250.000 €
Más de 20 y hasta 50 trabajadores	9.200.000 €	8.000.000 €	6.000.000 €
Más de 50 y hasta 100 trabajadores	21.600.000 €	18.000.000 €	13.500.000 €
Más de 100 trabajadores	120.000.000 €	100.000.000 €	75.000.000 €

Note-se que, em conformidade com o negociado por Espanha aquando da adesão à então Comunidade Económica Europeia, nas Canárias não se aplica o sistema comum do IVA, vigorando o imposto de transacções Impuesto General Canário (IGIC) cuja taxa geral é de 5%. Contudo, de acordo com o regime estão isentas de IGIC as transmissões de bens e as prestações de serviços efectuadas pelas Entidades ZEC entre si.

[3] Sobre as questões dos auxílios de Estado e do Código de Conduta da Fiscalidade das Empresas vide António Carlos dos Santos, *Auxílios de Estado e Fiscalidade,* Almedina, Coimbra, 2003, "Point J of the Code of Conduct or the Primacy of Politics over Administration", *European Taxation*, vol. 40, n.º 9, 2000.

uma peculiar configuração sócio-político, levam à necessidade de implementação de uma zona franca centrada no aparecimento de novos sectores industriais voltados para o desenvolvimento económico e social da Região[4]. É neste preciso contexto que se vem autorizar a criação de uma zona franca na Madeira, que revestirá a natureza industrial, constituindo uma área de livre importação e exportação de mercadorias. É o Decreto Regional n.° 53/82, de 23 de Agosto, que vem alargar o âmbito da Zona Franca passando a autorizar que nesta se exerçam todas as actividades de natureza industrial, comercial ou financeira. Nos termos deste diploma, vem-se definir o que se entende por zona franca – *"Entende-se por zona franca um enclave territorial onde as mercadorias que nele se encontram são consideradas como não estando no território aduaneiro para efeitos da aplicação de direitos aduaneiros, de restrições quantitativas e de demais imposições ou medidas de efeito equivalente..."*.

As actividades financeiras, concretamente, as sucursais financeiras exteriores, são regulamentadas pela primeira vez no Decreto-Lei n.° 163/86, de 26 de Junho, que procede à desmaterialização e internacionalização da ZFM[5].

O Decreto-Lei n.° 165/86, de 26 de Junho, definiu os incentivos fiscais "para promoção e captação de investimentos na Zona Franca da Madeira", os quais podiam agrupar-se em três categorias fundamentais: (a) os benefícios concedidos às próprias sociedades instaladas na zona franca; (b) os benefícios concedidos aos sócios das referidas sociedades; e, (c) os benefícios concedidos a certas operações objectivamente consideradas, tais como operações de capitais e transferência de tecnologia.

---

[4] Sobre a evolução do regime da ZFM veja-se Francisco Costa, "Critérios e objectivos da revisão do regime fiscal da Zona Franca da Madeira", *Fisco* n.° 58, 1993, Conferência "O Novo Regime Fiscal da Zona Franca da Madeira", realizada a 16 de Junho de 1993 em co-organização da Fisco e da Sociedade de Desenvolvimento da Madeira, e Alberto Xavier, *Direito Tributário Internacional,* Almedina, pp.563 a 600.

[5] Sobre as sucursais financeiras exteriores veja-se Paulo Macedo, "Sucursais financeiras exteriores: alguns aspectos práticos", *Fisco* n.° 58, 1993, Conferência "O Novo Regime Fiscal da Zona Franca da Madeira", realizada a 16 de Junho de 1993 em co-organização da Fisco e da Sociedade de Desenvolvimento da Madeira, e José Maria de Albuquerque Calheiros, "Zona Franca da Madeira – Alterações recentes, em especial as relativas às sucursais financeiras exteriores", *Fisco* n.°99/100, Outubro 2001, Ano XIV.

Finalmente, o regime, tal como será depois acolhido no Estatuto dos Benefícios Fiscais (EBF), com quatro sectores de actividade, é completado com o Decreto-Lei n.° 96/89, de 28 de Março, que vem criar o Registo Internacional de Navios da Madeira/MAR, determinando a aplicação de benefícios fiscais às empresas e às tripulações. Tal como se denota no respectivo preâmbulo, a criação do MAR é fundamentada em razões de competitividade e rentabilidade internacionais, bem como de forte necessidade de redução dos custos, reportando-se à existência de uma zona franca da Madeira, caracterizando-se o MAR como importante factor de dinamização económica da RAM e do país.

A adaptação do regime, sendo coligidos os diversos benefícios fiscais, ocorre em 1989 com o EBF, aprovado pelo DL n.° 215/89,de 1 de Julho, tendo o regime sido acolhido no respectivo artigo 41.°[6].

3. Enquadramento comunitário do regime

Para entendermos de forma cabal o regime do CINM, importa denotar que se encontra, na sua totalidade, sujeito às regras comunitárias, designadamente, às normas relativas aos auxílios de Estado e ao Código de Conduta da Fiscalidade das Empresas.

3.1. Regras sobre auxílios de Estado

Desde logo, o regime do CINM configura-se, em termos comunitários, como um auxílio de Estado, na acepção do n.° 1 do artigo 87.° do

---

[6] Note-se, contudo, tal como salienta Alberto Xavier, op.cit, p.575, *"O referido Estatuto não se limitou a consolidar disposições provenientes do Decreto-Lei n.° 165/86, com vista a adaptá-lo à nova sistemática introduzida pelo imposto único sobre o rendimento (IRS e IRC) que então substituiu o antigo sistema de impostos cedulares, ao qual ainda aludia o diploma atrás citado, bem como a estendê-lo à zona franca da Ilha de Santa Maria. Foi, na verdade, mais longe, introduzindo um preceito inovador – de relevância fulcral nesta matéria – o n.° 6 do artigo 41.°, segundo o qual "são isentos de IRS ou de IRC os rendimentos pagos por entidades instaladas nas zonas francas a utentes dos seus serviços, desde que não residentes em território português"*.

Tratado CE e do n.º 1 do artigo 61.º do Acordo EEE, pelo que necessita de ser autorizado como tal pela União Europeia[7].

Em matéria de auxílios de Estado, o regime do CINM foi aprovado pela primeira vez pela Comissão a 26 de Maio de 1987, por um período de três anos com início em 1989 e produção de efeitos até 31 de Dezembro de 2011, a título da derrogação prevista no n.º 3, alínea a), do ex. artigo 92º do Tratado, actual artigo 87.º, como um regime de auxílios fiscais composto por um registo internacional de navios, uma zona franca industrial, um centro de serviços financeiros e um centro de serviços internacionais[8]. Com características idênticas, este regime veio a ser novamente aprovado a 18 de Dezembro de 1991, por um período de três anos e com produção de efeitos até 31 de Dezembro de 2011, e a Fevereiro de 1995, por um período de seis anos e com produção de efeitos até 31 de Dezembro de 2011 (regime constante actualmente do artigo 33.º do EBF)[9].

Nos termos da última decisão da Comissão, podiam ser concedidos benefícios fiscais até ao final de 2011 às entidades que se tivessem licenciado até 31 de Dezembro de 2000. Isto é, a partir desta data tornava-se necessário, para efeitos da continuação da aplicabilidade do regime a novas entidades que se licenciassem desde 1 de Janeiro de 2001, obter nova autorização da Comissão.

Após os trabalhos decorridos em sede do Grupo do Código de Conduta da Fiscalidade das Empresas e da revisão das regras sobre auxílios de Estado e fiscalidade directa e auxílios de Estado com finalidades de desenvolvimento regional, o regime voltou a ser aprovado, após vicissitudes diversas[10], a 11 de Dezembro de 2002 e 22 de Janeiro de 2003, por

---

[7] Sobre auxílios de Estado de natureza fiscal veja-se António Carlos dos Santos, *Auxílios de Estado e Fiscalidade*, op.cit.

[8] Auxílio estatal N 204/86.

[9] Auxílio estatal E 13/91.

[10] Relativamente a esta questão veja-se Clotilde Celorico Palma, "O novo regime fiscal do Centro Internacional de Negócios da Madeira – Enquadramento e características fundamentais", *Fisco* n.º 107/108, Março de 2003, Ano XIV. A Comissão deu início ao procedimento de investigação previsto no n.º 2 do artigo 88.º do Tratado relativamente à aplicação deste regime durante o ano 2000 (auxílio estatal C 37/2000-Madeira, ex. NN 60/2000), o qual teve uma decisão positiva.

um período de quatro anos e com produção de efeitos até 31 de Dezembro de 2011 (regime constante do artigo 34.° do EBF)[11].

Finalmente, o regime que actualmente consta do artigo 34.° A do EBF, foi aprovado a 27 de Junho de 2007, por um período de seis anos e com produção de efeitos até 31 de Dezembro de 2020[12].

3.2. Estatuto de ultraperifericidade da RAM

Note-se, por outro lado que, ao abrigo do disposto no artigo 299.°, n.° 2, do Tratado, impende sobre as instituições comunitárias um dever jurídico de discriminação positiva da RAM no que toca a diversas matérias, nomeadamente, a política fiscal, as zonas francas e os auxílios estatais. Com efeito, de acordo com o prescrito no citado normativo, *"... tendo em conta a situação social e económica estrutural dos Açores, da Madeira..., agravada pelo grande afastamento, pela insularidade, pela pequena superfície, pelo relevo e clima difíceis e pela sua dependência económica em relação a um pequeno número de produtos, o Conselho.... adoptará as medidas específicas destinadas, em especial, a estabelecer as condições de aplicação do presente Tratado a essas regiões, incluindo as políticas comuns.*

O Conselho, ao adoptar as medidas pertinentes a que se refere o parágrafo anterior, terá em consideração os domínios como as políticas aduaneiras e comercial, a política fiscal, as zonas francas, as políticas nos domínios da agricultura e das pescas, as condições de aprovisionamento em matérias primas e bens de consumo de primeira necessidade, os auxílios estatais e as condições de acesso aos fundos estruturais e aos programas horizontais da Comunidade."

3.3. Qualificação como regime fiscal preferencial

Tecnicamente, o regime do CINM configura-se como um regime fiscal preferencial ou privilegiado e não como um paraíso fiscal.

---

[11] Auxílios estatais N 222/A/02 e N 222/B/02.
[12] Auxílio estatal N421/2006.

Importará neste contexto sublinhar que não figura em nenhuma das listas oficiais das organizações internacionais dos territórios ou regiões qualificados como paraísos fiscais e que todas as entidades licenciadas para o exercício de qualquer tipo de actividade, encontram-se sujeitas às mesmas regras, condições e requisitos que as actividades exercidas no resto do território nacional

Neste sentido citem-se as conclusões de um relevante estudo levado a efeito pelo Centre of European Policy Studies (CEPS), de acordo com o qual,"*O regime da Madeira não é um offshore no sentido normal do termo. As licenças são sujeitas a regras muito rígidas, as companhias a operar na Madeira têm de ser residentes em Portugal e por isso sujeitas a supervisão das entidades oficiais portuguesas*"[13].

3.4. *Os trabalhos do Grupo do Código de Conduta da Fiscalidade das Empresas*

O regime constante do artigo 33.° do EBF foi analisado no contexto dos trabalhos sobre a concorrência fiscal prejudicial levados a efeito na OCDE e na União Europeia, à luz dos princípios decorrentes do Código de Conduta sobre a Fiscalidade das Empresas, tendo o mecanismo dos auxílios de Estado funcionado como um indissociável instrumento complementar.

Em ambas as instâncias, os trabalhos tiveram basicamente em consideração a prejudicialidade dos regimes que beneficiam as actividades mais móveis, tais como as actividades de natureza financeira, facto que determinou a consideração como "prejudiciais" das actividades financeiras prosseguidas no CINM no chamado Relatório Primarolo de 1999 (Grupo do Código de Conduta) e no primeiro Relatório de Progressos dos Trabalhos do Fórum da OCDE[14].

---

[13] Conclusões do estudo *The Madeira International Bussines Centre: The Economic Context and European Interests*, report prepared by Wolfgang Hager and Matthias Levin, January 2002.

[14] Estiveram em causa na OCDE as seguintes actividades: seguros, fundos de investimento, actividades bancárias, regimes head quarters e shipping.

Artigos

No Ecofin de 20 e 21 de Janeiro de 2003, em sede do Código de Conduta sobre a Fiscalidade das Empresas, foi salvaguardada expressamente a data de produção de efeitos do regime das actividades financeiras do CINM previsto no artigo 33.° do EBF até 31 de Dezembro de 2011. Tal decisão foi, igualmente, respeitada ao nível da OCDE. Por outro lado, ao se terem retirado do regime em vigor a partir de Janeiro de 2003 as actividades financeiras, considerou-se em ambas instâncias que o regime deixara de ter aspectos prejudiciais.

No Ecofin de 19 de Março de 2003, as actividades financeiras, o único tipo de actividade que esteve em causa no Grupo do Código de Conduta, foram qualificadas como não prejudiciais, tendo a situação sido definitivamente resolvida com a aprovação do "Pacote Fiscal" no Ecofin de 3 de Junho de 2003.

4. Os diversos regimes vigentes no CINM

O regime fiscal do CINM é um regime unitário, previsto, basicamente, nos artigos 33.°, 34.° (ex. 41.° e 41.° A) e 34.° A do EBF.

Poderemos distinguir três regimes de incentivos fiscais que actualmente são aplicáveis no CINM, a saber: (i) Regime I; (ii) Regime II, e (iii) Regime III ou regime novo.

4.1. *Regime I*

O Regime I, constante do artigo 34.° do EBF, consubstancia-se num conjunto de benefícios fiscais, dos quais se destaca uma isenção de Imposto sobre o Rendimento das Pessoas Colectivas (IRC), aplicáveis a quatro sectores de actividade: actividades financeiras, serviços internacionais, Registo Internacional de Navios e Zona Franca Industrial.

Contudo, a situação foi decidida expressamente em sentido favorável a título definitivo no relatório de progressos do Fórum de 2003, tendo as actividades sido qualificadas como não prejudiciais e a produção de efeitos do anterior regime, constante do artigo 33.° do EBF, sido salvaguardada até 31 de Dezembro de 2011.

Este conjunto de benefícios produz efeitos até 31 de Dezembro de 2011, sendo certo que a admissão de entidades no regime ocorreu até 31 de Dezembro de 2000.

4.2. Regime II

O Regime II, constante do artigo 34.° do EBF, foi, tal como referimos, aprovado pela Comissão Europeia a 11 de Dezembro de 2002 (zona franca industrial e serviços internacionais) e a 22 de Janeiro de 2003 (shipping). Este regime foi aprovado pelo Decreto-Lei n.° 163/2003, de 24 de Julho, e apresenta características próprias que o diferenciam claramente do regime anterior e que se consubstanciam numa natural perda de competitividade do mesmo traduzida nos dados quantitativos disponíveis[15].

Com efeito, o modelo deste regime foi fortemente influenciado pelas "Orientações relativas aos auxílios estatais com finalidade regional", publicadas em 10 de Março de 1998, pela "Comunicação sobre a aplicação das regras relativas aos auxílios estatais às medidas que respeitam à fiscalidade directa das empresas", publicada em 10 de Dezembro de 1998, pela "Alteração das Orientações aos auxílios estatais com finalidade regional, por forma a tomar em consideração o n.° 2 do artigo 299.° do Tratado CE relativo às regiões ultraperiféricas da União", publicada em 9 de Setembro de 2000, e, indirectamente, pelos trabalhos do Grupo do Código de Conduta sobre a fiscalidade das empresas.

---

[15] Sobre este regime do CINM *vide,* da autora, "Características fundamentais do novo regime fiscal do Centro Internacional de Negócios da Madeira", *Revista da Câmara dos Técnicos Oficiais de Contas* n.° 42, Setembro de 2003, "O novo regime fiscal do Centro Internacional de Negócios da Madeira", *Semanário Económico, Management* de 5 de Junho de 2003, "O novo regime fiscal do Centro Internacional de Negócios da Madeira – Enquadramento e características fundamentais", *op.cit.*, e Ricardo Borges, Fernando Brás e Patrick Dewerbe, "The Madeira Free Zone and its standpoint within the European Union", *Fiscalidade* n.°16, Outubro de 2003. Sobre a competitividade do regime do CINM veja-se, da autora, "O regime do Centro Internacional de Negócios da Madeira - Um instrumento de competitividade fiscal?" – *Jornal de Contabilidade*, APOTEC, n.° 351, Junho 2006.

Desde logo, o Regime II foi amputado do sector dos serviços financeiros.

Mas o regime constante do artigo 34.° do EBF diferencia-se ainda do primeiro regime (Regime I) tendo em consideração os benefícios concedidos (introdução de taxas de tributação em IRC e de plafonds limitativos dos benefícios) e os requisitos de admissão (obrigatoriedade de criação de postos de trabalho)[16].

Este regime propõe-se, tal como o anterior, ser um veículo de desenvolvimento regional.

Na sequência do termo do regime anteriormente autorizado pela Comissão e tendo em conta a sua suspensão pelas autoridades portuguesas nos anos de 2001 e 2002, o novo regime de auxílios na zona franca da Madeira vigorou durante o período de 2003-2006 e os beneficiários admitidos até essa data poderão continuar a usufruir dos auxílios concedidos até 31 de Dezembro de 2011, data de produção de efeitos do anterior regime.

Relativamente à delimitação das actividades a exercer, abrangem-se os sectores da zona franca industrial, dos serviços internacionais e do *shipping* e excluem-se serviços financeiros e "intra-grupo".

Note-se que, embora na Madeira se vivesse, à data, uma situação próxima do pleno emprego[17], os serviços da Comissão entenderam que, necessariamente, os benefícios a conceder deveriam ser modulados em função dos postos de trabalho criados. Assim, como requisito principal de licenciamento surgiu-nos, pela primeira vez, a criação de postos de trabalho, condição *sine qua non* para efeitos de aplicação do regime.

Às empresas licenciadas entre 1 de Janeiro de 2003 e 31 de Dezembro de 2006, determinou-se a aplicação de uma taxa de IRC de 1% em 2003-2004, de 2% em 2005-2006 e de 3% em 2007-2011.

Além disso, tal como já acontecia no passado, as novas entidades licenciadas beneficiam dos demais incentivos fiscais aplicáveis, nos termos da legislação em vigor, como, por exemplo, os benefícios de Imposto sobre o Rendimento das Pessoas Singulares (IRS) aplicáveis às tripula-

---

[16] Veja-se, a este propósito, o comunicado de imprensa da Comissão IP/02/1849, de 11 de Dezembro de 2002.

[17] Situação diferente das Canárias, caso que os serviços da Comissão resolveram seguir como modelo neste processo, não obstante as diferenças existentes a este nível.

ções dos navios e os benefícios relativos ao Imposto Municipal sobre Imóveis (IMI) e ao Imposto sobre a Transmissão Onerosa de Imóveis (IMT), estes últimos previstos, respectivamente, na alínea g) do n.º1 do artigo 40.º do EBF e no artigo 7.º do DL n.º 165/86, de 26 de Junho.

O acesso aos benefícios é limitado às empresas que exerçam as referidas actividades e satisfaçam condições de elegibilidade específicas baseadas no número de novos empregos por elas criados, a saber: (i) as que criarem mais de 5 postos de trabalho terão acesso ao regime sem necessidade de preencher outras condições. Os benefícios fiscais de que tais empresas poderão beneficiar são, no entanto, limitados pela fixação de um valor máximo da matéria colectável em 12, 20, 30 ou 125 milhões de euros, consoante criem, respectivamente, entre 6 e 30, 31 e 50, 51 e 100 ou mais de 100 empregos; (ii) as que criarem entre 1 e 5 postos de trabalho terão acesso ao regime desde que efectuem um investimento mínimo de 75 000 euros na aquisição de activos fixos (corpóreos ou incorpóreos) durante os dois primeiros anos de actividade. Neste caso, os benefícios fiscais são limitados pela fixação de um valor máximo da matéria colectável em 1,5 milhões de euros, quando o número de empregos criados seja inferior a 3, ou em 2 milhões de euros, quando o número de empregos criados se situe entre 3 e 5.

Os rendimentos das Sociedades Gestoras de Participações Sociais (SGPS) licenciadas a partir de 1 de Janeiro de 2003 e até 31 de Dezembro de 2006, são tributados em IRC nos termos anteriormente referidos, salvo os obtidos no território português, exceptuadas as zonas francas, ou em outros Estados membros da União Europeia, que são tributados nos termos gerais. Estas sociedades não estão, obviamente, sujeitas aos novos requisitos de admissão relativos ao emprego[18].

---

[18] Com efeito, embora a lei não seja suficientemente clara a este propósito, no n.º 5 do artigo 34.º do EBF determina-se apenas que os rendimentos das SGPS são tributados nos termos referidos no n.º 1 do mesmo preceito legal, ou seja, a taxas reduzidas. A natureza das SGPS não é, obviamente, compatível com a exigência da criação de postos de trabalho, tal como este requisito se encontra previsto relativamente às demais entidades. Sobre o regime fiscal das SGPS licenciadas na Zona Franca da Madeira, veja-se Clotilde Celorico Palma, "Regime fiscal das Sociedades Gestoras de Participações Sociais licenciadas no Centro Internacional de Negócios da Madeira – Aspectos fundamentais", *Fisco* n.º 113/114, Abril de 2004.

5. O novo regime do CINM

O novo regime fiscal foi concebido desde logo, à semelhança dos anteriores, como "um regime fiscal especial com o objectivo de promover o desenvolvimento regional", aplicável às entidades que se licenciem para operar no CINM, no período entre 1 de Janeiro de 2007 e 31 de Dezembro de 2013[19].

Assim, tal como se vem expressamente reconhecer no Preâmbulo do Decreto – Lei n.º 13/2008, *"Uma vez mais, os resultados económicos já atingidos, bem como o facto de o nível de consecução do programa concebido para a zona franca da Madeira ainda não ter atingido a respectiva maturação, e de, por outro lado, as capacidades dos modelos de desenvolvimento centrados nos grandes projectos de obras públicas e no turismo terem limites óbvios, tornam evidente a necessidade de manutenção do regime, como veículo imprescindível para o desenvolvimento económico e social da Madeira, através da diversificação e modernização da respectiva estrutura produtiva de bens e serviços."*

Neste contexto, e tendo presentes as novas Orientações em matéria de auxílios de Estado aos transportes marítimos, publicadas em 17 de Janeiro de 2004, e as novas Orientações em matéria de auxílios de Estado com finalidade regional, bem como o aprofundamento e diversificação do modelo de desenvolvimento para a Região, pretendem-se introduzir as adequadas alterações ao regime fiscal do CINM para o período de 2007 a 2013, quadro temporal das Orientações sobre auxílios de Estado com finalidade regional e das novas Perspectivas Financeiras, introduzindo-se um novo artigo 34.º A no Estatuto dos Benefícios Fiscais.

No essencial, o regime a vigorar a partir de 1 de Janeiro de 2007 (cfr. o disposto no artigo 3.º do Decreto-Lei n.º 13/2008) mantém as linhas estruturantes do anterior: exclusão das actividades de intermediação financeira, de seguro e das instituições auxiliares de intermediação financeira e de seguros, bem como das actividades tipo "serviços intra-grupo", tributação a taxas reduzidas de IRC e limitação da concessão do

---

[19] Cfr. preâmbulo da autorização legislativa constante da Lei n.º 65-A/2007, de 21 de Novembro de 2007.

benefício através da aplicação de *plafonds* máximos à matéria colectável objecto do benefício fiscal em sede de IRC. Nestes termos, relativamente às entidades devidamente licenciadas a partir de 1 de Janeiro de 2007 e até 31 de Dezembro de 2013 para o exercício de actividades industriais, comerciais, de transportes marítimos e serviços de natureza não financeira, consagra-se um regime geral degressivo dos benefícios concedidos, passando a tributar-se os rendimentos em IRC às taxas de 3% nos anos 2007 a 2009, de 4% nos anos 2010 a 2012 e de 5% nos anos 2013 e seguintes.

Tendo em consideração a experiência adquirida com o regime anterior, condiciona-se a admissão ao regime, com maior adequação às realidades económicas e dos mercados, em função do contributo das referidas entidades para a criação de postos de trabalho.

Relativamente às entidades devidamente licenciadas para operar na zona franca industrial, mantém-se a dedução de 50% à colecta do IRC (já prevista no artigo 33.º do EBF quanto ao Regime II), desde que preencham, pelo menos, duas das seguintes condições:

i) Contribuam para a modernização da economia regional, nomeadamente através da inovação tecnológica de produtos e de processos de fabrico ou de modelos de negócio;
ii) Contribuam para a diversificação da economia regional, nomeadamente através do exercício de novas actividades de elevado valor acrescentado;
iii) Promovam a contratação de recursos humanos altamente qualificados;
iv) Contribuam para a melhoria das condições ambientais;
v) Criem, pelo menos, 15 postos de trabalho, que devem ser mantidos durante um período mínimo de cinco anos;

Para beneficiar do regime especial as entidades devem observar um dos seguintes requisitos de elegibilidade:

i) Criação de um a cinco postos de trabalho nos seis primeiros meses de actividade e realização de um investimento mínimo de (euro) 75 000 na aquisição de activos fixos, corpóreos ou incorpóreos, nos dois primeiros anos de actividade;

ii) Criação de seis ou mais postos de trabalho nos seis primeiros meses de actividade.

A base de incidência das taxas reduzidas de IRC de que as entidades licenciadas podem beneficiar fica sujeita a um limite máximo de matéria colectável, que depende do número de postos de trabalho criados, de acordo com a seguinte escala:

i) 2 milhões de euros pela criação de 1 a 2 postos de trabalho;
ii) 2,6 milhões de euros pela criação de 3 a 5 postos de trabalho;
iii) 16 milhões de euros pela criação de 6 a 30 postos de trabalho;
iv) 26 milhões de euros pela criação de 31 a 50 postos de trabalho;
v) 40 milhões de euros pela criação de mais de 51 a 100 postos de trabalho;
vi) 150 milhões de euros pela criação de mais de 100 postos de trabalho.

São aplicáveis às entidades referidas nas alíneas anteriores, bem como aos seus sócios ou accionistas, para as situações não especificadas, os demais benefícios fiscais e condicionalismos previstos para o CINM.

Quanto às SGPS, determina-se, à semelhança do previsto no Regime II, que os rendimentos das sociedades gestoras de participações sociais licenciadas a partir de 1 de Janeiro de 2007 e até 31 de Dezembro de 2013, são tributados em IRC nos termos referidos no n.º 1, salvo os obtidos no território português, exceptuadas as zonas francas, ou em outros Estados-membros da União Europeia, que são tributados nos termos gerais.

As entidades que estejam licenciadas ao abrigo dos regimes previstos nos artigos 33.º e 34.º do EBF podem beneficiar do novo regime, a partir de 1 de Janeiro de 2012.

Em suma, poderemos concluir que as características do novo regime, são semelhantes às do Regime II no que toca à limitação temporal definida, à igual delimitação das actividades a exercer, às mesmas condições de admissão das entidades (criação de emprego, realização de investimento), à aplicação de taxas de tributação em IRC e à limitação dos benefícios a conceder.

Assim, são de assinalar entre os dois regimes as seguintes diferenças:
a) Período de admissão de licenciamento e de produção de efeitos: Licenciamento de 1 de Janeiro de 2007 a 31 de Dezembro de 2013, com produção de efeitos até 31 de Dezembro de 2020;
b) Aumento das taxas de tributação em IRC: nos anos de 2007 a 2009, à taxa de 3%, nos anos de 2010 a 2012, à taxa de 4% e, nos anos de 2013 e seguintes, à taxa de 5%;
c) Aumento da limitação dos benefícios a conceder:
   – 2 milhões de euros pela criação de 1 a 2 postos de trabalho;
   – 2,6 milhões de euros pela criação de 3 a 5 postos de trabalho;
   – 16 milhões de euros pela criação de 6 a 30 postos de trabalho;
   – 26 milhões de euros pela criação de 31 a 50 postos de trabalho;
   – 40 milhões de euros pela criação de mais de 51 a 100 postos de trabalho;
   – 150 milhões de euros pela criação de mais de 100 postos de trabalho.

De notar, no tocante à limitação dos benefícios a conceder, que ao longo das negociações e de forma a não se arrastarem por mais tempo, ficou acordada com a Comissão a possibilidade de aumento da limitação dos benefícios em função das conclusões de um estudo de natureza quantitativa a apresentar pelo Governo português, no contexto do qual se prove a falta de competitividade do regime face ao constrangimento das limitações numa óptica de proporcionalidade entre o custo e o benefício.

6. Alguns dados económicos relativos ao regime

Em 1988, estavam licenciadas no CINM 7 sociedades. Em 1989, estavam licenciadas no CINM 58 sociedades e em 1993, estavam licenciadas mais de 1000 sociedades.

Encontram-se licenciadas para operar no CINM, no total, 4674 entidades: 53 na Zona Franca Industrial; 4334 nos Serviços Internacionais, 42 nos Serviços Financeiros; 245 no Registo Internacional de Navios[20].

---

[20] A este propósito *vide* a apresentação da Dra. Cláudia Vasconcelos, "*Os Contributos para a Economia Regional*", apresentação que serviu de base à intervenção feita

Artigos

Entre 2003 e 2006, o número de autorizações concedidas foi, apenas, de 145.

Em 2006 e 2007, os sectores com melhor desempenho foram a Zona Franca Industrial e o Registo Internacional de Navios.

De acordo com os dados publicados Instituto Nacional de Estatística, em 2003 o regime do CINM contribuiu em cerca de 21% para o PIB da Região.

Ainda em conformidade com os dados do Instituto Nacional de Estatística: em 2003 o volume total de emprego directo criado no CINM correspondia a 2888 postos de trabalho, excluindo os trabalhadores no âmbito do Registo Internacional de Navios. Destes trabalhadores contavam 422 nos Serviços Financeiros, 604 na ZFI e 1862 nos Serviços Internacionais

7. Conclusões

É sabido que, de acordo com o disposto no artigo 7.°, n.° 2, da Lei Geral Tributária, é um princípio estruturante do nosso sistema fiscal o que determina que a tributação deverá ter em consideração a competitividade e internacionalização da economia portuguesa, no quadro de uma sã concorrência.[21] Muito se fala de competitividade do sistema fiscal, infelizmente, em regra, pela negativa, apontando-se como uma das falhas a sua falta de competitividade.

A questão que imediatamente se coloca é a de saber se este princípio basilar da LGT tem sido respeitado no que respeita ao CINM.

Tal como vimos, desde sempre foi assumido pelo Governo português que este regime se configura como um programa de desenvolvimento regional que tem vindo a ser autorizado sucessivamente pela Comissão europeia em sede de auxílios de Estado confirmando-se o seu contributo para os objectivos para os quais foi criado. É neste contexto que se vem expressamente justificar o novo regime no Preâmbulo do

---

no âmbito da Conferência *"As Praças Internacionais de Negócios no Contexto da Economia Global – O Caso do Centro Internacional de Negócios da Madeira"*, Funchal, 30 e 31 de Janeiro de 2003.

[21] *In* Lei Geral Tributária Anotada, *Rei dos Livros*, Lisboa, p. 65.

Decreto-Lei n.º 13/2008, de 18 de Janeiro, com os resultados económicos já atingidos, com o facto de o nível de consecução do programa concebido para a zona franca da Madeira ainda não ter atingido a respectiva maturação, e com as capacidades dos modelos de desenvolvimento centrados nos grandes projectos de obras públicas e no turismo terem limites óbvios. E a justificação apresentada para a necessidade de manutenção deste instrumento de desenvolvimento regional assenta no facto de se consubstanciar *"como veículo imprescindível para o desenvolvimento económico e social da Madeira, através da diversificação e modernização da respectiva estrutura produtiva de bens e serviços."*

Mas uma coisa é o contexto teórico em que o regime foi criado, outra a sua real implementação prática a nível interno, facilmente se constatando que existe uma certa esquizofrenia quanto a este instrumento de desenvolvimento regional.

Existirá alguma coerência entre o que se afirma no Preâmbulo do Decreto-Lei n.º 13/2008, e a prática?

Não é necessário sermos muito atentos para verificarmos que o principal problema que afecta este regime consiste no facto de existir uma política indefinida relativamente ao CINM. Sucedem-se as alterações legislativas inconsequentes, pouco claras e que, contrariamente aos propalados objectivos de aumento da competitividade fiscal, vêm deferir golpes duros ao regime e colocá-lo em causa face a regimes congéneres existentes noutras praças.

Temos como exemplos evidentes do que acabámos de referir as alterações introduzidas com a Lei n.º 55-B/2004, de 30 de Dezembro, que aprovou o Orçamento do Estado para 2005, ao ter introduzido um novo n.º 10 no artigo 46.º do CIRC[22], disposição esta que veio a ser revogada

---

[22] Esta disposição veio introduzir uma cláusula anti-abuso, que determinava que o regime da eliminação da dupla tributação económica dos lucros distribuídos não se aplicava, procedendo-se, se for caso disso, às correspondentes liquidações adicionais de imposto, quando se concluísse existir abuso das formas jurídicas dirigido à redução, eliminação ou diferimento temporal de impostos, o que se considerava como verificado quando os lucros distribuídos não tivessem sido sujeitos a tributação efectiva ou tivessem origem em rendimentos aos quais este regime não fosse aplicável.

com a Lei n.º 53ª/2007, de 29 de Dezembro, que aprovou o Orçamento do Estado para 2007 [23].

Um outro exemplo preocupante, consiste nas alterações introduzidas com a Lei n.º 60-A/2005, de 30 de Dezembro, que aprovou o Orçamento do Estado para 2006, tendo-se aditado um novo n.º 9 ao artigo 98.º do Código do (CIRC), que veio prever o pagamento de Pagamento Especial por Conta (PEC), pelo montante mínimo, relativamente a entidades isentas.

Este regime foi introduzido no CIRC tendo em vista, como tem sido declarado oficialmente, evitar situações de elisão ou evasão fiscal decorrentes do facto de as empresas não declararem, durante anos sucessivos, lucros. Através da instituição deste regime obrigam-se os sujeitos passivos abrangidos pelo regime geral do CIRC ao pagamento antecipado de um montante mínimo de imposto calculado com base no respectivo volume de negócios. É um pagamento antecipado especial em virtude dos seus objectivos e das suas regras de cálculo. O regime destina-se,

---

[23] Sobre esta questão veja-se Francisco Sousa da Câmara, " Limitações à aplicação do método da isenção por virtude de abusos: o n.º 10 do artigo 46.º do Código do IRC", Estudos Jurídicos e Económicos em homenagem ao Professor Doutor António de Sousa Franco, Volume II, *Coimbra Editora*, 2006.

A alteração introduzida no artigo 46.º era de uma extrema gravidade.

Basta atendermos que através desta redacção se parecia abranger a situação das SGPS sitas na Madeira detidas por não residentes no território português e com participações quer em sociedades na União Europeia, quer em sociedades extra comunitárias, que representam a larga maioria dos casos existentes neste contexto. Com efeito, esta norma parecia atingir não apenas estruturas abusivas com conexão interna mas também certas estruturas puramente internacionais, para as quais o CINM foi precisamente criado. Por exemplo, numa situação em que uma filial luxemburguesa distribuísse dividendos para uma SGPS-mãe no CINM, que por sua vez os redistribuísse para uma sociedade-avó em Cayman, não existe qualquer ligação à economia doméstica portuguesa. Todavia, a SGPS-mãe não poderia beneficiar do regime do artigo 46.º do CIRC, sendo certo que ela não dispunha, quanto aos dividendos por si recebidos de fonte comunitária, de qualquer isenção (cfr. artigo 33.º, n.º 1, alínea g), do EBF). Ou seja, não haveria lugar à aplicação do mecanismo da eliminação da dupla tributação económica dos lucros distribuídos, resultando numa tributação a 22,5% na Madeira, contra os 1% a 3% caso tais rendimentos fossem recebidos na Madeira sem a interposição da sub-holding europeia.

Criava-se, desta forma, uma presunção inilidível de abuso, que extravasava os objectivos de uma norma anti-abuso como a controvertida.

em termos gerais, aos sujeitos passivos que exerçam, a título principal, actividades de natureza comercial industrial e agrícola, bem como a não residentes com estabelecimento estável em território português. Ora, é fácil concluir que o regime do PEC não se poderá aplicar às entidades licenciadas para operar no CINM[24]. Com efeito, as entidades licenciadas para operar no CINM declaram lucros. No entanto, beneficiam de um tratamento fiscal excepcional por estarem sujeitas a um "regime fiscal preferencial". Pretender aplicar as regras do PEC às entidades licenciadas para operar no CINM viola a *ratio legis* do regime, precludindo os seus efeitos e pondo em causa os seus objectivos tal qual foram concebidos pelas autoridades nacionais e aprovados pela Comissão europeia, violando os objectivos para os quais o PEC foi criado.

Foi pedida a declaração de inconstitucionalidade da aludida norma, que entretanto tem vindo a provocar diversos estragos, alguns irreparáveis. As entidades licenciadas que recorreram a tribunal têm visto as suas pretensões acolhidas, tendo os tribunais vindo sucessivamente a dar razão aos contribuintes dispensando-os do pagamento do PEC, por não conforme com a lei.

Acresce que existem determinadas exigências legais, desadequadas da prática internacional, que bloqueiam a execução e a agilização das operações, como é o caso da exigência generalizada de certificados de residência, mesmo em situações em que o interesse de controlo das mesmas por parte da Administração Fiscal nos parece suficientemente salvaguardado

Outros problemas de carácter geral que se devem apontar são, nomeadamente, a instabilidade legislativa, a morosidade das decisões e o sucessivo aumento da taxa normal do IVA.

Assim, para efeitos da concessão de certas isenções previstas nos artigos 33.º e 34.º do EBF é essencial, no que se reporta a operações realizadas com não residentes, fazer prova dessa qualidade, dado se tratar de um requisito de aplicabilidade do incentivo fiscal. No n.º 14 do artigo 33.º do EBF, vem-se disciplinar a comprovação da qualidade de não residente, sempre que seja condição necessária à verificação dos pres-

---

[24] Sobre esta questão veja-se António Carlos dos Santos, " A deriva constitucional do actual regime do pagamento especial por conta", *Fisco* n.º 122/123, 2007.

supostos da isenção. De acordo com o consignado na alínea c) do citado preceito legal, em grande parte das situações tal comprovação deverá ser efectuada mediante a apresentação de certificado de residência ou documento equivalente emitido pelas autoridades fiscais, de documento emitido por consulado português, comprovativo da residência no estrangeiro, ou de documento especificamente emitido com o objectivo de certificar a residência por entidade oficial do respectivo Estado, que integre a sua administração pública central, regional ou a demais administração periférica, estadual indirecta ou autónoma do mesmo. Ora, tal exigência não se revela compatível com a realização das operações, funcionando em numerosas situações como bloqueadora.

Por outro lado, a apreciação de processos relevantes para o regular funcionamento do CINM chega a arrastar-se durante anos, com inevitáveis efeitos irreparáveis.

Mas outros casos evidenciam o contexto actual quanto a este regime. Lembremo-nos, por exemplo, do recente caso do aumento da taxa normal do IVA de 13% para 15% na Madeira[25]. Se até então a Madeira era extremamente atractiva para a localização de empresas de países terceiros que prestam serviços via electrónica a particulares da União Europeia (fatia mais relevante deste mercado), com reflexos significativos nas receitas nacionais, a partir do aumento da taxa estes operadores passaram

---

[25] As nossas taxas do IVA estão previstas no artigo 18.º do Código do IVA, sendo distintas no Continente e nas Ilhas. A possibilidade de aplicar taxas do IVA mais reduzidas do IVA nas Regiões Autónomas foi objecto de negociação aquando da adesão de Portugal à então Comunidade Económica Europeia, atendendo, essencialmente, aos custos de insularidade. Este direito foi consagrado, com inequívoco carácter de generalidade, no Tratado de Adesão da República Portuguesa à CEE (Adenda 4 Anexo II, V, 2) e foi expressamente consagrada na Sexta Directiva do IVA, com carácter definitivo, através da introdução de um número 6 ao artigo 12.º, a que actualmente corresponde o artigo 105.º da Directiva n.º 2006/211/EC. Foi então determinado, através dos n.ºs 2 e 3 do artigo 32.º da Lei n.º 2-B/85, de 2 de Fevereiro, que as taxas de IVA aplicáveis nestas Regiões poderiam ser 30% mais baixas do que as aplicáveis no Continente. Ou seja, a indexação do nível das taxas a 30% foi unicamente decidida a nível interno. A nível comunitário apenas se determina que as taxas podem ser mais baixas, pelo que poderíamos ter alterado a legislação interna, respeitando as regras comunitárias, e manter a taxa de 13%.

a considerar a sua localização no Luxemburgo[26]. Porquê, pergunta-se, se o Luxemburgo tem, igualmente, uma taxa de IVA normal de 15% e na Madeira poderiam ainda usufruir dos benefícios do CINM? E a resposta não poderá deixar de ser a de que a instabilidade legislativa não é compatível com a competitividade fiscal...

Neste contexto, deverá salientar-se que o Ecofin de 4 de Dezembro de 2007, sob os auspícios da presidência portuguesa, aprovou o chamado Pacote IVA, com novas regras de localização para os serviços de telecomunicações, radiodifusão e serviços electrónicos[27].

De acordo com estas regras, estes serviços passam a ser localizados onde se encontra o consumidor, prevendo-se um sistema de *one-stop*, em conformidade com o qual os prestadores poderão cumprir as respectivas obrigações fiscais no Estado membro onde se encontram estabelecidos, mesmo que se trate de operações efectuadas com outros Estados membros. Em conformidade com o aprovado, a receita será transferida do Estado membro onde o prestador se encontra estabelecido para o Estado membro onde se encontra o consumidor. Estas regras entrarão em vigor a 1 de Janeiro de 2010. Contudo, as regras de localização das prestações de serviços de telecomunicações, radiodifusão e serviços electrónicos, no caso de o adquirente ser um particular, entrarão efectivamente em vigor a

---

[26] Sobre esta questão veja-se, da autora, *"Imposto sobre o Valor Acrescentado – últimas alterações introduzidas através do Decreto-Lei n.° 179/2002, de 3 de Agosto"*, Revista TOC n.° 31, Outubro de 2002 d, cujo texto se segue de perto. Sobre a matéria veja-se, da autora, *"A proposta de Directiva IVA aplicável a serviços prestados via electrónica"* Revista TOC n.°8, Novembro de 2000 c, e *"O IVA e os serviços prestados via electrónica – principais alterações introduzidas pelo DL n.°130/2003"*, Revista TOC n.°43, Outubro 2003.

Sobre a natural atractividade da RAM em matéria de localização de operações efectuadas via electrónica, veja-se, da autora, *"O IVA e os serviços prestados via electrónica – as vantagens de localização dos operadores na Madeira"*, Revista TOC n.° 44, Novembro de 2003 e *"La TVA européenne sur les services fournis par voie électronique. Régime général. Application dans la région autonomique de Madère»*, em co-autoria com Jacques Malherbe, Amparo Grau-Ruiz e Win Panis, Journal de Droit Fiscal , Septembre-Octobre 2004.

[27] Trata-se do documento FISC 38, 9865/07, de 29.5.2007. Note-se que antes da presidência, Portugal e o Luxemburgo eram as duas delegações que mais se opunham à alteração das regras de localização dos serviços prestados via electrónica, tendo em consideração a natural atractividade das empresas em causa para estes países.

1 de Janeiro de 2015. Desde essa data até 1 de Janeiro de 2019, acordou-se num esquema progressivo de repartição de receita: o Estado membro de estabelecimento do prestador irá reter 30% da receita de 1 de Janeiro de 2015 até 31 de Dezembro de 2016, 15% de 1 de Janeiro de 2017 a 31 de Dezembro de 2018 e 0% a partir de 1 de Janeiro de 2019 em diante.

É neste enquadramento que nos surgem, naturalmente, diversas questões. Tem o CINM cumprido os seus objectivos de desenvolvimento regional? Tem o CINM sido um instrumento de competitividade fiscal? Tem o CINM sido defendido de acordo com uma estratégia clara de competitividade fiscal e de desenvolvimento regional? Deverá este regime persistir?

O regime foi concebido para vigorar por um período mínimo de 25 anos, de forma a poder atingir os objectivos de desenvolvimento regional propostos.

Os resultados económicos já alcançados, o facto de o nível de consecução do programa concebido ainda não ter atingido a respectiva maturação, e de as capacidades dos modelos de desenvolvimento centrados nos grandes projectos de obras públicas e no turismo terem limites, tornam evidente a necessidade da sua manutenção, como um veículo imprescindível para o desenvolvimento económico e social da Madeira, através da diversificação e modernização da respectiva estrutura produtiva de bens e serviços.

Será que quem aplica e fala do regime compreende efectivamente a sua verdadeira natureza e objectivos?

É tempo de nos deixarmos de hipocrisias e de falsos moralismos e de definirmos claramente uma estratégia nacional neste contexto.

Importará, pois, não afectar o normal funcionamento do regime e os motivos de desenvolvimento regional subjacentes a este auxílio de Estado.

Não se configurando o regime do CINM como um paraíso fiscal, mas de um regime fiscal preferencial e encontrando-se sujeito exactamente às mesmas regras sobre troca de informações e supervisionamento de entidades oficiais, como o Banco de Portugal ou a Comissão de Mercado dos Valores Mobiliários, cremos que uma das questões essenciais, caso se pretenda continuar com o regime, consiste num controlo eficaz das operações realizadas. Não existindo impedimentos de natureza legal à existência de controlos, a credibilidade do funcionamento de um regime como o do CINM passa por uma correcta inspecção do seu funcionamento.

Concluímos citando o Professor Alberto Xavier[28], fazendo notar que, infelizmente, estes comentários já constavam da versão de 1993 do seu Manual de Direito Tributário Internacional: *"Impõe-se, pois, uma reflexão mais profunda e sofisticada sobre o verdadeiro papel das nossas zonas francas – de modo a evitar o desprestígio de oferecer à comunidade financeira internacional instrumentos criativos ou inovadores – como as sucursais financeiras externas, trusts, registo de navios e sociedades de serviços de plúrima natureza – cuja concretização, na vida prática dos negócios, não oferece as adequadas condições de agilidade, certeza, segurança e pragmatismo, como se a um tempo existisse um conflito interior (visível por estranhos) entre um Portugal que se deseja moderno e liberal e um país apegado a hábitos arcaicos, tabeliónicos e fiscalistas.*

Impõe-se uma atitude que dê maiores garantias de credibilidade quanto à estabilidade dos regimes jurídicos, indispensável ao planeamento fiscal de interesses legítimos(...).

Só um forte movimento neste sentido pode fazer que as nossas Zonas Francas saiam da cada vez mais humilde e modesta situação em que se encontram, frustrante para as expectativas iniciais e fonte do relativo cepticismo com que são encaradas pela comunidade financeira internacional. Situação esta que, aliás, mitiga e obscurece as inegáveis vantagens comparativas que, sob certos ângulos, oferecem, de que cumpre destacar o prestígio decorrente da inserção na Comunidade Europeia, tendo sido aprovadas como compatíveis com o mercado interno enquanto auxílios de Estado e não apresentando qualquer carácter nocivo na óptica da concorrência fiscal prejudicial, a que acrescem os benefícios resultantes da aplicabilidade de convenções internacionais contra a dupla tributação e a credibilidade decorrente da lisura e transparência dos fluxos financeiros."

---

[28] *Op. cit.*, pp. 599 e 600.

Miguel Brito Bastos

A concessão de garantias pessoais pelo Estado e por outras pessoas colectivas públicas – I
Breve estudo sobre o regime da Lei n.º 112/97, de 16 de Setembro

Miguel Brito Bastos

Aluno do 4.º ano da licenciatura
da Faculdade de Direito de Lisboa

RESUMO:

Após a abordagem de pontuais questões relativas a normas constitucionais e comunitárias, foca-se o regime legal em vigor. Analisa-se o regime procedimental aí instituído, as relações jurídicas decorrentes da concessão de garantias e explora-se o alcance da norma que institui a taxatividade das modalidades de garantias a que o Estado pode recorrer. Por fim discutem-se algumas questões relacionadas com a caducidade e invalidade das garantias.

Palavras chave:
Garantias pessoais do Estado
Auxílios de Estado
Dívida pública garantida

ABSTRACT:

Following the consideration of some relevant constitutional and community law norms, current legislation is focused upon. Its granting procedure is analyzed as well as the jural relations following the granting of sureties; the reach of the norm which establishes the numerus clausus of the modalities of sureties the State can resort to is also developed. At the end of the paper, some questions concering the extinction and invalidity of the sureties are explored.

Keywords:
Sureties granted by the State Treasury
State aids
Guarenteed Public Debt (?)

A concessão de garantias pessoais pelo Estado
e por outras pessoas colectivas públicas – I (*)
Breve estudo sobre o regime da Lei n.º 112/97, de 16 de Setembro

I. Introdução

Os projectos económicos requerem um prévio recurso ao crédito sempre que o sujeito empreendedor não disponha de reservas monetárias suficientes para a aquisição dos factores produtivos dos quais dependa o sucesso desse projecto[1]. Por sua vez, a concessão de crédito envolve naturalmente sempre o risco para as instituições financeiras de que o tomador de crédito não cumpra as obrigações contratualmente assumidas. Enquanto agentes económicos cujo comportamento é pautado pela aversão ao risco e pela prossecução da maximização do lucro, estas instituições exigem comummente, como condição da concessão de crédito, a apresentação pelo tomador de crédito de garantias especiais do cumprimento das obrigações que assume: deste modo protegem-se contra a eventualidade da insolvência do devedor, assim como da futura ausência de colaboração deste para o cumprimento[2]. Através destas garantias especiais, as instituições financeiras vêem a sua posição reforçada face aos restantes credores do sujeito seja pela afectação de determinados bens do credor ou de terceiro ao pagamento preferencial de determinadas dívidas (garantias reais), seja pela sujeição de um património de outra pessoa à possibilidade de execução em caso de não cumprimento pelo devedor da obrigação garantida; são estas últimas – as garantias pessoais – que relevam para o escopo deste trabalho.

(*) O texto agora publicado foi inicialmente preparado como suporte do exame oral da cadeira de Direito Financeiro e Fiscal (ano lectivo de 2006/2007), na Faculdade de Direito da Universidade de Lisboa, sob a regência do Professor Doutor Eduardo Paz Ferreira, tendo sido sujeito a posteriores alterações. Os artigos mencionados sem indicação do respectivo diploma pertencem à Lei n.º 112/97, de 16 de Setembro.

[1] Sobre o sistema financeiro em geral, de uma perspectiva económica, FERNANDO ARAÚJO, *Introdução à Economia*, II Coimbra, 2004, pp. 1391 ss.

[2] Falando de uma protecção contra uma futura *"Zahlungsunfähigkeit"* ou de uma *"Zahlungsunwilligkeit"*, HANS JÜRGEN LWOWSKI/HELMUT MERKEL, *Kreditsicherheiten*, Berlin, 2003, p. 15

Mas, se a figura das garantias pessoais remonta já à antiguidade[3], originariamente e durante séculos, estas apenas eram concedidas por sujeitos privados, sendo que – como salienta ERNST-ALBRECHT CONRAD – apenas na primeira metade do século XX, com o alargamento das funções económicas do Estado e o surgimento da *"Leistungsverwaltung"*, passariam a integrar o instrumentário da política económica e financeira[4]. A concessão de garantias pelo Estado e por outras entidades públicas é, portanto, como diz EDUARDO PAZ FERREIRA, "um instrumento típico das finanças intervencionistas"[5], tal como aliás são as restantes medidas de fomento económico[6].

A concessão de garantias pessoais, quando comparada com outras medidas de fomento económico, nomeadamente com a concessão imediata de empréstimos ou de subvenções, apresenta vantagens financeiras para o Estado, antes de mais por não implicar necessária e imediatamente qualquer despesa pública, constituindo apenas uma despesa potencial

---

[3] JOHN GILISSEN, *Introdução Histórica ao Direito*, Lisboa, 1995, p. 754, refere a existência da figura da fiança nos direitos egípcio, cuneiforme, grego e romano (surgindo a *fideiussio* no fim da República – ver também MAX KASER, *Direito Romano Privado*, Lisboa, 1999, pp. 311 ss. e PAOLO FREZZA, *Le Garanzie delle Obbligazioni*, I, Padova, 1962).

[4] ERNST-ALBRECHT CONRAD, *Bürgschaften und Garantien als Mittel der Wirtschaftspolitik*, Berlin, 1967, p. 13.

[5] EDUARDO PAZ FERREIRA, *O Aval do Estado, in* Estudos em Homenagem ao Prof. Raúl Ventura, Lisboa, 2003, p. 1028. Aliás, as sucessivas legislações sobre a prestação de garantias pessoais pelo Estado, espelham com clareza as concepções políticas quanto ao mercado e à intervenção do Estado na economia vigentes em cada momento histórico. Esta evolução legislativa é abordada com extensão por JORGE COSTA SANTOS, *Garantias Pessoais do Estado, in* Dicionário Jurídico da Administração Pública, II suplemento, Lisboa, *sem data*, pp. 350-352. No actual contexto da actual economia social de mercado, há que lembrar, como faz ROLF STOBER, *Handbuch des Wirtschaftsverwaltung- und Umweltrechts*, Stuttgart, 1989, p. 682, que *"Sozialstaat heißt nicht nur Daseinvorsorge, sondern auch Zukunftvorsorge durch planende und fördernde Gestaltung des Wirtschaftsleben"*.

[6] É pacífica a qualificação da concessão de garantias pessoais – pelo menos quando destas sejam beneficiários sujeitos privados (Cfr. ROLF STOBER, *Derecho Administrativo Económico*, Madrid, 1992, pp. 205 ss) – como medida de fomento económico. Cfr, entre tantos, EDUARDO PAZ FERREIRA, *O Aval ..*, pp. 1001ss, ANTÓNIO CARLOS DOS SANTOS *et alli*, *Direito Económico*, Coimbra, 2004, pp. 233 ss, CARLOS FERREIRA DE ALMEIDA, *Direito Económico*, II, Lisboa, 1979, pp. 542 ss.

Artigos

("*potentielle Ausgabe*"[7]) ou eventual ("*Eventualausgabe*"[8]), apenas se tornando numa despesa efectiva – acompanhada, por virtude da subrogação, do surgimento de um crédito equivalente – no caso de o Estado ser chamado a assumir o cumprimento. Assim, estas apresentam-se como uma solução de compromisso entre as necessidades de controlar a despesa pública e de fomento da economia nacional[9]. A esta vantagem cumula-se a possibilidade de transferir para os credores das obrigações garantidas – as instituições de crédito – as actividades de preparação e supervisão da concessão de crédito, com as vantagens económico-administrativas inerentes de beneficiar da especialização técnica daqueles, dispensando o recurso a meios técnicos dos serviços do Estado e diminuindo destarte os *transaction costs*[10].

Todavia, se é certo que a opção pela concessão de garantias pessoais enquanto meio de estimular determinados comportamentos económicos apresenta as referidas vantagens para o Estado face a outras medidas de fomento, isso não significa naturalmente que ela seja isenta de riscos e completamente indolor para a pessoa colectiva pública que a concede; através da assunção da garantia, dá-se uma "deslocação do risco" de insolvência (do beneficiário da garantia) das instituições financeiras privadas para o Estado[11]. Deste modo, a concessão de garantias pessoais pelo Estado e por outras entidades públicas é sujeita a um regime cauteloso, traçado pela Lei n.º 112/97, de 16 de Setembro, a qual será objecto do cerne deste trabalho. Contudo, a análise do regime legal da concessão de garantias pessoais não pode deixar de ser precedida da abordagem de algumas questões referentes a normas de valor supra-legal, nomeadamente constitucionais e jus-comunitárias, que condicionam igualmente a concessão destas garantias.

---

[7] ERNST-ALBRECHT CONRAD, *Bürgschaften und Garantien* ..., p. 51.

[8] NORBERT ANDEL, *Finanzwissentschaft*, Tübingen, 1998, p. 23.

[9] ERNST-ALBRECHT CONRAD, *Bürgschaften und Garantien* ..., pp. 50 ss, falando de "*Bürgschaften als Mittel des finanzpollitischen Kompromisses*". Também, KLAUS HOPT/ ERNST-JOACHIM MESTMÄCKER, *Die Rückforderung staatlicher Beihilfen nach europäischem und deutschem Recht*, in Wertpapier Mitteilungen (17-18), 1996, p. 754.

[10] Salientando este aspecto, MIRIAM LEISNER, *Staatsbürgschaften und EG-vertragliches Beihilfeverbot*, Baden-Baden, 2002, p. 25.

[11] Falando de uma "*Risikovorlagerung*", NORBERT ANDEL, *Finanzwissenschaft* ..., p. 23. Também MIRIAM LEISNER, *Staatsbürgschaften* ..., p. 23.

II.1 O regime constitucional

À semelhança do que sucede na generalidade das Leis Fundamentais de Estados democráticos, a Constituição da República Portuguesa consagra hoje no seu art. 161.º al. i) a exigência de intervenção parlamentar em matéria de endividamento público. A par de uma autorização do órgão parlamentar para a concessão ou contracção de empréstimos, assim como para a realização de outras operações de crédito que não sejam de dívida flutuante, na referida alínea encontra-se *in fine* a referência à "concessão de avales". Contudo, ao contrário do regime estatuído, por exemplo, pelo art. 115 n.º 1 da Constituição alemã[12], a qual, no concernente à intervenção do *Bundestag*, sujeita a um regime unitário toda a contracção de dívida pública, a Constituição portuguesa vem estabelecer um regime menos rígido para a concessão de avales do que aquele previsto para a contracção de dívida pública principal; enquanto este exige uma autorização individualizada da Assembleia da República, a intervenção parlamentar exigida pela Constituição na concessão de avales cinge-se ao estabelecimento de um *plafond* anual[13].

Quanto à determinação do conteúdo normativo decorrente do enunciado em questão, há que focar antes de mais o âmbito de aplicação da norma dele decorrente. Olhando à teleologia objectiva da regra em questão – a qual se apresenta como concretização do princípio de que todos os actos de que resulte a vinculação voluntária do Estado como devedor sejam, de algum modo, autorizados pelo órgão parlamentar[14] – conclui-se que a norma em questão se refere não só ao aval cambiário, mas a todas as formas de garantias pessoais concedidas pelo Estado. Esta é, aliás, uma afirmação absolutamente pacífica entre a doutrina: veja-se a

---

[12] "*Die Aufnahme von Krediten sowie die Übernahme von Bürgschaften, Garantien oder sonstigen Gewährleistungen, die zu Ausgaben in künftigen Rechnungsjahren führen können, bedürfen einer der Höhe nach bestimmten oder bestimmbaren Ermächtigung durch Bundesgesetz. [...]*"

[13] Isto pese embora os efeitos para as contas públicas sejam potencialmente os mesmos, dada a possibilidade de o Estado ser chamado ao cumprimento das obrigações garantidas. Crítico *de jure condendo* quanto a esta solução, EDUARDO PAZ FERREIRA, *Da Dívida Pública e das Garantias dos Credores do Estado*, Coimbra, 1995, pp. 161-163.

[14] Veja-se, EDUARDO PAZ FERREIRA, *Da Dívida Pública ...*, pp. 136 ss.

título de exemplo, o que escrevem SOUSA FRANCO[15], RAÚL VENTURA[16], EDUARDO PAZ FERREIRA[17], JORGE COSTA SANTOS[18] ou MARIA LEONOR DA CUNHA TORRES[19]. E, em rigor, não se está aqui sequer perante um resultado de *interpretação extensiva*, mas ainda perante um caso da chamada *interpretação declarativa lata*, uma vez que este resultado não transgride o significado semântico que as palavras do enunciado normativo têm na língua correspondente ao ordenamento jurídico em questão: à palavra "aval" atribui-se na língua portuguesa, tanto o significado correspondente a uma concreta espécie de garantia pessoal de obrigações cartulares, mas também um outro, correspondente ao género das garantias pessoais. Curioso é aliás notar que esta situação de polissemia não se verifica apenas na língua portuguesa: Veja-se, a este respeito, HANS-PETER IPSEN, quando este se refere às *"Burgschaften"*, não apenas como figura contida no §765 BGB e seguintes, mas como *"Gewährleistungen aller Art"*[20], JOSÉ JUAN FERREIRO LAPATZA, que fala de *"avales del estado"* como sinónimo de *"garantía del Estado"*[21] ou, MARÍA DEL CARMEN BOLLO AROCENA que fala da utilização do *"vocabulo «aval» [...] en su acepción vulgar de «garantia»"*[22]. O valor estabelecido pela Assembleia da República servirá portanto de limite à concessão de todas as espécies de garantias pessoais e não apenas à concessão de avales cambiários. E a determinação deste limite deverá ser feita por acto que revista a forma de lei (art. 166.º n.º 3 CRP), sendo que a prática tem sido a da inserção deste na Lei do Orçamento de Estado[23].

---

[15] ANTÓNIO SOUSA FRANCO, *Direito Financeiro* ..., II, p. 142.
[16] RAÚL VENTURA, *O Aval do Estado – Vencimento da Obrigação do Estado Avalista*, in Revista da Banca (4), 1987, p. 69.
[17] EDUARDO PAZ FERREIRA, *Da dívida pública* ..., p. 136.
[18] JORGE COSTA SANTOS, *O Aval* ..., pp. 66 ss.
[19] MARIA LEONOR DA CUNHA TORRES, *Garantias Pessoais* ..., p. 146.
[20] H.P. IPSEN, *Handbuch des Staatsrechts (ed: Isennsee/Kirchhhof)*, Heidelberg, 2006, p. 370.
[21] JOSÉ JUAN FERREIRO LAPATZA, *Curso de derecho financiero español*, Madrid, 2006, p. 152
[22] MARÍA DEL CARMEN BOLLO AROCENA, *Los Avales del Tesoro Público desde una Perspectiva Jurídica*, Madrid, 1988, p. 49.
[23] Aliás, implicando potencialmente a concessão de uma garantia pessoal uma despesa – ainda que não efectiva –, por imposição do princípio da plenitude orçamental (art.

O conjunto das normas constitucionais possivelmente relevantes para o regime da concessão de garantias pessoais pelo Estado e por outros entes públicos não se resume, naturalmente, àquelas que atribuem à Assembleia da República competência para o estabelecimento de *plafonds* anuais para a concessão de garantias pessoais e às normas que regulam a produção do acto que pelo qual esse limite é fixado. Sendo a decisão quanto à concessão em concreto de garantias a operações de crédito tomada por órgãos da Administração Pública, os quais na sua actuação estão "subordinados à Constituição e à lei" (art. 266.º n.º 2 CRP), outras normas constitucionais não poderão ser excluídas na análise do regime jurídico da concessão de garantias pessoais pelo Estado, uma vez que delimitam a discricionariedade dos órgãos competentes para essa concessão. Entre elas podem salientar-se – longe de quaisquer pretensões de exaustividade, aliás porque, dada a extensão das suas previsões normativas, em abstracto, (quase) qualquer princípio constitucional pode convergir com a norma de legalidade procedimental[24] – o princípio da igualdade (art. 13.º CRP, e aliás enunciativamente repetido no art. 1.º n.º 2 da Lei n.º 112/97, de 16 de Setembro) ou – discutivelmente – princípios

---

105.º n.º 1 e 3 CRP e art. 5.º n.º 1 da Lei de Enquadramento Orçamental), para que a despesa se possa efectivar, terá sempre de haver cabimento orçamental. A elaboração do Orçamento deverá, de todo o modo, ter em conta as obrigações assumidas previamente pelo Estado enquanto garante, como parece decorrer – ou seja, abrangendo tanto as obrigações decorrentes de contrato, como aquelas decorrentes de negócio jurídico unilateral –, do art. 105.º n.º 2 CRP.

Ainda quanto a questões orçamentais, há que realçar a relação entre as obrigações do Estado enquanto garante e o cumprimento dos imperativos legais e constitucionais de equilíbrio orçamental. Ainda que implicando apenas uma despesa potencial – ou seja, apenas implicará efectivamente uma despesa se o Estado for chamado ao cumprimento – a existência de dívida pública garantida contará para o cálculo relativo ao cumprimento do imperativo de equilíbrio orçamental formal, tal como consagrado no art. 105.º n.º 4 CRP. Já para a aferição do respeito pelo imperativo de equilíbrio orçamental segundo o critério do activo de tesouraria mitigado, contido no art. 23.º n.º 1 LEO, a posição do Estado enquanto garante de obrigações de outros sujeitos será irrelevante, uma vez que o seu eventual cumprimento significará uma despesa não efectiva – devido ao desencadeamento do fenómeno sub-rogatório pelo cumprimento da obrigação pelo Estado-garante –, não relevando por isso a uma efectiva diminuição do património da tesouraria.

[24] Sobre as normas convergentes da discricionariedade instrutória, DAVID DUARTE, *A Norma de Legalidade Procedimental Administrativa*, Coimbra, 2006, pp. 327 ss.

Artigos

como o da liberdade sindical ou o da liberdade de imprensa, havendo vozes que sustentam diminuição da margem de discricionariedade na concessão de garantias a sindicatos[25] ou empresas ligadas à comunicação social[26].

II.2 *O regime de Direito Comunitário*

Ainda no domínio das prescrições supra-legais, encontram-se as estabelecidas pelas normas de Direito Comunitário, vigentes no ordenamento português por via do art. 8.º n.º 4 CRP. Entre estas, e para além das questões que se levantam a respeito dos critérios de convergência da União Económica e Monetária – as quais não serão aqui abordadas[27] – relevam as resultantes dos artigos relativos aos auxílios de Estado (arts. 87.º CE e seguintes).

É pacífico entre a doutrina[28] e aceite pelo Tribunal de Justiça[29] que a concessão de garantias pessoais é apta a preencher a previsão da norma

---

[25] Eduardo Paz Ferreira, *O Aval* ..., pp. 1018 ss.

[26] Richard Flessa, *Bürgschaften des Staates und der Kreditgarantiengemeinschaften*, Frankfurt am Main, 1989, p. 36.

[27] Veja-se, contudo, o relatório de Isabel Marques da Silva, *Perspectiva Comunitária*, in Regime Jurídico das Garantias Pessoais do Estado (Relatório do Ministério das Finanças*)*, Lisboa, 1997, p. 51, enquadrado nos relatórios do grupo de trabalho constituído pelo despacho do Ministro das Finanças n.º 447/96-XIII de 8 de Outubro de 1996, e que resultariam no projecto da Lei n.º 112/97, de 16 de Setembro.

[28] Cfr. Miriam Leisner, *Staatsbürgschaften* ..., pp. 40 ss, Camillo von Palombini – *Staatsbürgschaften und Gemeinschaftsrecht*, Baden-Baden, 2000 , pp. 25 ss, Peter Niggemann, *Staatsbürgschafren und Europäisches Beihilferecht*, München, 2001, pp. 135 ss. Klaus Hopt/Ernst-Joachim Mestmäcker, *Die Rückforderung* ..., pp. 755 ss, Ernst Steindorff, *Nichtigkeitsrisiko bei Staatsbürgschaften*, in Europäisches Zeitschrift für Wirtschaftsrecht (1/97), 1997, p. 7, Ulrich Soltész, *Gemeinschaftsrechtswidrige Staatsbürgschaften – Geht die Bank leer aus?*, in Wertpapier Mitteilungen (46), Frankfurt-am-Main, 2005, pp. 2265 ss, Cristoph Lindinger, *Vernichtung von Banksicherheiten durch EU-Beihilfeverbot?*, in Zeitschrift für das gesamte Bank- und Börsenwesen (3/96), 1996, pp. 169 ss, António Carlos dos Santos et alli, *Direito Económico* ..., pp. 389 ss.

[29] Cfr. Ac. 27-6-2000, *Comissão das Comunidades Europeias contra República Portuguesa*, Proc. C-404/97. Acessível em http://www.eurlex.eu.

constante do art. 87.º CE 1º parágrafo. Na medida em que estas sejam concedidas pelos Estados ou provenham de recursos estatais – como sucede com as garantias concedidas com base na Lei n.º 112/97 (cfr. art. 1.º n.º 1) –, sempre que estas resultarem num favorecimento de determinado sujeito e isso falseie (ou ameace falsear) a concorrência, então a garantia será considerada incompatível com o mercado comum. De facto, para que se preencha o pressuposto da existência de um favorecimento a determinada empresa, não é necessário que ocorra uma transferência de recursos da parte do Estado para o beneficiário[30], mas apenas que para este resultem benefícios económicos específicos, sem que a eles corresponda uma contrapartida adequada de acordo com os parâmetros do mercado[31]. Com a concessão da garantia pelo Estado, abre-se para o beneficiário a possibilidade da conclusão da operação financeira, *maxime* da operação de crédito, a qual não existiria, não fosse a intervenção do Estado (cfr. art. 9.º n.º 1 al. d))[32], sendo que a taxa de garantia praticada é manifestamente inferior aos prémios praticados pelas entidades privadas que concedem estas garantias no mercado[33], pelo que este pressuposto

---

[30] *Idem*. Na doutrina, desenvolvidamente, PETER NIGGEMANN, *Staatsbürgschaften* ..., pp. 155 ss.

[31] O critério de aferição é aqui o do investidor privado: não haverá auxílio quando a garantia tivesse sido concedida ao beneficiário, pelo mesmo prémio, por uma entidade privada movida por motivações económicas. A este respeito MIRIAM LEISNER, *Staatsbürgschaften* ..., pp. 56-58, fala do "*Privatinvestorprinzip*"

[32] Contudo, como é salientado pela doutrina, a mera prática do acto que vincula o Estado como garante não consubstancia só por si uma vantagem económica para o beneficiário. Esta apenas ocorre com a conclusão do contrato celebrado com a instituição de crédito e com o surgimento dos respectivos direitos na esfera jurídica do beneficiário. Neste sentido, PETER NIGGEMANN, *Staatsbürgschaften* ..., pp. 183-184 e CRISTOPH LINDIGER, p. 172. Este último afirma mesmo que "deste modo, terminologicamente não se deveria dizer que é 'a garantia' que consubstancia um auxílio".

[33] A quantificação do auxílio quando não existe efectivamente uma transferência de recursos da parte do Estado para o beneficiário pode levantar dificuldades. Nos casos de concessão de garantias, a Comissão e a doutrina jus-comunitarista têm avançado critérios diferentes consoante a existência da garantia estatal torne possível ao beneficiário o acesso ao crédito a uma taxa de juro inferior àquela praticada no mercado ou seja pressuposto da realização, de todo, da operação de crédito. Como foi dito em texto, a Lei n.º 112/97, de 16 de Setembro apenas permite a concessão de garantias nestas últimas situações (art. 9.º n.º 1 al. d)): o auxílio será, nestes casos, quantificado de acordo com

se encontra preenchido. Verificando-se ainda cumulativamente os pressupostos da afectação do comércio intracomunitário e do falseamento da concorrência, a concessão de determinada garantia pelo Estado será considerada incompatível com o mercado comum[34]. Sendo a norma proibitiva em questão, naturalmente, de qualidade injuntiva e fazendo as normas de Direito Comunitário parte do ordenamento jurídico português (e, portanto, da "lei" referida no art. 294.º CC), a consequência desta violação será a nulidade do acto de concessão da garantia[35].

III.1 *O regime legal – a Lei n.º 112/97, de 16 de Setembro; o seu âmbito de aplicação*

A disciplina legal geral da concessão de garantias pessoais pelo Estado e por outras entidades públicas encontra-se hoje contida na Lei n.º 112/97, de 16 de Setembro, a qual veio revogar a há já muito obsoleta Lei n.º 1/73, elaborada ainda sob a vigência da Constituição de 1933 e cuja constitucionalidade superveniente era em muitos pontos duvidosa[36].

---

a seguinte fórmula: *auxílio = (montante garantido x risco de cobertura) – prémio pago pela garantia*. Cfr. PETER NIGGEMANN, *Staatsbürgschaften* ..., pp. 188-189 e MIRIAM LEISNER, *Staatsbürgschaften* ..., pp. 62 ss.

[34] Para o desenvolvimento da questão, MIRIAM LEISNER, *Staatsbürgschaften* ..., pp. 80 ss, CAMILLO VON PALOMBINI, *Staatsbürgschaften* ..., pp. 40 ss.

[35] No ordenamento jurídico alemão, onde a questão da consequência atribuída às garantias contrárias ao Direito Comunitário tem sido colocada com frequência, o *Bundesgerichtshof* tem adoptado esta tese, sendo jurisprudência constante a aplicação do §134 BGB a estas situações. A posição tem sido todavia "mal digerida" (ULRICH SOLTÉSZ, *Gemeinschaftswidrige* ..., p. 2265) pela doutrina, a qual tem ensaiado soluções alternativas. Entre os críticos da posição do BGH contam-se KLAUS HOPT/HANS-JOACHIM MESTMÄCKER, *Die Rückforderung* ..., pp. 760 ss, CAMILLO VON PALOMBINI, *Staatsbürgschaften* ..., pp. 89 ss ou ULRICH SOLTÉSZ, *Gemeinschaftswidrige* ..., pp. 2266 ss. No sentido defendido em texto pronunciam-se CRISTOPH LINDINGER, *Vernichtung von Banksicherheiten* ..., pp. 171 ss e ERNST STEINDORFF, *Nichtigkeitsrisiko* ..., pp. 7 ss. Sobre a invalidade dos actos da Administração contrários ao art. 87.º CE em geral, FAUSTO DE QUADROS, *Direito da União Europeia*, Coimbra, 2004, pp. 531 ss.

[36] Desenvolvidamente, EDUARDO PAZ FERREIRA, *O Aval* ..., pp. 1012 ss e JORGE COSTA SANTOS, *O Aval* ..., pp. 41 ss.

Antes de mais, cabe determinar o âmbito de aplicação subjectivo desta lei, ou seja, quais os sujeitos cuja assunção de obrigações como garante esta vem regular. De acordo com o artigo 1.º, a Lei n.º 112/97 aplicar-se-ia a todas as pessoas colectivas públicas; contudo, o art. 4.º vem colocar fora do seu âmbito de aplicação as entidades que gozem de independência orçamental, ou seja – segundo o art. 105.º n.º 1 CRP – as entidades públicas empresariais, assim como as associações públicas[37] e outras pessoas colectivas públicas que se inserem na administração autónoma do Estado, nomeadamente as autarquias locais e as regiões autónomas[38], ficando, por igualdade de razão, também excluídas as pessoas colectivas públicas da Administração Indirecta das regiões autónomas ou das autarquias locais. De fora ficam naturalmente também as pessoas colectivas privadas participadas pelo Estado, as quais se regerão quanto à concessão de garantias pelo regime geral de direito privado. Conclui-se portanto que o âmbito de aplicação da Lei n.º 112/97 se reconduz ao Estado e aos institutos públicos[39].

---

[37] GOMES CANOTILHO/VITAL MOREIRA, *A Constituição da República Anotada*, I, Coimbra, 2007, pp. 1105-1106.

[38] Tanto a Região Autónoma dos Açores, como a Região Autónoma da Madeira possuem regimes sobre a concessão de garantias pessoais próprios, contidos, respectivamente nos Decretos Legislativos Regionais n.ºs 23/87/A e 18/2003/M, sendo que este último segue de muito perto o regime da Lei n.º 112/97.

[39] Note-se no entanto, que as garantias concedidas ao abrigo deste diploma não esgotam o universo das situações em que o Estado se constitui garante de obrigações, a este respeito há que apontar a existência do *Sistema de Garantia do Estado a Empréstimos Bancários* (SGEEB), constante do Decreto-Lei n.º 127/96 de 10 de Agosto, o qual prevê a concessão de garantias a sociedades comerciais ou cooperativas (art. 2.º n.º 1), que estejam em situação financeira difícil (art. 1.º n.º 1), não sendo contudo estas dificuldades impeditivas da sua viabilidade económica (art. 2.º n.º 1), com "o objectivo de promover a consolidação financeira e a reestruturação" daquelas (art. 1.º n.º 2). Trata-se contudo de um regime especial, que apenas habilita o Estado a conceder estas garantias perante pressupostos muito restritos, a um universo de sujeitos também muito restritos. Também a Lei n.º 4/2006, à qual se aplica subsidiariamente o regime da Lei n.º 112/97, vem permitir a concessão de garantias pessoais relativas ao cumprimento de obrigações assumidas pelos países destinatários da cooperação portuguesa (art. 1.º da Lei n.º 4/2006). Se se sustentar – como faz ANTÓNIO MENEZES CORDEIRO, *Manual de Direito Bancário*, Coimbra, 2006, pp. 645 ss – a qualificação do seguro de crédito como garantia pessoal (contra, JANUÁRIO DA COSTA GOMES, *Assunção* ..., p. 76 nt (291)), há ainda que referir a este propósito os Decretos-Lei n.º 273/86, de 4 de Setembro e n.º 183/88, de 24 de Maio, os quais habilitam

III.2 *As operações a garantir*

O recorte do universo das operações cuja realização pode ser assegurada através da concessão de garantias pessoais pelo Estado e pelas restantes pessoas colectivas públicas não sujeitas a autonomia patrimonial ao abrigo da Lei n.º 112/97, de 16 de Setembro é feito pelo conjunto das normas constantes dos seus artigos 6.º, 8.º e 9.º. A este propósito, cumpre em primeiro lugar, assinalar o alargamento deste mesmo universo, quando comparado com aquele que resultava do antigo regime jurídico do aval do Estado nomeadamente naquilo que concerne às modalidades de operações financeiras que poderiam beneficiar da concessão de garantias pessoais pelo Estado: enquanto a Base II da Lei n.º 1/73 previa apenas a prestação de aval a operações de financiamento, o que era entendido como o conjunto das operações pelas quais "uma entidade concede a outra a utilização de determinadas quantias em dinheiro, quer sob a forma de mútuo quer sob a de abertura de crédito"[40], de acordo com o art. 6.º do diploma hodiernamente vigente, as garantias pessoais concedidas pelo Estado "destinam-se a assegurar a realização de operações de crédito *ou de outras operações financeiras*". Passa assim, por exemplo, a ser permitida ao Estado a prestação de contragarantias a garantias prestadas às empresas pelas instituições de crédito[41]. De seguida, a norma constante do referido artigo delimita o conjunto das operações financeiras merecedoras de garantia do Estado consoante os beneficiários daquelas: estes devem ser entidades públicas, empresas nacionais ou outras empresas que legalmente gozem de igualdade de tratamento.

A locução "entidades públicas" não oferece, à primeira vista, dificuldades, sendo sinónima de "pessoas colectivas públicas"[42]. Através da

---

o Estado a agir neste domínio como entidade seguradora; sobre a questão, com grande desenvolvimento, JORGE COSTA SANTOS, *Garantias* ..., pp. 352 ss nt. (9) e 357-358.

[40] ANTÓNIO PEDRO DE SÁ ALVES SAMEIRO, *Perspectiva das Instituições de Crédito*, in Regime Jurídico das Garantias Pessoais do Estado, Lisboa, 1997, p. 80.

[41] Em bom rigor, ao contrário do que a epígrafe deste artigo ("operações a garantir") indicia, não são as *operações* que são garantidas, mas sim o pagamento de uma letra ou as obrigações decorrentes dos negócios jurídicos resultantes dessas operações.

[42] Apesar da "aparente simplicidade" da classificação das pessoas colectivas em públicas ou privadas, o critério que a ela deve presidir está longe de ser consensual; Cfr. ANTÓNIO MENEZES CORDEIRO, *Tratado de Direito Civil*, I/III, pp. 538 ss.

referência às "empresas", o legislador, não se embaraçando com uma técnica jurídica precisa, demarca as operações susceptíveis de serem apoiadas através da concessão de uma garantia por referência a qualidades dos beneficiários relativas à sua actuação na vida económica[43]: será empresa o "conjunto unitário de factores pessoais, materiais e imateriais, agregados por referência a um sujeito jurídico autónomo e ordenados com vista à prossecução continuada de determinado fim económico"[44]. Quanto às operações de que os beneficiários não sejam entidades públicas, acresce o requisito de que as empresas sejam nacionais ou que legalmente gozem de igualdade de tratamento face a estes. Releva aqui o princípio de Direito Comunitário da não-discriminação em razão da nacionalidade (art. 12.º CE): beneficiária das operações financeiras garantidas pode ser portanto qualquer empresa nacional de um Estado Membro da União Europeia.

Os requisitos estabelecidos pela Lei n.º 112/97, de 16 de Setembro para a concessão de garantias pessoais pelo Estado não se cingem apenas aos referentes aos beneficiários das operações. A norma constante do art. 8.º vem estabelecer como requisito o de que os projectos, para cujo financiamento as operações garantidas contribuem, tenham um "manifesto interesse para a economia nacional"[45]. Trata-se este, como é notório, de um conceito com um elevadíssimo grau de indeterminação semântica, que remete para valorações a efectuar pelo intérprete-aplicador, nomeadamente, pelo Ministro das Finanças. Entre dois pólos de imposição e de proibição correspondentes à zona de certeza positiva e à zona de certeza negativa do conceito "manifesto interesse para a economia nacional", o Ministro das Finanças gozará de um poder discricionário no preenchimento do conceito; o art. 15.º n.º 2 prescreve a fundamentação "de

---

[43] Sobre este conceito-quadro, cfr. ANTÓNIO MENEZES CORDEIRO, *Manual de Direito Comercial*, Coimbra, 2007, pp. 251 ss.

[44] WOLFGANG FIKENTSCHER, *Wirtschaftsrecht*, Band I, München, 1983, p. 584. Cfr. Também ANTÓNIO MENEZES CORDEIRO, *Direito da Economia*, Lisboa, 1986, p. 234, *Da Responsabilidade Civil dos Administradores das Sociedades Comerciais*, Lisboa, 1997, p. 516, e *Manual de Direito Comercial* ..., pp. 251 ss.

Os conceitos de entidade pública e de empresa interseccionam-se: para o comprovar basta lembrar as entidades públicas empresariais ou as entidades empresariais locais.

[45] Tal como o faz, aliás, o art. 1.º n.º 2, do qual consta que "a concessão de garantias pessoais [...] fundamenta-se em manifesto interesse para a economia nacional".

Artigos

forma explícita, do conceito de «interesse para a economia nacional» subjacente [...]", sob pena de invalidade do acto[46].
Por sua vez, o art. 9.º vem estabelecer condições perante as quais o Ministro das Finanças pode autorizar ou aprovar – consoante se trate de garantia pessoal concedida pelo Estado ou por uma outra entidade pública sujeita a regime do diploma em questão – a concessão da garantia. Para que a concessão da garantia possa ser autorizada ou aprovada, para além do preenchimento dos requisitos acima mencionados, terão de se verificar os seguintes pressupostos, os quais se articulam cumulativamente:

a) O Estado deve ter participação na empresa ou interesse no empreendimento, projecto ou operação financeira que justifique a concessão da garantia.
b) Existir um projecto concreto de investimento ou um estudo especificado da operação a garantir, bem como uma programação financeira rigorosa.
c) Apresentar o beneficiário da garantia características económicas, financeiras e organizacionais que ofereçam segurança suficiente para fazer face às responsabilidades que pretende assumir.
d) A concessão de garantia se mostre imprescindível para a realização da operação de crédito ou financeira, designadamente por inexistência ou insuficiência de outras garantias.

---

[46] A doutrina administrativista maioritária vê ainda a "margem de livre apreciação" (*"Beurteilungsspielraum"*) e a discricionariedade (a *"Rechtsfolgeermessen"*) como fenómenos qualitativamente diferentes. Contudo – como mostra MATTHIAS HERDEGEN, *Beurteilungsspielraum und Ermessen im strukturellen Vergleich*, in Juristenzeitung (46/13), 1991, pp.747-751 – em ambas existe "uma concretização de normas abertas" e uma "intervenção [da Administração] traduzida numa ponderação valorativa" – acrescente-se: logo, *volitiva* –, pois, nos enunciados normativos com "conceitos indeterminados", "onde a norma, do ponto de vista do estado do conhecimento científico, não seja totalmente apreensível, ela deixa espaço para uma actuação valorativa da Administração, ali onde o conhecimento não seja já empiricamente certo". HERDEGEN reconduz assim ambas as figuras a um conceito amplo de "liberdade de conformação administrativa" (*"administrativer Gestaltungsfreiheit"*). Próximo, DAVID DUARTE, *A Norma de legalidade* ..., pp. 499 ss, fala de "discricionariedade proveniente das indefinições na determinação do Direito". Isto, pelo menos, quanto aos "conceitos indeterminados de tipo normativo", como são os referidos em texto: cfr., entre tantos, KARL ENGISCH, *Introdução ao pensamento jurídico*, Lisboa, 2001, pp. 210 ss.

É clara a continuidade face à Lei n.º 1/73.

Quanto aos requisitos contidos na alínea a), é de notar a sua proximidade com o estabelecido pelo art. 8.º. Aliás esta disposição é, face ao disposto no art. 8.º, normativamente inócua[47]. Já a alínea b) – a única que se apresenta como inovadora face ao regime anteriormente vigente –, vem evitar a prestação de garantias em branco, as quais implicam para o Estado a assunção de um risco indefinido, destinando-se ainda a possibilitar aos órgãos competentes a apropriada avaliação da necessidade e oportunidade da prestação da garantia. Manifestação de um vector de imposição da contenção dos riscos inerentes à concessão de garantias pessoais é também a norma constante da alínea c); esta, vem fazer com que apenas sejam legalmente concedidas garantias relativamente às quais as possibilidades de o Estado ser chamado ao cumprimento, aumentando assim os níveis de despesa pública, são baixas por o próprio beneficiário da operação de crédito se apresentar como apto ao cumprimento das obrigações que assume. Isto vale tanto para as garantias concedidas em favor de sujeitos privados como de entes públicos[48]. De todo modo, o direito comparado mostra que esta solução, como aliás seria presumível,

---

[47] A norma constante do art. 9.º n.º 1 al. a) exige que *(a) a empresa beneficiária da operação seja participada pelo Estado*, que *(b) o Estado tenha interesse no empreendimento* ou que *(c) o Estado tenha interesse na operação financeira*, sendo que a observância dos requisitos constantes das alíneas do art. 9.º n.º 1 se cumulam com os restantes requisitos decorrentes de outras disposições do mesmo diploma, nomeadamente do art. 8.º, o qual exige, como foi visto, que o empreendimento financiado pela operação garantida seja "de manifesto interesse para a economia nacional". Assumindo que o "manifesto interesse para a economia nacional" (art. 8.º) é condição suficiente do interesse do Estado no empreendimento (art. 9.º n.º 1 al. a), segunda parte), duas situações são logicamente possíveis: ou o empreendimento em questão reveste "interesse para a economia nacional" e então preenche um dos pressupostos, disjuntivamente articulados entre si, da norma constante do art. 9.º n.º 1 al. a) – nomeadamente o pressuposto *(b)* –, ou então o empreendimento em questão não preenche o requisito do "interesse para a economia nacional", e nesse caso, ainda que os pressupostos *(a)* ou *(c)* da referida norma se encontrem preenchidos, o acto de autorização do Ministro das Finanças incorrerá no vício de violação de lei.

[48] Diferentemente do que resultava da Base II n.º 2 da Lei n.º 1/73: se sob uma Constituição que espelhava uma visão marcada pelo desfavor quanto à iniciativa privada, como era a Constituição de 1933, essa distinção se poderia justificar, o mesmo já não se pode dizer no atinente à actual Constituição, onde essa premissa claramente não se verifica.

está longe de ser original[49]. O mesmo sucede, por fim, com a norma constante da alínea d), a qual estabelece como requisito que a concessão da garantia seja imprescindível à realização da operação em questão[50]. E sendo esta regra uma concretização do princípio da proporcionalidade, nomeadamente na sua vertente de necessidade, parece ser de entender que as exigências de indispensabilidade da garantia para o atingir do objectivo visado – ou seja, o fomento de empreendimentos de interesse para a economia nacional, (art. 1.º n.º 2 e art. 8.º) – não se cingem ao *an* da sua concessão, manifestando-se também relativamente ao seu *quantum*; como sintetiza RICHARD FLESSA, "as fianças e outras garantias apenas podem ser concedidas, *quando* e *na medida* em que estas sejam necessárias ao alcance do fim fomentado"[51]: daí que grande parte das garantias pessoais prestadas pelo Estado sejam concedidas apenas quanto a uma percentagem do montante da dívida assumida pelo beneficiário.

Para além da verificação de *todos* estes requisitos estabelecidos pelas alíneas do seu n.º 1, o art. 9.º reclama ainda a verificação de *uma das* condições previstas no seu n.º 2. Todavia, dada a vastidão de situações subsumíveis à alínea d) ("*concessão de auxílio financeiro extraordinário*"), a rigidez do art. 9.º n.º 2 acaba por ser aparente.

A discricionariedade conferida aos órgãos do Estado e de outras pessoas colectivas públicas competentes para a autorização (ou aprovação) e para a concessão de garantias pessoais é, assim, desde logo limitada pelas normas constantes dos artigos que se acabam de referir.

IV. As duas vertentes do regime jurídico da concessão de garantias pessoais pelo Estado e outras entidades públicas – A "teoria dos dois níveis"

À semelhança do que a doutrina jus-financeira faz quando aborda o regime da dívida pública principal – com o qual, o regime de concessão

---

[49] Veja-se MIRIAM LEISNER, *Staatsbürgschaften* ..., p. 32 e a legislação aí citada.

[50] A doutrina alemã, refere-se – talvez com não total correcção do ponto de vista técnico-jurídico – à norma equivalente a esta no ordenamento jurídico correspondente, como "*Subsidiaritätsprinzip*". Cfr. RICHARD FLESSA, *Bürgschaften* ..., p. 54.

[51] *Idem*... Itálicos acrescentados.

de garantias pessoais geradoras de dívida pública garantida, como é compreensível, apresenta um claro paralelo –, perante o qual identifica uma zona de regulação da relação jurídica de empréstimo e uma outra que disciplina a tramitação procedimental tendente à formação da decisão dos competentes órgãos administrativos quanto à prática dos actos que colocam o Estado como sujeito passivo daquela relação[52], também no regime da concessão de garantias pessoais pelo Estado são claramente identificáveis estas duas zonas. Esta afirmação é aliás frequente entre a doutrina relativa à Lei n.º 1/73, cujo regime, no que a este ponto diz respeito, não apresenta significativas diferenças com o hodiernamente vigente[53].

A descrição que acaba de ser feita remete evidentemente para a chamada "teoria dos dois níveis" (*"Zweistufentheorie"*), elaborada em inícios da década de 1950's por HANS-PETER IPSEN a propósito da atribuição de subvenções pelo Estado aos particulares; ideia central desta teoria é a de que na concessão de subvenções, assim como noutros processos análogos, a actuação da Administração Pública seria dividida em dois momentos, aos quais corresponderiam dois regimes jurídicos diferenciados: um procedimento administrativo tendente à prática de um *"Begründungsakt"*, e portanto submetida a regras de Direito Público, e outro no qual a Administração celebraria um negócio jurídico que concretizaria aquele acto (*"Erfüllungsgeschäft"*), sendo que neste segundo nível a actuação da Administração seria submetida apenas ao Direito Privado[54]. Contudo, ainda que o modelo de IPSEN seja de tentadora aplicação ao tema da concessão de garantias pessoais por pessoas colectivas públicas[55], há

---

[52] Existe aqui portanto um paralelo com a disciplina dos empréstimos públicos, na qual a doutrina reconhece pacificamente o regime do processo de emissão dos empréstimos e por outro o regime da relação jurídica de empréstimo, vide ANTÓNIO BRAZ TEIXEIRA, *Finanças Públicas e Direito Financeiro*, Lisboa, 1990, pp. 321 ss e EDUARDO PAZ FERREIRA, *Da dívida pública ...*, pp. 135 ss.

[53] Por todos, JORGE COSTA SANTOS, *O Aval ...*, pp. 13 ss. e autores aí citados.

[54] Sobre a "teoria dos dois níveis", veja-se SÉRVULO CORREIA, *Legalidade e Autonomia Contratual nos Contratos Administrativos*, Coimbra, 1987, pp. 390 nt. (99) e 502 nt. (329) e MARIA JOÃO ESTORNINHO, *A fuga para o Direito Privado*, Coimbra, 1999, pp. 109 ss.

[55] Fazendo expressa referência à teoria dos dois níveis, MIRIAM LEISNER, *Staatsbürgschaften ...*, pp.29-30, CAMILLO VON PALOMBINI, *Staatsbürgschaften ...*, p. 89, MATHIAS

que notar que essa recondução peca por inexacta. A própria *"Zweistufentheorie"* é hoje vista pela doutrina administrativista como incapaz de fornecer um modelo apto ao enquadramentro da actuação da Administração Pública com recurso a instrumentos típicos do Direito Privado: sobejamente apontadas são as dificuldades na delimitação daquilo que deve pertencer a cada um dos degraus – com as decorrentes diferenças na vinculação dos órgãos da Administração –, a necessidade imposta por este modelo de por vezes ficcionar a prática actos administrativos "implícitos", como "veículo de imputação de vinculações jurídico-públicas"[56] à actuação da Administração no âmbito do Direito Privado e a desnecessidade daquela ficção para evitar um "vácuo de protecção jurídica" (*"Rechtsschutzvakuum"*)[57], pois a actuação de direito privado da Administração Pública se subsume, por si só, à generalidade das normas de direito administrativo, como aliás indica o art. 2.º n.º 5 CPA[58]. Para além do mais, o "desmembramento" (*"Zerstückelung"*)[59] da actuação da Administração Pública na concessão de garantias pessoais (assim como noutras situações), sujeitando às normas de Direito Público o nível procedimental e considerando por sua vez o plano das relações jurídicas criadas pela concessão, sem mais, como um regime de Direito Privado afigura-se como impreciso: vejam-se as normas constantes do art. 20.º da Lei n.º 112/97 das quais resultam relações jurídicas entre Estado e beneficiário, nas quais aquele aparece numa posição de autoridade. Assim, a teoria dos dois níveis – "mais fruto de uma pensamento pragmático do que de uma elaboração dogmática racional"[60], nas palavras de BETHGE – encontra-se ultrapassada pela moderna ciência do Direito Administrativo. Não é portanto conveniente nela basear a análise do regime jurídico das garantias pessoais do Estado. Todavia, e independentemente do

---

HABERSACK, *Münchener Kommentar*, Band 5, München, 2004, p. 950, e JORGE COSTA SANTOS, *O Aval ...*, pp. 14-15 e *Garantias ...*, pp. 366 ss.

[56] HERBERT BETHGE, *Abschied von der Zweistufentheorie, in* Juristische Rundschau, 1972, p. 141.

[57] HERBERT BETHGE, *Abschied ...*, p. 142.

[58] Cfr. MARIA JOÃO ESTORNINHO, *A fuga ...*, pp. 167 ss e PAULO OTERO, *Legalidade e Administração Pública*, Coimbra, 2003, pp. 793 ss.

[59] DIRK EHLERS, *Verwaltung in Privatrechtsform*, Berlin, 1984, p. 187.

[60] HERBERT BETHGE, *Abschied ...*, p. 144.

mérito científico da "*Zweistufentheorie*" parece claro que a Lei n.º 112/97 compreende "duas zonas ou vertentes, bem diferenciadas, quanto ao seu objecto"[61]: a das normas que regulam o procedimento administrativo tendente à formação da decisão quanto à concessão de garantias pessoais e a das que modelam as relações obrigacionais – geradas pela concessão de uma garantia, na sequência de uma decisão favorável – entre garante e devedor e credor das obrigações originárias, pelo que é vantajoso expô-las separadamente[62].

V. O procedimento administrativo de decisão quanto à concessão de garantias pessoais

As normas que compõem este primeiro "nível" do regime jurídico das garantias pessoais do Estado reconduzem-se – pelo menos *grosso modo* – ao capítulo IV da Lei n.º 112/97[63]; estas vêm disciplinar o procedimento administrativo tendente à concessão de aval, estabelecendo para este algumas especialidades relativamente ao regime geral constante do CPA. Apenas essas, e não tudo aquilo quanto ao qual se aplique o regime geral do CPA, serão aqui abordadas. Note-se ainda que, o regime procedimental que a Lei n.º 112/97 traça não é em absoluto unitário, exigindo o seu art. 3.º pontuais adaptações ao regime dela constante, quando o sujeito ao qual for requerida a concessão da garantia se inserir na administração estadual indirecta.

---

[61] JORGE COSTA SANTOS, *O Aval* ..., p. 14.

[62] A sistematização do texto que se segue é assim apenas motivada por comodidade expositiva e não por considerações de ordem científica.

[63] Pese embora a denominação do capítulo IV ("Do processo de concessão e execução das garantias pessoais") não existe uma identificação perfeita entre o conjunto de normas constantes da Lei n.º 112/97 que regulam o procedimento administrativo tendente à concessão de uma garantia pessoal pelo Estado e as normas constantes dos artigos que se inserem neste capítulo. Veja-se, por exemplo, a norma constante do art. 18.º, a qual não diz respeito à tramitação procedimental, mas sim à extinção – nomeadamente por caducidade – das obrigações assumidas pelo Estado através da concessão da garantia pessoal. Diz portanto já respeito ao regime obrigacional, ao "segundo dos níveis".

V.1 *A iniciativa*

Tal como qualquer outro, o procedimento administrativo de concessão de garantia pessoal pelo Estado tem o seu primeiro momento na fase de iniciativa. Enquanto, de acordo com a regra geral do art. 54.º CPA os procedimentos administrativos se podem iniciar oficiosamente ou por iniciativa do particular, o art. 13.º da Lei n.º 112/97 vem estabelecer que no procedimento de concessão de garantias pessoais pelo Estado está excluída a iniciativa pública, apenas podendo o impulso procedimental provir de pedido da entidade beneficiária da operação financeira. Diz o art. 13.º que o pedido deve ser dirigido ao Ministro das Finanças: assim se compreende, uma vez que este é o órgão competente para a autorização – acto necessariamente *prévio* à concessão da garantia, competência do Director Geral do Tesouro. Contudo isto vale apenas para os procedimentos destinados à formação da vontade do Estado quanto à concessão de garantias por este sujeito público. Parece ser esta um daqueles aspectos do regime perante os quais é preciso fazer "as necessárias adaptações" (art. 3.º) quando se tratar de um procedimento tendente à formação da vontade de qualquer outro ente público sujeito a este diploma. Nestes últimos casos, é apenas exigida a aprovação – necessariamente posterior à concessão – do Ministro das Finanças e não a sua autorização. Sendo a iniciativa o acto jurídico pelo qual se inicia o procedimento administrativo este deve ser dirigido ao órgão que, de acordo com o regime legal, primeiro deve entrar em contacto com o requerimento, tomando uma decisão. Se no caso das garantias pessoais concedidas pelo Estado esse órgão é o Ministro das Finanças – como decorre do art. 13.º – no caso de o requerido garante potencial ser uma outra pessoa colectiva pública, o requerimento deve ser dirigido ao seu órgão competente.

O pedido de concessão de garantia deverá ser acompanhado dos elementos enunciados no n.º 2 do art. 13.º, cuja consideração permite aferir o risco que a eventual concessão da garantia implica para a pessoa requerida, a conformidade do projecto financiado com o interesse da economia nacional, e a verificação dos demais pressupostos de concessão da garantia. No caso de os elementos referidos no art. 13.º n.º 2 serem insuficientes para a avaliação do risco da garantia a conceder, mais elementos instrutórios poderão ser solicitados (art. 13.º n.º 4).

Por fim, há que salientar que, quando a operação garantida seja uma operação de crédito bancário, a elaboração dos elementos referidos no art. 13.º n.º 2 será feita em conjunto pelo beneficiário da garantia e pela entidade bancária (art. 13.º n.º 3), beneficiando-se assim da experiência profissional da instituição de crédito na reunião dos elementos necessários.

V.2. Instrução e preparação da decisão

a) O parecer do Ministro responsável pelo sector de actividade

O pedido que dá início ao procedimento administrativo de concessão da garantia será, de acordo com o art. 14.º da Lei n.º 112/97, "submetido a parecer dos Ministros responsáveis pelo sector da actividade da entidade beneficiária". Este parecer, no qual o Ministro se pronuncia sobre a inserção da operação a garantir na política económica do Governo e a apreciação do papel da empresa no conjunto do sector e sobre as medidas de política económica previstas pelo Ministério, as quais tenham reflexos sobre a situação da empresa, permitem ao órgão competente para decidir a verificação do pressuposto da concessão referente à verificação de um "manifesto interesse para a economia nacional" (art. 8.º). Trata-se de um parecer obrigatório, mas não vinculativo, o qual deve ser emitido no prazo de 15 dias (art. 14.º n.º 2), sendo que o Ministro das Finanças não pode dar seguimento ao procedimento sem o ter recebido. Ao contrário do que sucede no art. 99.º n.º 3 CPA trata-se aqui de uma *formalidade essencial*. Embora não haja qualquer imposição legal neste sentido, a prática tem sido a de ouvir o parecer do Instituto de Gestão do Crédito Público quanto às condições das operações financeiras para cuja viabilidade é requerida a concessão da garantia (art. 6.º n.º 1 al. m) Decreto-Lei n.º 160/96 de 4 de Setembro, alterado pelos Decretos-Leis 28/98 de 11 de Fevereiro, 2/99 de 4 de Janeiro e 455/99 de 5 de Novembro). O resultado deste parecer não é vinculativo.

Artigos

b) *A intervenção do Ministro das Finanças; a autorização ministerial às garantias concedidas pelo Estado pessoa-colectiva*

O art. 15.º impõe a intervenção do Ministro das Finanças, por despacho, no procedimento de concessão de garantia pessoal. Também aqui há que estabelecer uma distinção consoante o sujeito público requerido, sendo que a intervenção ministerial aparecerá de modo e em momento diferente consoante o sujeito requerido seja o Estado ou outra pessoa colectiva pública sujeita à disciplina da Lei n.º 112/97. Enquanto para os primeiros destes casos o art. 15.º n.º 1 exige a *autorização* do Ministro das Finanças, o art. 3.º estatui *in fine* que a "concessão de garantias a favor de terceiros por parte dos fundos e serviços autónomos e dos institutos públicos [...] só será válida mediante despacho de *aprovação* do Ministro das Finanças [...]". Não deve isto provocar hesitação na interpretação do texto legal. Autorização e aprovação são actos administrativos com conteúdos diferentes e praticados em momentos procedimentais diferentes: enquanto a autorização é um *acto primário permissivo*[64], necessariamente prévio à prática do acto cuja prática é autorizada, a aprovação é um *acto sobre um acto* – sobre o acto *aprovado* – , ou seja, num *acto secundário*, o qual pressupõe a prévia existência de um acto a aprovar. Assim, uma vez que apenas nas situações em que a intervenção do Ministro das Finanças se traduz na prática de um acto de autorização aquela é prévia à decisão final, apenas essas serão abordadas neste momento; voltar-se-á contudo mais à frente – num momento sistematicamente mais adequado – a tocar na questão da intervenção do Ministro das Finanças nos procedimentos administrativos tendentes à concessão de uma garantia pessoal por institutos públicos.

Como acaba de ser mencionado, o art. 15.º sujeita a concessão da garantia pelo Director-Geral do Tesouro (art. 17.º) à autorização pelo Ministro das Finanças. Trata-se aqui de um acto primário permissivo, *"mediante o qual um órgão da Administração permite a alguém o exercício [...] de uma competência preexistente"*[65]: a competência do director-geral do Tesouro é atribuída pela lei e não pelo acto de autorização, contudo o exercício dessa competência está condicionado pela necessi-

---

[64] Diogo Freitas do Amaral, *Curso ...*, II, p. 256.
[65] *Idem...*

dade de obter a autorização. E aqui, ao contrário do que se verá no ponto seguinte, entre o Ministro das Finanças e o Director-Geral do Tesouro, existe uma relação de hierarquia.

Por estas razões, se o Director-Geral do Tesouro exercer a sua competência de concessão de garantias pessoais sem a autorização do Ministro das Finanças prevista no art. 15.º, o acto será contrário ao Direito e portanto inválido.

O despacho pelo qual o Ministro conceda a autorização em questão deverá ser claramente fundamentado quanto aos motivos de facto e de direito que levaram à sua concessão, exigindo-se que o Ministro justifique o conceito de "interesse para a economia nacional" que orientou a sua decisão (art. 15.º n.º 2). O mesmo valerá naturalmente para aqueles casos em que o despacho seja de indeferimento, casos em que devem ser notificados ao sujeito solicitante (art. 15.º n.º 3). Ao despacho que conceda a autorização para a concessão da garantia pessoal ao Director-Geral do Tesouro deve ser anexada a minuta do contrato do qual emerge a obrigação a garantir, o plano de reembolso do capital minutado e do pagamento dos juros, assim como outros elementos com relevância para o procedimento referidos no art. 16.º n.º2, *in fine*.

V.3. *A fase de decisão*

A decisão quanto à concessão da garantia pessoal pelo Estado é, de acordo com o art. 17.º, da competência do Director-Geral do Tesouro. Quanto à concessão de garantias pessoais pelos restantes sujeitos por ela abrangidos, a Lei n.º 112/97, de 16 de Setembro não contém, como de resto seria expectável, qualquer norma de competência em sentido próprio. As normas que habilitem determinados órgãos à prática de actos que tenham como efeito a responsabilização do património da pessoa colectiva pública a que pertencem pelo pagamento de dívidas de terceiros (cumulativamente ao próprio património destes) deverão encontrar-se noutros diplomas, nomeadamente nos estatutos de cada pessoa colectiva; apenas, como é óbvio, aquelas pessoas colectivas a cujo um órgão das quais seja atribuída uma semelhante competência poderão conceder garantias pessoais.

Trata-se este naturalmente – e relembre-se que o acto de autorização é um acto *permissivo* e não *impositivo* – de um poder discricionário:

assim será pelo menos no domínio material da norma de competência que não seja interseccionado por normas de conduta proibitivas ou impositivas. Entre estas destacam-se naturalmente as já abordadas[66] normas contidas na própria Lei n.º 112/97, de 16 de Setembro, que vêm delimitar as operações susceptíveis de serem garantidas pelo Estado, as quais, ao proibirem a concessão de garantias pessoais que não reúnam determinadas características, restringem obviamente o espaço de discricionariedade da decisão do Director-Geral do Tesouro.

Para além destas normas, o art. 1.º n.º 2 estatui que a concessão de garantias pessoais pelo Estado faz-se *"com respeito pelo princípio da igualdade [e] pelas regras de concorrência nacionais e comunitárias"*, consagrando assim uma proposta que já havia sido feita a propósito do regime jurídico do controlo das subvenções[67]. Importante é contudo realçar que o respeito por estas normas se imporia, como é natural, mesmo na ausência deste enunciado, uma vez que as situações de concessão de garantia se subsumem às previsões normativas quer do princípio da igualdade, quer das regras constantes do art. 13.º da Lei n.º 18/2003 de 11 de Junho e do art. 87.º CE.

O princípio da igualdade estatui, como é lugar comum dizer, "o igual tratamento daquilo que é igual e o desigual tratamento daquilo que é desigual", o que aqui significa uma imposição *prima facie* de que pedidos "iguais" de concessão de garantias tenham uma resposta no mesmo sentido. Contudo, sendo que não existem duas situações idênticas em todas as suas propriedades, "é óbvio que o princípio da igualdade não requer uma igualdade de todas as propriedades naturais e de todas as condições fácticas"[68] para a imposição do tratamento igual de duas situações: assim, o princípio da igualdade impõe apenas uma "igualdade criterial relativa a igualdades de facto parciais"[69], sendo portanto necessário determinar *critérios de comparação* – ou de *valoração* ("*Bewertungskriterium*", na

---

[66] *Supra* pp. 163 ss.
[67] Eduardo Paz Ferreira, *Controlo das subvenções financeiras e dos benefícios fiscais* ..., p. 81.
[68] Robert Alexy, *Theorie der Grundrechte*, Frankfurt am Main, 1996, p. 360.
[69] Robert Alexy, *Theorie der Grundrechte...*, p. 363. No mesmo sentido Gomes Canotilho, *Direito Constitucional e Teoria da Constituição*, Coimbra, 2002, pp. 426-427 e David Duarte, *A norma de legalidade...*, pp. 641 ss.

terminologia de ALEXY) – adequados, tendo em conta o tratamento relativamente ao qual a igualdade se afere. Os *termini comparationis* parecem ser aqui o grau de necessidade da concessão da garantia para a obtenção do financiamento pelo beneficiário requerente, o nível de risco implicado pela concessão da garantia pessoal (a solvência moral e patrimonial do requerente) e o benefício para a economia nacional do empreendimento para cujo financiamento a garantia é requerida, tendo em conta a política económica do Governo. Concedendo o Director-Geral uma garantia a uma operação com determinadas propriedades, autovincula-se a decidir favoravelmente quando confrontado com pedidos subsequentes de concessão de garantia com semelhantes propriedades. Contudo, dada a natureza principiológica da norma de igualdade, esta autovinculação dá-se apenas *prima facie*, podendo ser contrabalançada por princípios de sinal contrário. Daqui resulta portanto que a auto-vinculação da Administração por estatuição do princípio da igualdade – e consequente restrição do âmbito de discricionariedade dos órgãos competentes para a concessão das garantias – não ocorrerá "*come what may*"[70], e muito menos opera *ad aeternum*, apenas produzindo efeitos "enquanto não surgir nenhuma razão suficiente para o tratamento desigual das situações de facto sujeitas a apreciação"[71].

O art. 1.º n.º 2 da Lei n.º 112/97, de 16 de Setembro exige ainda que a concessão de garantias pessoais pelos Estados e por outras entidades públicas sujeitas ao seu regime se faça "com respeito [...] pelas regras de concorrência nacionais e comunitárias". A questão das regras comunitárias já foi acima abordada, pelo que neste momento apenas se tratará das questões relativas ao direito nacional da concorrência, nomeadamente à Lei n.º 18/2003; contudo, sendo o regime dos auxílios de Estado manifestamente semelhante ao constante do direito comunitário[72] apenas farei uma breve referência a este regime. O art. 13.º da Lei n.º 18/2003 vem

---

[70] RONALD DWORKIN, *The Model of Rules* I, *in* Taking Rights Seriously, London, 1977, p. 35.

[71] WALTER SCHMIDT, *Die Gleichheitsbindung an Verwaltungsvorschriften*, *in* Juristiche Schulung, 1971, p. 184.

[72] Realçando que a estrutura do regime jurídico da concorrência contido na Lei n.º 18/2003 "corresponde, uma vez mais, no essencial à do Direito Comunitário", ANTÓNIO CARLOS DOS SANTOS *et alli*, *Direito* ..., p. 328.

estabelecer no seu n.º 1 que "os auxílios a empresas concedidos por um Estado ou qualquer outro ente público não devem restringir ou afectar de forma significativa a concorrência no todo ou em parte do mercado". Trata-se aqui, portanto, de uma norma de conduta de valor hierárquico legal e sentido deôntico de proibição, cuja violação por qualquer acto praticado pela Administração terá como natural consequência a invalidade deste (art. 124.º CPA ou art. 294.º CC, consoante se trata de acto administrativo ou negócio jurídico de direito privado). A concessão de garantias é também aqui vista como um auxílio e susceptível de afectar a concorrência uma vez que coloca um sujeito – cujo cumprimento de uma obrigação contraída perante um potencial co-contratante será garantido pelo Estado – numa situação de vantagem sobre outros, em relação aos quais o potencial co-contratante não tem nenhuma garantia especial, implicando por conseguinte, um falseamento da livre interacção das forças do mercado.

Para além do que acaba de ser dito, é evidente que nem só as normas que se retiram da própria Lei n.º 112/97, de 16 de Setembro são susceptíveis de constituir limites à discricionariedade dos órgãos das pessoas colectivas públicas a ela sujeitos na concessão de garantias pessoais. RICHARD FLESSA refere a este propósito o princípio da liberdade de imprensa (retirado, na Constituição alemã, do Art. 5, par. 1, segunda parte[73], o qual encontra um preceito equivalente art. 38.º CRP): segundo o autor, este princípio vem apertar os limites da discricionariedade na concessão de todas as ajudas financeiras a empresas de comunicação social, pois "uma imprensa independente, livre de influências estatais pressupõe também a sua independência económica face ao Estado"[74], apenas sendo portanto admissível a concessão de garantias pessoais a estes sujeitos quando isso contribua para "obter uma efectiva liberdade de imprensa e para evitar uma monopolização das opiniões através do apoio a pequenas e médias empresas de comunicação social"[75]. Análoga a esta é a argu-

---

[73] "Jeder hat das Recht, seine Meinung in Wort, Schrift und Bild frei zu äußern und zu verbreiten und sich aus allgemein zugänglichen Quellen ungehindert zu unterrichten. *Die Pressefreiheit und die Freiheit der Berichterstattung durch Rundfunk und Film werden gewährleistet. Eine Zensur findet nicht statt.*"
[74] RICHARD FLESSA, *Bürgschaften ...*, p. 36.
[75] *Idem.*

mentação que se encontra no Parecer do Conselho Consultivo da Procuradoria Geral da República de 8 de Maio de 1997[76], o qual na apreciação da legalidade do Despacho n.º 112/97-XVIII de 7 de Março de 1997 do Ministro das Finanças, vem invocar o art. 55.º n.º 4 CRP, relativo à liberdade sindical – e também ao art. 6.º n.º 2 do Decreto-Lei n.º 215-B/75 de 30 de Abril – para vir a concluir pela ilegalidade do despacho apreciado, o qual autorizava a concessão de garantia pessoal às obrigações assumidas pela UGT no âmbito de um contrato de financiamento bancário. Em parecer contrário ao mencionado parecer do Conselho Consultivo da Procuradoria Geral da República, Eduardo Paz Ferreira vem defender que "no que respeita ao financiamento das associações sindicais pelo Estado, o que será necessário garantir é que o funcionamento não esteja associado a qualquer forma de controlo ou favorecimento de uma associação sindical em detrimento de outras, e que não implique a sujeição prática da acção sindical a directivas transmitidas pelo poder político"[77] e defendendo até – num sentido que parece próximo à ressalva feita por Flessa a propósito da admissibilidade pontual da concessão de ajudas financeiras a empresas de comunicação social – que "a circunstância de se incluírem, entre as tarefas fundamentais do Estado (artigo 9.º da Constituição), a de garantir os direitos e liberdades fundamentais, entre os quais figura a liberdade sindical, pode levar mesmo a entender que o Estado, em determinadas circunstâncias, deva assegurar o financiamento dessas organizações"[78], nomeadamente naqueles casos em que "a existência de sindicatos ou a possibilidade da sua actuação com um mínimo de efectividade seja seriamente posta em causa pela ausência de meios financeiros"[79]. Assim, parece ser admissível que em determinadas circunstâncias estes princípios – como aliás, qualquer princípio constitucional que no caso concreto se apresente como conflituante com a permissão de concessão de garantias pessoais contida no art. 17.º da Lei n.º 112/97, de 16 de Setembro – venham estabelecer limites à discricionariedade dos órgãos competentes para o efeito.

---

[76] Disponível *online* em http://www.dgsi.pt.
[77] Eduardo Paz Ferreira, *O Aval* ..., pp. 1023-1024.
[78] Eduardo Paz Ferreira, *O Aval* ...,p. 1023.
[79] *Idem.*

De resto, em tudo o que não for proibido ou imposto por outras normas jurídicas, serão considerações de mérito e de oportunidade a determinar a concessão ou não da garantia pessoal por parte do Estado e de outros sujeitos públicas submetidos ao regime da Lei n.º 112/97, de 16 de Setembro[80].

V.4. A fase complementar; a aprovação do Ministro das Finanças dos actos de concessão de garantias pessoais praticados pelas entidades referidas no art. 3.º

Como salienta FREITAS DO AMARAL, o procedimento administrativo não termina, muitas das vezes, com a decisão do órgão competente: à *fase da decisão* segue-se a *fase complementar*, na qual "*são praticados certos actos e formalidades posteriores à decisão final do procedimento*"[81]. É o caso do procedimento administrativo destinado à decisão do Director Geral – ou do órgão competente do instituto público requerido – quanto à concessão da garantia. Para além da notificação das decisões aos interessados[82] e da sujeição dos actos ao visto do Tribunal de Contas[83], é aqui

---

[80] Salientando – face ao direito alemão – a amplitude da discricionariedade no acto de concessão das garantias, RICHARD FLESSA, *Bürgschaften* ..., p. 35.

[81] DIOGO FREITAS DO AMARAL, *Curso* ..., II, pp. 325-326.

[82] De acordo com o art. 15.º n.º 3 as decisões negativas do Ministro das Finanças quanto à prática do acto de autorização devem ser notificadas aos solicitantes. Também o art. 17.º n.º 4 impõe que "*o acto de concessão de garantia deve ser comunicado por escrito pela Direcção-Geral do Tesouro à entidade beneficiária e ao credor*".

[83] Tempos houve em que a concessão de garantias pessoais pelo Estado se encontrava em parte subtraída à fiscalização prévia do Tribunal de Contas: apenas se o "aval" constasse de contrato autónomo este seria sujeito a visto prévio, o que levou a críticas de *iure condendo* por parte de alguma doutrina (Cfr. EDUARDO PAZ FERREIRA, *Da dívida pública* ..., p. 239). Hoje esta situação já não se verifica: O art. 6.º n.º 1 al. c) atribui ao Tribunal de Contas competência para "*fiscalizar previamente a legalidade e o cabimento orçamental dos actos e contratos de qualquer natureza que sejam geradores de despesa ou presentativos de quaisquer encargos e responsabilidades, directos ou indirectos*", o que parece abranger a concessão de garantias pessoais por parte do Estado e dos institutos públicos (art. 2.º n.º 1 *ex vi* art. 5.º n.º 1 b) da Lei do Tribunal de Contas – da Lei n.º 98/97, alterada pela Lei n. 48/2006). Assim, o Tribunal de Contas deverá proceder a um controlo da legalidade administrativa e financeira (art. 44.º n.º 1 e n.º 2) e do respeito

que se enquadra a prática do acto de aprovação do Ministro das Finanças dos actos de órgãos de institutos públicos que decidem favoravelmente quanto à concessão de garantias.

Por estatuição da norma constante do art. 3.º, a concessão de garantias pessoais por parte dos fundos e serviços autónomos e institutos públicos está sujeita a despacho de aprovação do Ministro das Finanças. Estamos aqui perante um típico exercício do poder de tutela administrativa, ou seja, perante um poder "de intervenção de uma pessoa colectiva [o Estado] na gestão de outra pessoa colectiva [o instituto público], a fim de assegurar a legalidade ou o mérito da sua actuação"[84], nomeadamente, seguindo FREITAS DO AMARAL na sua distinção de modalidades de exercício dos poderes tutelares, de *tutela integrativa*. A aprovação será, portanto, um acto pelo qual o Ministro das Finanças exprime a sua concordância[85] com a decisão tomada pelo órgão de outra pessoa colectiva pública. Enquanto o acto de autorização, referido no ponto anterior, tem como objecto o exercício de uma competência por um órgão, o acto de aprovação tem como objecto outro acto administrativo, o acto aprovado, sendo que este não pode produzir efeitos jurídicos sem a prática daquele. Esta é, aliás, a grande diferença entre o regime da concessão de garantias pelo Estado e por outras pessoas colectivas públicas que se insiram no âmbito de aplicação da Lei n.º 112/97: enquanto a intervenção do

---

pelos limites fixados anualmente pela Assembleia da República referidos no art. 161.º al. h) CRP. Poder-se-ia questionar se face ao art. 83.º LTContas, são susceptíveis de declaração de conformidade os actos ou contratos pelos quais se concedem garantias pessoais: deste artigo consta, no seu n.º 2, que "são passíveis de declaração de conformidade as obrigações gerais da dívida fundada e os contratos e outros instrumentos de que resulte dívida pública". O enunciado referido não distingue entre dívida pública principal e dívida pública garantida, parecendo ser de responder afirmativamente à questão de saber se aqui se subsumem os actos geradores de dívida pública garantida. Aliás, mesmo que se não considerasse que os actos pelos quais são concedidas garantias pessoais pelo Estado ou por institutos públicos se subsumem ao art. 83.º n.º 2 da Lei do Tribunal de Contas, parece-me inelutável afirmar que "as razões justificativas da regulamentação" do art. 83.º n.º 2 procedem relativamente àqueles, pelo que se deveria aplicar a mesma norma por analogia. Não havendo visto, o Estado ou Instituto Público não poderá ser chamado a responder nos termos da garantia (art. 45.º da Lei do Tribunal de Contas).

[84] DIOGO FREITAS DO AMARAL, *Curso de Direito Administrativo, I*, Coimbra, 2005, p. 701.

[85] DIOGO FREITAS DO AMARAL, *Curso ...*, II, p. 266.

Ministro das Finanças – através da prática de um acto de autorização – é no primeiro caso *condição de validade*, do acto no qual termina o procedimento administrativo conducente à formação da vontade estadual de concessão de uma garantia pessoal, no segundo caso, a intervenção do Ministro das Finanças – através de um acto de aprovação – é mera *condição de eficácia*[86], consubstanciando, portanto, uma situação de eficácia diferida do acto previamente praticado pelo Director-Geral. Note-se ainda que, desempenhando o acto de aprovação a função de sucedâneo da autorização concedida pelo Ministro das Finanças naqueles casos em a pessoa colectiva pública a quem a garantia é requerida é o Estado, todas aquelas normas que se aplicam a este acto primário, aplicam-se igualmente ao despacho de autorização. Ou seja, para além das normas que estabelecem requisitos da concessão de garantias (arts. 6.º, 8.º e 9.º), aplicam-se – *ex vi* art. 3.º – aqui os arts. 15.º e 16.º, como aliás, as correspondentes epígrafes indicam.

No enunciado do art. 3.º lê-se que a concessão de garantias pessoais por institutos públicos "só será *válida* mediante despacho de aprovação do Ministro das Finanças". Não deve isto provocar equívocos: o conceito de validade aqui usado – enquanto conceito jurídico-positivo – não corresponde efectivamente ao conceito técnico-jurídico de "validade". Quando, ao falar dos desvalores dos actos jurídicos se fala de "invalidade" faz-se referência a uma determinada relação entre actos jurídicos *lato sensu* e naturalmente não há nenhuma necessária correspondência entre esse significado e o significado que é atribuído à mesma palavra quando usada num determinado enunciado normativo[87]. Numa palavra,

---

[86] A prática de um acto que depois não vem a ser aprovado é portanto completamente lícita, por oposição à prática de um acto não autorizado: isto terá óbvias consequências, por exemplo, a nível disciplinar. Para além do mais, *no regime geral*, enquanto o acto ao qual falta autorização é anulável (art. 135º CPA), o acto ao que falta a aprovação é perfeitamente conforme ao Direito, não estando contudo em condições de produzir efeitos. Assim, enquanto o acto que carece de autorização, embora sendo inválido, é apto a produzir (precariamente) efeitos jurídicos, tornando-se inimpugnável decorrido o respectivo prazo legal (arts. 136º e 141º CPA), o acto carecido de aprovação não é apto à produção de qualquer efeito jurídico: isto não se verifica todavia no âmbito do diploma em questão devido ao art. 2º n.º 1.

[87] EUGEN BUCHER, *Das subjektive Recht als Normsetzungsbefugnis*, Tübingen, 1965, p. 1-3.

não é por o legislador usar as palavras "[...] e só será válida mediante despacho de aprovação do Ministro das Finanças [...]", que na tipologia dos desvalores dos actos jurídicos o acto de concessão de uma garantia pessoal por um instituto público não aprovado pelo Ministro das Finanças será inserido no grupo dos actos inválidos.

Como diz RICCARDO GUASTINI, *"The core of the juristic uses of «invalid» can be captured as follows: Whithin a legal system a rule is said to be invalid each and every time either (a) it was not produced in accordance with the meta-rules which govern the productions of rules in the system, or (b) it is inconsistent with a «superior» (higher-ranked) rule belonging to the same system"*[88], sendo patente que nenhuma das situações referidas se verifica no caso do acto de concessão não aprovado pelo Ministro das Finanças; o conceito (o conceito *técnico-jurídico*, leia-se) pressupõe uma desconformidade com um acto jurídico (*lato sensu*, ou seja, compreendem-se aqui também actos normativos) de hierarquia superior, e é certo que essa aqui não se verifica.

É todavia certo que o conteúdo normativo do art. 3.º é o de não permitir a produção de efeitos – ou seja, a vinculação obrigacional da pessoa colectiva menor – ao acto de concessão de garantia não aprovado pelo Ministro: tratar-se-á aqui portanto de *ineficácia* – a prática do acto de aprovação não tem a ver com "a observância de todas as normas – formais e substanciais que disciplinam a sua criação e circunscrevem

---

Tal como, recorrendo ao próprio exemplo de BUCHER, o conceito de "direito (subjectivo)" adoptado pela doutrina (portanto, o conceito técnico-jurídico) não coincide necessariamente com o significado que se atribui à palavra "direito" na interpretação do art. 2 ZGB (equivalente ao art. 334.º CC) ou do §823 BGB (equivalente ao art. 483.º CC) – isto é, com os diversos conceitos jurídico-positivos de "direito". Nestas situações, tratar-se-á de determinar o significado normativo do enunciado de que consta a palavra através de recurso às regras gerais de interpretação, enquanto naquele se trata de descobrir a *"normative Struktur des Sachverhalts"*. Cfr. EUGEN BUCHER, *Das subjektive* ..., p. 2.

[88] RICCARDO GUASTINI, *Invalidity*, in Ratio Juris (7), Oxford, 1994, pp. 212 ss. O autor usa um conceito amplo de invalidade, englobando neste a inexistência (RICCARDO GUASTINI, *Invalidity* ..., pp. 222-223). Escusado será dizer que apesar de se falar aqui da produção de regras, o mesmo vale para a produção de actos (performativos) não-normativos.

conteúdo possível [do acto]"[89], sendo antes algo "dependente de cirunstâncias *extrínsecas*" a este[90].

(A conclusão deste artigo será publicada no próximo número)

---

[89] RICCARDO GUASTINI, *Teoria e Dogmatica delle Fonti*, Milano, 1998, pp.131-132.
[90] Cfr. MARCELO REBELO DE SOUSA/ANDRÉ SALGADO DE MATOS, *Direito Administrativo Geral*, III, Lisboa, 2007, p. 39, delimitando deste modo a eficácia da validade, a qual consistiria numa "aptidão *intrínseca* para a produção de efeitos".

In Memoriam
António de Sousa Franco
(1942-2004)

CAMINHO DE RIGOR, CONSCIÊNCIA SOCIAL E CIDADANIA

Guilherme d'Oliveira Martins

1. António Luciano Pacheco de Sousa Franco é uma referência maior da cultura portuguesa do século XX não só no plano jurídico--económico, mas também no domínio da ensaística num vasto conjunto de temas, desde a educação à ciência política, passando pela intervenção social, história económica, comunicação social e assuntos religiosos. Personalidade multifacetada, desde muito cedo se destacou com inteligência arguta e espírito desperto para as questões fundamentais do mundo contemporâneo.

Nascido em Lisboa, originário de uma família culta, com raízes na Beira Alta e na península de Setúbal, desde a juventude se evidenciou como um estudante com excepcionais qualidades intelectuais e humanas. Filho de pai médico e de mãe professora de línguas, António Luciano era sobrinho e afilhado do jornalista Óscar Paxeco, personalidade polivalente e publicista influente em Setúbal. O testemunho de amigos e colegas é unânime na consideração de que a leitura, a aprendizagem e a procura de novos conhecimentos eram as ocupações preferidas do jovem – que os pais sempre rodearam dos especiais cuidados de um filho único. Os jornais eram uma fonte especial de informações e o jornalismo (até por influência do tio Óscar) era uma base de partida para o aprofundamento de mil temas desde a Literatura à Geografia, da Álgebra à Geometria, passando pela Economia e Finanças, pela História e pela Política nacional e internacional. Veio desse contacto privilegiado o hábito, mantido ao longo da vida, de fazer anotações, de guardar recortes e de partir das notícias para as investigações que sempre fazia exaustivamente de um tema que lhe interessasse.

2. De saúde frágil, inspirando especiais cuidados aos pais, fez o ensino primário em casa e com professores particulares e foi apresentado a exames do 1.º e 2.º graus (3ª e 4ª classes) na Escola Oficial n.º

31 de S. Sebastião da Pedreira, realizando o ensino secundário no Liceu de Camões (1952-1959), sempre com aproveitamento distinto. Ao longo da vida escolar no liceu manifestou sempre uma grande versatilidade e capacidade de compreensão nas diferentes áreas do saber, apenas se queixando vida fora da falta de jeito para o desenho. No entanto, professores e condiscípulos sempre reconheceram as qualidades excepcionais do estudante em todos os domínios em que se aventurasse. Em 1958-59 obteve o Prémio Nacional atribuído aos melhores alunos do País do 7.º ano dos liceus, como corolário do trabalho realizado e dos resultados obtidos.

Na escolha do curso universitário inclinou-se para os estudos jurídicos quase de um modo natural. Poderia ter escolhido outras áreas, mas em Direito poderia realizar uma simbiose equilibrada entre as múltiplas áreas de interesse – desde as humanidades à lógica matemática, desde a história à filosofia. E se virmos o seu percurso académico na Faculdade de Direito de Lisboa, depressa descobrimos que esses interesses multifacetados se projectam no modo como se destacou o melhor classificado do curso de licenciatura em que se integrou (1959-1964). Basta olharmos a lista de prémios académicos para entender que o quadro das vocações do estudante era muito abrangente – tanto é o aluno melhor classificado nas disciplinas político-económicas como nas disciplinas histórico-jurídicas, tanto se destaca pelos trabalhos que realiza na Economia Política e nas Finanças Públicas como nos que apresenta em Direito Penal – merecendo especial destaque a monografia "*O crime preterintencional – conceito e regime*", apresentado no ano lectivo de 1963-64, onde se revela uma grande maturidade científica e uma segurança expositiva que ainda hoje impressiona positivamente. A atribuição do Prémio Infante D. Henrique, ainda no ano lectivo de 1963-64, ao aluno do 5.º ano melhor classificado do curso jurídico da Faculdade de Direito da Universidade de Lisboa não pode, assim, surpreender. Licenciou-se no dia 12 de Outubro de 1964, tendo-lhe sido atribuída a classificação final de 18 valores. A mesma classificação ser-lhe-ia outorgada no curso complementar de ciências político-económicas na mesma Faculdade, no ano de 1964-65.

3. Convidado para o lugar de segundo-assistente do 2.º grupo (Ciências Económicas) da Faculdade de Direito de Lisboa, tomou posse em 23 de Março de 1966, exercendo a partir de então as funções de assis-

tente e de regente nas cadeiras de Economia Política, Finanças Públicas e Direito Fiscal, trabalhando com os Professores Doutores João Lumbrales (Economia Política, 2.º e 3.º anos) e Soares Martínez (Finanças Públicas e Direito Fiscal), evidenciando desde muito cedo qualidades de trabalho e pedagógicas e uma forte apetência para o estudo e investigação em domínios inovadores das ciências económica e das finanças.

O papel orientador do Doutor João Lumbrales nesta abertura de novas perspectivas é fundamental e deve ser realçado. É o tempo em que Sousa Franco pode ligar na sua formação e no seu ensino duas preocupações antigas – a da afirmação cultural e a do desenvolvimento social e económico. Como afirmava Perroux: «É a cultura, é a hierarquia social criada pelos valores culturais que presidem à atribuição dos papéis anteriores a toda a análise económica da produção e da repartição. Esses papéis económicos e sociais não estão fixados de uma vez para sempre; são objecto de construções e de conflitos sociais; a longo prazo, os agentes não se contentam em progredir no interior do papel que lhes é atribuído; os mais activos desejam elevar-se na hierarquia social e, pela via das alianças e das coligações, modificam-lhe a forma e o significado».

Não era, afinal, possível compreender a ciência económica sem considerar a cultura, os valores, a justiça social e as dinâmicas da sociedade. Numa sociedade ainda relativamente fechada como a portuguesa (apesar dos sinais de abertura dos anos cinquenta que tinham culminado na adesão à EFTA, em 1959), estes temas ganhavam um especial significado e uma grande importância – o desenvolvimento e a democracia teriam de se ligar e a escolha destes temas pelo jovem estudioso de questões económicas e sociais é a demonstração clara de que estava bem consciente de que cidadania, ciência, cultura e economia tinham de se ligar. No entanto, António de Sousa Franco entende que deve aprofundar estes temas na perspectiva da ciência económica – daí o estudo das questões relacionadas com a formação do capital, que realiza no âmbito do curso complementar de ciências jurídico-económicas e da tese de doutoramento.

4. De 1965 a 1968 e em 1973 e 1974, exerce as funções de jurista do Centro de Estudos Fiscais do Ministério das Finanças e, de 1968 a 1972, é director do sector económico do Gabinete de Estudos da SACOR, empresa concessionária de refinação de petróleo. De 1972 a 1974, é

designado vice-presidente do conselho de administração da CNP – Companhia Nacional de Petroquímica. Sendo militante e dirigente da Acção Católica Portuguesa, foi nomeado em 1970 presidente da organização pela Conferência Episcopal Portuguesa, tornando-se no ano seguinte o primeiro presidente eleito, cargo que exerceu até 1972, tendo desenvolvido importantes iniciativas de reestruturação e renovação. Neste período, desenvolve um importante trabalho de investigação científica que culminará no doutoramento em Direito (Ciências Jurídico-Económicas) pela FDL, em 4 de Outubro de 1972, sendo aprovado, por unanimidade, com a classificação máxima, com distinção e louvor.

5. A dissertação de doutoramento corresponde a um texto de grande maturidade científica e metodológica, que se segue a um conjunto de trabalhos que indiciam as qualidades excepcionais que o Prof. Doutor António de Sousa Franco revelará na sua brilhante carreira profissional, académica e pedagógica. E nota-se uma atitude inovadora no jovem professor: «Um método institucional e histórico (na boa tradição norte-americana, culminando em Galbraith e Friedman), com constante apelo para as concepções fundamentais (em que tanto temos a aprender com os economistas marxistas e com certas correntes da economia alemã e francesa): sempre nos pareceram dever ser estas as coordenadas específicas da formação de um economista-jurista, além do domínio do essencial da teoria económica. Daremos mais um passo: tão pouco o jurista-economista pode sê-lo verdadeiramente – nesses ramos nascentes que são o Direito da Integração ou o Direito da Empresa, como o foram no passado o Direito Financeiro e certas zonas do Direito Administrativo – se não tiver uma sólida formação económica, interdisciplinar ao mesmo título da do economista-jurista».

E é significativo que, propondo-se novos caminhos, o Professor Sousa Franco se reivindique de um necessário espírito crítico (referindo a «nossa forma de exercer a liberdade crítica e científica que, quando desaparecer, arrastará na derrocada o espírito universitário»). Ao delimitar o tema objecto do estudo, o autor propõe-se estudar a resposta a três questões fundamentais: (a) «qual a influência dos processos de acumulação pública de capital – ou seja do capital próprio do Estado, por estar afecto ao património em termos económico-financeiros – na formação de capital do conjunto do sistema económico?»; (b) «que repercussão tem a decisiva actuação do Estado na acumulação de capital por parte de outros agentes económicos, designadamente dos privados?»; e ainda (c) «como se reflectem os comportamentos crescentes e dominantes do Estado no processo global de acumulação?». Numa palavra, tratava-se de averiguar como é que a intervenção do Estado altera «os principais modelos teóricos propostos pelas escolas da ciência económica acerca da acumulação de capital».

É a partir deste ponto de vista que Sousa Franco segue para a análise das políticas financeiras públicas, começando pela análise das doutrinas económicas do sistema capitalista (liberalismo e classicismo, intervencionismo e keynesianismo, «finanças modernas») e das modalidades de intervenção económica do Estado, culminando no tema de formação do aforro nas Finanças Públicas e na análise dos instrumentos financeiros, em especial, no tocante à formação de capital (empresas públicas, crédito público, relação entre o imposto e a poupança).

As políticas financeiras pressupõem três tipos de intervenção: a intervenção programática de orientação ou planeamento (planeamento indicativo), a intervenção de direcção vinculante (planeamento imperativo) e as intervenções de gestão. Directa ou indirectamente, estamos perante diversos modos de contribuir para a criação de riqueza ora pela formação de capital próprio, ora pelo estímulo ou apoio à formação de capital alheio.

6. Na sequência do que se disse, a vida académica constituiu naturalmente a grande paixão de António de Sousa Franco. Em 25 de Abril de 1974 era professor auxiliar da Faculdade de Direito da Universidade de Lisboa (desde 31 de Outubro de 1972) e foi proposto pela Comissão de Gestão da Faculdade para a situação de equiparado a professor catedrático. No entanto, perante os sinais de desorganização e de instabilidade, pediu a rescisão do contrato na categoria que tinha, tendo cessado funções a seu pedido por despacho de 7 de Março de 1975. Esta solicitação segue-se, aliás, à eleição como membro da referida Comissão de Gestão, presidida pelo Prof. Doutor André Gonçalves Pereira, em representação dos professores extraordinários e auxiliares, funções que exerceu desde 1 de Setembro de 1974 e de que se demitiria a 18 de Novembro do mesmo ano.

No ano de 1974 foi designado presidente da Comissão encarregada de elaborar o Projecto de Lei de Imprensa tendo tido um papel muito activo na procura e na formulação de soluções de grande equilíbrio, assentes no Direito comparado e numa visão aberta e pluralista da vida democrática. Se dúvidas houvesse sobre a grande valia do trabalho realizado, bastaria atentar na extraordinária durabilidade do Decreto-Lei n.º 85-C/75, de 25 de Fevereiro, apenas revogada pela Lei n.º 2/99, de 13 de Janeiro. Com efeito, deveu-se à ponderação e sabedoria do presidente da comissão redactora o sucesso e a longevidade do instrumento jurídico produzido.

O vastíssimo currículo do Prof. António de Sousa Franco não permite, nos limites de um ensaio biográfico, como o presente, uma referência exaustiva; de qualquer modo, fácil é de verificar que as qualidades intelectuais e científicas eram servidas por excepcionais características de método de trabalho, que são patentes desde os primeiros trabalhos e desde as primeiras responsabilidades que assumiu.

7. Em 1974 sentiu o apelo cívico e político, na linha de preocupações sociais que foi exprimindo na reflexão, na escrita e na acção. Aderiu formalmente ao Partido Popular Democrático em 24 de Setembro de 1974, a convite de Francisco Sá Carneiro, tendo sido nomeado director do Gabinete de Estudos Nacional do Partido, em Outubro, exercendo ainda funções de secretário-geral adjunto. Em Dezembro, no Congresso de Aveiro, foi eleito para o Secretariado, órgão de direcção política do Partido, ainda sob a presidência de Sá Carneiro. Em Janeiro de 1976, tomou posse como Secretário de Estado das Finanças do VI Governo Provisório. Foi eleito deputado à Assembleia da República nas eleições de Abril de 1976, tendo participado activamente na preparação da candidatura do PPD, coordenando a elaboração do Programa Eleitoral do Governo, em articulação com o Prof. Doutor Alfredo de Sousa na parte económica.

Com Francisco Pinto Balsemão, depois das eleições, das quais o PS saiu vencedor com maioria relativa de deputados no Parlamento, apresenta a necessidade de introduzir alterações no funcionamento do Partido e na sua estratégia política. Demite-se do Secretariado, que considera inoperacional, e lança a iniciativa das reuniões de Seteais que procuraram abrir o Partido à sociedade, designadamente anulando os efeitos da cisão que ocorrera em Dezembro de 1975. Com a concordância de Francisco Sá Carneiro, o Congresso de Leiria (Outubro de 1976) procede a uma alteração estatutária e reforça a unidade política – sendo António de Sousa Franco eleito vice-presidente, ao lado de António Barbosa de Melo e de Rui Machete. Coordena o Comité Permanente para os Assuntos Governativos, acompanha a preparação dos acordos de consulta celebrados em 1977 com o CDS e o PS e concebe a estratégia que conduzirá à aprovação das "leis fundamentais económicas e sociais" – Reforma Agrária e Arrendamento Rural, Delimitação dos Sectores de Produção e das Indemnizações. É o tempo em que desempenha funções muito activas nas relações internacionais do Partido, contactando em 1977, em Bruxelas, a Comissão Europeia, presidida por Roy Jenkins, no sentido do apoio ao pedido de adesão de Portugal às Comunidades Europeias.

Em 7 de Novembro de 1977, Francisco Sá Carneiro demite-se de militante e de presidente do PPD-PSD (já então rebaptizado como Partido Social Democrata) e Sousa Franco apresenta também a demissão como vice-presidente. Foi então eleito, no Conselho Nacional de Lisboa (Novembro de 1977), presidente da Comissão Permanente do Conselho Nacional, encarregada de assegurar a direcção do Partido até ao Congresso (28.1.1978). Nessa qualidade, dirigiu a sua bancada parlamentar nos debates que conduziram à queda do I Governo Constitucional, presidido por Mário Soares (7.12.1977). No Congresso do Porto, é eleito presidente da Comissão Política Nacional do PSD, cargo que desempenha fugazmente, apresentando a demissão ao Conselho Nacional de Lisboa (Abril de 1978) – na sequência da proposta feita por Francisco Sá Carneiro no sentido de uma estratégia política alternativa à aprovada maioritariamente pelo Congresso. A partir de então afastar-se-á progressivamente da linha do Partido sustentando posições próprias, demarcadas das de Sá Carneiro: defesa de uma revisão constitucional profunda, mas pelas formas previstas na Lei fundamental; defesa do apoio à recandidatura do Presidente Ramalho Eanes e recusa dos ataques ao primeiro magistrado; proposta de um grande entendimento social e de regime, na base de uma convergência social-democrata (PS-PSD), com recusa de acordos preferenciais com o CDS; e defesa da moralização da vida política, do consenso, do diálogo e do entendimento com rejeição da política de confrontação, bipolarização e afrontamento esquerda-direita.

As "Opções Inadiáveis" representaram, sob sua inspiração (ao lado de Magalhães Mota, Sérvulo Correia, Jorge Miranda, Figueiredo Dias, Vilhena de Carvalho ou Cunha Leal), uma tentativa de evitar qualquer tentação populista e plebiscitária, num momento muito difícil da vida nacional, em que o compromisso constitucional estava longe de se considerar estabilizado e adquirido, sobretudo porque estava ainda por realizar a civilização do regime, com subordinação do poder militar saído do Movimento das Forças Armadas ao poder civil democrático (o que só ocorreria em 1982 na revisão constitucional então produzida). Assim, e em resultado de uma serena ponderação, abandonou o PPD/PSD em 4 de Abril de 1979 por «entender não existirem condições éticas e políticas de democracia interna e de fidelidade à social-democracia, designadamente após a recusa pela direcção do Partido, do orçamento do Governo Mota Pinto». Participou no agrupamento parlamentar dos deputados sociais-democratas independentes (Julho de 1979) e foi membro da comissão instaladora do Partido da Acção Social-Democrata Independente (ASDI) que participou na Frente Republicana e Socialista (FRS) formada, para as eleições de 1980, com o PS e a UEDS (União de Esquerda para a Democracia Socialista), sendo o representante da ASDI na direcção da referida coligação. Fez ainda parte da comissão que teve a iniciativa de convidar o general Ramalho Eanes a recandidatar-se à Presidência da República, integrando depois a Comissão Política da CNARPE (Comissão Nacional de Apoio à Recandidatura do Presidente Eanes).

Em Agosto de 1979 é nomeado Ministro das Finanças no governo de iniciativa presidencial dirigido pela Eng.ª Maria de Lourdes Pintasilgo. Trata-se de um executivo que tem a missão específica de preparar eleições intercalares para a Assembleia da República. António de Sousa Franco define as suas prioridades de acordo com a natureza própria de um governo nomeado para funcionar durante 100 dias – nesse sentido, lança as bases de uma profunda reorganização administrativa do Ministério das Finanças. Ao lermos hoje o relatório que elaborou relativamente a cinco meses de acção governativa, impressiona-nos positivamente o carácter das transformações que impulsionou, num sentido modernizador. E, se é certo que muitas não foram imediatamente concretizadas, a verdade é que no largo prazo corresponderam a uma linha reformadora que a opção europeia só veio confirmar.

Artigos

8. Em Julho de 1980, em concurso de provas públicas, concluiu a agregação que na altura dava acesso simultâneo à categoria de professor catedrático. Entretanto, a Faculdade, na sequência da reforma de 1977, reentrara na normalidade, tendo António de Sousa Franco tomado posse em 7 de Fevereiro de 1979 como membro do Conselho Científico – e só nesta altura, dado o exercício de funções parlamentares. Foi de novo nomeado professor auxiliar do grupo de Ciências Económicas (despacho de 30 de Abril de 1979), tendo transitado para professor associado com efeitos a partir de 1 de Dezembro de 1979. No referido concurso de provas públicas para professor extraordinário e catedrático foi aprovado por unanimidade – tendo sido provido como professor catedrático a título definitivo por despacho ministerial de 12 de Novembro de 1980, com efeitos a 1 de Dezembro do ano anterior. Então, o candidato, optou por fazer uso da faculdade legal que lhe permitia escolher o regime mais exigente de prestação de provas.

O percurso nos órgãos de direcção e administração da Faculdade de Direito de Lisboa foi assinalável, podendo dizer-se que foi graças à sua acção que se tornou possível adequar a Escola aos novos tempos. Foi eleito membro do Conselho Directivo da Faculdade em 11 de Maio de 1979, tendo tomado posse em 20 de Junho seguinte e eleito presidente deste órgão a 26 de Junho. Fora, aliás, já membro eleito do Conselho Pedagógico no ano de 1978-79. Apenas com a interrupção correspondente ao exercício das funções de Ministro das Finanças (até Janeiro de 1980), exerceu a presidência do Conselho Directivo em virtude da confirmação em sucessivas eleições (1980, 1981, 1982, 1983 e 1984).

9. Com qualidades excepcionais de trabalho, apesar das exigentes tarefas de direcção e administração da Faculdade, nunca descurou uma intensa actividade científica e pedagógica. No curso de licenciatura em Direito coordenou as regências de Finanças Públicas (2.º ano) de 1978 a 1995 e depois de 1999. Foi ainda professor coordenador das cadeiras de Direito Económico/Direito da Economia – I (3.º ano), desde 1980, de Direito da Economia – II (5.º ano), desde 1987, e de Finanças Públicas – II, desde o início da regência em 1980. No entanto, além da coordenação das regências, fez sempre questão de assumir a regência de diversas turmas destas disciplinas, em especial no tocante às Finanças Públicas – II (4.º ano).

Além de cursos livres sobre temas diversos, entre os quais "Estrutura económica portuguesa e Constituição Económica" (1979-80) e "Direito Económico das participações e empresas públicas" (1983), teve papel predominante nos cursos de mestrado da Faculdade de Direito (bem como nos cursos de aperfeiçoamento) nos seminários temáticos de Economia Política, Economia Financeira, Direito Financeiro e Direito Comunitário Económico, a partir de 1989-90. Por outro lado, nos cursos de pós-graduação de Estudos Europeus, organizados pelo Instituto Europeu da FDL, requer cursos de Direito comunitário económico, fiscalidade e questões orçamentais.

Quando foi criada, em 1989, a Faculdade de Direito da Universidade Católica Portuguesa, António de Sousa Franco foi nomeado director da mesma pelo Cardeal Dom António Ribeiro, por proposta do reitor Prof. Doutor Dom José da Cruz Policarpo, tendo sido reconduzido no cargo em 1992. Exerceu tais funções até 1995, altura em que foi chamado à tarefa de Ministro das Finanças. Coordenou então os cursos de Lisboa e do Porto, em estreita articulação com os Prof. Doutor Germano Marques da Silva, Prof. Doutor Roque Cabral (quanto ao Curso de Direito do Porto) e Dr. Paulo Olavo Cunha.

10. Em 5 de Junho de 1986, António de Sousa Franco foi nomeado Conselheiro Presidente do Tribunal de Contas pelo Presidente da República, sob proposta do Governo (Decreto do P.R. n.º 16/86). Ao longo de mais de nove anos levou a cabo uma acção de grande relevância que se traduziu numa autêntica refundação do Tribunal – adaptando-o às condicionantes da integração de Portugal na Comunidade Europeia, ao quadro constitucional da democracia e à modernização do Estado.

A nova redacção do artigo 216.º da Constituição da República, dada pela 2ª revisão constitucional de 1989, foi concomitante com a aprovação da Lei n.º 86/89, de 8 de Setembro. O Tribunal afirmou-se como uma instituição autêntica do poder judicial, dotada de independência, deixando de ter os seus serviços integrados no Ministério das Finanças. Procedeu-se então à instalação efectiva das Secções Regionais dos Açores e da Madeira (em 1986 e 1988), à renovação da quase totalidade dos juízes conselheiros, ao alargamento do respectivo quadro, ao lançamento de um programa permanente, de formação de pessoal e de qualificação de um quadro técnico até então muito insuficiente. A sede do Tribunal teve de

Artigos

deixar, em 1990, o torreão leste da Praça do Comércio, manifestamente exíguo para albergar o corpo de pessoal renovado e alargado. Iniciou-se a informatização, foram executadas acções de formação externa, quer no âmbito da Administração Pública, quer quanto à formação do público. O Tribunal foi ainda dotado de novos regulamentos e instruções, preparando-se não apenas para a realização de um mero controlo de legalidade, mas também para a prática de modernos métodos de fiscalização técnico-económica das despesas. Tratava-se de lançar as bases de um controlo financeiro das despesas públicas e dos valores e dinheiros públicos, o que começou de um modo selectivo, em ligação às organizações nacionais e internacionais de auditoria.

Graças à acção persistente e à iniciativa de António de Sousa Franco, que paralelamente foi chamado à coordenação da preparação do novo sistema retributivo da função pública, foi possível ao Tribunal de Contas passar «de uma situação de apagamento e formalismo para a assunção do papel de um importante órgão de soberania, essencial à democracia representativa no domínio financeiro, que não é ignorado e a opinião sente, na sua grande maioria, como relevante, útil e eficaz».

Quando, em Setembro de 1993, se realizou em Lisboa a reunião do Comité de Contacto das Instituições Supremas de Controlo da Comunidade Europeia, tal evento correspondeu já ao resultado de um trabalho muito intenso de articulação com o Tribunal de Contas Europeu (TCE) e com as restantes Instituições Supremas de Controlo (destacando-se o acordo, de 1989, com o TCE para a realização de auditorias conjuntas). Sousa Franco considerava ser essencial a consolidação de uma *rede* e de um *sistema* que permitisse o reforço do controlo da utilização dos dinheiros comunitários e do respeito escrupuloso pela defesa dos interesses comunitários e nacionais. Perante a necessidade de internacionalização, segura e consistente, não só o Tribunal viu reforçado o seu protagonismo no âmbito da União Europeia, mas também consolidou e aprofundou as relações bilaterais e multilaterais com as organizações congéneres. Portugal subscreveu assim, em 1989, a proposta inicial de estatutos da EUROSAI – Organização Europeia das Instituições Supremas de Auditoria, como membro fundador, com a Espanha e a Itália, sendo eleito no Congresso de Estocolmo (1993) auditor da EUROSAI. Por outro lado, foi reforçada a intervenção portuguesa na INTOSAI – Organização Internacional das Instituições Supremas de Controlo Financeiro, como se constata dos ecos das intervenções nos Congressos de Berlim (1989), Washington (1992), Cairo (1995) e pela participação muito activa das nossas delegações nesses encontros. Culminando essa actividade e a capacidade revelada por Sousa Franco, Portugal integrou, então, pela primeira vez, um Comité Permanente da INTOSAI, na circunstância, o da Dívida Pública. Aliás, na sequência desta aposta, no Congresso do Cairo, Portugal foi eleito membro do conselho directivo da INTOSAI. Em 1988, dando sequência a uma clara orientação de protagonismo internacional Portugal acompanhou a Espanha na entrada, como observadores, na Organização Latino-Americana e das Caraíbas das Entidades Fiscalizadoras Superiores (ILACIF, que deu lugar à OLACEFS).

No âmbito dos países da futura CPLP (Comunidade de Países de Língua Portuguesa) e graças ao prestígio e ao impulso ainda de Sousa Franco, houve uma cooperação muito significativa que levou à constituição dos Tribunais de Contas de Cabo Verde, Guiné-Bissau, São Tomé e Príncipe e Angola, à reforma do Tribunal Administrativo de Moçambique e à criação do Tribunal de Contas do Território de Macau.

No entanto, a acção do presidente do Tribunal de Contas nunca se limitou a tarefas formais, de mera representação ou orientação geral. Interveio activamente no controlo dos dinheiros públicos e no procura de crescente disciplina financeira e orçamental, o que causou naturais resistências e movimentos de oposição.

Pelo que fica dito, sucintamente, na história do Tribunal de Contas, o magistério de António de Sousa Franco é fundamental, podendo com verdade afirmar-se que só depois da sua presidência a Instituição se tornou um verdadeiro tribunal, sem cedências ao princípio da independência, dotado de modernas competências de auditoria financeira e orçamental.

11. O Eng.º António Guterres, com quem o Prof. A. L. Sousa Franco teve uma relação política muito intensa na fase de institucionalização do constitucionalismo democrático no Parlamento, ao constituir o seu primeiro executivo convidou o cidadão que exerce a função de presidente do Tribunal de Contas para assumir pela segunda vez as funções de Ministro das Finanças, no XIII Governo Constitucional. Tais funções viriam a ser exercidas entre Outubro de 1995 e Outubro de 1999, sendo dominadas segundo o próprio por cinco prioridades: (a) criação

de condições para a convergência real entre as economias portuguesa e dos Estados-membros da União Europeia, consolidando as condições de emprego e crescimento; (b) cumprimento dos critérios de convergência nominal para ingresso no grupo fundador da moeda única da União Europeia; (c) consolidação financeira como condição de estabilidade macro-económica, de crescimento e de emprego; (d) realização de reformas estruturais no domínio das finanças públicas e dos sectores financeiros privados; e (e) intensificação das privatizações com desenvolvimento dos mercados de capitais e do sistema financeiro em geral.

Não é possível, nos limites do presente ensaio, analisar com o pormenor exigível a política seguida pelo Prof. António de Sousa Franco. No entanto, em traços muito gerais, poderemos afirmar que não pode oferecer dúvidas ter sido graças ao prestígio e à acção do Ministro das Finanças que foi possível – contra ventos e marés e quando muitas aves agoirentas previam que Portugal não seria capaz de cumprir os requisitos necessários para fazer parte do núcleo fundador da moeda única europeia – garantir o cumprimento escrupuloso de todos os requisitos e critérios obrigatórios. Ao contrário do que aconteceu com a Bélgica ou a Itália ou, mais tarde, com a Grécia, Portugal pôde respeitar todos os requisitos de sustentabilidade das finanças públicas não só quanto ao défice orçamental, mas também quanto à dívida pública. E hoje esse facto é tanto mais de assinalar quanto é certo que, mesmo depois de todas as correcções operadas pelo EUROSTAT, ao longo do tempo, manteve-se incólume o cumprimento por Portugal do que importava respeitar. Ora, os louros para esse facto, devem pertencer ao Governo de que Sousa Franco fez parte, à economia portuguesa, aos cidadãos nacionais e à perseverança, prestígio, determinação, saber e inteligência do então Ministro das Finanças. António de Sousa Franco foi, com efeito, um dos maiores artífices da adesão portuguesa à moeda única europeia – conseguindo cumprir os critérios exigidos em Maastricht.

Profundo conhecedor e estudioso da Administração Financeira do Estado, o Prof. Sousa Franco procedeu a uma ampla reforma, no sentido da modernização da organização do Ministério das Finanças, da preparação para o *euro*, da prevenção e da resolução do problema informático do ano 2000 (*bug 2000*) e, essencialmente, da adequação do Estado às exigências da abertura de fronteiras, da globalização e da eficiência na defesa e prossecução do interesse público. A formação de pessoal, a informatização, a introdução das novas tecnologias de informação e comunicação, a utilização da *internet*, a modernização e simplificação de procedimentos, esteve na primeira linha das preocupações do então Ministério das Finanças.

Sempre preocupado com as questões de sistema, pôde pôr de pé pela primeira vez e de modo consistente o Sistema de Controlo Interno da Administração Financeira do Estado, coordenado pelo Ministro das Finanças e na prática articulado pela Inspecção-Geral de Finanças, envolvendo as diferentes instituições com funções de controlo e fiscalização. Pode, aliás, dizer-se que ASF foi sempre um homem preocupado com a reorganização das instituições a partir de uma lógica racional de sistema. Por outro lado, promoveu a elaboração de um completíssimo estudo para a reformulação da Lei de Enquadramento do Orçamento do Estado, que deu origem a uma Proposta de Lei enviada à Assembleia da República em Fevereiro de 1999, estruturando pela primeira vez um quadro visando a estabilidade integrada nos diferentes subsectores do Sector Público Administrativo (SPA) – Orçamento do Estado, Fundos e Serviços Autónomos, Segurança Social, Administração Regional e Local.

12. De 1996 a 1999, coincidindo com a urgência do cumprimento dos critérios de convergência para a concretização do *euro*, houve um reforço assinalável da disciplina orçamental. Os orçamentos do Estado «obedecem a uma nova metodologia de preparação». Assim, afirmou o Prof. Sousa Franco, «onde anteriormente era sempre possível aumentar mais a despesa, pois o défice era arbitrário, temos agora um défice programado que é compromisso externo do Estado (sem o qual não haveria acesso ao euro, nem talvez ao Fundo de Coesão, e se aplicariam as sanções do défice excessivo que, no futuro, serão definidas no Pacto de Estabilidade)». No entanto, premonitoriamente acrescenta: «a Administração Pública portuguesa ainda não percebeu totalmente isto, mas vai ter de entender cada vez mais no futuro». De qualquer modo, assinala ainda o cumprimento neste período, pela primeira vez, quer da Lei de Bases da Segurança Social quer da Lei das Finanças Locais, tendo sido aprovada a Lei das Finanças Regionais com aumento de recursos e assunção de dívidas de cada Região Autónoma.

Defensor de uma reorientação dos gastos correntes, em benefício das despesas sociais, o então Ministro das Finanças imprimiu, segundo a política do Governo presidido pelo Eng.º António Guterres, um reforço da prioridade ligada à coesão económica e social – crescendo as despesas sociais de 45,6% da despesa do total no Orçamento do Estado para 1995, para 55,4% no ano de 1999.

Quanto à reforma fiscal, foram definidas duas fases: (a) levantamento da situação e tomada de medidas urgentes, desde 1995 a 1997; (b) reformas de fundo, até ao final da legislatura. A primeira preocupação teve a ver com o assegurar de uma cobrança de impostos capaz de garantir a consolidação orçamental e com o proceder ao apuramento da situação, com o auxílio do relatório elaborado pela Comissão designada para o efeito e presidida pelo Dr. José da Silva Lopes (1999). As medidas mais urgentes criaram uma nova estrutura de escalões do IRS, elevaram o quociente conjugal para 2, criaram uma taxa intermédia do IVA com redução da taxa para produtos de primeira necessidade e, por outro lado, deram-se passos no aperfeiçoamento do sistema de informação, quer estatística quer *on line*, tendo-se criado a UCLEFA, o Defensor do Contribuinte e (em fase experimental) o já referido Conselho Nacional de Fiscalidade. Foram ainda simplificados procedimentos em benefício dos contribuintes (Centros de Formalidade de Empresas, Loja do Cidadão). Foi desenvolvido um trabalho notabilíssimo nos mais diversos domínios da legislação tributária, envolvendo os melhores especialistas nos vários capítulos em causa.

A reforma do mercado de capitais deu lugar à alteração do respectivo código e ao prosseguimento do objectivo, visando desenvolver o crescimento desse sector estratégico da economia nacional, num momento em que a globalização e a abertura de fronteiras exigiam a modernização do sector financeiro da regulação.

As privatizações registaram ainda um momento importante, o que permitiu que só a receita obtida em 1996 e 1997 (1321,3 milhões de contos) fosse praticamente idêntica à realizada entre 1987 e 1995. O valor da receita global realizado em 1997 representou, deste modo, 5,4% do PIB e o de 1998 cerca de 4,5% do PIB.

A gestão da dívida pública conheceu uma alteração completa e profunda com a criação do Instituto de Gestão do Crédito Público e a extinção da Junta do Crédito Público (1996) e da Direcção-Geral da JCP (1997), visando a adaptação da gestão da dívida ao ambiente do *euro*, numa lógica de sistema integrado e automático de informação. Criou-se assim, um novo quadro legal modernizado da dívida pública portuguesa, envolvendo as Obrigações do Tesouro, os Bilhetes do Tesouro e o novo regime das garantias pessoais do Estado (Lei n.º 112/97, de 16 de Setembro).

13. As questões europeias preocuparam especialmente António de Sousa Franco ao longo da sua vida cívica e do seu magistério académico. Basta compulsar a vastíssima bibliografia para verificar que a construção das Comunidades Europeias foi desde muito cedo um dos seus temas de eleição, quer na perspectiva económica e financeira, quer numa óptica institucional e política. É, aliás, de salientar a admiração que votava aos pais fundadores do que hoje é a União Europeia – em especial a Robert Schuman, cristão empenhado com o qual sentia uma identificação de valores e objectivos fundamentais. Para ASF, os conceitos de coesão económica e social, de justiça, de convergência e de desenvolvimento deveriam ser devidamente realçados em ligação entre si e complementaridade. Daí a sua atenção à ideia de "convergência social", que deveria ser muito mais exigente do que a lógica da aplicação de critérios meramente formais. A União Europeia deveria, assim, constituir uma convergência de vontades, de Estados e de povos livres e soberanos, envolvendo com muita clareza uma dupla legitimidade – dos Estados e dos cidadãos.

Nos últimos anos da sua vida, António de Sousa Franco regressou à Faculdade de Direito para continuar a sua militância académica, com a generosidade e o espírito de entrega de sempre. Desempenhou as funções de presidente do Conselho Directivo e de presidente do Conselho Científico, contribuindo, mais uma vez, para a reorganização da Escola e para o lançamento da sua modernização, sobretudo na perspectiva da abertura de fronteiras e da internacionalização. Por outro lado, foi um dos membros mais activos no processo de avaliação dos cursos de Direito, no âmbito do CNAVES – Conselho Nacional para a Avaliação do Ensino Superior, tendo sido este um dos seus últimos trabalhos, que não deixou, mesmo quando já se encontrava em campanha eleitoral para o Parlamento Europeu. Paralelamente, outra das funções que cumpriu na etapa final da sua vida foi a de conselheiro da Santa Sé na negociação da alteração à Concordata com a República Portuguesa, pondo ao serviço desse exigente trabalho mais uma vez os seus conhecimentos e a sua competência. Apesar das múltiplas solicitações, António Luciano de Sousa Franco manteve-se sempre igual a si mesmo: com uma capacidade de trabalho excepcional, multiplicando-se em actividades e nunca deixando para amanhã o que podia fazer hoje.

Além de tudo o mais, era um homem de equipas e soube fazer escola. Pode dizer-se, com rigor, que foi o criador da Escola de Lisboa do Direito Financeiro e das Finanças Públicas – obtendo a colaboração de um grupo muito alargado de alunos, de discípulos e de seguidores. No entanto, para o Mestre a relação com os alunos e os discípulos teria de ser sempre crítica e aberta. Os exercícios de inteligência atraíam-no, do mesmo modo que o permanente esforço de investigação e o sentido prático da vida (ainda que muitas vezes se sentisse constrangido por esse lado da existência), sendo sempre capaz de uma síntese muito criativa e inovadora que permitiu tornar-se uma referência no mundo científico, mas também nos domínios da cidadania e da ética. Deixou-nos no auge do combate, na arena política, prestigiado, ouvido, capaz de ligar uma erudição singularíssima à disponibilidade para ir ao encontro das pessoas comuns. Entre a vida universitária e a vida política preferiu sempre a primeira, sem regatear, porém, esforços quando foi chamado, em vários momentos, às mais altas e difíceis responsabilidades no Estado e na sociedade portugueses. E essa opção deveu-se à ideia de nunca abandonar o contacto com os seus alunos e os seus discípulos. Ao ter decidido candidatar-se a deputado ao Parlamento Europeu fê-lo, por isso, sem esquecer o lado académico – já que se propunha aproveitar esse tempo também para fazer contactos universitários, para aprofundar a investigação e para publicar ou reformular textos científicos que desejava desenvolver. Numa palavra, e como sempre fez, desejava que o serviço público fosse enriquecido com a componente académica e científica.

Afinal, e sem surpresa para os que melhor o conheciam, gostava de citar uma passagem de Saint-Exupéry onde o lado humano se tornava muito mais saliente e importante do que qualquer formalismo jurídico ou contabilístico: «Sei de um planeta onde há um senhor todo afogueado. Nunca cheirou uma flor. Nunca olhou para uma estrela. Nunca gostou de ninguém. Nunca fez senão contas. E, tal como tu, passa o dia a dizer: "Eu sou um homem sério! Eu sou um homem sério!" Mas aquilo não é um homem! Aquilo é um cogumelo!» ... A dignidade humana estava sempre à frente de tudo.

BIBLIOGRAFIA PRINCIPAL

SÍNTESE ESTATÍSTICA

Número total de obras: 1327
1. Finanças e Administração Pública: 325
   a. Finanças Públicas e Direito Financeiro: 140
   b. Administração Pública: 15
   c. Controlo financeiro e Tribunal de Contas em especial: 150
   d. Reforma Fiscal (após 1995): 20
2. Direito Económico nacional e comunitário e temas jurídicos conexos: 95
3. Economia e demografia: 207
   a. Economia: 140
   b. Demografia: 15
   c. Euro e UEM: 52
4. Ensino: 82
5. Temas culturais: 110
a. Religião e ética: 43
   b. Outros temas culturais: 67
   6. Política, profissão e intervenção social: 391
   a. Política económico-social: 124
   b. Política geral: 267
7. Principais obras colectivas e relatórios (relator ou co-relator): 117

Das obras de que é autor, indica-se apenas uma selecção representativa:

OBRAS DIDÁCTICAS

A) Tratados, manuais, lições policopiadas
1. *Manual de Finanças Públicas e Direito Financeiro* (integrado na colecção "Manuais da Faculdade de Direito de Lisboa"), Lisboa, 1974. vol. 1, pp. 1-919.
2. *Análise Económica – princípios fundamentais da Economia*, apontamentos do curso de Direito da Universidade Católica Portuguesa, policop., Lisboa, 1977-1978. pp. 1-133; e *Elementos de Estatística*,

Artigos

em colaboração com o (hoje) Prof. Doutor Luís Campos e Cunha, Lisboa, 1978, pp. 1-43 + 1-5.
3. *Políticas financeiras – conceitos fundamentais*, policop., AAFDL, 1980, pp. 1-105.
4. *Direito Económico (súmulas)*, AAFDL, 1981, vol. I, pp. 1-64; vol. II, AAFDL, 1981, pp. 1-112.
5. *Direito Financeiro e Finanças Públicas*, vol. I, Lisboa, ed. Veja, 1981, pp. 1-371; vol. II, Lisboa, ed. Veja, 1982, pp. 1-447.
6. *Moeda e Crédito*, apontamentos do 1º ano do curso de Direito na FCH da UCP, policop., Lisboa, 1981, pp. 1-187.
7. *Noções de Direito da Economia*, vol. I. AAFDL, 1983, pp. 1-350.
8. *Finanças Públicas e Direito Financeiro*, Coimbra, 1987, pp. 1-766.
9. *Finanças do sector público – introdução aos subsectores institucionais*, Lisboa, AAFDL, 1989-1991, pp. 1-717.
10. *Direito Financeiro e Finanças Públicas*, vol. II, 4.ª edição (profundamente revista). Coimbra, 1992, pp. 1-504.
11. *A Constituição Económica Portuguesa – ensaio interpretativo* (em colaboração com o Dr. Guilherme d'Oliveira Martins), Coimbra, 1993 e 1996.
12. A.L. Sousa Franco, R. Lavrador, J.M. Calheiros, S. Gonçalves do Cabo – *Finanças Europeias. Vol. I – Introdução e Orçamento*, Coimbra, 1994, pp 1-338.

B) Outros elementos auxiliares do ensino

São inúmeros os elementos deste tipo destinados ao apoio de cada curso regido, nomeadamente:
• Programas, bibliografia e indicações de estudo (científicas e pedagógicas);
• Sumários dos cursos teóricos (com desiguais desenvolvimentos);
• Elementos para apoio à avaliação de trabalhos práticos;
• Indicações de metodologia e investigação (para os seminários de mestrado).

É a abundância destes elementos, adaptados os objectivos concretos de cada curso, que permite distinguir os tratados, manuais e apontamentos para apoio de um ensino crítico de idênticos instrumentos ao serviço de um ensino, compendiário ou "sebenteiro", de teor dogmático.

A título meramente exemplificativo – por ilustrarem a preocupação de ensinar a pluralidade de correntes de pensamentos e respeitar a livre opção racional, rigorosa e crítica, dos alunos, bem como o carácter concreto do ensino –, referem-se apenas os seguintes:
1. *Textos de Economia Política (2° Ano)*, coordenação e revisão, policop., AAFDL, 1967, pp. 1-375.
2. *Legislação Financeira*, policop., AAFDL, 1973, pp. 1-639.
3. *Finanças Públicas – Colectânea de Legislação* (em colaboração com o Dr. Carlos Santos Ferreira), I vol., policop., AAFDL, 1980, pp. 1-433 (este vol. teve actualização em Maio de 1984, AAFDL, pp. 1-439); II vol., policop., AAFDL., 1980, pp. 441-942.
4. *Legislação económica – empresas públicas e participação do Estado* (em colaboração com o Dr. Manuel Castelo Branco), AAFDL, 1984, pp. 1-193.
5. *Colectânea de legislação de finanças públicas – Aditamento (1983)* (em colaboração com o Dr. Guilherme d'Oliveira Martins), policop., AAFDL, Lisboa, 1983, pp. 1-87.
6. *Legislação – Finanças Públicas Portuguesas* (em colaboração com a Dr.ª Ana Paula Dourado), AAFDL, Lisboa, 1992, pp. 1-594.
7. *Colectânea de Legislação de Direito Económico* (em colaboração cm o Prof. Doutor Eduardo Paz Ferreira), Coimbra, 1996, pp. 1-1062.
8. *Textos constitucionais de Direito da Economia* (em colaboração com o Prof. Doutor Eduardo Paz Ferreira), Lisboa, AAFDL, 1996, pp. 1--172.

MONOGRAFIAS, ENSAIOS, RELATÓRIOS INDIVIDUAIS
E NOTAS CIENTÍFICAS

A título exemplificativo, são indicados os seguintes:

1. *Princípios de política fiscal nos incentivos ao desenvolvimento económico* – relatório nacional português apresentado às III Jornadas Luso-Hispano-Americanas de Estudos Tributários, policop., (em colaboração com o Prof. Doutor Diogo Freitas do Amaral), Rio de Janeiro, Setembro de 1969, pp. 1-82.
2. *Rélations entre les structures des systèmes fiscaux et le développement économique dans les pays en voie de développement* – relatório

nacional português apresentado ao 22.º Congresso da IFA, policop. (em colaboração com o Prof. Doutor Diogo Freitas do Amaral, Montevideu, Outubro de 1968, pp. 1-41.
3. "O Tribunal de Contas na encruzilhada legislativa", prefácio a *Tribunal de Contas – Legislação anotada e índice remissivo*, dos D[rs]. José Tavares e Lídio de Magalhães, Coimbra, 1990, pp.9-48.
4. "Portugal e as finanças comunitárias", em *Integração europeia – perspectivas*, organizado por Dr. Luís Guimarães Carvalho, ed. Cosmos e EI.-Editora Internacional, Lisboa, 1993, pp. 21-45.
5. "Apresentação", a pp. 3-8, de *Tribunal de Contas – As Contas na História – Colectânea de legislação sobre o Tribunal de Contas*, volume I (1930-1994), Lisboa, 1995, pp. 1-496.
6. "Os Tribunais de Contas de Portugal e da União Europeia no contexto dos sistemas de controlo financeiro', em Tribunal de Contas da União, *Revista do Tribunal de Contas da União, Edição Comemorativa - 25 Anos*, Brasília, Outubro-Dezembro de 1994, pp. 78-126.
7. *Dinheiros públicos, julgamento de contas e controlo financeiro no espaço de língua portuguesa*, Tribunal de Contas, Lisboa, 1995, 1--206.
8. *Nove anos de um esforço de reforma: 1. Balanço e continuidade da reforma do Tribunal de Contas. 2. Anteprojecto de Lei de Bases do Tribunal de Contas*, Lisboa, 6.06.1995, pp. 1-190; e em *Revista do Tribunal de Contas*, n.º 25, Janeiro-Junho de 1996; tomo II, pp. 15-203.
9. "Introdução", a pp. XV-XXIX, de *José Ferreira Borges – Sintelologia e Economia Política, 1831-1834*, edição dir. por A. Sousa Franco, em *Colecção de Obras Clássicas do Pensamento Económico Português*, dir. por Prof. Doutor José Luís Cardoso, Lisboa, Banco de Portugal, 1995 (pp. 1-360).
10. "O pensamento financeiro em Portugal no Século XX", em *Ensaios de Homenagem a Manuel Jacinto Nunes*, ed. do ISEG, Lisboa, 1996, pp. 11-27.
11. "Considerações sobre a problemática das relações financeiras do Estado com as regiões autónomas", em *Direito e Justiça*, vol. X, 1996, tomo I, pp. 141-171.
12. "O impacto da moeda única na economia portuguesa", artigo em *O Economista: Anuário da Economia Portuguesa – 1997*, pp. 73-78.

In Memoriam
Richard Musgrave
(1910-2007)

THE FATHER OF MODERN PUBLIC FINANCE

Vito Tanzi

On January 15, 2007, Richard Abel Musgrave died at the age of 96. He was born in Germany, in Konigstein im Taunus, in 1910. He completed his first studies in economics at the universities of Munich and Heidelberg, before moving to the United States where he spent the rest of his highly productive and influential life. After leaving Germany, in 1933, he went for a while to the University of Rochester, in the state of New York, before moving to Harvard University from which he received his PhD in economics in 1937. He was in the same class as Paul Samuelson, the first American economist to receive a Nobel Prize in economics. Musgrave would not receive such a prize, even though many believed that he should have and many economists had signed a petition sponsoring the giving of such a prize to him. However, even without the Nobel prize, he would come to be widely recognized as the most influential public finance economist of his generation and, perhaps, one of the two most influential German born economists of the 20th century. The other was the sociologist-economist Max Weber.

I think that few would disagree that his main book, *The Theory of Public Finance*, was the most important book in the field of public finance in the 20th century. That book, published in 1959, after two decades in the making, became a kind of Bible for students of public finance. It became the essential and most authoritative reference to find answers to most question of public finance. It is still widely cited today after almost half a century since its publication. It still does not have a real competitor.

After getting his PhD and spending a few years working for the chairman of the U.S. Federal Reserve Board, in a period that included the end of the Great Depression and World War II, he went to teach at several American universities including Swarthmore College, the University of Michigan, Johns Hopkins University, and Princeton, before joining Harvard in 1965 from which he would retire at the obligatory age of 70 in 1981. After his retirement, he moved with his wife, Peggy Brewer Musgrave, also a public finance economist born in the UK, to the University of California, at Santa Cruz. At Santa Cruz, he would spend 26 years doing some teaching, as an Adjunct Professor, writing, participating in conferences, and fishing with his boat in the beautiful bay of Santa Cruz. It must have been a happy period of his life. Except for heart surgery, in his mid-eighties, he remained in good health and with a sharp mind up to the very end of his long life. As his age advanced, and his hair became white and a bit unruly, his look reminded one more and more of Albert Einstein.

When Musgrave joined the Harvard faculty in 1965, I was a student working on my PhD dissertation under the direction of another brilliant German-born economist , Otto Eckstein . Professor Eckstein invited Professor Musgrave to be the second reader of my thesis. He was, thus, a member of the committee when I defended my thesis in November 1966. I recall an observation that he made at that meeting to the fact that graduate students were losing interest in the institutional side of public finance and this was in his view a pity. His coming to Harvard was a happy development for me because I had tried unsuccessfully to become his student a few years earlier.

After completing a master degree in economics at George Washington University in Washington DC, in 1961, I was planning to continue my studies for a Ph.D in economics at a more prestigious university. At that time, my master thesis advisor and my main general advisor, was Professor Gerhard Colm, another German-born economist who had also left Germany in the 1930s. Professor Colm was himself a well-known public finance scholar. At that time he was the head of the National Planning Institute, a Washington important Think Tank, and the author of a book on corporate income taxation. Because of my strong interest in public finance, he had advised me to apply for admission at Johns Hopkins University because Professor Musgrave was teaching there and Professor Colm considered Musgrave the best public finance scholar in the world. I applied to Johns Hopkins University and to a few other universities, including Harvard, as a precaution in case Johns Hopkins did not accept me. By the time the replies from the universities came in, which included the good news that I had been accepted by both Johns Hopkins (with a scholarship) and by Harvard (without a scholarship), Professor Colm informed me that Musgrave was leaving Johns Hopkins to go to Princeton. Unfortunately I had not applied to Princeton. As a consequence I decided to go to Harvard even though without a scholarship which made it financially burdensome. Thus, Musgrave's coming to Harvard in 1965 was a very happy news for me. It gave me the chance to meet him even though in the limited relationship of dissertation preparation, rather than in a classroom setting. In future years I would have many occasions to see him or to correspond with him. I met him regularly at the annual meetings of the International Institute of Public Finance (IIPF) and at various conferences.

There is no doubt in my mind that Professor Musgrave was the towering public finance economist of his generation. His influence on the field and on a generation of public finance scholars was enormous but, in my view, he excelled especially in the policy side of public finance, in spite of his many important theoretical contributions. He was an economist who never lost track of what economics should be about, He did not become a prisoner of abstract theorems that often have no relevance for the real world. For him public finance was always a practical field that had to be related to real life problems and institutions. I will identify some of his contributions that became particularly influential.

As often happens in economics and probably in other fields, the timing when new ideas appear plays a large role in the determination of whether those ideas will be influential or ignored. In some ways the ground must be well prepared and fertile so that the seeds planted by the new ideas can be productive. The year when his major book was published, 1959, was one when a conservative, republican administration was coming to an end in the United States, Jack Kennedy was elected president, and the "Keynesian Revolution" was reaching full maturity and wide acceptance especially in academia. It would influence the Kennedy Administration in its fiscal policy. That "revolution" would ask governments to take over a novel and important function, that of stabilizing the economy. This stabilization would be pursued through the use of "demand management", by changing taxes or public spending in a way that achieved the desired aggregate demand.

That was also a time when new theories related to the existence of public goods, externalities and other market imperfections, such as the prevalence of imperfect competition, were influencing the views of economists about the economic role that governments should play in the economy. Thus, the attention of many economists was moving from understanding how a presumably perfect market operated and that required little if any public action to defining the role that the government should play in correcting for market failures. It should be recalled that in 1958 another famous Harvard professor, John Kenneth Galbraith, had published a hugely popular book, *The Affluent Society*, that had advocated a large expansion in the role of the state in the economy. Also at that time there was increasing concern about poverty and the income distribution.

The Theory of Public Finance provided a useful and practical framework and road map for thinking about an optimal role for the government and for formulating a desirable fiscal policy. The Musgravian conception of the public budget, the main tool for conducting fiscal policy had three parts:

1. A "stabilization branch" that would fine tune aggregate demand and would attempt to maintain economic activity at a level close to the economy's potential level.
2. An "allocation branch" that would worry about the allocation of resources so that public goods were provided, externalities were corrected, monopolies were controlled or made competitive, or transformed in public enterprises, and so on.
3. A "redistribution branch" that would worry about the distribution of income, promoting the degree of equality that society considered appropriate, and providing essential services to groups in society that were too poor to be able to buy them from the market.

Of course Musgrave's concept of the budget, and of the budget office, was a conceptual or we would say today a "virtual" one. No real-life budget or budget office were ever designed in the precise way suggested by Musgrave. Nevertheless, his views were useful in organizing our thinking about the role of fiscal policy and about the objectives that specific policies were expected to promote. It helped to reduce confusion. Incidentally, his approach was also intended to promote efficiency in the use of public resources. Musgrave expected to achieve the objectives of fiscal policy with the least use of public money.

In addition to the contribution made through his famous book, Musgrave made other important contributions such as his view that there are what he called "merit goods" that deserve to be financed publicly because they are important for the community. These goods are distinguished from public goods and even from private goods. In this he probably reflected some of the views of earlier German economists such as Adolf Wagner who believed that communities as distinguished from individuals had particular needs such as cultural activities, public monuments and similar. He was also credited with the proposal for a negative income tax, an idea made famous by and often attributed to Milton Friedman.

Musgrave was a strong believer in the ability of the government to promote policies that would be beneficial to society. He saw governmental action in a distinctly positive or favorable light. His goal was to tell well intentioned, honest and able policymakers what tools they should use to make society a better one and to correct the failures of the private market. He failed to see or refuted to admit that there may be "market failures" as well as "government failures" and that these government failures may be systematic rather than random. When a government is given more power and more powerful tools, it may not necessarily use them to promote the public interest. Government failure may replace market failure and the former could, in principle, do more damage than the latter. Or, putting it differently, the cure may at times become worse than the disease; or, in President Reagan's famous words, the government may become itself the problem instead of the solution. In spite of this, Musgrave's work has been useful for policymakers and economic consultants because it provides fairly clear guidelines about what policies a good government ought to pursue. It was good normative economics.

It is somewhat ironical that the only time that a full- fledged public finance economist was given the Nobel Prize in economics, it was not given to Richard Musgrave but to James Buchanan. Buchanan received it for having established the "school of public choice" drawing in part on the theories of public finance that had prevailed in Italy around the year 1900. The Italian school did not see the government role in a distinctly benevolent light. In recent decades the school of public choice has become a major field of economics, with many followers, annual congresses and several academic journals. Public Choice focuses on government failure, in contrast with market failure. In view of the large expansion of government activities in the past half century, government failure is clearly important. It represents a more conservative view of the role that governments should play in the economy. It normally calls for a limited economic role of the state believing that government failures – in the form of corruption, rent seeking, inefficiency in the use of public resources, state capture, regulatory capture, influence of powerful lobbies with vested interests – are the norm rather than the exception especially when governments become big. A large government role, as for example might be promoted through the normative role advocated by Richard Musgrave, would often lead to greater government failures. These could be more damaging than the market failures that the government sets out to correct.

Musgrave and Buchanan debated the question of the desirable role of the government for several decades. They represented two polar positions in public finance. Especially memorable were their debates at the congress of the International Institute of Public Finance held in Kyoto (Japan) in 1997 and at the University of Munich in 1998.The Munich debate was published in a significant book *"Public Finance and Public Choice: Two Contrasting Views of the State"* (MIT Press:1999).

Perhaps because he was born in a country different from the one where he lived, Musgrave maintained through his life a great interest in the world at large. His work was not as US-centric as that of many other major economists living in the United States. This cosmopolitan interest was clear from many of his activities such as his continuous involvement with the International Institute of Public Finance, of which he was made a honorary president; his involvement with international institutions; the publication of his other important book, *Fiscal Systems*, published by Yale University Press in 1969; and by his work as a fiscal advisor in many countries including especially his chairing of a commission (the Musgrave Commission) that made important recommendations to the government of Colombia in the early 1970s and resulted in the *Musgrave Report* that was a significant contribution to the public finance literature of developing countries.

His book on *Fiscal Systems* introduced the concept of "tax handles" that is the view that changes in the structure of economies during economic development lead to changes in the tax bases over time thus changing the tax revenue and the structure of tax systems. Over the years the tax handles that governments can use tend to change. This book became an important contribution to the "theory of tax structure change during economic development, a theory that became popular especially in the decade of 1970s. The *Musgrave Report* to the government of Colombia made explicit the role that he assigned to the public sector in the process of development. In a nutshell, governments should increase the level of taxation in order to be able to increase capital spending for infrastructure. This, he believed, would promote economic growth. A leading Colombian newspaper captured the Musgrave's recommendations in a cartoon which showed Musgrave under the Spanish heading: "Dice Mus-grave, grave mas."

In addition to the important books that he wrote (including a popular textbook written jointly with his wife), Musgrave published several brilliant theoretical articles starting with the one written shortly after he got his PhD. "The Voluntary Exchange Theory of Public Economics" was published in 1939 in the prestigious *Quarterly Journal of Economics*, a journal of which he would become the editor some decades later. This article drew from a long European tradition, especially well established in Sweden, Germany, and Italy, with which he was familiar. This article contributed to the view in the Anglo-Saxon world that taxes should be seen as prices that people pay for public services. This was a widely accepted view for example in the Italian public finance tradition but not in the Anglo-Saxon tradition. Because different people have different preferences (and different means), these prices among individuals even when the individuals receive similar benefits from the public good. For example national defense provides equal protection to everyone but the contribution to its financing (the taxes paid) reflects the economic status of the taxpayers.

Incidentally, Musgrave's work helped shift the emphasis from taxation to public spending, an emphasis that had prevailed especially in the Anglo-Saxon literature. In this process he was helped by Paul Samuelson who, in 1954, had provided a mathematical and more general version of Musgrave's 1939 article. Samuelson's three-page article was enormously influential. It has been considered the most influential three pages in the history of public finance. However, its concrete real-life relevance is open to questions even if its theoretical brilliance is beyond question.

In the obituary published by the New York Times on January 20, 2007, Musgrave was referred to as "the father of modern public finance." The economic historian Marx Blaug is cited to the effect that *The Theory of Public Finance* "...still stands unchallenged" and that "anyone with a question in the theory of public finance can be told even now [that] it is all in Musgrave." These are judgments shared by many public finance economists. Musgrave had the virtue of going always to the essence of a problem. He used the necessary, minimum amount of technicality to state his views and to present the problem. He always aimed at educating rather than dazzling the reader. He never lost sight of the fact that economists should be like doctors whose duty is to cure the ills of a sick economy. One could disagree with the cure that he suggested, but he never lost sight of what he wanted to achieve. He would agree that economics that becomes detached from reality can easily become an unproductive activity.

Before completing this article I wish to mention another important aspect of Musgrave's personality that has not received the attention that it deserves. This is his integrity and kindness. I will mention just one example. One time, I had written an article and had sent it to a public finance journal hoping that it would publish it. The editor of the journal had sent it to Musgrave asking for a referee's report from him. Musgrave decided not to review my paper because we were acquainted and thought that our friendship might influence his judgment. Still he wrote a full review of my article and sent it to me saying that if he had accepted to review the article for the journal, this is what he would have said.

Richard Musgrave will be missed for a long time by his family, by his many friends and by those who work in the field of public finance and who knew him. However, his work has given him the kind of immortality that few earn through their work and their contributions to this world. He will continue to live in the world of ideas.

RICHARD ABEL MUSGRAVE

Paulo de Pitta e Cunha

1. Nascido em Koenigstein, pequena cidade alemã, Richard Musgrave obteve a sua licenciatura em Economia na Universidade de Heidelberg, em 1933. Estava então a chegar ao seu termo a era da República de Weimar, «malograda e contudo nobre experiência em democracia na Alemanha», como refere o ilustre professor na introdução ao seu livro «Public Finance in a Democratic Society», notável colectânea de ensaios publicada em 1986.

Os seus estudos universitários compreenderam matérias de economia, e também de direito, e enriqueceram-no com aquilo que refere como «a herança de Heidelberg», na qual à influência do pensamento de Max Weber, sustentando uma perspectiva muito ampla da economia como ciência social, se associa a tradição germânica da ciência das finanças, privilegiando a visão normativa do fenómeno financeiro. Por seu turno, a familiarização com a literatura económica continental, com particular referência aos autores suecos, austríacos e italianos, e à aplicação da teoria da utilidade marginal ao sector público, proporcionou-lhe uma «vantagem comparativa» – a expressão é sua – cujo grande valor se haveria de revelar num ambiente de intensa emulação intelectual e de entusiasmo pela «exploração e expansão das novas fronteiras» da ciência económica, que foi o da Universidade de Harvard nos anos trinta – onde aos avanços na teorização dos mercados imperfeitos então se associavam, no plano macro-económico, as formulações do pensamento keynesiano.

Tendo transposto o Atlântico no Outono de 1933, com base numa Bolsa do International Institute of Education – cuja concessão, como nota na citada introdução, lhe trouxe a boa fortuna de «escapar ao desastre que se seguiria» –, Musgrave veio a radicar-se nos Estados Unidos, tendo concluído em Harvard a sua pós-graduação, e dois anos depois, o seu doutoramento, e obtido, em 1939, a cidadania norte-americana.

Nas décadas imediatas, Richard Musgrave viu a sua acção repartida pelos campos da investigação e ensino universitários e da intervenção no processo de tomada de decisões concretas da política económica.

São de lembrar as funções académicas que exerceu em algumas das mais prestigiosas universidades dos Estados Unidos – na Universidade de Michigan, entre 1948 e 1958; na Universidade Johns-Hopkins, entre 1958 e 1961; Universidade de Princeton, entre 1962 e 1965; na Universidade de Harvard, entre 1965 e 1980.

Após a sua jubilação nesta última Escola, Musgrave deslocou-se para a Universidade da Califórnia em Santa Cruz, como Adjunto Professor of Economics.

2. A Musgrave deve-se um contributo fundamental para a incorporação da economia das finanças públicas no quadro mais geral da teoria económica. E no seu livro «The Theory of Public Finance», publicado em 1959, que se contém a sua visão compreensiva e integral do fenómeno financeiro.

Na primeira parte desta obra, é exposta e desenvolvida a teoria multidimensional da actividade financeira – talvez o aspecto do seu pensamento que mais ampla celebridade alcançou –, que envolve o desdobramento desta actividade em três funções: afectação de recursos, redistribuição e estabilização. No domínio da primeira destas vertentes, o que está em causa é a supressão das incapacidades do mercado através da provisão de bens públicos, que deverá reger-se por critérios de eficiência económica; no plano da segunda, trata-se de utilizar os instrumentos financeiros, com ênfase para o sistema fiscal e para as despesas de transferência, na prossecução de uma mais justa distribuição da riqueza e do rendimento – finalidade de justiça social; a terceira reporta-se ao recurso às variáveis orçamentais para realização de objectivos macroeconómicos.

Esta concepção plurifuncional (sugestivamente descrita, pelo eminente Autor, em 1983, como uma concepção arquitectónica de «catedral com três alas», correspondentes aos ramos da afectação, da distribuição e da estabilização, com um processo coordenado de determinação do orçamento na sua nave), a que está ligada a ideia de que a política orçamental visa diferentes objectivos, mas estes podem combinar-se num conjunto de soluções entre si não incompatíveis, fora formulada pela primeira vez por Musgrave num estudo publicado em 1957. Veio a ser retomada no manual, escrito em conjunto com sua Mulher, Peggy Musgrave, «Public Finance in Theory and Practice» – manual que veio a lume em 1971 e que, desde então, tem sido objecto de sucessivas edições e traduções, dado o extraordinário êxito que alcançou.

Na teoria das Finanças Públicas – marco fundamental na bibliografia mundial sobre esta matéria –, em que nos transmite a sua visão global do fenómeno financeiro, e que, quase quatro décadas após a sua publicação, continua a ser referência essencial nesta matéria, Richard Musgrave examina sucessivamene os temas da satisfação das necessidades colectivas, com relevo para a análise dos princípios do benefício e das capacidades contributivas; dos efeitos e mecanismos de transmissão das políticas financeiras – onde, antecipando uma linha de pensamento hoje muito em voga, desenvolve o exame das bases micro-económicas das finanças públicas; e da teorização das finanças compensatórias, numa perspectiva macro-económica aberta às correntes dominantes do pensamento keynesiano.

Desde a década de sessenta, Musgrave vem aprofundando a investigação nos domínios da teoria do fenómeno financeiro, da política financeira e, em especial, da fiscalidade. Muitos dos estudos nestas áreas acham-se publicados na colectânea, já mencionada, «Public Finance in a Democratic Society».

Mas merece, sem dúvida, uma referência especial a obra «Fiscal Systems», publicada em 1969, em que se revela com particular relevo uma constante do pensamento de Richard Musgrave – a preocupação com o enquadramento politico, social e institucional do fenómeno financeiro.

Neste livro é feito um profundo estudo teórico das características da actividade financeira em diversos sistemas económicos, fazendo-se o relacionamento entre o sector público e o quadro de organização de vida económica, estudando-se as relações entre o sector público e o desenvolvimento económico e considerando-se os efeitos dos impostos e das despesas públicas no contexto de economias abertas.

Para além dos domínios que ficam referidos, a atenção de Musgrave tem-se fixado em outras áreas das finanças públicas, desde a teoria do federalismo financeiro até à história do pensamento financeiro – e neste último campo merece referência, a par de estudos mais recentes, a obra de 1948, escrita em associação com Alan Peacock, «Classics in the Theory of Public Finance».

Muitos outros importantes contributos para o progresso do estudo das finanças públicas devem-se a Musgrave.

Mencione-se a sua teorização sobre a incidência dos impostos, sobre a distribuição da carga fiscal entre os grupos de rendimentos, sobre a «equitable taxation» – onde se salienta a introdução do critério da igualdade de opções como princípio fundamental da justiça fiscal horizontal –, e a teoria da provisão pública de bens, com relevo para o conceito de «bens de mérito».

Mas será talvez o acolhimento feito pela generalidade dos autores à concepção da tridimensionalidade do fenómeno financeiro que, mais do que tudo, fica a marcar a irradiação universal da obra de Richard Musgrave.

3. No prefácio da sua Teoria das Finanças Públicas, assinala Musgrave a perspectiva em que, em sua opinião, deve colocar-se o economista: a de, através da compreensão das relações económicas envolvidas na conduta do Governo, procurar contribuir para uma sociedade melhor. E acentua que o seu interesse pelo campo das finanças públicas foi motivado não só por curiosidade científica, mas ainda pela demanda da «good-society» – demanda que implica a formulação de juízos de valor, os quais deverão, assim, entrar no campo de análise do economista. A definição das responsabilidades do Governo no quadro de uma conduta esclarecida é, segundo Musgrave, questão que toca ao cerne da democracia.

Sem embargo de se colocar fundamentalmente numa perspectiva de análise económica no estudo do fenómeno financeiro, a obra de Musgrave reflecte a aceitação de uma visão pluridisciplinar no tratamento desta matéria – revelando-se aqui a ligação, que o Autor sempre soube manter, à tradição europeia continental no tratamento das finanças públicas.

É significativo que, mesmo no seu Tratado, onde se coloca numa perspectiva mais analítico do que institucional, não hesitando, em relação a certos temas, em utilizar a expressão de relações na forma de equações (sendo certo que, como foi afirmado por um eminente comentador da sua obra, «Musgrave tem uma grande facilidade para tornar os resultados da análise matemática inteligíveis em termos não matemáticos»), tenha preferido a expressão «Public Finance» à de «Public Sector Economics», ou «Public Economics», ou outra que traduzisse um confinamento na análise do fenómeno financeiro em termos puramente económicos.

4. A par dos seus trabalhos, tão profundos como inovadores, no plano da teoria das finanças públicas, é de salientar a intervenção de Richard Musgrave na presidência de missões de estudo e concepção de reformas fiscais, como as empreendidas na Colômbia em 1969 e na Bolívia em 1976. Já entretanto entremeara a sua actividade de teorizador do fenómeno financeiro com o exercício de cargos na administração económica, como o que desempenhou a partir dos fins de 1939, junto do Conselho de Governadores do Sistema de Reserva Federal dos Estados Unidos: tratara-se, como refere na retrospectiva da sua vida, de uma bem necessária convolação da área académica para o campo da economia aplicada e da política económica concreta – até que, em 1948, sentiu ter chegado a altura para o regresso ao ensino e à investigação.

As missões de reforma fiscal, cujos relatórios, sobretudo o da Colômbia, alcançaram reputação mundial, foram conduzidas na perspectiva tantas vezes revelada nas suas obras sobre o fenómeno financeiro: a da «consciência de que a estrutura social envolve uma teia complexa e multidimensional, comportando variáveis atinentes a valores e tradições, para além do mundo de recursos e técnicas dos economistas».

E no desenvolvimento dessas missões esteve Musgrave sempre atento a que, «se os teóricos da fiscalidade nos países industrializados podem ver-se tentados a não considerar o quadro mais amplo da sociedade, isso seria fatal em relação aos países em vias de desenvolvimento, onde os constrangimentos não económicos (culturais, sociais e políticos) se tornam decisivos».

5. É talvez esta a característica do pensamento de Musgrave, tão penetrantemente reflectida nas suas obras – por via da atenção conferida aos aspectos institucionais que envolvem e condicionam a actividade financeira –, que mais directamente associava o ilustre Professor aos estudos sobre finanças públicas que se prosseguem na Faculdade de Direito da Universidade de Lisboa que por isso e atendendo ao seu brilhante currículo e às relações com docentes da Faculdade promoveu o doutoramento honoris causa de Richard Musgrave pela Universidade de Lisboa.

A Escola de Direito de Lisboa tem-se mantido fiel à concepção ampla das Faculdades de Direito como escolas de formação em ciências jurídico-sociais. Sem a absurda pretensão de recuperar o monopólio, há muito desaparecido, do ensino superior das ciências económicas (que no passado fora detido pelas Escolas de Direito portuguesas), sem desconhecer os desenvolvimentos atingidos pela análise teórica da economia, sem recusar a utilidade de métodos e técnicas que escolas superiores especializadas estão, actualmente, em melhores condições de proporcionar, tem sido preocupação constante da Faculdade de Direito de Lisboa contribuir para corrigir a tendência para a excessiva concentração do estudo no domínio da estrita cultura jurídica – tendência que, a acentuar-se, levaria estas Escolas a um indesejável confinamento na secura da preparação de profissionais e técnicos do Direito.

Claro está que a concepção perfilhada é da maior importância para a consideração do lugar das ciências económicas nas Faculdades de Direito, pois não se trata de cingir as matérias económicas à zona de conhecimentos muito gerais num quadro de ensino em que os temas estritamente jurídicos teriam avassaladora presença. Trata-se, ao invés, de assegurar a formação de juristas com apreciável grau de preparação em matérias económicas – ou até, sem dar à expressão conotação profissional precisa, por não estar em causa a atribuição de licenciaturas em Economia, da preparação de economistas com formação jurídica de base, particularmente voltados à consideração de factores institucionais e ao enquadramento social e humano da vida económica.

E é nesta linha que a Faculdade vem promovendo 'o estudo de ciências económicas numa óptica transdisciplinar, correspondendo à necessidade de considerar os problemas económicos no contexto real dos problemas institucionais e sociais, nos quais aqueles se integram; e é nesta linha que a Faculdade se vem propondo assegurar o leccionamento das matérias com conteúdo económico a partir dos seus licenciados e doutores que escolheram esta área de especialização. Nos anos finais do curso, a opção de ciências Jurídico-Económicas (englobando, entre outras áreas, a das Finanças Públicas) ombreia com a de Ciências Jurídicas e a de Ciências Jurídico-Políticas na estrutura do currículo da Faculdade.

E de lembrar, aliás, o entusiasmo com que Musgrave se envolveu, nos anos setenta, no domínio do estudo das relações entre Economia e Direito – área que, aliás, lhe mereceu o curioso comentário de que, «eu, o não-advogado, senti por vezes que os meus colegas juristas mostravam excessiva predisposição para deixar que a eficiência de Pareto substituísse o sentido da justiça.

Richard Musgrave manteve, ao longo dos anos, ligações com Portugal, sendo de realçar a forma como, numa sua vinda a Lisboa em 1978, se inteirou da problemática da então proposta reforma fiscal portuguesa: o conhecimento geral que teve desta matéria, conjugando-se com a sua notável capacidade para abordar questões novas no quadro de uma experiência inigualável, permitiram que apresentasse sugestões do maior interesse, que não deixariam de influir, anos mais tarde, no desenvolvimento dos trabalhos de preparação do novo sistema de impostos.

RICHARD MUSGRAVE SOBRE O FUTURO DA FISCALIDADE

Richard Musgrave manteve ligações muito próximas com Portugal tendo proferido diversas conferências, designadamente do âmbito da Associação Fiscal Portuguesa a convite do Professor Paulo de Pitta e Cunha. Em 1997 a Universidade de Lisboa sob proposta da Faculdade de direito confiou-lhe o grau de Doutor Honoris Causa.
    Se todos os cultores de Finanças Públicas e Fiscalidade prestam sentido preito de homenagem às inexcedíveis qualidades científica e humana de Richard Musgrave, choramos também o nosso colega e amigo.
    Aquando das jornadas em homenagem ao Professor Pitta e Cunha, Richard Musgrave, então com 93 anos, não pôde corresponder ao convite, mas endereçou uma mensagem que agora publicamos e que constitui um verdadeiro testamento intelectual e cívico de um grande académico atento, até aos seus últimos dias, à evolução da sociedade e coerente com a sua longa luta por uma fiscalidade justa.

Dear Professor Paz Ferreira:

    My wife and I had been delighted to receive your invitation to the forthcoming conference and to participate in the celebration of Professor Pitta e Cunha's work. His outstanding contribution to fiscal thought and policy well deserves this recognition. But advancing age has rendered travel more difficult for me (now soon to be 94!) so that regretfully we will not be able to attend. May we therefore request that you transmit our greetings and best wishes to Professor Pitta e Cunha and to our other friends and colleagues in the fiscal community? I fondly remember my past association with Professor Pitta e Cunha and wish him all the best for many more years of productive work.
    Looking ahead, I cannot report any recent advances in U.S. fiscal policy. On the contrary, much work needs to be done to maintain and strengthen good taxation, especially in view of the fiscal mismanagement that now threatens the U.S. tax system. As you will know, the income tax

is under severe attack and there is growing support for substituting a consumption tax. Some do so hoping that shifting to the consumption base will do away with progressive taxation, while others believe that a consumption-based tax could be implemented while retaining personal taxation and progressive rates. Resort to a flat rate consumption tax would, of course, simplify matters, as would the use of a sales or value-added tax, but there would be a heavy cost in tax equity. On the other hand, use of a personalized and progressive rate approach to the consumption base need not carry that cost in equity, but unfortunately would then lose much of the gain in simplification. In all, I conclude that an effort to simplify the income tax, largely through base- broadening, offers the more prudent approach and it is my hope that the U.S. will proceed in that direction.

However this may be, it is evident that sound leadership in tax reform is greatly needed and for this reason it is important that Professor Pitta e Cunha continue his fine work.

My wife joins me in extending congratulations to Professor Pitta e Cunha and our best wishes for a successful conference in his honor.

With warm regards,
Sincerely,

Richard A Musgrave

COMENTÁRIOS DE JURISPRUDÊNCIA

O ESTRANHO CASO DO CONCEITO COMUNITÁRIO DE AUTONOMIA SUFICIENTE EM SEDE DE AUXÍLIOS DE ESTADO SOB FORMA FISCAL

(Comentário ao acórdão do TJCE de 6 de Setembro de 2006 relativo à insuficiente autonomia da Região Autónoma dos Açores)

António Carlos dos Santos

Por acórdão de 6 de Setembro de 2006, proferido no processo C-88/03, o Tribunal de Justiça das Comunidades Europeias (TJCE) indeferiu um recurso de anulação instaurado, nos termos do artigo 230.º do Tratado da Comunidade Europeia (TCE), pela República Portuguesa contra a Comissão.[1] Em causa estava a decisão desta instituição que qualificava como auxílio de Estado aplicado ilegalmente em violação do art. 88.º, n.º 3 do TCE, a redução das taxas dos impostos sobre o rendimento instituída pelas autoridades regionais açorianas no quadro da adaptação

---

[1] Cf. o acórdão de 6 de Setembro de 2006, *Portugal/ Comissão (caso Açores)*, proc. C-88/03, publicado in JOCE C 261, de 28 de Outubro de 2006. Especificamente sobre o tema, cf. NOVOA, C. García, "Consideraciones sobre la Sentencia del Tribunal de Justicia de la Comunidad Europea de 6 de Septiembre de 2006 (AS. C-88/03), Caso Azores", *Revista de Ciências Empresariais e Jurídicas*, ISCAP, n.º 11, 2007, pp. 252-270; GONZALEZ, Saturnina M., "Regional Fiscal Autonomy from a State Aid Perspective: The ECJ's Judgement in Portugal v. Commission", *European Taxation*, 2007, n.º 7, pp. 328-338; BOUZZARA, Dali / NEVES, Tiago C. "Fiscalidad regional en Europa: sus modelos y sus retos en el marco de las ayudas de Estado", em especial o ponto 6, versão castelhana da comunicação apresentada na *Conference on Models of Regional Tax Regulation in Europe – (Portugal (Azores and Madeira)* que teve lugar de 12 a 14 de Dezembro de 2006 na Universidade de Deusto em Bilbao. Cf. igualmente a comunicação de BORGES, Ricardo, "The Azores and the Madeira Autonomous Regions: Regional Tax Regulation in Portugal after the ECJ Azores Case" apresentada na mesma conferência e a quem agradeço a amabilidade de acesso aos dois últimos textos cuja publicação está em curso.

do sistema fiscal nacional ao sistema regional.[2] É esse acórdão que é objecto do presente comentário.

1. A redução de taxas dos impostos sobre o rendimento na Região Autónoma dos Açores

Os Açores são, de acordo com os artigos 225.º e ss. da Constituição da República Portuguesa (CRP), uma Região Autónoma (RA) que goza de autonomia político-administrativa e de autonomia financeira.[3] No plano comunitário, os Açores usufruem do estatuto de Região Ultraperiférica (RUP).[4]

---

[2] Decisão 2003/442/CE da Comissão, de 11 de Dezembro de 2002, relativa à parte do regime que adapta o sistema fiscal nacional às especificidades da Região Autónoma dos Açores referente à vertente das reduções das taxas do imposto sobre o rendimento (JO L 150, de 18 de Junho de 2003, pp. 52-63, a seguir «decisão impugnada»).

[3] De acordo com o artigo 225.º da CRP, os arquipélagos dos Açores e da Madeira constituem Regiões Autónomas dotadas de *regime político-administrativo próprio* que se fundamenta nas suas características geográficas, económicas, sociais e culturais e nas históricas aspirações autonomistas das populações insulares.

[4] O artigo 299.º, n.º 2 do TCE estabelece: «O disposto no presente Tratado é aplicável aos departamentos franceses ultramarinos, aos Açores, à Madeira e às ilhas Canárias. Todavia, tendo em conta a situação social e económica estrutural dos departamentos franceses ultramarinos, dos Açores, da Madeira e das ilhas Canárias, agravada pelo grande afastamento, pela insularidade, pela pequena superfície, pelo relevo e clima difíceis e pela sua dependência económica em relação a um pequeno número de produtos, factores estes cuja persistência e conjugação prejudicam gravemente o seu desenvolvimento, o Conselho, deliberando por maioria qualificada, sob proposta da Comissão e após consulta ao Parlamento Europeu, adoptará medidas específicas destinadas, em especial, a estabelecer as condições de aplicação do presente Tratado a essas regiões, incluindo as políticas comuns. O Conselho, ao adoptar as medidas pertinentes a que se refere o parágrafo anterior, terá em consideração domínios como as políticas aduaneira e comercial, a política fiscal, as zonas francas, as políticas nos domínios da agricultura e das pescas, as condições de aprovisionamento em matérias-primas e bens de consumo de primeira necessidade, os auxílios estatais e as condições de acesso aos fundos estruturais e aos programas horizontais da Comunidade. O Conselho adoptará as medidas a que se refere o segundo parágrafo tendo em conta as características e os condicionalismos especiais das regiões ultraperiféricas, sem pôr em causa a integridade e a coerência do ordenamento jurídico comunitário, incluindo o mercado interno e as políticas comuns.»

As RA portuguesas dispõem de receitas fiscais próprias e de uma participação nas receitas fiscais do Estado, sendo da competência exclusiva das respectivas assembleias legislativas exercer, nas condições estabelecidas numa lei quadro adoptada pela Assembleia da República, um poder tributário próprio. [5]

Na prática, essa lei quadro é a Lei das Finanças das Regiões Autónomas (LFRA) – uma lei orgânica (de valor reforçado) – a qual estatui que, entre outras, constituem receitas dos Açores e da Madeira, nas condições determinadas por estas Regiões, o imposto sobre o rendimento das pessoas singulares (IRS) e o imposto sobre o rendimento das pessoas colectivas (IRC), sendo as respectivas Assembleias Legislativas Regionais autorizadas a diminuir as taxas do imposto sobre o rendimento aplicáveis nas respectivas regiões, até ao limite de 30% das taxas previstas pela legislação nacional.[6]

---

[5] As RA possuem poderes específicos, nomeadamente os de "exercer poder tributário próprio, nos termos da lei, bem como adaptar o sistema fiscal nacional às especificidades regionais, nos termos de lei quadro da Assembleia da República" e de "dispor, nos termos dos estatutos e da lei de finanças das regiões autónomas, das receitas fiscais nelas cobradas ou geradas, bem como de uma participação nas receitas tributárias do Estado, estabelecida de acordo com um princípio que assegure a efectiva solidariedade nacional, e de outras receitas que lhes sejam atribuídas e afectá-las às suas despesas" (alíneas i) e j) do artigo 227.º da CRP). As RA possuem órgãos de governo próprios (Assembleia Legislativa e Governo Regional), competindo à primeira o exercício do poder tributário (cf. n.º 1 do artigo 232.º da CRP). Nos termos da alínea o) do artigo 288.º a autonomia político-administrativa dos arquipélagos dos Açores e da Madeira constitui um limite material das revisões constitucionais.

[6] As condições da *autonomia financeira* das Regiões estão definidas na LFRA (Lei n.º 13/98, de 24 de Fevereiro), diploma que atribui às RA o poder para adaptar o sistema fiscal nacional às especificidades regionais. A LFRA estabelece no artigo 5.º, n.ºs 1 a 3, o *princípio da solidariedade* entre o Estado e as regiões, nos seguintes termos: «1. No cumprimento do dever constitucional e estatutário de solidariedade, o Estado, que deverá ter em conta as suas disponibilidades orçamentais e a necessidade de assegurar um tratamento igual a todas as parcelas do território nacional, participa com as autoridades das Regiões Autónomas na tarefa de desenvolvimento económico, na correcção das desigualdades derivadas da insularidade e na convergência económica e social com o restante território nacional e com a União Europeia. 2. A solidariedade nacional traduz-se, designadamente, no plano financeiro, nas transferências orçamentais previstas no presente diploma e deverá adequar-se, em cada momento, ao nível de desenvolvimento das Regiões Autónomas, visando sobretudo criar as condições que venham a permitir

Tendo em vista permitir que as empresas instaladas nos Açores superassem as desvantagens estruturais decorrentes da sua localização numa região insular e ultraperiférica, desvantagens essas reconhecidas em 1999, no plano comunitário, pelo n.º 2 do art. 299.º do TCE, a Assembleia Legislativa Regional aprovou um diploma que, estabelecia as modalidades de adaptação do sistema fiscal nacional às características específicas da Região. Este diploma contemplou uma redução das taxas do IRS e do IRC, automaticamente aplicável a todos os agentes económicos (pessoas singulares e colectivas), residentes na Região, podendo a primeira atingir 20% (15% em 1999) e a segunda, 30%.[7]

2. A decisão da Comissão: qualificação da redução das taxas de imposto açorianas como auxílio de Estado regional

A Comissão instaurou contra Portugal um procedimento de investigação formal ao abrigo do artigo 88.º, n.º 2 do TCE, e, na sequência deste, decidiu que a redução das taxas de impostos sobre o rendimento satisfazia todos os critérios da definição de um auxílio estatal na acep-

---

uma melhor cobertura financeira pelas suas receitas próprias. 3. A solidariedade nacional visa assegurar um princípio fundamental de tratamento igual de todos os cidadãos portugueses e a possibilidade de todos eles terem acesso às políticas sociais definidas a nível nacional, bem como auxiliar a convergência económica e social com o restante território nacional e com a União [...], e traduz-se, designadamente, nas transferências orçamentais a concretizar de harmonia com o disposto no presente diploma.» Para além disso, esta Lei prevê, no seu art. 37.º que as assembleias regionais concedam deduções à colecta relativa a lucros comerciais, industriais ou agrícolas reinvestidos, que procedam à redução da taxa de IRS, IRC e IVA em 30% e que autorizem os governos regionais a conceder, em condições menos exigentes, os benefícios fiscais contratuais regulados no art. 39.º do Estatuto dos Benefícios Fiscais. Sobre a LFRA, vide FERREIRA, E. Paz, "A nova lei de finanças das regiões autónomas", *Estudos em homenagem ao Professor Doutor Pedro Soares Martinez, Ciências Jurídico-Económicas* II, Coimbra 2002. Sobre os poderes tributários das Regiões autónomas, vide, do mesmo autor, "O Poder tributário das Regiões autónomas: desenvolvimentos recentes", *BCE,* 2002, vol. XLV-A.

[7] Cf. os artigos 4.º e 5.º do Decreto Legislativo Regional n.º 2/99/A, de 20 de Janeiro, alterado posteriormente pelo Decreto Legislativo Regional n.º 33/99/A, de 30 de Dezembro de 1999.

Comentários de Jurisprudência

ção do n.º 1 do artigo 87.º do TCE. [8] Mais concretamente tal auxílio seria um auxílio regional ao funcionamento das empresas.[9] No entanto, a Comissão considerou que a redução relativa a empresas não financeiras

---

[8] Em rigor apenas deveria estar em discussão a redução de taxas do IRC, pois o IRS não incide sobre empresas. Recorde-se que o art. 87.º, n.º 1 do TCE (ex-art. 92, n.º 1) estabelece o seguinte:«Salvo disposição em contrário do presente Tratado, são incompatíveis com o mercado comum, na medida em que afectem as trocas comerciais entre os Estados-Membros, os auxílios concedidos pelos Estados ou provenientes de recursos estatais, independentemente da forma que assumam, que falseiem ou ameacem falsear a concorrência, favorecendo certas empresas ou certas produções.». A Comissão e o TJCE, com ligeiras diferenças entre si, entendem normalmente que uma determinada medida (incluindo as de natureza fiscal) é considerada como auxílio de Estado nos termos do n.º 1 do artigo 87.º, quando satisfaz 4 critérios ou requisitos: que seja outorgada pelo Estado (em sentido muito amplo), que comporte uma vantagem que o beneficiário não tenha podido obter pelo livre jogo do mercado; que essa vantagem diga respeito, directa ou indirectamente, a uma certa empresa ou produção, isto é, que seja selectiva (vide, entre outros, o acórdão de 15 de Dezembro de 2005, *Itália/Comissão*, C-66/02, Col., p. I-10901, n.º 94) e que ela seja susceptível de falsear a concorrência ou o tráfego intra-comunitário. É, porém, jurisprudência constante que o conceito de auxílio de Estado *não abrange* as medidas estatais que introduzem uma diferenciação entre empresas, e que, portanto, são *a priori* selectivas, quando essa diferenciação resulta da *natureza ou da economia do sistema* de imposições em que se inscrevem (vide, neste sentido, os acórdãos de 2 de Julho de 1974, *Itália/Comissão*, n.º 33, e de 15 de Dezembro de 2005, *Unicredito Italiano*, C-148/04, Col., p. I-11137, n.º 51). Sobre a aplicação das regras relativas aos auxílios estatais às medidas que respeitam à fiscalidade directa das empresas, vide a importante Comunicação da Comissão, de 10 de Dezembro de 1998 (JO C 384, p. 3). Sobre o tema dos auxílios fiscais, vide, entre nós, SANTOS, A. Carlos, *Auxílios de Estado e Fiscalidade*, Coimbra, 2003.

[9] Relativamente aos auxílios regionais, vide as *Orientações da Comissão sobre os auxílios estatais com finalidade regional* (JO 1998, C 74, p. 9), alteradas em 9 de Setembro de 2000 (JO C 258, p. 5). Segundo estas Orientações, são, em princípio, proibidos os auxílios regionais destinados a reduzir as despesas correntes de uma empresa, isto é, os *auxílios ao funcionamento*. No entanto, o ponto 4.16.2 das referidas Orientações, permite que nas RUP que beneficiam da derrogação prevista no n.º 3, alíneas a) e c), do artigo 87.º TCE, possam ser autorizados auxílios que não sejam simultaneamente degressivos e limitados no tempo, na medida em que contribuam para compensar os custos adicionais do exercício da actividade económica inerentes aos factores enunciados no n.º 2 do artigo 299.º do TCE, cuja persistência e conjugação prejudicam gravemente o desenvolvimento destas regiões. É igualmente indicado neste ponto que compete ao Estado-Membro avaliar a importância desses custos e demonstrar a sua correlação com os referidos factores. Além disso, os auxílios previstos devem justificar-se pelo seu contributo para o desen-

poderia beneficiar de uma *derrogação* ao abrigo d n.º 3 do artigo 87.[10] Nestes termos a incompatibilidade com o mercado comum da medida legislativa dos Açores cingia-se à aplicação da redução de taxas a empresas que exerçam actividades financeiras ou actividades do tipo «serviços *intragrupo*». Segundo as *Orientações dos auxílios regionais emanadas da Comissão,* tais reduções, quando aplicadas a empresas que operam no sector financeiro, não seriam justificadas uma vez que, segundo esta instituição, é de presumir que o seu contributo para o desenvolvimento regional seja muito diminuto e que, para além disso, o nível da despesa fiscal seja excessivo em relação às desvantagens que visaria atenuar. Sendo pois tais reduções qualificadas como auxílios de Estado incompatíveis e não autorizados, a Comissão intimou Portugal a adoptar as medidas necessárias para recuperar o seu montante junto das empresas beneficiárias.[11]

A argumentação da Comissão centra-se no requisito da *selectividade* (ou *especificidade*) da medida fiscal em análise. A Comissão defende que «[o] próprio Tratado qualifica como auxílios as medidas destinadas a promover o desenvolvimento económico de uma região» e que, deste modo, «apenas as medidas cujo âmbito abrange a totalidade do território

---

volvimento regional e pela sua natureza, e o seu nível deve ser proporcional aos custos adicionais que visam compensar.

[10] A alínea a) do n.º 3 do artigo 87.º do TCE prevê que podem ser considerados compatíveis com o mercado comum "Os auxílios destinados a promover o desenvolvimento económico de regiões em que o nível de vida seja anormalmente baixo ou em que exista grave situação de subemprego". É ao abrigo desta alínea que a Comissão autoriza a concessão de auxílios às RUP, em derrogação do disposto no n.º 1 daquele mesmo artigo. Estes auxílios podem ser atribuídos quando se destinem a reduzir os custos adicionais do exercício da actividade económica inerentes às desvantagens enunciadas no n.º 2 do artigo 299.º do TCE, e desde que respeitem as condições estabelecidas no já referido ponto 4.16.2 das *Orientações sobre os auxílios estatais com finalidade regional*, ou seja, desde que possam justificar-se pelo seu contributo para o desenvolvimento regional e pela sua natureza, devendo o seu nível ser proporcional aos custos adicionais que eles visam compensar.

[11] No ponto 38 dos fundamentos da decisão impugnada, a Comissão prevê, no entanto, que, na medida em que as referidas reduções das taxas do imposto sobre o rendimento sejam aplicáveis a «empresas que operam *fora d*o sector financeiro», elas podem ser consideradas compatíveis com o mercado comum, ao abrigo da derrogação prevista no n.º 3, alínea a), do artigo 87.º TCE.

do Estado escapam ao critério de especificidade estabelecido no n.º 1 do artigo 87.º [TCE]». A Comissão considera assim que as reduções das taxas de imposto em causa constituíam, para as empresas que devessem pagar imposto nos Açores, uma vantagem de que não podem beneficiar as empresas que pretendessem realizar operações económicas análogas noutras regiões de Portugal (*selectividade territorial*).

No fundo, a Comissão qualifica como auxílios de natureza regional os regimes fiscais aplicáveis em determinadas regiões ou territórios que sejam favoráveis em comparação com o regime geral de um Estado-Membro (EM), sendo irrelevante que a origem da medida provenha do Estado central, local ou regional.[12] Segundo ela, «uma distinção baseada unicamente na entidade que decide da medida retiraria qualquer efeito útil ao artigo 87.º [CE], que pretende abranger as medidas em questão exclusivamente em função dos seus efeitos sobre a concorrência e sobre as trocas comunitárias [...]». Assim, para a Comissão, uma redução de taxas (independentemente de quem a decida) é uma medida de carácter geral quando beneficia as empresas de todo o território de um EM e é uma medida específica ou selectiva quando beneficia apenas as empresas localizadas numa determinada área geográfica. No primeiro caso, estamos perante uma medida inerente ao sistema-regra e não perante um auxílio de Estado. No segundo, estamos perante uma derrogação ao sistema-regra e, consequentemente, uma medida selectiva. No caso dos Açores, para a Comissão, é evidente que a medida adoptada pelas auto-

---

[12] Cf. SANTACRUZ, J. Arpio, *Las Ayudas Públicas ante el Derecho Europeo de la Competencia*, Aranzadi, 2000, p. 94-95, o qual dá conta da constância desta posição da Comissão desde os primeiros desenvolvimentos da sua política sobre auxílios de Estado, política esta, segundo o autor, secundada pelo Conselho e pelo TJCE. Quanto à irrelevância do facto de as medidas serem decididas por autoridades descentralizadas no quadro dos seus poderes constitucionais, vide a decisão da Comissão n.º 93/337/CEE, de 10 de Maio de 1993 (JOCE L 134, de 3 de Junho) sobre as medidas fiscais de apoio ao investimento introduzidas por três territórios Históricos do País Basco ao abrigo da sua competência constitucional em matéria fiscal. No mesmo sentido, vide ainda o argumento justificativo da decisão da Comissão de abrir um procedimento de investigação formal relativo ao regime fiscal de Gibraltar sobre as sociedades isentas e sobre as sociedades qualificadas (decorrente da qualificação da medida como prejudicial no quadro do Grupo Primarolo), onde a Comissão defende que a medida é um auxílio regional em virtude de a taxa de tributação de Gibraltar diferir da taxa do Reino Unido.

ridades regionais constitui uma derrogação ao sistema fiscal nacional e que, portanto, constitui um auxílio de Estado.[13]

A posição da Comissão assenta na conjugação de vários dogmas por ela sistematicamente aplicadas em sede de auxílios de Estado: uma leitura rígida da chamada "teoria dos efeitos";[14] a equivalência entre "selectividade" e "derrogação" em sede de auxílios fiscais;[15] e a in-

---

[13] Cf. a citada Decisão da Comissão, n.ºs 22 e ss. Na base desta conclusão está a ideia que a comparação entre dois grupos de empresas que se encontram no mesmo quadro de referência (as que beneficiam da vantagem e as que dela não beneficiam), não pode ser efectuada senão em relação a uma tributação definida como normal. Segundo a Comissão, «resulta simultaneamente da economia do Tratado, que visa os auxílios concedidos pelo Estado ou através de recursos do Estado, e do papel fundamental que desempenham, na definição do ambiente político e económico em que as empresas operam, as autoridades centrais dos Estados-Membros, graças às medidas que tomam, aos serviços que prestam e, eventualmente, às transferências financeiras que operam, que o quadro em que se deve proceder a tal comparação é o espaço económico do Estado-Membro. [...]. Para esta instituição, "tomar como quadro de referência a região que adopta a medida seria ignorar a função e a razão de ser das regras que o Tratado consagra sobre os auxílios estatais. Mesmo na ausência de selectividade material, medidas reservadas às empresas que operam em certas regiões de um Estado-Membro têm carácter selectivo e constituem obviamente auxílios estatais. (...) O facto de as reduções fiscais em causa terem sido decididas por uma entidade diferente do Estado central é desprovido de qualquer pertinência: só os *efeitos* da medida, e não a sua forma, podem ser tomados em conta para a sua qualificação". Trata-se de mais uma aplicação indevida da chamada "teoria dos efeitos" que levada às últimas consequências tornaria desnecessária a análise dos requisitos do próprio conceito de auxílio.

[14] A Comissão, invocando os acórdãos de 2 de Julho de 1974, *Itália/Comissão*, 173/73, Col. 1974, p. 357, n.ºs 27 e 28, e de 22 de Março de 1977, *Steinike & Weinlig*, 78/76, Col. 1977, p. 203, n.º 21, acrescenta que o facto de tratar da mesma maneira, por um lado, as reduções do imposto aplicáveis numa determinada região e decididas centralmente e, por outro, as reduções idênticas decididas por uma autoridade regional é coerente com o princípio segundo o qual a natureza do auxílio se define em função dos *efeitos* da medida no que diz respeito às empresas ou aos produtores, sem que seja necessário ter em conta as suas causas ou os seus objectivos, nem tão-pouco a situação dos organismos distribuidores ou gestores do auxílio.

[15] Cf. o n.º 16 da citada Comunicação da Comissão sobre tributação directa, onde se afirma que «[o] critério principal para a aplicação do n.º 1 do artigo 92.º a uma medida fiscal é, por conseguinte, o facto de essa medida instituir, a favor de determinadas empresas do Estado-Membro, uma excepção à aplicação do sistema fiscal. Por conseguinte, há que determinar em primeiro lugar o regime comum aplicável». Na prática, como bem notam DONY, M. et al. (*Contrôle des aides d'Etat, Commentaire Mégret*, Editions ULB,

Comentários de Jurisprudência

suficiência da autonomia constitucional atribuída pelos EM às suas regiões.[16]

3. A posição portuguesa: qualificação da redução de taxas de imposto nos Açores como medida fiscal de carácter geral

Diferente é a posição do Governo português. Este invoca três fundamentos de recurso, o mais importante dos quais é o de a decisão impugnada estar inquinada de um erro de direito na aplicação do artigo 87.º, n.º 1 do TCE.[17] Como sintetiza o próprio TJCE, "o Governo português sustenta que as reduções das taxas dos impostos sobre o rendimento previstas pelo Decreto n.º 2/99/A a favor das pessoas singulares e colectivas instaladas nos Açores não constituem medidas selectivas, mas medidas de carácter geral, uma vez que a Comissão tomou erradamente como quadro de referência a totalidade do território português". "Ora, quando uma autoridade infra-estatal, em relação à parte do território que é da sua competência, concede vantagens fiscais cujo alcance é limitado a essa parte do território, o quadro de referência deveria ser a região em causa. Na medida em que vantagens fiscais concedidas em tais condições sejam

---

p. 63), a Comissão apenas admite uma excepção que ocorre quando todas as autoridades locais de um certo nível têm competência para fixar livremente a taxa de imposto aplicável na sua jurisdição, independentemente do governo central.

16 Esta posição foi defendida pelo Advogado Geral SAGGIO que temia que os EM alterassem artificialmente a repartição interna de competências em matérias como a tributária só para poder invocar o carácter geral de uma medida fiscal e assim se subtrair à incompatibilidade do art. 87.º n.º 1 do TCE (Cf. Conclusões de 1 de Julho de 1999, apresentadas nos processos apensos *Juntas Generales de Guipúzcoa e outros* (proc. C-400/97, C-401/97 e C-402/97, pontos 32 a 38, Col. 2000, p. I-1073). Vide ainda a crítica destas conclusões em ZUBIRI, I. *El sistema de concierto económico en el contexto de la Unión Europea*, Círculo de Empresarios Vasco, Bilbao, 2000, pp. 216 a 225.

17 Os restantes – que não serão aqui especificamente considerados – prendem-se com a insuficiência de fundamentação da decisão da Comissão, o que constituiria uma violação do artigo 253.º do TCE e com um erro manifesto de apreciação dos factos que condicionam a aplicação do artigo 87.º, n.º 3, alínea a), do TCE.

aplicáveis a todas as empresas submetidas a imposto nessa região, essas vantagens constituem medidas gerais, e não medidas selectivas."[18]

Por outras palavras: a medida só poderia ser vista como selectiva se, no âmbito do território da Região Autónoma dos Açores, ela apenas viesse a ser aplicada a certas empresas ou sectores, por exemplo, ao sector financeiro. A posição portuguesa assemelhava-se assim à posição anteriormente defendida pelas Juntas Generales de Guipúzcoa, Álava y Vizcaya. [19]

A posição portuguesa poderia ainda ser sustentada com base num importante estudo de NICOLAIDES.[20] Segundo este autor, que baseia as suas posições num modelo explicativo da autonomia fiscal regional, não se pode presumir uma relação estreita entre taxas regionais e transferências ou compensações regionais. A existência de taxas mais baixas em certas regiões pode não ter nada a ver com questões de concorrência fiscal e as medidas compensatórias podem ser inerentes à lógica de um sistema fiscal. O caso dos Açores foi a primeira vez em que a Comissão qualificou como selectiva uma taxa introduzida por uma autoridade

---

[18] Vide os números 38 e 39 do citado acórdão do TJCE sobre o caso dos Açores. Para o Governo português, mesmo que assim não fossem consideradas, tais medidas sempre se justificariam pela natureza ou pela economia do sistema fiscal português pois as reduções das taxas de imposto em causa emanam directamente dos princípios fundadores do sistema fiscal português (em especial dos princípios da redistribuição e da solidariedade nacional, bem como do grau de autonomia da região em causa) e são o resultado do exercício da soberania constitucional, sendo motivadas pelos factores definidos no n.º 2 do artigo 299.º do TCE, ou seja, a insularidade, o clima difícil e a dependência económica dos Açores dum pequeno número de produtos.. De facto, estas medidas contribuem para a realização dos objectivos estruturantes do nosso sistema fiscal, designadamente uma distribuição da carga fiscal em consonância com a capacidade contributiva. Existem diferenças objectivas entre os contribuintes com residência fiscal no território continental português e os contribuintes com residência fiscal nos Açores.

[19] No entanto, uma diferença objectiva existe entre estes dois casos: é que, como melhor se verá adiante, no caso dos territórios bascos havia diferenças de tributação no interior do mesmo espaço regional, enquanto no caso dos Açores as taxas eram uniformemente aplicadas em todo o território sob jurisdição regional. Sobre o caso dos territórios bascos, cf. LÓPEZ, Jorge M., *Competencia fiscal perjudicial y Ayudas de Estado en la Unión Europea*, Tirant lo blanch, 2006, p. 370 e ss.

[20] Cf. NICOLAIDES, Phedon, "Fiscal State Aid in the EU: The Limits of Tax Autonomy", *World Competition*, n.º 27 (3), 2004, pp. 365-396, em especial 390-394.

regional autónoma aplicada uniformemente em todo o território regional (isto é, sem que ela possuísse elementos de selectividade) apenas por comparação com medidas nacionais similares. E fê-lo sem fazer sequer qualquer referência a efectivas transferências de recursos do Governo central para o Governo regional ou sem ter examinado se, havendo tais transferências, estas visavam de facto manter as taxas regionais mais baixas, indo além das normais transferências que podem ser necessárias para compensar regiões pela sua baixa eficiência na produção de bens públicos causada, por exemplo, por inexistência de economias de escala.

4. A posição do TJCE: a questão da *autonomia suficiente*

4.1. *Antecedentes jurisprudenciais*

Havia grande expectativa quanto à decisão que o TJCE viria a tomar a este respeito. De facto, ainda recentemente a questão da selectividade das medidas adoptadas por entidades territoriais de Estados descentralizados havia sido suscitada pelo Estado espanhol em relação a um conjunto de medidas fiscais introduzidas pelas Juntas Gerais de Guipúzcoa, Alava y Vizcaya (pertencentes à Comunidade Autónoma do País Basco) no seu território, destinadas a apoiar o investimento e a impulsionar a actividade económica.[21]

Nos casos *Ramondín* e *Daewoo*, o Tribunal de Primeira Instância (TPI), muito embora tenha avaliado positivamente, em termos gerais, a argumentação da Comissão, para apreciar a natureza selectiva das medidas fiscais, não deixou de advertir que *o carácter selectivo de uma medida não depende da sua limitada eficácia espacial.*[22]

---

[21] Tais medidas consistiam numa série de benefícios fiscais em sede de IRS e IRC a favor de empresas e pessoas físicas sujeitas ao regime fiscal dos territórios bascos. O Estado espanhol contestou judicialmente as medidas e o Tribunal Superior de Justiça do País Basco apresentou ao TJCE uma questão prejudicial sobre a compatibilidade das medidas com o direito comunitário, nomeadamente com as regras de auxílios de Estado.

[22] Cf. os acórdãos do TPI de 6 de Março de 2002 relativas aos processos T-127/99, T-129/99 e T-148/99 (Daewoo) e T-92/00 e T-103/00 (Ramondín Cápsulas), respectiva-

No entanto, o TPI iludiu a questão central da competência constitucional em matéria fiscal, ao considerar a medida como selectiva não com base na sua delimitação territorial, mas com base no facto de ser limitada a grandes empresas e na existência de um certo poder discricionário da administração na atribuição das medidas em causa (selectividade de facto ou *disguised selectivity*). [23] No caso dos Açores, em que a redução de impostos se aplica a todas as empresas localizadas na Região, dificilmente o TJCE poderia escamotear a questão central de a medida emanar dum ente territorial descentralizado com poderes fiscais próprios decorrentes da lei constitucional.

Esperava-se que o Tribunal optasse por uma das duas posições em confronto, a posição tradicional da Comissão, segundo a qual todas as medidas que outorguem vantagens a empresas ou produções cujo alcance não se estenda ao conjunto do território de um EM satisfazem o critério de especificidade estabelecido no artigo 87.°, n.° 1 do TCE, ou a posição que opta por não qualificar como selectiva a medida tomada por um ente territorial descentralizado no exercício dos seus poderes constitucionais que indiscriminadamente se aplique a todas as produções e empresas de uma determinada região.

No entanto, o TJCE não tomou *formalmente* partido a favor de qualquer das teses em presença, antes optou por defender uma nova posição, a de verificar se os entes territoriais descentralizados gozam ou não de uma verdadeira autonomia perante o Estado central, o que implica naturalmente determinar os critérios com base nos quais uma autonomia suficiente poderá ser considerada. [24]

---

mente pontos 146 e 27, 44 e 45. Sobre o tema, MORATAL, G. O. et al., *Poder Tributario y Competencia Fiscal: En Especial el Caso de la Rioja*, 2003, p. 317.

[23] Cf. LÓPEZ, J. M., *ibidem,* p. 344, nota 517 e 376 e ss.

[24] Na base da posição do TJCE esteve, como melhor veremos adiante, a posição do Advogado-Geral L. A. GEELHOED expressa nas suas conclusões de 20 de Outubro de 2005, no citado processo C-88/03. Mas esteve também a posição do Governo do Reino Unido, que, em teoria, interveio em apoio da República Portuguesa. Segundo este Governo, poderão não ser selectivas as medidas fiscais adoptadas pelas regiões descentralizadas ou autónomas, que se aplicam ao conjunto do território sob sua jurisdição e que não sejam específicas de certos sectores. Assim, quando, como no caso vertente, o legislador de uma região autónoma institui impostos a uma taxa que aplica uniformemente na região, mas que é mais baixa do que a que é aplicada, por decisão do legislador

Comentários de Jurisprudência

4.2. *Os critérios de decisão do Tribunal de Justiça*

O TJCE assume que a questão central é a de saber se as medidas são ou não selectivas, recordando, a propósito, constituir jurisprudência assente: 1) que a noção de medida estatal abrange quer as medidas adoptadas pelo legislador nacional, quer as adoptadas umas autoridade infra-estatal (colectividade territorial)[25]; e 2) que o artigo 87.°, n.° 1 do TCE

---

nacional, noutras partes do Estado em questão, a selectividade da medida não pode ser deduzida do simples facto de as outras regiões estarem submetidas a um nível de imposição diferente. Em certas circunstâncias, o quadro no âmbito do qual a selectividade deve ser apreciada é o território da própria região, e não o do Estado-Membro como um todo. É o que acontece quando existe um sistema constitucional que reconhece uma *autonomia fiscal suficiente* para que se possa considerar que uma redução de impostos decretada por uma colectividade local foi decidida por uma região autónoma ou descentralizada que não só tem o poder de tomar essa decisão, mas que, além disso, deve *suportar as suas consequências financeiras e políticas*. É este conceito de autonomia fiscal (ou melhor: financeira) suficiente que deverá ser apurado em cada caso concreto. Por conseguinte, antes de qualificar como auxílios de Estado as taxas reduzidas de tributação regionais relativamente à taxa de imposto nacional, a Comissão deveria ter tido em conta, segundo este Governo, o grau de autonomia da autoridade infra-estatal que instituiu essas taxas reduzidas à luz de diversos factores, como o facto de a competência em matéria fiscal fazer parte de um sistema constitucional que confere à região um grau significativo de poder político, de a decisão de instituir reduções da tributação ser tomada por um órgão eleito pela população da região responsável perante esta e de *as consequências financeiras da decisão serem suportadas pela região*, sem existir qualquer subsídio ou contribuição em contrapartida de outras regiões ou do poder central. Por outro lado, na sua resposta à impugnação portuguesa, também a Comissão veio defender "que o grau de autonomia da Região Autónoma dos Açores é, na realidade, limitado. O Estado central português continua a desempenhar um papel fundamental na definição do contexto político e económico em que as empresas operam. A título de exemplo, empresas que operam nos Açores podem beneficiar de infra-estruturas financiadas pelo Estado central ou de um sistema de segurança social cujo equilíbrio financeiro é assegurado por esse mesmo Estado central. Por outro lado, a diminuição das receitas fiscais resultante, para a região em causa, das reduções das taxas de imposto em causa é indirectamente compensada, no plano orçamental, por transferências provenientes do Estado central, em nome do princípio da solidariedade financeira."

[25] Vide o acórdão do TJCE de 14 de Outubro de 1987, *Alemanha/Comissão*, proc. 248/84, Col. 1987, p. 4013, n.° 17: «[O] facto de esse programa de auxílios ter sido adoptado por um Estado federado ou por uma colectividade territorial, e não pelo poder federal ou central, não impede a aplicação do n.° 1 do artigo 92.° do Tratado, desde que se encon-

impõe que seja determinado se uma medida estatal, instituída no quadro de um dado regime jurídico, é susceptível de favorecer "*certas empresas ou certas produções*" relativamente a outras que, "à luz do objectivo prosseguido pelo referido regime, se encontrem numa situação factual e jurídica comparável".[26]

Para apreciar medidas fiscais, nomeadamente se uma redução de uma taxa de imposto efectuada no quadro de uma colectividade local constitui ou não uma medida selectiva reveste-se, segundo o TJCE, de importância acrescida a *determinação do quadro de referência* (se o território nacional, se o território regional), «dado que a própria existência de uma vantagem fiscal só pode ser afirmada em relação a uma imposição dita "normal". A taxa de imposto normal é a taxa em vigor na zona geográfica que constitui o quadro de referência».[27]

---

trem preenchidas as condições referidas neste artigo. Com efeito, ao referir os auxílios concedidos 'pelos Estados ou provenientes de recursos estatais, e independentemente da forma que assumam', ele visa todos os auxílios financiados por fundos públicos».

[26] Neste sentido, o TJCE invoca os acórdãos de 8 de Novembro de 2001, *Adria-Wien Pipeline e Wietersdorfer & Peggauer Zementwerke,* C-143/99, Col. 2001, p. I-8365, n.º 41; de 29 de Abril de 2004, *GIL Insurance e o.*, C-308/01, Col. 2004, p. I-4777, n.º 68; e de 3 de Março de 2005, *Heiser,* C-172/03, Col. 2005, p. I-1627, n.º 40.

[27] Eis uma interessante confissão da especificidade das medidas fiscais relativamente aos auxílios não fiscais. O TJCE afasta-se, neste ponto, da posição da Comissão relativa à selectividade territorial, segundo a qual seria "inconciliável com o conceito de auxílio, que engloba todas as intervenções que diminuem os encargos que normalmente oneram o orçamento de uma ou de várias empresas, independentemente da sua finalidade, da sua justificação, do seu objectivo e do estatuto da autoridade pública que as institui ou cujo orçamento suporta o encargo, defender, como as autoridades portuguesas, que os benefícios com um alcance territorial limitado passariam a ser medidas gerais na região em causa, pelo simples facto de não terem sido instituídas pela autoridade central, mas sim pela autoridade regional, e de se aplicarem em todo o território sujeito à jurisdição da região". O TJCE aceita pois que um território regional possa ser o quadro de referência para avaliar da selectividade de uma medida fiscal, nomeadamente para verificar se estamos em presença de uma taxa normal de imposto. Admite assim que, em certos casos, seja "o território onde exerce a sua competência a entidade infra-estatal, autora da medida, e não o território nacional no seu conjunto, que constitui o contexto pertinente para determinar se uma medida adoptada por essa entidade favorece certas empresas em relação a outras que se encontrem numa situação factual e jurídica comparável, tendo em atenção o objectivo prosseguido pela medida ou o regime jurídico em causa. O TJCE clarifica (para não dizer reconstitui...) a sua jurisprudência anterior. O

Comentários de Jurisprudência

Assim, se é o Governo central que decide, unilateralmente, aplicar numa determinada área geográfica uma taxa de imposto mais baixa do que aquela que é aplicável a nível nacional não há qualquer autonomia e estaremos perante uma medida selectiva (o quadro de referência é o território nacional).

No entanto, para que uma medida não seja selectiva não basta que ela tenha sido decidida por uma entidade territorialmente descentralizada, *mesmo que esta goze de poderes constitucionais para o efeito*. Na esteira do Advogado-geral GEELHOED e do Governo do Reino Unido, o TJCE entende que, para que o quadro de referência da medida seja o território regional (e a selectividade seja apreciada dentro desse quadro), é necessário que a entidade infra-estatal goze de *autonomia suficiente* (de direito e de facto) perante o Governo central. A questão decisiva é pois a de se "examinar se a referida medida foi adoptada por essa entidade no exercício de poderes suficientemente autónomos em relação ao poder central".

Segundo o Tribunal, essa autonomia existe, por exemplo, quando há uma repartição de competências fiscais na qual *todas* as autoridades locais de determinado nível (regiões, concelhos ou outras) dispõem do poder de fixar livremente, dentro dos limites das competências de que dispõem, a taxa do imposto aplicável no território sob sua jurisdição. Neste caso, a medida não seria selectiva, pois seria *impossível* determinar um nível de tributação normal, susceptível de constituir o parâmetro de referência. Deste modo, o TJCE afasta as preocupações do Reino Unido relativamente ao seu modelo de "*descentralização assimétrica*" (Inglaterra, Escócia e Irlanda do Norte).[28]

---

facto de um programa de auxílios ter sido adoptado por uma colectividade territorial não impede a aplicação do artigo 87.°, n.° 1, CE, desde que estejam preenchidos os requisitos estabelecidos por esta disposição (v., neste sentido, acórdão Alemanha/Comissão, já referido, n.° 17), mas sendo certo que os benefícios cujo alcance se limite a uma parte do território do Estado sujeito à disciplina dos auxílios são susceptíveis de constituir benefícios selectivos, não se pode daí deduzir que uma medida é selectiva, na acepção do artigo 87.°, n.° 1, CE, pelo simples facto de apenas se aplicar numa zona geográfica limitada de um Estado-Membro.

[28] Note-se que segundo BOUZORAA/NEVES, *op. cit.*, a Madeira e os Açores gozam de um nível de autonomia regional médio, a exemplo do que ocorre com as Comunidades Autónomas espanholas, as Regiões de estatuto especial italianas, Gales e a Irlanda do

As dúvidas surgiriam quando, como no caso dos Açores, um ente territorial descentralizado adopte, no exercício de poderes constitucionais, uma taxa de imposto inferior à taxa nacional (considerada como regime-regra), aplicável unicamente às empresas presentes no território sob jurisdição dessa autoridade.

Ora, segundo o TJCE, nesta hipótese, o quadro jurídico pertinente para apreciar a selectividade de uma medida fiscal só poderia limitar-se à zona geográfica em questão no caso de a entidade infra-estatal, designadamente em razão do seu estatuto e dos seus poderes, desempenhar um papel fundamental na definição do contexto político e económico em que operam as empresas presentes no território sob sua jurisdição.

De acordo com as conclusões do parecer do Advogado-Geral, que o TJCE subscreve quase na íntegra, isso implica que exista uma verdadeira autonomia institucional (constitucional), procedimental e económica, ou seja, que estejam preenchidas as seguintes condições cumulativas:[29]

- a decisão deve ser adoptada por uma autoridade local com um estatuto constitucional, político e administrativo próprio e distinto do governo central (*autonomia institucional*);

Norte, enquanto a Escócia e os Territórios Históricos do País Basco e Navarra gozam de um alto nível de autonomia (p. 35-6). Note-se que o próprio Reino Unido reconhece que a situação da Escócia (segundo o Scotland Act 1998, o Parlamento escocês tem poder para alterar a taxa de base do imposto sobre o rendimento do Reino Unido, aplicada aos sujeitos passivos na Escócia, até três *pence* por libra), e da Irlanda do Norte (em que a Assembleia da Irlanda do Norte tem poder para criar impostos que, no essencial, não tenham a mesma natureza que os impostos aplicáveis em todo o Reino Unido) não são idênticas. Em concreto, quanto à Escócia, de acordo com as alegações do Reino Unido o Parlamento escocês adquiriu tal competência na sequência de um referendo sobre a matéria. Uma vez exercida esta competência, daí não resulta qualquer recuperação compensatória ou subsídio do governo central do Reino Unido, pelo que a Escócia assume o «risco» financeiro decorrente da alteração de taxas de imposto que adoptar. Fica, porém, a dúvida se nestes casos não podem existir quaisquer compensações indirectas, isto é, se o Governo Central nunca procede a quaisquer financiamentos de despesas dos Governos da Escócia e da Irlanda do Norte.

[29] Vide as já referidas conclusões do Advogado-Geral na audiência de 20 de Outubro de 2005. Para uma análise das dúvidas que a implantação prática destes critérios suscita, cf. NÓVOA, C. G., *op. cit.*, p. 260 e ss.

Comentários de Jurisprudência

– a decisão deve ser adoptada pela autoridade local, de acordo com um processo em que o governo central não possa intervir directamente no conteúdo da decisão adoptada, (*autonomia processual*); [30] e
– a taxa de imposto inferior aplicável às empresas estabelecidas na região na região não deve ser alvo de subsídios cruzados nem financiada pelo governo central, de modo a que as consequências económicas dessas reduções sejam suportadas pela própria região (*autonomia económica*). [31] Ou seja, para usarmos os termos do Reino Unido, a colectividade em causa deve assumir as consequências políticas e financeiras da decisão.

Se uma destas condições não estiver preenchida, o quadro de referência será o território nacional e, por conseguinte, a medida será considerada selectiva (auxílio regional). Se todas elas estiverem preenchidas, o quadro de referência será o território do ente descentralizado, devendo então verificar-se, neste âmbito, se estamos perante uma medida de carácter geral ou perante uma medida selectiva por outras razões. Ou seja, na linguagem do TJCE, deverá então apurar-se se a medida se aplica efectivamente a todas as empresas estabelecidas ou a todas as produções realizadas no território em que essa entidade exerce a sua competência.

---

[30] Neste particular, o TJCE afasta-se prudentemente da opinião do Advogado-Geral, pois, ao contrário deste, não se refere à necessidade de a decisão ser tomada sem "qualquer obrigação de a autoridade local ter em conta os interesses do Estado central ao fixar a taxa de imposto". Deste modo, elimina um factor acrescido de complexidade que obrigaria a uma análise mais apurada (assim, BOUZORAA/NEVES, *op. cit.*, p. 48).

[31] O Advogado-Geral acrescenta: "Nessa situação, as decisões sobre as modalidades e o montante do imposto estão no cerne das prerrogativas políticas do governo regional. Estas decisões têm um impacto directo no montante das despesas do governo, por exemplo, em serviços públicos e infra-estruturas. O governo regional pode, por exemplo, preferir uma abordagem do tipo «receitas e despesas», aumentando os impostos e gastando mais em serviços públicos, ou optar por baixar os impostos e ter um sector público mais fraco. Quando as reduções de impostos não são compensadas por financiamentos do governo central, esta decisão política afecta, por sua vez, a infra-estrutura e o enquadramento empresarial em que operam as empresais sediadas nessa região. As empresas sediadas dentro e fora da região operam, por conseguinte, em enquadramentos jurídicos e económicos diferentes, que não podem ser comparados".

4.3. A aplicação dos critérios de decisão às reduções fiscais estabelecidas pelos Açores

Na apreciação que faz da medida dos Açores, o TJCE não parece pôr em causa a existência da autonomia suficiente desta Região em termos jurídicos, quer no plano político quer mesmo no plano financeiro.[32]

Põe, sim, em causa, a *autonomia de facto* da Região, em termos económicos e financeiros. O TJCE parte do pressuposto que o princípio constitucional da solidariedade nacional (concretizado no art. 5.º da LFRA) implica a participação do Estado central na tarefa de desenvolvimento económico, na correcção das desigualdades derivadas da insularidade e na convergência económica e social com o restante território nacional. De acordo com o artigo 32.º da LFRA, aquele princípio traduz-se num dever, que incumbe tanto às autoridades centrais como regionais, de promover a correcção das desigualdades decorrentes da insularidade, com a consequente diminuição das pressões fiscais regionais, bem como num dever de assegurar um nível adequado de serviços públicos e de actividades privadas. O TJCE assume que o princípio da solidariedade entre o Continente e os Açores implica que a diminuição de receitas fiscais que decorre eventualmente, para esta Região Autónoma, da política de redução de taxas seja, por uma forma ou outra, compensada por um mecanismo de financiamento gerido a nível central, no caso, sob a forma de transferências orçamentais.[33]

---

[32] De facto, para além da autonomia *política e administrativa*, o TJCE reconhece ainda que as RA portuguesas dispõem de receitas fiscais próprias e de uma participação nas receitas fiscais do Estado e que, além disso, é da competência exclusiva das assembleias legislativas destas Regiões exercer, nas condições estabelecidas numa lei quadro adoptada pela Assembleia da República, um poder tributário próprio, bem como adaptar o sistema fiscal nacional às especificidades regionais. Por fim, o TJCE refere ainda que o Estado português definiu de forma precisa, na LFRA, as condições dessa *autonomia financeira*.

[33] Segundo o TJCE o ónus da prova (uma prova quase diabólica) incumbia ao Governo português e este não demonstrou que a Região Autónoma dos Açores não recebe nenhum financiamento do Estado para compensar a redução de receitas fiscais eventualmente decorrente das reduções das taxas de imposto. Parece-nos que esta exigência equivale a uma prova diabólica. Mesmo em Estados federais há sempre ou pode sempre haver intervenções financeiras do Governo central, ainda que indirectas. De facto

A partir daqui o TJCE conclui que "os dois aspectos da política fiscal do Governo regional, ou seja, por um lado, a decisão de diminuir a pressão fiscal regional exercendo o seu poder de redução das taxas de imposto sobre o rendimento e, por outro, o cumprimento da sua missão de correcção das desigualdades decorrentes da insularidade, estão indissociavelmente ligados e *dependem, do ponto de vista financeiro, das transferências orçamentais geridas pelo Governo central*.

Ou seja: para o TJCE, "a decisão do Governo da Região Autónoma dos Açores de exercer o seu poder de redução das taxas do imposto nacional sobre o rendimento, para permitir aos operadores económicos da região ultrapassar os inconvenientes estruturais decorrentes da sua localização insular e ultraperiférica, não foi tomada com suficiente autonomia perante o Governo Central. Como não são os "contribuintes açorianos" quem assume (*exclusivamente?*) o ónus da redução de impostos, mas os "contribuintes nacionais", a decisão da Assembleia Regional não foi, *de facto*, tomada com autonomia suficiente. Em consequência, o quadro jurídico pertinente para apreciar a selectividade das medidas fiscais em causa não pode ser o da Região dos Açores, mas sim o conjunto do território português. Daí que, por vias travessas, o TJCE chegue à mesma conclusão da Comissão. Segundo ele, esta instituição "considerou com razão, na decisão impugnada, que as reduções das taxas de imposto em causa constituem medidas selectivas, e não medidas de carácter geral" e que tais medidas, no que toca às empresas financeiras, não eram justificadas pela economia e natureza do sistema.[34]

---

não estamos perante Estados independentes. E ainda aí, no quadro comunitário, haveria que ter em conta a solidariedade intracomunitária.

[34] Uma medida que constitui uma excepção à aplicação do sistema fiscal geral pode ser justificada pela natureza e pela economia geral do sistema fiscal se o Estado-Membro em causa conseguir demonstrar que tal medida resulta directamente dos princípios fundadores ou directores do seu sistema fiscal. A este respeito, deve fazer-se uma distinção entre, por um lado, os objectivos de um dado regime fiscal, que lhe são exteriores, e, por outro, os mecanismos inerentes ao próprio sistema fiscal, que são necessários para a realização de tais objectivos. Ora, não se pode considerar que medidas como as que estão em causa, que se aplicam a qualquer operador económico sem distinção segundo a sua situação financeira, respondem a uma preocupação de respeito da capacidade contributiva numa lógica de redistribuição. Segundo o TCE, embora seja verdade que as desvantagens ligadas à insularidade dos Açores podem, em princípio, afectar qualquer operador

5. Comentários finais ao acórdão do TJCE

A decisão do TJCE sobre o caso dos Açores foi já objecto de críticas muito pertinentes no plano técnico que, por economia de espaço, não serão aqui retomadas. [35]

Neste contexto, apenas sublinharei que, nos planos jurídico e político, ela é um sintoma, das dificuldades decorrentes do excessivo alargamento, nos últimos anos, mormente em sede de fiscalidade directa, do elemento da selectividade, característica central do conceito de auxílio de Estado.[36]

Este alargamento deu-se sobretudo a partir do consulado de Mário MONTI, quando a Comissão passou a recorrer de forma sistemática ao instituto dos auxílios de Estado como principal instrumento de combate ao fenómeno que ficou conhecido por concorrência fiscal prejudicial.

No plano jurídico, isto significou uma atribuição indirecta de efeitos jurídicos a instrumentos de natureza política. De facto, o Conselho e os Representantes dos Estados membros reunidos no seio do Conselho aprovaram em 1999 um Código de conduta (instrumento de natureza política) para contrariar a concorrência fiscal prejudicial. O desmantela-

---

económico, independentemente da sua situação financeira, o simples facto de o sistema fiscal regional estar concebido de forma a assegurar a correcção de tais desigualdades não permite considerar que qualquer benefício fiscal concedido pelas autoridades da Região Autónoma em causa seja justificado pela natureza e pela economia do sistema fiscal nacional. O facto de se actuar com base numa política de desenvolvimento regional ou de coesão social não basta para que uma medida adoptada no quadro de tal política possa considerar-se justificada por esse simples facto. Consequentemente, o Governo português não demonstrou que a adopção, pela Região Autónoma dos Açores, das medidas em causa fosse necessária para o funcionamento e a eficácia do sistema fiscal geral. Limitou-se a fazer uma afirmação genérica neste sentido, sem fornecer elementos precisos em seu apoio. Assim, não demonstrou que as medidas em causa fossem justificadas pela natureza ou pela economia do sistema fiscal português.

[35] Vide, a propósito, as certeiras observações de BORGES, R:, *op. cit.*, pp. 9-12, que subscrevemos integralmente, pp. 9-12.

[36] Para uma análise crítica do alargamento da noção de selectividade, cf. LUJA, Raymond, *Assessment and Recovery of Tax Incentives in the EC and the WTO: A View on State Aids, Trade Subsidies and Direct Taxation*, Intersentia, 2003, pp. 49 e ss.; e ALDESTAM, Mona, *EC State aid rules applied to taxes – An analysis of the selectivity criterion*, Istus Förlag, 2005, em especial, pp. 151 e ss.

mento de muitas das medidas fiscais que foram consideradas prejudiciais pelo grupo Primarolo apenas foi possível pelo recurso ao instituto de auxílios de Estado de natureza fiscal, mas, para que assim acontecesse, necessário foi alargar muito para além do razoável a noção de selectividade e, consequentemente, modificar o próprio conceito de auxílio de Estado.

Assim, em matéria fiscal adoptou-se a chamada *teoria da derrogação* (distinguindo entre sistema normal de tributação e sistema derrogatório). [37] As medidas derrogatórias (por oposição ao sistema regra) coincidem, no essencial, com um conceito normalizado de despesa fiscal com as empresas (uma forma de harmonização encapotada), passando por cima do facto que o conceito de despesa fiscal depende largamente do sistema fiscal em que se insere.[38] Mas, como é óbvio, a noção de derrogação não funciona sempre que se esteja perante um sistema em que, havendo uma descentralização assimétrica, não há sistema normal. Ou seja: esta posição discrimina favoravelmente certas formas de descentralização em detrimento de outras, conduzindo a resultados contraditórios: os entes territoriais mais necessitados de intervenção através de medidas fiscais, auxílios de Estado, etc., como é o caso das RUP, reconhecidas estruturalmente como as regiões mais desfavorecidas da União, são, pela aplicação desta "teoria" preteridos por regiões muito mais ricas e centrais. De facto, não sendo possível detectar um sistema regra no plano nacional, o sistema regra é o de cada território sob jurisdição de um ente territorial descentralizado. Neste caso, uma redução de impostos efectuada por estes territórios abrange automaticamente todos os agentes económicos, incluindo as empresas financeiras. É o que explica que a Comissão tranquilize o Reino Unido, ao reconhecer que a sua decisão

---

[37] Como reconhece o próprio Advogado-Geral GEELHOED, "a essência da selectividade em matéria de tributação directa é que a medida fiscal deve constituir uma excepção ou derrogação ao sistema fiscal geral . A ideia de «excepção» ou «derrogação» só faz sentido a nível conceptual se for possível estabelecer uma «regra» nacional – o que é impossível numa situação em que cada autoridade local pode fixar livremente as suas próprias taxas de imposto .

[38] Para uma análise das relações entre o critério da selectividade e a noção de despesa fiscal, cf. ALDESTAM, Mona, *op. cit.* 2005, em especial, pp. 235 e ss. Sobre a noção de despesa fiscal, cf. OCDE, *Dépenses fiscales. Expériences récentes*, Paris, 1996.

"não diz respeito a um mecanismo que permita ao conjunto de colectividades locais de determinado nível (...) instituir e cobrar impostos locais, sem qualquer relação com a fiscalidade nacional" e que, finalmente, a sua abordagem não impeça "o exercício pela Escócia ou pela Irlanda do Norte, dos poderes fiscais que lhe são reconhecidos".

A atribuição de efeitos jurídicos a decisões políticas é, em seguida, acompanhada da atribuição de efeitos jurídicos a decisões administrativas internas da Comissão. Como o conceito de auxílio de Estado não é definido nos Tratados, a sua aplicação pela Comissão é efectuada através de múltiplos instrumentos de *soft law* (directrizes, orientações, enquadramentos, linhas gerais, propostas de medidas úteis, etc.). Estes instrumentos, quando não são postos em causa pelos EM, transformam-se numa espécie de acordo tácito e, por via disso, são aplicados quer pela Comissão quer, na generalidade dos casos, pelo TJCE. Acresce que como o TJCE não se pronuncia sobre a avaliação técnica das medidas em análise, a Comissão goza de amplos poderes discricionários na avaliação das medidas em causa. O alargamento do conceito e o recurso a instrumentos de *soft law* torna o regime dos auxílios num dos mais poderosos instrumentos que a Comissão tem ao seu dispor. O facto de, directa ou indirectamente, o TJCE sancionar o entendimento da Comissão dá força jurídica àquelas decisões (e implicitamente aos instrumentos de *soft law* criados para aplicar o regime), instrumentos estes que acabam mesmo por se sobrepor, como acontece no caso dos Açores, às normas e princípios constitucionais dos Estados-Membros. No fundo, este facto acentua a tradicional desconfiança das instituições comunitárias em relação às Constituições nacionais bem expressa nas citadas palavras do Advogado--Geral SAGGI. Ora, as autoridades comunitárias não podem ignorar as realidades constitucionais dos Estados-Membros. E, por isso, tal como as diferenças fiscais entre estes são admitidas na ausência de harmonização, também as diferenças regionais devem sê-lo quando resultam da repartição de poderes no seu seio definida pela sua própria Constituição.

A via seguida pelo TJCE é sinuosa: o TJCE arvora-se como decisor político ao procurar distinguir, para além dos preceitos constitucionais nacionais, o que é e não é uma real autonomia (uma autonomia fiscal de facto). Esta via arrisca-se a conduzir a um beco sem saída. Ao não considerar como bastante, a autonomia outorgada pela Constituição de um EM, exigindo (com a excepção dos casos de descentralização assimétrica) que exista uma autonomia de facto (na prática, sem recurso a mecanismos de solidariedade do Estado central), o TJCE dá um passo politicamente perigoso: não só discrimina negativamente as formas de descentralização não assimétricas, como incentiva indirectamente os entes territoriais autónomos a tornarem-se mais autónomos. Conhecendo-se na Europa o potencial barril de pólvora que decorre de regionalismos separatistas, esta mensagem implícita na sentença é politicamente preocupante.

Pelo caminho, a decisão do TJCE esquece que o princípio da solidariedade é inerente a toda e qualquer comunidade política, existindo nos próprios Estados federais, como, por exemplo, na Alemanha através do chamado ajustamento financeiro indirecto. Pode, aliás, questionar-se se haverá, no quadro de um EM federal ou regional da União, uma verdadeira autonomia dos entes territoriais descentralizados. Mesmo no caso da Escócia, poderá o Reino Unido garantir, com total certeza, que, se houver reduções do imposto sobre as empresas decidido pelas autoridades escocesas, não existem nunca formas indirectas de compensação desta redução por parte do Estado central?

Mas uma outra contradição existe ainda na adopção desta forma de analisar a questão. As instituições comunitárias, contrariando a sua própria lógica, recusam, na aplicação do conceito de auxílio de Estado, ponderar as distorções de concorrência e os efeitos dos auxílios no tráfego intracomunitário no espaço do mercado interno. Deste modo, partindo da teoria da derrogação, os efeitos de uma análise centrada no espaço nacional serão os seguintes: Estados-membros como Chipre ou a Irlanda, por exemplo, que não são RUP, podem receber subsídios comunitários e, simultaneamente, introduzir reduções de taxas em IRC, muito mais baixas do que as existentes nos Açores, aplicáveis globalmente sem discriminar as empresas financeiras, pois aí estará em jogo uma medida fiscal de carácter geral, apenas atacável pelo mecanismo (até hoje nunca utilizado em questões fiscais) dos artigos 96.º e 97.º do TCE. Nestes casos, não se considera relevante a solidariedade dos outros EM que, de forma indirecta, podem estar a subsidiar as reduções de impostos. Mas uma RA como os Açores, apesar de comunitariamente ser considerada como RUP, não o pode fazer pois tratar-se-ia de uma medida que distorceria a concorrência intracomunitária.

De facto, mesmo no plano comunitário, o princípio da *solidariedade comunitária* está na base dos fundos estruturais e, como reconhece o TPI, das próprias derrogações previstas nas alíneas a) e c) do artigo 87.º do TCE.[39] É em nome da solidariedade que o Fundo de Coesão permitiu, por exemplo, apoiar o desenvolvimento dos países da coesão, sem que houvesse qualquer certeza que esses fundos não tivessem, em certos casos, como os dos auxílios estatais permitidos à Irlanda, servido de compensação à despesa fiscal. Por outras palavras: não foram os contribuintes dos outros EM quem, como, em tempos, foi defendido por Sarkozy e por Schröder, sustentou o "milagre económico irlandês"?

Levando até ao fim a lógica da "teoria dos efeitos" defendida pela Comissão, havendo um verdadeiro mercado interno, o quadro de referência territorial para se apreciar a existência ou inexistência de distorções de concorrência deveria ser o do território comunitário e não o do território nacional. Só assim não é por duas razões: 1.ª isso tornaria muito mais difícil a definição de uma tributação normal; 2.ª isso seria visto como um ataque à soberania fiscal dos Estados-Membros. Mas, partir de um Código de conduta e de instrumentos de *soft law,* transformá-los em *hard law,* para, em seguida, desvalorizar as Constituições nacionais, questionando a *verdadeira autonomia* das entidades regionais, já não é visto como um ataque à soberania dos Estados-Membros.

É que, ao contrário das orientações da Comissão, sujeitas às pressões dos *lobbies* e dos Estados membros, em particular dos mais poderosos, as Constituições não são arbitrariamente decididas pelos poderes instituídos, são emanações do poder constituinte e tendem a reflectir realidades económicas, sociais e culturais profundas.

---

[39] Acórdão de 12 de Dezembro de 1996, *AIUFASS et al. / Comissão,* proc. T-380--94, Col. 1996, n.º 54.

DERROGAÇÃO DO SEGREDO BANCÁRIO NO ÂMBITO DO PROCEDIMENTO DE RECLAMAÇÃO GRACIOSA E DO PROCESSO DE IMPUGNAÇÃO JUDICIAL: ANOTAÇÃO AO ACÓRDÃO DO TRIBUNAL CONSTITUCIONAL N.º 442/2007, DE 14 DE AGOSTO[1]

Luís Máximo dos Santos

I. Em 6 de Julho de 2006, o Conselho de Ministros aprovou a Proposta de Lei n.º 85/X[2] que continha uma alteração ao artigo 69.º do Código de Procedimento e de Processo Tributário (CPPT) cujo sentido era o de, nos termos do respectivo preâmbulo, "permitir ao órgão instrutor de uma reclamação graciosa, apresentada quer pelos responsáveis originários, quer pelos responsáveis subsidiários, o apuramento dos factos manifestamente necessários à descoberta da verdade material, em derrogação do dever legal de sigilo bancário."

No aludido preâmbulo referia-se ainda que com a alteração proposta se visava "possibilitar à Administração Tributária, em estrita execução do princípio do inquisitório a que está subordinado o seu procedimento nos termos do artigo 58.º da Lei Geral Tributária, a averiguação plena dos factos alegados pelo contribuinte em sede de reclamação graciosa, designadamente mediante o acesso aos elementos pertinentes protegidos pelo sigilo bancário, de modo a que se obtenha do modo mais completo possível a verdade dos factos, visando também impedir que, por dificuldades conhecidas nos poderes instrutórios, a contestação de actos tri-

---

[1] O Acórdão teve como relator o Conselheiro Joaquim de Sousa Ribeiro e foi publicado no *Diário da República*, I série, n.º 175, de 11 de Setembro de 2007, encontrando-se também disponível no *site* do Tribunal Constitucional.

[2] Cf. *Diário da Assembleia da República*, II série A, n.º 132/X, de 29 de Julho de 2006.

butários perante a administração seja utilizada como meio dilatório do pagamento da dívida tributária".

Quer dizer, portanto, que a Proposta de Lei n.º 85/X se limitava a prever o levantamento do segredo bancário em sede de reclamação graciosa.

Admitida a Proposta, desceu a mesma à 1ª Comissão (Assuntos Constitucionais, Direitos, Liberdades e Garantias) e à 5.ª Comissão (Orçamento e Finanças). Entretanto, em 22 de Setembro de 2006, deram entrada na Assembleia da República o Projecto de Lei n.º 315/X, apresentado pelo Bloco de Esquerda, e o Projecto de Lei n.º 316/X, apresentado pelo Partido Social-Democrata, ambos centrados na previsão da derrogação do sigilo bancário para efeitos do combate à fraude e à evasão fiscal.

O debate das três iniciativas legislativas ocorreu em 6 de Outubro de 2006. Na sequência do mesmo, e de um requerimento conjunto apresentado, em 12 de Outubro, por Deputados do Partido Socialista, do Partido Social-Democrata e do Bloco de Esquerda, as três iniciativas legislativas baixaram, sem votação, às duas comissões já referidas. Porém, os trabalhos parlamentares subsequentes revelaram não existir consenso para apresentar um texto de substituição, pelo que houve que proceder na Comissão do Orçamento e Finanças à votação das diferentes propostas de alteração à Proposta de Lei, tendo a 1.ª Comissão ratificado tais votações, subindo os projectos de lei de novo ao Plenário para votação.

Foram assim aprovadas várias alterações à versão originária da Proposta de Lei n.º 85/X, todas propostas pelo Partido Socialista, mas recolhendo igualmente, de forma diversificada, o apoio de outros grupos parlamentares. Foi em resultado da aprovação de uma dessas propostas de alteração que a derrogação do segredo bancário, inicialmente prevista apenas no âmbito da reclamação graciosa, passou também a ser prevista, através de uma alteração do artigo 110.º do CPPT, no processo de impugnação judicial.

Deste modo, o texto final que a Assembleia da República veio a aprovar é significativamente diferente da proposta de lei que lhe deu origem, pois, além da já mencionada diferença, prevê também alterações nos artigos 63.º-A, 63.º-B, e 89.º-A, todos da Lei Geral Tributária (LGT), e nos artigos 52.º e 130.º, ambos do Regime Geral das Infracções Tributárias (RGIT), que não existiam na versão originária.

Assim, e no que concerne à questão da derrogação do segredo bancário, o artigo 3.º do Decreto da Assembleia da República n.º 139/X, previa que ao artigo 69.º do CPPT se acrescentasse um n.º 2 estatuindo que "o direito de o órgão instrutor ordenar as diligências referidas na alínea e) do número anterior pode compreender, sempre que fundamentadamente se justifique face aos factos alegados pelo reclamante e independentemente do seu consentimento, o acesso à informação e documentos bancários relativos à situação tributária objecto de reclamação", e um n.º 3 estabelecendo que "para efeitos do número anterior, o órgão instrutor procede à notificação das instituições de crédito, sociedades financeiras e demais entidades, instruída com a decisão de acesso à informação e documentos bancários, as quais devem facultar os elementos solicitados no prazo de dez dias úteis."

Quanto ao artigo 110.º do CPPT, que se refere à contestação no âmbito da impugnação judicial, estatui o seu n.º 1 que "recebida a petição, o juiz ordena a notificação do representante da Fazenda Pública para, no prazo de 90 dias, contestar e solicitar a produção de prova adicional (...)." O Decreto da Assembleia da República n.º 139/X previa que a redacção do n.º 2 passasse a estatuir que "a prova adicional a que se refere o número anterior pode compreender, sempre que se justifique face aos factos alegados pelo impugnante e independentemente do seu consentimento, o acesso à informação e documentos bancários relativos à situação tributária objecto da impugnação", e que o n.º 3 dispusesse que "para efeitos do disposto no número anterior as instituições de crédito, sociedades financeiras e demais entidades devem facultar os elementos no prazo de 10 dias úteis, sendo o prazo de 90 dias do n.º 1 ampliado nessa medida."

II. Em 30 de Julho de 2007, o Presidente da República requereu ao Tribunal Constitucional que apreciasse a conformidade das normas constantes dos artigos 2.º e 3.º do Decreto da Assembleia da República n.º 139/X, de 5 de Julho, com o disposto em diversas disposições constitucionais.

Mais concretamente, o pedido de fiscalização da constitucionalidade desdobrava-se em duas questões:

1.ª) Apreciação da conformidade com o artigo 13.º da Constituição da República Portuguesa (CRP), que consagra o princípio da igualdade, da alteração prevista no artigo 2.º do Decreto da Assembleia da República n.º 139/X, nos termos da qual a redacção do n.º 10 do artigo 89.º-A, da LGT passaria a prever que as decisões definitivas de determinação da matéria colectável deviam ser comunicadas não só ao Ministério Público, mas também, tratando-se de funcionário ou titular de cargo sob tutela de entidade pública, à tutela deste para efeitos de averiguações no âmbito da respectiva competência, consagrando-se assim, aparentemente, para os funcionários ou titulares de cargos sob tutela de entidade pública, na sua mera qualidade de contribuintes, um regime diferente do aplicável aos demais cidadãos, sem que parecesse existir um fundamento material bastante para tal diferenciação;

2.ª) Apreciação da conformidade com a CRP das alterações previstas no artigo 3.º do Decreto da Assembleia da República n.º 139/X para os artigos 69.º, n.º 2, e 110.º, nº 2, ambos do CPPT – supra explicitadas – na medida em que associavam ao exercício de um direito de reclamação ou de impugnação contenciosa por parte de um administrado a consequência de, sem o seu consentimento, a Administração fiscal poder aceder a informação e documentos bancários. Com efeito, para o Presidente das República, tal associação levantava dúvidas sobre a conformação das normas que a previam com o disposto nos artigos 2.º, 18.º, 20.º, 26.º, n.º 1, 52.º, 266.º e 268.º da Constituição.

Mais especificamente, quanto a esta segunda questão, e conforme o Tribunal salientou, o pedido de fiscalização da constitucionalidade convocava os seguintes parâmetros constitucionais de apreciação: direito à reserva da intimidade da vida privada (artigo 26.º, n.º 1); direito à tutela jurisdicional efectiva, uma das dimensões do conteúdo do artigo 20.º, entendido como corolário do princípio do Estado de direito, consagrado no artigo 2.º; direito de reclamação (artigo 52.º); direito de impugnação judicial de quaisquer actos administrativos que lesem os administrados (artigo 268.º, n.º 4); princípio da proporcionalidade (artigos 2.º e 18.º, n.º 2), e, finalmente, princípio da boa fé da Administração (artigo 266.º).

Tendo em conta as orientações de ocupação de espaço definidas pela Direcção editorial da Revista, a nossa anotação incidirá apenas sobre a segunda questão colocada pelo Presidente da República ao Tribunal Constitucional, ou seja, a que se refere à apreciação da conformidade constitucional das normas previstas no artigo 3.º do Decreto da Assembleia da República n.º 139/X.

III. Na apreciação do pedido, o Tribunal Constitucional considerou que deveria iniciar o seu percurso argumentativo pela questão de saber "se o segredo bancário recai no âmbito de protecção do direito à reserva sobre a intimidade da vida privada", pois entendeu (e bem) que essa era "uma verdadeira questão prévia" (cf. n.º 16). Depois de definir o âmbito do direito à reserva da intimidade da vida privada, o Acórdão começa por admitir (cf. n.º 16.2) que "a integração no âmbito normativo de protecção do direito à reserva da intimidade da vida privada dos dados relativos à situação económica de uma pessoa em poder de uma instituição bancária é de molde a provocar alguma perplexidade, se tivermos em conta a natureza e o sentido tutelador dos direitos da personalidade, que, neste ponto, constituem a matriz do imperativo constitucional. Poderá, na verdade, pensar-se que, estando em causa a protecção dos atributos da pessoa, dos bens constitutivos e expressivos da sua personalidade, só podem ser abrangidas situações subjectivas existenciais, sendo de rejeitar, à partida, a inclusão de aspectos patrimoniais, respeitantes ao ter da pessoa."

Mas logo se afasta desse caminho ao afirmar que "não é possível estabelecer, sobretudo nas sociedades dos nossos dias, uma separação estanque entre a esfera pessoal e a patrimonial", sustentando que "a posição económica de cada um não deixa de ser uma projecção externa da pessoa, constituindo um dado individualizador da sua identidade", e que "o sujeito pode ter, também no plano pessoal, um interesse tutelável, e tutelável constitucionalmente, a que, não só o montante e o conteúdo do seu património, mas também certas vicissitudes, favoráveis e desfavoráveis, que ele pode experimentar (saída de um prémio de um jogo, recebimento de uma herança, encargos com uma determinada opção de vida, por exemplo) sejam mantidos fora do conhecimento dos outros." Admite, por isso, a existência de "uma esfera privada de ordem económica, também merecedora de tutela", como componente da esfera da privacidade (cf. n.º 16.2).

Sublinha depois que no caso particular dos dados e documentos na posse de instituições bancárias, relativos às suas relações com os clientes, há um argumento suplementar, considerado decisivo, nesse sentido. É que "numa época em que se vulgarizou e massificou a realização de transacções através dos movimentos em conta, designadamente pela utilização de cartões de crédito e de débito", o conhecimento de tais dados e documentos bancários propicia "um retrato fiel e acabado da forma de condução de vida, na esfera privada, do respectivo titular", extraindo daí a conclusão de que "é sobretudo como instrumento de garantia de dados referentes à vida pessoal, de natureza não patrimonial, que, de outra forma, seriam indirectamente revelados, que o sigilo bancário deve ser constitucionalmente tutelado" (cf. *idem*).

O Acórdão conclui assim (cf. *idem*) que "o bem protegido pelo sigilo bancário cabe no âmbito de protecção do direito à reserva da vida privada consagrado no artigo 26.º, n.º 1, da Constituição da República". Mas de imediato reconhece que essa inclusão "é problemática em relação às pessoas colectivas, muito particularmente as sociedades comerciais, pelo facto de não valerem (ou, pelo menos, de não valerem de igual modo), em relação a elas, as considerações fundamentadoras acima aduzidas, que se apoiam na possibilidade de acesso à esfera mais pessoal" (cf. *idem*).

Por outro lado, no entanto, na linha de anterior jurisprudência[3], o Acórdão salienta que o segredo bancário não é abrangido pela tutela constitucional de reserva da vida privada *nos mesmos termos de outras áreas da vida pessoal*, admitindo restrições impostas pela necessidade de salvaguardar outros direitos ou interesses constitucionalmente protegidos. Além disso, o Acórdão reconhece mesmo que "o sigilo bancário cobre uma zona de segredo francamente susceptível de limitações" e que "a sua quebra por iniciativa da Administração tributária representa uma lesão diminuta do bem protegido" (cf. n.º 16.3), atentas as garantias de reserva que decorrem do sigilo fiscal.

O Acórdão reconhece a relevância dos diversos interesses de natureza pública que podem justificar a derrogação do segredo bancário, mas enfatiza que "nos seus *pressupostos* e na sua forma *processual* e *procedimental* de exercício, a derrogação do sigilo deve obedecer a critérios que evitem uma pouco condicionada ou excessiva intromissão, para além do necessário à satisfação dos fins constitucionais que a ela presidem" (cf. n.º 16.5), sustentando também, por outro lado, de forma inequívoca, que "o direito ao processo equitativo, consagrado no n.º 4 do artigo 20.º da CRP, tem uma extensão necessária, com as devidas adaptações, ao procedimento administrativo" (cf. n.º 17.1).

---

[3] Cf. Acórdão nº 278/95, de 31 de Maio, e Acórdão 42/2007, de 23 de Janeiro.

Ora, foi precisamente a partir da análise dos critérios para a derrogação do segredo bancário previstos nas normas sob fiscalização que se começou a desenhar a pronúncia do Acórdão no sentido da declaração de inconstitucionalidade. De facto, as normas em causa não passaram, designadamente, no teste da necessidade nem no da proporcionalidade.

Desde logo, o Tribunal considerou que a derrogação do dever de segredo bancário era "excessivamente aberta e pouco condicionada" (cf. n.º 17.5). Por outro lado, entendendo embora que o direito de reclamar ou impugnar judicialmente não era directa e frontalmente restringido, o Tribunal considerou que "a forma não equitativa como está prevista a perda do sigilo e o factor causal que a determina esvaziam, em grande medida, aqueles direitos da sua efectividade prática" (cf. n.º 17.5), daí extraindo a existência de violação dos artigos 2.º, 20.º, n.º 1 e n.º 4, e 268.º, n.º 4, da CRP.

No que diz respeito à adequação da medida para o combate à fraude e à evasão fiscal – afinal a motivação para a adopção do regime aprovado –, o Tribunal considerou que "não se descortina uma conexão plausível entre situações de sonegação fiscal e iniciativas de reclamação por parte daqueles que a elas dão azo" (cf. n.º 18.2), sendo, ao invés, plausível que "os infractores se preocupem em não suscitar a mínima atenção da máquina fiscal, pelo que serão esses, precisamente, os contribuintes menos dispostos a desencadear um procedimento de investigação suplementar" (cf. *idem*), concluindo, portanto, pela manifesta inadequação do regime previsto.

Noutra perspectiva, e esmiuçando a análise do regime em causa, o Acórdão faz notar que "embora não se possa dizer que o levantamento do sigilo bancário é uma consequência inelutável da reclamação, pois a Administração pode sempre considerar que não há fundamento para tal, a verdade é que, com a sua iniciativa, o contribuinte perde, de imediato, e em bloco, aquilo que, ao fim e ao cabo, aquele direito lhe visava assegurar: o controlo sobre o fluxo informativo concernente a dados da sua esfera pessoal" (cf. n.º 18.3). Para o Tribunal Constitucional, e independentemente da intenção do legislador, o regime em questão tem "objectivamente por efeito obstaculizar, não apenas as reclamações notoriamente infundadas, de propósitos meramente dilatórios, mas, pura e simplesmente, em geral, a faculdade de reclamar e de impugnar judicialmente actos da Administração fiscal" (cf. n.º 18.5), sendo, portanto, desproporcionado.

Consequentemente, o Tribunal Constitucional considerou que o regime de derrogação do segredo bancário previsto no Decreto da Assembleia da República n.º 139/X não garantia um procedimento e um processo justos no que diz respeito às condições de derrogação do sigilo bancário, a isso acrescendo que o facto de colocar "o cidadão contribuinte perante um dilema constitucionalmente inaceitável: ou corre o risco forte de perder a reserva sobre a sua privacidade, ou perde um instrumento importante de defesa dos seus direitos e interesses" (cf. n.º 19). Pronunciou-se, assim, pela inconstitucionalidade dos n.ºs 2 e 3 do artigo 69.º e dos n.ºs 2 e 3 do artigo 110.º, ambos do CPPT, na redacção dada pelo artigo 3.º do Decreto n.º 139/X da Assembleia da República, por violação dos artigos 2.º, 18.º, n.º 2, 20.º, n.ºs 1 e 4, 26.º, n.º 1, e 268.º, n.º 4, da CRP.

IV. Gostaríamos de salientar, em primeiro lugar, em jeito de declaração prévia de pressupostos de análise, que, no plano dos princípios, o autor destas linhas é favorável à existência de um regime legal de derrogação administrativa do segredo bancário por parte das autoridades tributárias, isto é, sem necessidade de prévia obtenção de uma decisão judicial, conquanto sejam observados determinados parâmetros. Nem outra coisa seria de esperar uma vez que, enquanto membro da Estrutura de Coordenação da Reforma Fiscal[4], participou nos trabalhos preparatórios da Lei n.º 30-G/2000, de 29 de Dezembro, a qual, pela primeira vez, veio estabelecer no nosso ordenamento jurídico essa possibilidade.

Quando foi introduzida a inovação gerou alguma controvérsia, mas, volvidos sete anos, creio que se pode dizer que ela goza de aceitação generalizada. Aliás, sintomaticamente, algumas das críticas que hoje se dirigem à solução vigente radicam sobretudo na necessidade de alargar o âmbito da derrogação e não na necessidade de a restringir, conforme

---

[4] A Estrutura de Coordenação da Reforma Fiscal (ECORFI) foi criada pelo Despacho do Ministro das Finanças n.º 3140/2000, de 12 de Janeiro, e terminou as suas funções em 31 de Agosto de 2001, tendo sido responsável, designadamente, pelos trabalhos preparatórios da Lei n.º 30-G/2000, de 29 de Dezembro, bem como, a partir de um anteprojecto elaborado pelo Prof. Doutor Germano Marques da Silva, pelo Regime Geral das Infracções Tributárias, aprovado pela Lei n.º 15/2001, de 5 de Junho, e ainda pela apresentação de projectos de reforma da tributação do património e da tributação automóvel.

Comentários de Jurisprudência

se verifica, desde logo, pelas mais diversas tomadas de posição, tanto da parte de decisores políticos (cobrindo um larguíssimo espectro partidário) como da parte dos decisores económicos e de outros sectores da sociedade civil. Foi, aliás, nessa linha que se inscreveu a Proposta de Lei n.º 85/X, mas não foi escolhida uma boa via.

Em qualquer caso, e felizmente, é inegável que o ambiente de tolerância social para com as práticas de "fuga ao fisco" tem diminuindo progressivamente, tendo hoje os cidadãos, claramente, uma melhor percepção dos profundos efeitos nocivos de tais práticas. Não se pode negar que para isso muito contribuiu a melhoria da eficácia da actuação da Administração tributária (nem sempre isenta de inaceitáveis excessos), que finalmente começou a colher os resultados práticos de um longo processo de melhoria da sua informatização.

A nosso ver, sem a possibilidade de a Administração fiscal aceder directamente a informação bancária relativa aos contribuintes, seria dado um rude golpe nos esforços de combate à fraude e à evasão fiscal, sobretudo numa economia com as características actuais. Mas isso não significa que tal acesso deva ser irrestrito ou incondicionado.

Como já tivemos ocasião de escrever[5], o regime adoptado em 2000 foi um passo cuidadoso que, evitando os inconvenientes de uma mudança demasiado brusca, foi ao encontro da tendência largamente dominante na União Europeia e dos esforços que outras organizações, como a OCDE, vêm desenvolvendo em prol da criação de melhores condições para o combate à fraude e à evasão fiscal. Em sentido semelhante se pronunciaram outros autores[6].

---

[5] Cf. Luís Máximo dos Santos, "A derrogação por razões fiscais do segredo bancário", *in* JANUS 2004 – Anuário de Relações Exteriores, Público / UAL, Lisboa, 2003, pp. 176-177.

[6] Cf., por exemplo, José Casalta Nabais, "Algumas reflexões sobre a recente reforma fiscal", *Fiscalidade*, n.º 10, Abril 2002, pp. 21 e segs. Mais recentemente, exprimindo a opinião que o regime vigor passa no teste do controlo da constitucionalidade, cf. Noel Gomes, *Segredo Bancário e Direito Fiscal*, Almedina, Coimbra, 2006, pp. 265 e segs.; ver também, Paula Elisabete Henriques Barbosa, "Do valor do sigilo – o sigilo bancário, sua evolução, limites: em especial o sigilo bancário no domínio fiscal – A Reforma Fiscal", *in Revista da Faculdade de Direito da Universidade de Lisboa*, vol. XLVI, n.º 2, 2005, pp. 1229 – 1292.

Admitimos, no entanto, que volvidos sete anos, seja necessário alargar o âmbito das situações em que a derrogação administrativa do segredo bancário por razões fiscais pode ter lugar.

Consideramos, todavia, que, embora adoptada com esse propósito, a solução adoptada no Decreto da Assembleia da República n. 139/X não foi feliz. De facto, quanto a nós, e independentemente até das questões de constitucionalidade, deveria ter sido outro o caminho a seguir para um eventual alargamento das condições de levantamento do dever de segredo bancário por parte da Administração tributária.

Pela nossa parte, estamos em plena sintonia com a avaliação que o Tribunal Constitucional fez do regime proposto. Julgamos que foi abundantemente demonstrado pelo Tribunal Constitucional que o regime em questão, ao ligar o exercício do direito de reclamar e do direito de impugnar ao levantamento do segredo bancário, acabava por colocar um obstáculo potencialmente inibidor da faculdade de reclamar e de impugnar judicialmente actos da Administração e, nessa medida, era constitucionalmente inaceitável. De facto, a violação do direito a um procedimento e a um processo justos, só por si, constituía fundamento bastante para a pronúncia de inconstitucionalidade, como, aliás, o próprio Acórdão reconhece no seu n.º 19, e igualmente se assinala nas declarações de voto da Conselheira Ana Maria Guerra Martins e do Conselheiro Vítor Gomes.

V. Reservámos para o fim a parte em que teor do Acórdão nos merece alguma reservas, na linha, aliás do pensamento expresso em declaração de voto por vários Conselheiros.

Tendo em conta, desde logo, a definição ampla do direito à intimidade da vida privada que foi adoptada no Acórdão n.º 278/95, de 31 de Maio, não constitui propriamente uma surpresa o facto de o Acórdão afirmar que o bem protegido pelo segredo bancário cabe no âmbito da protecção do direito à reserva da intimidade da vida privada consagrado no artigo 26.º, n.º 1, da Constituição.

A questão é bastante complexa mas, neste ponto, a argumentação expendida não nos convence completamente. Está fora de questão proceder nesta anotação a uma apreciação detalhada desse problema. Sempre se dirá, no entanto, que por exemplo, Gomes Canotilho e Vital Moreira consideram "problemática" a inclusão nos direitos de personalidade do pretenso "direito ao segredo do ter", por considerarem que não há qualquer princípio ou regra constitucional a dar guarida normativa a um "segredo do ter", designando por "forçada" a construção do conceito de "direitos fundamentais implícitos"[7].

Aliás, como já vimos, o próprio Acórdão acaba por afirmar que é *sobretudo* (itálico nosso) como instrumento de garantia de dados referentes à vida pessoal, de natureza não patrimonial, que, de outra forma, seriam indirectamente revelados, que o sigilo bancário deve ser constitucionalmente tutelado. Ora, se assim é, parece que a tutela constitucional do segredo bancário, enquanto tal, não teria afinal fundamento próprio mas meramente reflexo, por força da necessidade de proteger os clássicos direitos de personalidade. Ou seja, parece assim admitir-se que haverá casos em que a revelação do segredo bancário pode implicar a revelação factos da vida pessoal, de natureza não patrimonial, e outros em que isso não sucede. E de facto assim é, como, por exemplo, se ilustra no ponto 1. da declaração de voto do Conselheiro Gil Galvão. Não deverá então essa dualidade repercutir-se no enquadramento constitucional do segredo bancário?

Por outro lado, e como também já se assinalou, reconhece-se no próprio Acórdão que a inclusão da tutela do segredo bancário no âmbito do artigo 26.º, n.º 1, da CRP "é problemática em relação às pessoas colectivas". Ora essa é uma questão crucial, pois a actividade económica, hoje em dia, é fundamentalmente desempenhada por pessoas colectivas, que estão em permanente relação com o fisco. Tal ponto merecia portanto, a nosso ver, uma consideração e uma análise mais extensas. A este respeito, anote-se que o Conselheiro Vítor Gomes refere na sua declaração de voto que "a inclusão do sigilo bancário de que sejam titulares pessoas colectivas no âmbito de protecção do direito à reserva da intimidade da vida privada, consagrado no artigo 26.º da Constituição, não será apenas problemática, como o acórdão concede, mas é radicalmente de afastar."

Parece, pois, que a questão da tutela constitucional do segredo bancário está ainda longe de estar estabilizada, conforme se indicia pelo teor das declarações de voto dos Conselheiros Vítor Gomes, Benjamim Rodrigues, Ana Maria Guerra Martins e Gil Galvão.

---

[7] Cf. Gomes Canotilho e Vital Moreira, *Constituição da República Portuguesa Anotada*, Volume I, 4.ª ed. Revista, Coimbra Editora, Coimbra, 2007, pp. 468-469.

Em qualquer caso, e a terminar, não queríamos deixar de sublinhar que esta decisão em nada pôs em causa, bem pelo contrário, a existência, em abstracto, de um regime legal de derrogação administrativa do segredo bancário para fins fiscais, designadamente como aquele que está em vigor. De facto, como o Tribunal Constitucional expressamente sublinhou, tudo está em saber se "na modelação concreta do regime legal se prevêem resguardos e se consagram mecanismos que, na medida do compatível com o essencial dos objectivos que estão por detrás do levantamento sigilo bancário acautelem ainda, de certa maneira, os interesses cobertos pela tutela constitucional da privacidade" (cf. n.º 16.5) Por outras palavras, mesmo para quem confira ao segredo bancário a tutela do artigo 26.º da CRP, o que importa é que, como já se assinalou, a derrogação do sigilo bancário obedeça a critérios que evitem uma intromissão excessiva, isto é, para além do necessário à satisfação dos fins constitucionais que a ela presidem. Foi isso que o Tribunal Constitucional entendeu não acontecer nas novas modalidades de derrogação do segredo bancário previstas no Decreto da Assembleia da República n.º 139/X.

ANOTAÇÃO AO ACÓRDÃO DO TRIBUNAL CONSTITUCIONAL N.º 711/2006 (LEI DE FINANÇAS LOCAIS)

Vasco Valdez

A QUESTÃO SUSCITADA E A DECISÃO DO TRIBUNAL

1. No dia 14 de Dezembro de 2006, o Presidente da República requereu ao Tribunal Constitucional, a apreciação da constitucionalidade do decreto da Assembleia da República que estabelecia o novo regime de Finanças Locais. Para tanto, entre outros aspectos, alegou o Presidente que nas disposições normativas dos artigos 19.º, n.º 1c) e 20.º do mencionado decreto:

  a) Se reconhece aos municípios, em cada ano, o direito a uma participação variável até 5%, no IRS dos sujeitos passivos com domicílio fiscal na respectiva circunscrição e relativa aos rendimentos do ano imediatamente anterior;

  b) Se habilita cada município a prescindir de parte da mesma receita em favor dos sujeitos passivos, autorizando-se os órgãos autárquicos competentes a deliberar uma percentagem de participação da autarquia nas receitas do IRS em valor inferior à taxa máxima definida no n.º 1 do art. 20°, sendo nesse caso o produto da diferença entre as taxas e a colecta líquida considerada como dedução à colecta do referido imposto, em favor dos contribuintes.

Do regime legal constante das disposições mencionadas no n.º 2 deste pedido resulta a possibilidade de os sujeitos passivos do IRS poderem ser tributados de forma diferente, assentando essa diferença, não na respectiva capacidade contributiva, mas no critério do seu domicílio fiscal.

Em consequência, considerou o Presidente da República existirem fundadas dúvidas sobre se semelhante modelação da incidência do IRS, não afrontará:

a) O *princípio da capacidade contributiva* que decorre da conjugação do n° 1 do artigo 103.° com o n.° 1 do artigo 104° da Constituição da República Portuguesa (CRP):
b) O *princípio da igualdade* na sua dimensão territorial, nos termos do n° 2 do art° 13° da CRP;
c) O *princípio do Estado unitário*, consagrado no n° 1 do art° 6° da CRP.

O Tribunal Constitucional veio a considerar que os normativos em apreço não violavam os princípios constitucionais mencionados, o que fez, em síntese, estribado nos seguintes argumentos que procuraremos resumir e que nos pareceram mais significativos:

O T.C. já afirmou o julgamento de não desconformidade constitucional de normas tendentes a fazer participar as autarquias – de forma diferenciada – no modelo de repartição de recursos tributários. Fê-lo, com fundamento na autonomia administrativa e financeira das autarquias locais, tal como resulta da organização democrática do Estado acolhida nos artigos 6.° n.° 1 e 235.° da Constituição, no Acórdão n.° 57/95 (*DR*, II Série de 12 de Abril 1995), a propósito da atribuição aos municípios do poder para fixar a taxa da contribuição autárquica e para lançar derramas sob a forma de adicional à colecta do IRC:

> " [...] O princípio da autonomia local é igualmente importante para afastar a ideia de que a diferenciação de taxas, de município para município, envolve infracção ao princípio da igualdade. A existência de autarquias locais, dotadas de poder regulamentar próprio, nos termos do artigo 242.° da Constituição, implica uma pluralidade de sujeitos com competência para emanar normas jurídicas de carácter regulamentar. Normas estas que estabelecem regimes jurídicos diversos, adaptados aos condicionalismos locais, como não podia deixar de ser. Ora, não se pode ver nessa pluralidade de normas jurídicas, provenientes de sujeitos diversos, uma violação do princípio da igualdade, já que este tem um carácter relativo, não só sob o ponto de vista temporal, como territorial. De facto, o reconhecimento pela Constituição às autarquias locais de uma competência normativa autónoma, de que resulta a vigência, no seu âmbito territorial, de preceitos jurídicos diferentes, não contradiz o princípio da igualdade, dado que a ideia de criação e aplicação do direito com base na igualdade

circunscreve-se ao âmbito territorial de validade da norma, não sendo legítimas comparações entre soluções adoptadas por preceitos jurídicos de eficácia territorial diversa. [...]"

E prossegue:

"[...] Nas palavras de A. Rodrigues Queiró (cfr. Parecer, p. 40), "estamos perante uma diferenciação justificada por factores constitucionalmente relevantes e destituídos de qualquer margem de arbítrio. A "lógica" da descentralização e a ideia que a anima não são apenas a da liberdade ou a da autonomia, é também a da diferença. Descentralizar é aceitar a diferenciação de regimes e de decisões locais. O argumento de que a existência de taxas fiscais divergentes nos vários municípios iria ofender o princípio da igualdade é, pois, seguramente infundado". Cfr., no mesmo sentido, A. Barbosa de Melo, Parecer, p. 11, 12.[...]"

A Jurisprudência do Tribunal Constitucional tem, portanto, perfilhado o entendimento de que não é desconforme à Constituição conferir à autonomia local valor suficiente para permitir uma diferenciação nesta matéria, o que, aliás, decorre da constatação de que qualquer autonomia – relevando para a autonomia local o disposto no artigo 238.º n.º 4 da Constituição – radica, afinal, na diferenciação. Em suma, a diferente localização da residência do sujeito passivo pode permitir, sem ofensa à Constituição, um diferente resultado quanto ao montante do imposto. Necessário é, porém, que essa diferença não assente em critérios puramente arbitrários, nem se mostre desrazoável e desproporcionada.

Ora, há que reconhecê-lo, a diferenciação assim autorizada não está em desacordo com estes objectivos, antes pretende justificar-se como um meio – que não é desproporcionado, atentos os valores em causa –, para alcançar tal objectivo. Haverá ainda que ter em conta que o *controle* político que a comunidade exerce sobre as decisões financeiras dos eleitos locais se estabelece por via de eleições e que, nessas eleições, os votantes são aqueles que têm com a autarquia uma conexão baseada na domiciliação. Não é, portanto, arbitrário, ou materialmente infundado, o critério que as normas em causa utilizam para estabelecer uma determinada identidade tributária entre o eleitor e o eleito local.

O apelo ao princípio da autonomia do poder local, consagrado nos artigos 6.º n.º 1 e, quanto a matéria tributária, 238.º e 254.º n.º 2 da Constituição, permite não só explicar a razão pela qual as normas questionadas não ofendem o princípio da igualdade, como permite constatar que o princípio do Estado unitário é aqui, como parâmetro, imprestável para provocar a desconformidade constitucional dessas mesmas normas.

Com efeito, a diferente tributação não tem incidência na unidade do Estado. A Constituição esclarece (citado artigo 6.º) que o Estado é unitário mas que respeita a autonomia insular e os princípios da subsidiariedade, e da autonomia das autarquias locais. A unidade do Estado exige uma soberania única e um único sistema jurídico decorrente directa ou indirectamente da mesma Constituição: a estrutura do Estado não se altera por força da consagração das autonomias, da descentralização administrativa, ou da operatividade do princípio da subsidiariedade. Ora, a atribuição, autorizada por lei, e com respeito pela Constituição, de poderes tributários às autarquias, não ofende aquela unidade.

A invocação deste princípio surge, no pedido, ligada a uma exigência de uniformidade do critério de taxação do imposto. Já se viu, porém, que a Constituição não impede a diferenciação do sacrifício tributário em matéria de imposto sobre o rendimento, com fundamento na autonomia municipal. Cumprirá acrescentar que em lado algum a Constituição impõe a existência de imposto "nacional" não modelável em qualquer dos seus elementos em razão da aludida autonomia. Também se fica sem saber por que razão o IRS, na configuração desejada pelas normas em apreço, perde o invocado carácter "nacional".

Em suma, a solução legislativa agora consagrada pelas normas em apreço não põe em causa a unidade do Estado.

Por todos estes fundamentos e mais alguns que constam do Acórdão que ora se comenta, o T.C. concluiu que as normas em análise não violam os princípios da capacidade contributiva, da igualdade e do Estado unitário – respectivamente consagrados nos n.ºs 1 dos artigos 103.º e 104°, no artigo 13.º n.º 2, e no artigo 6 n.º 1.º, todos da Constituição.

Comentários de Jurisprudência

ANOTAÇÃO

1. Enquadramento

Como se pode verificar através da leitura do Acórdão, está sobretudo em causa, no que concerne ao mesmo, o hipotético confronto entre os princípios da capacidade contributiva e da igualdade tributária com o princípio da autonomia local, princípios esses todos eles, de forma mais ou menos explícita, previstos na Constituição da República Portuguesa (CRP).

Recordando, de acordo com o normativo previsto no decreto da Assembleia da República, especificamente a alínea c) do artigo 19.° e os n.ºs 1 e 4 do artigo 20.° do mesmo (hoje Lei n.° 2/2007, de 15 de Janeiro, já que, entretanto, foi promulgada e publicada), a Assembleia da República estabeleceu que os municípios têm direito a uma participação variável, até 5%, do IRS dos cidadãos residentes no respectivo concelho, calculada "sobre a respectiva colecta líquida das deduções previstas no n.° 1 do artigo 78.° do Código do IRS" (que são as deduções à colecta do IRS pelos sujeitos passivos, dependentes e ascendentes, despesas de saúde, com a habitação, lares, educação, prémios de seguros, pessoas com deficiência, dupla tributação internacional e benefícios fiscais).

Trata-se, pois, de um mecanismo de participação até 5% no IRS estadual, ou seja, de um verdadeiro esquema de repartição das receitas de impostos estaduais, que podem ser repartidos com as autarquias até aquele limite percentual (no caso vertente em IRS), aquilo que a doutrina anglo-saxónica costuma designar por "revenue sharing".

De todo o modo, tal como a lei prevê, cabe ao município a iniciativa, nos termos do n.°2 do artigo 20.°, de estabelecer se pretende exercer tal direito e em que medida, ou seja, de fixar a percentagem até ao limite apontado. Se nada fizer ou se fixar uma percentagem inferior a 5%, o que sucede é que o contribuinte é o beneficiário, pagando, consequentemente, menos 5% de colecta de IRS, no caso de a autarquia nada deliberar ou, no caso de deliberar uma percentagem inferior a 5%, a diferença que vai do montante que deliberar até àquela percentagem.

Foi, pois, em relação a este preceito na configuração sumária que descrevemos e de que o Acórdão nos dá os contornos mais desenvolvidos, que o Presidente da República decidiu colocar a questão da constitucionalidade previamente à promulgação do diploma.

Fê-lo estribado, como vimos da leitura do Acórdão, do possível entendimento que pudesse ser dado ao princípio da capacidade contributiva e da respectiva violação que pudesse ocorrer no caso vertente, bem como do princípio da igualdade na sua dimensão territorial e, finalmente, da consagração pela Constituição de um Estado unitário que poderia ser posto em crise com os preceitos em causa.

Pelos motivos e com os fundamentos constantes do Acórdão que estamos a comentar, a maioria dos juízes do Tribunal Constitucional não se reviu na argumentação e nas dúvidas suscitadas pelo Presidente da República e decidiu não julgar pela inconstitucionalidade dos normativos em apreço, pelo que a lei foi, como se disse, promulgada e encontra-se em vigor no ordenamento jurídico português.

2. Apreciação da questão

A questão fulcral colocada pelo Presidente da República tem a ver, na nossa apreciação, com o princípio da capacidade contributiva, ou seja, "o dever de todos pagarem imposto de acordo com um critério uniforme, o qual radica na tributação de cada um segundo a sua capacidade económica" (artigo 6.º do pedido formulado pelo Presidente da República).

Ora, no caso em apreço, "sujeitos passivos de IRS, detentores da mesma capacidade contributiva mas fiscalmente domiciliados em municípios diferentes" poderão ser tributados de forma diferente e, em contrapartida, sujeitos passivos com maior capacidade contributiva do que outros poderão ser sujeitos a uma menor tributação através de uma dedução à colecta pela circunstância de o município onde aqueles se encontram domiciliados ter optado por uma menor tributação em IRS dos seus munícipes, lançando mão dos mecanismos previstos na lei.

Acresce que, no caso em apreço, poderá suceder que os rendimentos sejam gerados num determinado concelho e que o sujeito passivo possa residir noutro, sendo contemplado com uma redução fiscal, ao passo que um outro sujeito passivo para os mesmos rendimentos e por residir em município diferente do primeiro já não será contemplado com tal redução, concluindo-se que o carácter meramente geográfico não é suficiente

Comentários de Jurisprudência

para justificar esta diferenciação e até seria contrário, na perspectiva do estipulado no artigo 13.°, n.° 2 da CRP, ao princípio da igualdade radicado na proibição da discriminação em função do território de origem.

Dir-se-á que independentemente deste normativo, no âmbito do IRS, e desde o seu início em 1989, ficou claro que só dificilmente dois contribuintes com rendimentos iguais pagarão o mesmo imposto a final. Efectivamente, seja por intermédio de mecanismos de abatimentos à matéria colectável, seja por deduções à colecta e tendo em conta o aspecto pessoalizante do imposto, as situações são tão diferenciadas que fazem com que para rendimentos iguais haja impostos diferentes.

Tal sempre foi entendido e nunca foi questionada a respectiva constitucionalidade, se bem que o artigo 104.° da CRP mande atender às necessidades do agregado familiar, sendo certo que haverá outras razões de natureza extra-fiscal que justificam a diferenciação, designadamente o direito ao ensino, à habitação, à saúde, aos complementos de reforma ou diversos outros (que passam pela utilização de energias renováveis ou a aquisição de computadores para uso pessoal). O que importa é que tais diferenciações de tributação não sejam discriminatórias e não conduzam por essa via à violação do princípio da igualdade, ou seja têm de ter um verdadeiro fundamento que justifique a mesma.

Vê-se, no caso visado no presente Acórdão, que o fundamento para a diferenciação na tributação final em sede de IRS é a domiciliação fiscal do sujeito passivo. Ou seja, a diminuição ou não da tributação passa exclusivamente por uma decisão do município da residência do sujeito passivo. Será esse fundamento bastante para justificar tal diferenciação?

No entender do nosso Tribunal Constitucional é-o, de acordo com o Acórdão que nos encontramos a comentar, tudo isto com base no princípio da autonomia administrativa e financeira tal como resulta dos artigos 6.°, n.° 1 e 235.° da CRP, estribando-se o Tribunal, em boa medida, para justificar o presente Acórdão num outro (o n.° 57/95, in DR II Série de 12.4.1995) proferido a propósito da atribuição aos municípios do poder de fixar a taxa da contribuição autárquica e para lançar derramas sob a forma de adicional ao IRC.

Aí se disse que "o princípio da autonomia local é igualmente importante para afastar a ideia de que a diferenciação de taxas, de município para município, envolve infracção ao princípio da igualdade".

Ora, a autonomia local amplamente consagrada na nossa CRP, tem naturalmente diferentes vertentes, designadamente no campo normativo, sendo de destacar hoje o artigo 241.º da CRP que confere aos municípios um poder regulamentar próprio nos limites da Constituição, da lei e das autarquias de grau superior ou das autoridades tutelares e por outro uma ampla autonomia financeira, prevista no artigo 238.º.

Neste último âmbito, importa ter presente o enquadramento histórico da evolução da autonomia financeira municipal, entre nós, e também as recomendações que têm vindo a ser feitas por organizações internacionais, mormente o Conselho da Europa que com a sua Carta Europeia de Autonomia Local estruturou um conjunto significativo de princípios a que deve obedecer o relacionamento entre o Estado Central e as autarquias locais, designadamente alertando para uma necessidade de receitas tributárias próprias dos entes locais.

Neste particular, verifica-se que nos últimos largos anos a evolução do legislador em matéria de finanças locais tem sido no sentido, desde a primeira LFL (a Lei 1/79, de 2.1) até à actual, de acentuar o peso e a importância dos impostos como fonte de financiamento e de autonomia tributária das autarquias, atribuindo mais impostos aos municípios (v.g. sisa, hoje IMT), concedendo mais poderes no sentido da majoração ou da minoração de taxas em função de opções de política urbanística prosseguidas pelo município (v.g. no âmbito do IMI), de uma maior intervenção dos poderes dos municípios na concessão ou na audição sempre que estejam em causa isenções de impostos locais, na fixação de taxas dos impostos entre limites pré-determinados pela lei ou da abertura a que os procedimentos de arrecadação da cobrança dos impostos (seja só cobrança ou alargada à fase anterior da liquidação) sejam ou possam ser levadas a cabo por municípios isolada ou conjuntamente com vários deles.

Tal ligação aos impostos é também decisiva na forma de aferir a repartição – que se quer justa, no dizer do texto constitucional - dos recursos públicos entre o Estado Central e as autarquias. Isso sucede no que respeita, por exemplo ao Fundo de Equilíbrio Financeiro (FEF), que é uma receita municipal e cujo valor deriva de uma percentagem da receita dos impostos nacionais (estaduais), que depois o Estado, através de mecanismos de perequação financeira previstos na lei, transfere para os municípios e que cuja vertente agora se acentua com esta participação no IRS que tem todavia natureza diferente do FEF.

Neste caso, como vimos, o valor total da transferência é calculado com base em impostos mas os critérios de distribuição para cada município em concreto fazem-se de acordo com critérios que a lei expressamente estabelece. Veja-se o artigo 26.º da LFL.

No caso do IRS, a situação é substancialmente diferente, já que, como vimos, o município pode, caso assim o entenda, ter direito a 5% da receita de IRS de cada um dos seus residentes.

Afigura-se-nos ser extremamente positivo reforçar os poderes tributários dos municípios e sempre o defendemos em diversos escritos que fomos desenvolvendo ao longo dos tempos (v.g "Contributo para o Estudo das Finanças Municipais em Portugal, CCRC, Coimbra 1987; "Sistemas Fiscais das Autarquias", Rei dos Livros, 1987). Mantemos de resto este ponto de vista.

Se há aspecto que nos parece decisivo, quer em termos de bom modelo de financiamento local, quer em termos de democraticidade e de responsabilização autárquica, é o do exercício e da amplificação de poderes tributários por parte das autarquias, "maxime" dos municípios.

Em termos de financiamento, porque nos parece adequado que haja uma maior componente tributária no conjunto das receitas municipais, que as tornem menos dependentes das transferências orçamentais do Estado Central, sempre mais vulneráveis às conjunturas e às necessidades financeiras deste último. Ou seja, em caso de contenção da despesa, o Estado Central tenderá a reduzir as transferências muitas vezes, como sucedeu frequentemente no passado, no âmbito do próprio Orçamento do Estado para o ano seguinte, dificultando sobremaneira a gestão autárquica. O mesmo já não tem acontecido tanto no que concerne aos impostos locais que, ou são objecto de mera actualização de escalões com base em critérios que digam respeito à inflação (assim actualização dos escalões do IMT ou dos valores de referência para efeitos de isenção de IMI) ou, então, são objecto de uma reforma profunda, mas em regra com o cuidado de não prejudicar a receita autárquica (foi assim com a Reforma do Património de 2003, que implicou, no tocante à introdução antecipada dos escalões de IMT em sede ainda do imposto municipal de sisa, de uma generosa transferência orçamental para os municípios a título de compensação pela receita potencialmente perdida).

Por outro lado, é um elemento de maior democraticidade e responsabilização dos autarcas. Pensamos que estes devem também e cada vez mais ser julgados pelas respectivas populações com base nas políticas fiscais – bastante limitadas, mas ainda assim com certo peso – que possam desenvolver no respectivo concelho. Para tanto, importa, pois, reforçar os poderes tributários dos municípios, seja em relação aos seus próprios impostos, seja, como é o caso, em relação à possibilidade de poderem contribuir para um desagravamento fiscal no imposto sobre o rendimento das pessoas singulares residente no respectivo concelho.

Este poder, de resto, já os municípios têm hoje no que concerne à derrama, ou seja ao adicional sobre o IRC e que pode constituir um reforço, algumas vezes, assaz considerável das respectivas receitas, podendo em contrapartida, em caso de a autarquia prescindir da derrama, constituir um estímulo às empresas para que possam estabelecer a sede no concelho.

Reconheço que só este argumento da consagração constitucional da autonomia local poderá justificar a diferenciação de imposto em sede de IRS, tal como para os impostos locais ou para a tributação das empresas.

Reconheço, também, que entre os três impostos (IMI, IRC/derrrama e IRS), apesar de tudo será em relação ao IRS que menos se justificará a introdução desta diferenciação, porquanto não escondo que poderá haver maior justificação para os outros dois. Na verdade, nestes a autarquia poderá, por via fiscal, procurar incentivar que empresas se fixem no respectivo concelho ou que as pessoas residam no mesmo porque pagam um IMI um pouco mais baixo. Este mesmo argumento justificaria que se tivesse ido bem mais longe na concessão de isenções pelas autarquias em matéria de IMT, por exemplo, onde, por se tratar de um imposto de prestação única, até os riscos na reversão de uma decisão de política fiscal desaparecem. Não se foi por aí e optou-se pela diferenciação em sede de IRS. Se bem que em termos de opção política, a mesma, a nosso ver, não fosse a primordial, a verdade é que em sede puramente jurídica e de constitucionalidade, pelas razões aduzidas, não se nos afigura que a mesma fira a CRP.

Finalmente, dir-se-á, a concluir, que não nos parece, também, que haja violação do princípio da igualdade meramente fundado em razões de índole geográfica. A ser assim, também a derrama e a fixação de taxas no IMI seriam inconstitucionais, para além de que a tributação nas Regiões Autónomas seria, em regra, toda ela inconstitucional, para além de outras situações como os incentivos fiscais à fixação de empresas no interior.

ANOTAÇÃO AO ACÓRDÃO N.º 50/06-17 OUT 1.ª S-PL
(recurso ordinário n.º 40/06)

Nuno Cunha Rodrigues

CONTRATO DE CESSÃO DE CRÉDITOS DAS AUTARQUIAS

1. O acórdão em causa, aprovado pelo Plenário da 1ª Secção do Tribunal de Contas, surge na sequência do recurso interposto pela Câmara Municipal de Cascais, inconformada com o Acórdão n.º 247/2006-JUL.18-1ªS/SS, que recusou o visto ao contrato celebrado entre esta Câmara e os Bancos BPI, SA, Santander Totta, S.A, e Santander de Negócios Portugal, S.A., denominado pelas partes contratantes "contrato de cessão de créditos".

2. Observemos os contornos essenciais da operação que está subjacente, tal como descrita no Acórdão:
   a) A operação tem por objecto a cessão de créditos não vencidos/futuros no valor de 17.011.022,81€;
   b) Pelos créditos cedidos o cessionário pagaria 15.992.000,00€, representando o diferencial, face ao seu valor estimado, o custo que o Município suportaria com a operação;
   c) A título de retribuição pela concepção e montagem da operação o cedente pagaria o valor de 30.000,00€, acrescida dos encargos e impostos devidos nos termos da lei;
   d) O risco de não cobrança dos créditos correria por conta do cedente, havendo lugar ao ajustamento do respectivo preço, à revenda dos créditos em causa ou ao pagamento da quantia em dívida, acrescida da devida compensação, nos termos contratualmente estabelecidos.

3. Questão prévia que se coloca respeita a saber em que medida a operação, denominada contratualmente por cessão de créditos, está

sujeita à fiscalização prévia do Tribunal de Contas, atento o disposto nos artigos 5.º, n.º 1, alínea c) e 46.º da Lei n.º 98/97, de 26 de Agosto.

O artigo 5.º, que define a competência material essencial do Tribunal de Contas, especifica na alínea c) a competência para "fiscalizar previamente a legalidade e o cabimento orçamental dos actos e contratos de qualquer natureza que sejam geradores de despesa ou representativos de quaisquer encargos e responsabilidades, directos ou indirectos (…)". Esta fórmula tão abrangente adoptada pelo legislador surge delimitada pelo artigo 46.º que, de forma expressa, identifica quais "os actos e contratos" sujeitos a este tipo de fiscalização, identificando os seguintes:

a) Os actos de que resulte o aumento da dívida pública fundada, bem como os actos que modifiquem as condições gerais de empréstimos visados;
b) Os contratos de obras públicas, aquisição de bens e serviços, bem como outras aquisições patrimoniais que impliquem despesa, quando reduzidos a escrito por força da lei.

Significa que apenas estão sujeitos a visto os actos geradores de dívida pública fundada ou os que sejam geradores de despesa e, entre estes, apenas os que assumam uma das qualificações jurídicas referidas na alínea *b)* daquele normativo. Excluem-se, assim, do respectivo âmbito os que não representem encargos para o erário público ou os que, implicando encargos, não se reconduzam a nenhuma das categorias jurídicas identificadas no artigo 46.º ou cujo valor se situe abaixo do valor anualmente fixado na Lei do Orçamento do Estado[1]. Estará, à partida, nesta situação a cessão financeira (factoring), apesar das diversas configurações que formalmente este esquema operativo pode assumir, excepto nos casos em que a componente prestação de serviços se assume como núcleo central do contrato.

Referimo-nos, em concreto, ao denominado *factoring* de serviços cujo objecto se reconduz, no essencial, à cobrança pelo factor das factu-

---

[1] O artigo 48.º da Lei n.º 98/97 determina que "As leis do Orçamento fixam, para vigorar em cada ano orçamental, o valor contratual, com exclusão do montante do imposto sobre o valor acrescentado que for devido, abaixo do qual os contratos referidos nas alíneas b) e c) do n.º 1 do artigo 46.º ficam dispensados de fiscalização prévia".

ras cedidas e à prestação de serviços de contabilidade, de consultadoria e de acompanhamento. Na essência, este tipo de *factoring* não é mais do que uma prestação de serviços[2].

Abstraindo-nos desta modalidade de cessão de créditos, que não é, de todo, a mais utilizada entre nós, resta, pois, saber em que medida a cessão financeira poderá constituir uma operação de natureza creditícia com implicações ao nível do endividamento público, posicionando-se, nos termos da alínea a) do artigo 46.º da Lei n.º 98/97, entre os actos sujeitos a fiscalização prévia do Tribunal.

A resposta a esta questão remete-nos para a problemática a que está associada a exacta determinação da sua natureza jurídica à qual o Tribunal de Contas aludiu.

4. Por via de regra, a qualificação de uma dada figura jurídica deve ser deduzida do respectivo regime. Todavia, quando a lei não é clara sobre essa matéria e quando é grande a liberdade de conformação contratual reconhecida às partes, como é o caso, tal tarefa implica que a determinação da natureza jurídica constitua questão prévia relativamente à fixação do respectivo regime jurídico.

Além disso, como sublinha MENEZES CORDEIRO, na determinação da natureza de qualquer figura jurídica, os aspectos estruturais não são os únicos a considerar, sendo também decisivos os aspectos funcionais[3], especialmente se tivermos presente "(...) a tendência para, no moderno Direito comercial, utilizar esquemas clássicos com funções muito diversas das tradicionais e, *maxime*, com funções financeiras. Exemplo pacífico é, hoje, o da locação financeira ou *leasing*, na qual os quadros da velha *locatio-conductio* são usados para proporcionar um negócio de financiamento"[4].

---

[2] Estruturalmente, este factoring corresponde ao *maturity factoring* norte-americano.

[3] Habitualmente, apontam-se três: a função de financiamento, que advém do pagamento imediato dos créditos cedidos; a função de seguro, típica do factoring próprio, que implica a transferência para o factor dos riscos da cobrança; a prestação de serviços, na medida em que implica a gestão da carteira de devedores, a sua interpelação para pagamento e cobrança.

[4] In *Da cessão financeira (factoring)*, Lex, Lisboa, 1994, pág. 84.

Não constitui, por isso, surpresa a polémica em torno da qualificação jurídica do contrato de cessão financeira. Desde os que tendem a qualificá-lo como um contrato de crédito, atenta a função financeira que desempenha, passando pelos que tendem a vê-lo como um contrato de compra e venda de créditos, apesar da especialidade associada ao objecto desta aquisição, até aos que o aproximam do contrato de mandato, muito se tem discutido acerca da sua subsunção a um tipo negocial por forma a tornar possível o estudo do seu regime[5].

Assim, considerando os seus aspectos estruturais, isto é, as cláusulas habitualmente inseridas nos diversos contratos, a cessão financeira é, entre nós, tecnicamente considerada como um contrato de conteúdo atípico, pelo facto de o legislador não lhe ter atribuído uma designação, e misto, na medida em que mistura elementos relativos à venda futura de créditos, assunção de risco e de prestação de serviços[6]. A esta atipicidade legal contrapõem alguns uma tipicidade social tendo em conta a função económico-social que desempenha, o grau de difusão e o relevo que alcançou na prática social[7].

Atendendo, por outro lado, aos aspectos funcionais, a doutrina procura distinguir a cessão financeira própria[8] da cessão financeira imprópria[9], reconduzindo a primeira ao negócio de compra e venda de créditos, pelo facto de implicar a transferência definitiva da propriedade dos créditos, enquanto a segunda tende a ser vista como um contrato de mútuo, pela circunstância daquela transferência não se verificar, assumindo, por esta via, a função financeira proponderância decisiva na sua qualificação.

No contrato que é objecto de apreciação pelo Tribunal, a exclusão da função *del credere* distanciam-no da figura do *factoring* em sentido pró-

---

[5] Para uma visão mais completa desta controvérsia, vd. MARIA JOÃO R. C. VAZ TOMÉ, "Algumas notas sobre a natureza jurídica e a estrutura do contrato de *factoring*", in *Direito e Justiça*, n.º 6, 1992, pág. 251 e segs..

[6] ANTÓNIO MENEZES CORDEIRO, *Manual de direito bancário*, 2ª ed., Almedina, Coimbra, 2001, págs. 626 e segs..

[7] Neste sentido, ANTÓNIO PINTO MONTEIRO/CAROLINA CUNHA, "Sobre o contrato de cessão financeira ou de "*factoring*"", in *Boletim da Faculdade de Direito*, vol. comemorativo, Coimbra, págs. 521 e segs..

[8] Também denominada por *old line factoring* ou por *factoring* sem recurso.

[9] Que se caracteriza pela não transferência do risco de incumprimento do devedor para o cedente.

prio e aproximam-no do *factoring* em sentido impróprio, qualificando-o o Tribunal como um contrato de mútuo, não deixando, por isso, dúvidas quanto à sua inserção entre os actos de que pode resultar o aumento da dívida pública fundada.

5. Ao qualificar o contrato como mútuo, o Tribunal de Contas sufragou a posição defendida pela doutrina alemã maioritária que justifica este entendimento no facto de a remuneração do factor ser estabelecida em função do tempo pelo qual se encontra privado do recebimento do crédito, o que leva a que essa contraprestação possa ser qualificada como juro, dado que é estabelecida em função do tempo de privação do capital. De acordo ainda com esta doutrina, a especificidade em relação ao mútuo, como assinala MENEZES LEITÃO, encontra-se na circunstância de a obrigação de restituição ser satisfeita antempadamente através do crédito cedido, o que implica que a cessão de créditos funcione como meio de cumprimento[10].

Esta posição é defendida por MENEZES CORDEIRO embora partindo de outro argumento. Assim, a não assunção pelo factor do risco de incumprimento do terceiro devedor torna decisiva a afirmação de não existir no *factoring* impróprio uma verdadeira cessão de créditos, sustentando que este "acabará, estruturalmente, por ser um mútuo com restituição atípica (doutrina alemã) ou um mandato (doutrina francesa)"[11].

6. A controvérsia a que acabámos de aludir demonstra que a designação que as partes possam dar aos contratos é, do ponto de vista jurídico, irrelevante sendo pois essencial que, pelo menos num primeiro momento, o intérprete se atenha à realidade subjacente.

Ora, no caso concreto, aquilo que o Tribunal encontrou foi a contratação de um mecanismo jurídico que permitia ao Município beneficiar de uma transferência efectiva de meios de liquidez, o qual ficava, por sua vez, vinculado a um conjunto de deveres de natureza pecuniária – remuneração e devolução do capital recebido. Essa devolução ocorreria por duas vias possíveis: por via indirecta, através da satisfação dos créditos cedidos

---

[10] In *Cessão de créditos,* Almedina, Coimbra, 2005, pág. 537.
[11] In *Manual, cit.,* pág. 628.

pelos terceiros devedores; por via directa (ou seja, pelo Município) através do ajustamento do preço dos créditos cedidos, da sua recompra ou da entrega das quantias em dívida, em caso de incumprimento dos terceiros devedores. Desta forma afastava-se a transferência efectiva da propriedade dos créditos. A esta luz pode afirmar-se que o Tribunal de Contas andou bem quando considerou que tal contrato consubstanciava uma operação de crédito com implicações ao nível do endividamento do Município.

7. Em reforço deste entendimento deve seguir-se de perto o ensinamento de PAZ FERREIRA que considera estarmos perante uma operação de crédito público quando o Estado, ou qualquer outra entidade pública, "beneficia de uma transmissão de meios de liquidez por parte de outros sujeitos económicos, obrigando-se, em contrapartida, a proceder mais tarde à sua devolução e à remuneração do capital recebido."

"Na medida em que o elemento dilação temporal das prestações é essencial à definição do crédito, poderão incluir-se entre tais operações aquelas (...) em que o Estado evita o pagamento de uma prestação a que estava obrigado mediante o compromisso de a satisfazer mais tarde"[12]. O que equivale a dizer que o crédito público tanto pode resultar da transferência de fundos para o ente público, como da possibilidade que lhe é conferida de adiar uma prestação patrimonial a que estava vinculado.

Em conformidade, a dívida pública, ensinava Sousa Franco, designa "o conjunto das situações passivas que resultam para o Estado do recurso ao crédito público"[13]. Mais correcto, aliás, é distinguir "dois sentidos de "dívida pública" (tal como de crédito):

– em sentido estrito, a dívida pública corresponde apenas às situações passivas de que o Estado é titular em virtude do recurso a empréstimos públicos;
– em sentido amplo, abrange o conjunto das situações derivadas, não só do recurso ao empréstimo público, mas também da prática de operações de crédito"[14].

---

[12] In EDUARDO PAZ FERREIRA, *Da dívida pública e das garantias dos credores do Estado*, Almedina, Coimbra, 1995, pág. 158.
[13] In *Finanças públicas e direito financeiro,* vol. II, 4ª ed., Almedina, Coimbra, 1992, pág. 87.
[14] *Ibidem.*

8. Pode dizer-se que tal concepção é hoje confirmada pelo teor que tais conceitos assumem no âmbito do sistema europeu de contas (SEC 95)[15].

Na verdade, de acordo com a definição constante do Regulamento (CE) n.º 3605/93, relativo à aplicação do Protocolo sobre o procedimento relativo aos défices excessivos[16], entende-se por dívida pública "o valor nominal da totalidade das responsabilidades brutas em curso no final do ano do sector "administrações públicas" (...), com excepção das responsabilidades cujos activos financeiros correspondentes são detidos pelo sector "administrações públicas" (cfr. artigo 1.º, n.º 5).

Esta noção é completada pelo mesmo Regulamento que procede à identificação das componentes da dívida, por referência às definições de passivos financeiros constantes do SEC 95. Precisa-se, assim, que a dívida pública é constituída pelas responsabilidades das administrações públicas nas seguintes categorias:

- Numerário e depósitos;
- Títulos, excepto acções e excluindo derivados financeiros;
- Empréstimos.

Na categoria dos empréstimos, que é aquela que ora nos interessa, integram-se as operações em que "os credores cedem fundos aos devedores, quer directamente quer através de mediadores, e que podem estar comprovados por documentos não negociáveis ou não estar comprovados por quaisquer documentos".

De acordo, ainda, com o SEC 95, entre as características que os empréstimos devem reunir figura a circunstância de se tratar de "uma dívida incondicional ao credor que tem de ser reembolsada no seu vencimento e sobre a qual são cobrados juros".

Incluem-se, assim, na categoria dos empréstimos as seguintes operações:

---

[15] Aprovado pelo Regulamento (CE) n.º 2223/96, de 25 de Junho, e alterado pelos Regulamentos (CE) n.ºs 2558/2001, de 3 de Dezembro, e 1392/2007, de 13 de Novembro, e pelo Regulamento da Comissão n.º 113/2002, de 23 de Janeiro.

[16] Com as alterações introduzidas pelos Regulamentos (CE) n.ºs 475/2000, de 28 de Fevereiro, 351/2002, de 25 de Fevereiro.

– Saldos de contas correntes;
– Margens reembolsáveis relativas a derivados financeiros;
– Acordos de recompra (*repurchase agreements – repos*) de curto prazo e contratos de recompra de longo prazo[17];
– Empréstimos resultantes de *swaps* de ouro não monetário[18];
– Empréstimos que sejam contrapartida de aceites bancários;
– Acordos de locação financeira e de financiamento de vendas a prestações;
– Empréstimos para financiar créditos comerciais;
– Empréstimos hipotecários;
– Crédito ao consumo e créditos renováveis;
– Empréstimos a pagar em prestações;
– Empréstimos concedidos como garantia pelo cumprimento de certas obrigações.

9. Por último, registe-se que o regime constante da actual Lei das Finanças Locais (aprovada pela Lei n.º 2/2007, de 15 de Janeiro) vedou aos municípios a possibilidade de cederem créditos não vencidos (cfr. artigo 38.º, n.º 12).

---

[17] De acordo com a definição constante do Sistema de Contas Nacionais de 1993, os acordos de recompra são acordos de cedência de títulos onerosa, assumido o cedente o compromisso de recompra dos mesmos títulos ou de títulos similares a um preço fixado e numa data especificada (cfr. ponto 11.32). Aí também se refere que esta operação tem uma natureza muito semelhante ao do empréstimo garantido, uma vez que "o comprador dos títulos fornece ao vendedor adiantamentos com base nos títulos durante o período do acordo e recebe um rendimento correspondente ao preço fixado, quando o acordo de recompra é revertido". Mas para que seja considerada uma operação de recompra é necessário que exista o compromisso firme, por parte do cedente, de recomprar o activo. Caso contrário, ocorrerá uma transferência efectiva de propriedade e não será já uma operação de recompra. Neste sentido, vd. O Manual do SEC 95 sobre Défice e a Dívida Pública das Administrações Públicas, Comissão Europeia, EUROSTAT, pág. 221.

[18] De acordo com a definição constante do SEC 95, trata-se de acordos que envolvem a troca de ouro não monetário por dinheiro. Tem uma natureza semelhante à de um empréstimo com garantias porque o comprador do ouro entrega ao vendedor adiantamento cobertos pelo ouro durante o período do acordo e quando o ouro é recomprado recebe um rendimento sobre o preço fixado.

AINDA A PROPÓSITO DA TRIBUTAÇÃO DOS TRABALHADORES PORTUGUESES NA ALEMANHA – ALGUMAS NOTAS

Gustavo Lopes Courinha

Acórdão do Supremo Tribunal Administrativo

Processo n.º 0126/06
Data do Acórdão: 12-07-2006
Tribunal: 2.ª Secção
Relator: Costa Reis

Sumário:

I – Ocorre a duplicação de colecta quando, estando paga por inteiro um tributo se exigir da mesma ou de diferente pessoa um outro, de igual natureza referente ao mesmo facto tributário e ao mesmo período de tempo, o que significa que esta figura só tem lugar quando se dê a reunião cumulativa dos seguintes requisitos: a) o facto tributário ser o mesmo, b) ser idêntica a natureza do imposto já pago e o que, de novo, se exige, c) referirem-se ambos os impostos ao mesmo período temporal.

II – Deste modo, a duplicação de colecta – que funciona como impedimento à possibilidade do contribuinte ser taxado, mais do que uma vez, pelo mesmo rendimento na mesma sede tributária – só ocorre quando se exija do contribuinte o pagamento de um imposto que este, ou um terceiro, já pagou.

III – Diferente da duplicação da colecta é a figura da dupla tributação pois que nesta, ao contrário daquela, são várias as normas de incidência que se aplicam ao mesmo facto tributário e, porque assim, esta, em abstracto, não só não é ilegal como pode ser desejada pelo legislador.

IV – Pago na Alemanha imposto sobre os rendimentos do trabalho aí auferidos por residente em Portugal deve esse tributo ser deduzido no IRS liquidado em Portugal.

Lisboa, 12 de Julho de 2006. – Costa Reis (relator) – Brandão de Pinho – Lúcio Barbosa.

Fonte: www.dgsi.pt. Também disponível em www.dre.pt – apêndice de 20 de Abril de 2007 ao Diário da República.

ANOTAÇÃO

O aresto *supra* transcrito – além de relembrar a distinção, hoje indiscutível na doutrina e da jurisprudência, entre dupla colecta e dupla tributação – adquire superior importância no ponto em que inverte o sentido até então seguido, em termos preocupantemente uniformes, pela generalidade dos tribunais fiscais superiores[1].

A presente decisão, que merece inteiro acolhimento[2], vale-se, aliás, da posição que já tínhamos defendido anteriormente em anotação fortemente crítica àquela jurisprudência[3], vindo recolocar a aplicação jurisprudencial do regime das Convenções de Dupla Tributação (doravante, "CDTs") na linha da correcta doutrina tributária internacional[4].

---

[1] Também no acórdão de 15 de Março de 2006 (Rel. Brandão de Pinho), o STA manifestara já esta inflexão, aqui confirmada. Disponível em www.dgsi.pt.

[2] Sem prejuízo de um ou outro reparo que, em nosso ver, importaria considerar, como veremos.

[3] COURINHA, GUSTAVO LOPES, "A tributação dos cidadãos portugueses trabalhadores no estrangeiro à luz do artigo 15.º do Modelo de Convenção OCDE", *Fiscalidade*, n.º 17, pp. 61 e ss.. No mesmo sentido se pronunciara, igualmente e quase em simultâneo, FAUSTINO, MANUEL, "Tributação de rendimentos auferidos na Alemanha. Convenção República Portuguesa e a República Federal da Alemanha. Tentativa de evitar a dupla tributação", *Fiscalidade*, n.º 18, pp. 61 e ss.. A referência a ambos os artigos doutrinais, que o acórdão segue de perto, é porém manifestamente incompleta, sem identificação da obra, autoria ou acórdão comentado. Sobre as regras para a correcta citação bibliográfica, vd. ECO, UMBERTO, *Como se faz uma tese em Ciências Humanas*, 6.ª edição, Editorial Presença, Lisboa, 1995.

[4] Há, porém, quem persista na defesa da jurisprudência antiga, agora totalmente revogada. Com uma apologia, em termos totalmente inquinados, dessas decisões do TCA, vd. TRIBUNA, SÉRGIO, "O artigo 15.º da Convenção Modelo OCDE – os rendimentos do trabalho dependente auferidos no estrangeiro", Revista de Doutrina Tributária,

Comentários de Jurisprudência

Algumas notas sobre esta matéria merecem, todavia, ser acrescentadas; relacionam-se, em regra, com aspectos que vêm referidos nos factos ou aflorados na fundamentação da decisão.

I – A primeira dessas notas reporta-se à forma como se tem vindo a resolver a questão prévia da dupla residência fiscal – condição *sine qua non* da correcta interpretação e aplicação das CDTs.

Pelo sentido exposto no presente acórdão, ao ser aplicada a *tie-breaker rule* do art. 4.º/n.º 2 da CDT, podemos concluir que a decisão da mesma em favor de Portugal se deve, exclusivamente, ao facto de o trabalhador (marido, por regra) ser o único elemento do agregado familiar a auferir proveitos – "*o núcleo familiar que sustentava*" (sic). Verificando-se, segundo este Supremo Tribunal (pela matéria de facto já fixada a montante), que o centro de interesses económicos do sujeito se situa em Portugal, esta questão fica resolvida em favor nacional.

Assim sendo, impõe-se perguntar, pode *a contrario* esperar-se do STA posição que sustente a preterição da residência em Portugal – i.e. a conclusão oposta – acaso algum dos elementos do agregado familiar aufira rendimentos, ou acaso um ou ambos os filhos vivam com o pai na Alemanha? Ou, um cruzamento de ambas as situações?

E que dizer de um agregado familiar que viva em separação de facto, sendo tal demonstrado em tribunal?

Estando perante uma área de forte casuísmo, os caminhos que os Venerandos Conselheiros vão trilhando tenderão a vinculá-los nas decisões futuras perante uma identidade de circunstâncias.

II – Outra questão premente, respeita à compatibilidade entre o critério de atribuição de residência constante do art. 16.º/n.º 2 do CIRC com as CDTs[5].

3.º trimestre de 2003 – disponível em: http://www.doutrina.net/p/Revista_de_Doutrina_Tributaria/rdt_07/convencao_modelo_ocde.htm.

[5] Esta questão, vimo-la pela primeira vez levantada, em termos informais e a título pessoal, por Ricardo Borges, na Faculdade de Direito de Lisboa e por Rainer Prokisch, na Faculdade de Direito de Maastricht. Agradecemos a ambos, a amável disponibilidade para troca de opiniões sobre esta temática.

Na verdade, se olharmos atentamente ao disposto no art. 4.º/n.º 1 das CDTs que sigam de perto a Convenção Modelo da OCDE (doravante, "CMOCDE"), constatamos que há uma pretensão evidente de não aceitar, para efeitos da Convenção, todo e qualquer critério interno de atribuição da qualidade de residente; valerão, tão só, critérios de natureza similar à daqueles mencionados no regime convencional (domicílio, local de residência, local de gestão). E aqueles critérios têm sempre por referência ligações efectivas a realidades fisico-espaciais localizadas num Estado (v.g. território)[6].

Ora, como bem se sublinhou nesta decisão, no seguimento de ALBERTO XAVIER, o critério do art. 16.º/n.º 2 do CIRS abstrai da realidade concreta do contribuinte, fazendo presumir uma outra, independentemente de esta se ter verificado (porque casado, era automaticamente residente). Era pois de concluir, que de uma verdadeira presunção *iuris et de iure*[7] se tratava, e por isso insusceptível de prova contrária, facto que parecia claramente desconforme com o princípio da capacidade contributiva e contrário à regra do art. 73.º da LGT – cuja letra parece permitir tutelar toda e qualquer norma de incidência (subjectiva, objectiva ou territorial).

Um tal critério, despegado de qualquer conexão material com um dado ordenamento tributário, é desconforme aos limites impostos pelo regime convencional. É que um critério assente numa presunção não tem uma natureza intrínseca equivalente a um critério assente num elemento territorial efectivo e real. E não sendo reconhecida a qualidade de residente em Portugal para efeitos convencionais, o sujeito apenas seria considerado residente na Alemanha (no caso), ficando o assunto resolvido à nascença – deixando de haver um elemento de conexão relevante com o território português, deixaria de ter lugar uma concorrência de pretensões tributárias.

---

[6] Sobre isto, vd. , C. VAN RAAD, *Cursus Belasting Recht – Internationaal Belastingrecht*, Kluwer, 2003, pp. 246-8 JACQUES MALHERBE, *Droit Fiscal International*, Maison Larcier, Brussels, 1994, p. 41, PHILIP BAKER, *Double Taxation Conventions and International Tax Law*, Second Edition, Sweet & Maxwell, 1994, p. 127.

[7] Sobre o recurso a presunções e ficções na formulação de normas de incidência tributária, com ou sem propósito anti-elisivo, vd., a nossa, *A Cláusula Geral Anti-Abuso no Direito Tributário*, Almedina, Coimbra, 2004, pp. 98-103.

Esta questão perdeu, porém, grande parte da sua importância com as alterações que foram introduzidas no regime de tributação de agregados familiares em que os membros residem "materialmente" em jurisdições distintas.

III – As alterações ao CIRS são, por isso, outro dos pontos que convém notar.

Com as modificações e aditamentos de novas regras, o regime passou, na prática, a deixar de tributar os rendimentos do trabalhador auferidos por emprego exercido e pago fora de Portugal, no caso daquele demonstrar a falsidade do estatuído no n.º 2, o que se fará, por meio da demonstração de "*inexistência de uma ligação entre a maior parte das suas actividades económicas e o território português*"[8].

Por seu lado, o outro cônjuge – residente em território português – declarar-se-á como separado de facto, formando um agregado familiar monoparental e assim sendo tributado.

Na prática, por força de um critério errado de atribuição de residência, o legislador vê-se obrigado a incorrer num emaranhado de normas que o conduzem à situação limite de forçar a separação, para efeitos fiscais, do agregado familiar[9].

IV – Outra nota ainda para uma particularidade que pode ser interessante nos casos que envolvem concretamente a Alemanha e diz respeito a impostos que possuem uma base de incidência idêntica à do *Einkommensteuer* – por exemplo, o *Kirchensteuer* (Imposto da Igreja) ou even-

---

[8] Na prática, quando faça a prova de que o seu centro de interesses vitais (económicos) não se encontra situado em Portugal. A actual redacção da lei diz-nos algo sobre a apreciação que o STA fez sobre o centro de interesses vitais, no presente acórdão. Não parece, de facto, que o sustento económico do agregado seja o demonstrativo bastante ou sequer o mais correcto para comprovar o centro de interesses vitais, ao menos de cariz económico.

[9] Fica a dúvida sobre se esta separação para efeitos fiscais não afrontará alguma decorrência de um qualquer direito fundamental ou do próprio princípio constitucional da consideração especial do agregado familiar (art. 103.º/n.º 1 da Constituição) – v.g. por cessação do privilégio do *splitting* conjugal.

tuais impostos especiais[10], locais/estaduais. Estes e outros impostos, pese embora não surgindo expressamente elencados na lista constante da CDT com a Alemanha – conviria, em qualquer caso, apurar se cairiam no conceito de "adicionais" (ver art. 2.º da CDT) –, deveriam ser tidos em conta pelo Estado Português, ao menos *de iure constituendo*[11], assim evitando o indesejado fenómeno da dupla tributação jurídica fiscal internacional marginal – i.e., a dupla tributação que se mantém já após aplicação dos mecanismos de eliminação da dupla tributação[12].

É que, no ordenamento alemão, para além do *Einkommensteuer* – imposto geral sobre o rendimento – a pagar pelo contribuinte são, normalmente, considerados outros impostos especiais sobre o rendimento, pelo género ou âmbito territorial. Ao invés de existir uma incidência formal única sobre os rendimentos – um único imposto, como em Portugal –, existe uma matéria colectável comum a ambos os impostos, com o primeiro a ver o seu *quantum* reduzido, em função do aumento dos montante daqueles outros impostos. Naturalmente, a Administração Fiscal Portuguesa, ao permitir a dedução apenas do valor final do *Einkommensteuer* e não do *Kirchensteuer* e outros impostos locais, regionais ou estaduais, irá estar a reduzir a margem de eliminação da dupla tributação,

---

[10] Por exemplo, o *Solidaritätszuschlag* – destinado a financiar o desenvolvimento da ex-RDA, em vigor desde 1995 e que não foi objecto de qualquer aditamento à CDT.

[11] O que não deve inibir os tribunais de procederem a essa análise, que implica uma incursão, necessariamente difícil, no Direito Estrangeiro. Foi o que fizeram quer o *Österreichische Verwaltungsgerichtshof* – Supremo Tribunal Administrativo Austríaco – quer o *Tax Court of Canada*. No primeiro caso, a substituição de um imposto (geral) por um outro (de âmbito municipal) foi considerada suficiente, uma vez que ambos possuíam a mesma base de incidência – os lucros das sociedades. No segundo caso, foi considerado concretamente o *Kirchensteuer*, de modo a incluir a respectiva tributação na dedução reconhecida para efeitos de eliminação da dupla tributação. Sobre estes casos, vd., respectivamente, KLAUS VOGEL, "Tax treaty News", *Bulletin*, Outubro 2002, p. 498-9 e KLAUS VOGEL, "Tax Treaty News", *Bulletin*, Março 2001, p. 91.

[12] Este género de dupla tributação tende a possuir um carácter normalmente marginal ou insignificante, encontrando-se normalmente associado aos distintos níveis de progressividade dos impostos e/ou aos métodos de eliminação da dupla tributação. Com a Alemanha, porém, o caso tem sido bastante diferente, com elevadas cargas tributárias (mesmo excluindo os juros de mora) a serem apuradas em Portugal. E não se pode argumentar com a excessiva progressividade das taxas nacionais face às alemãs (que, aliás, são incrivelmente próximas), mas antes com aspectos como estes aqui avançados.

objectivo primeiro das CDTs, imputando menos do que devia, uma vez que a colecta global seria bem maior do que a que é.

Dito noutros termos, estamos em crer que poderá ser a própria estrutura de apuramento e liquidação conjunta destes impostos – cuja base tributável é idêntica – que tende a gerar tais problemas. Trata-se de uma questão que, por não ser do domínio puro de aplicação da Convenção, melhor será equacionada em sede de acordo entre as Administrações Fiscais.

V – A última nota reporta-se às deduções admitidas no IRS nacional.

Nos casos em que a residência portuguesa venha a ser a preferida em detrimento da germânica, a Administração Fiscal nacional terá de aceitar, sem significativas restrições as despesas efectuadas no território alemão, como se o fossem em território português, por exigência do Direito Comunitário[13]. E, para isso, deverá não só alertar os sujeitos passivos dessa possibilidade, como, acrescidamente e por um propósito de justiça, promover *ex officio* a sua determinação junto das autoridades fiscais alemãs, que estão em condições de fornecer a totalidade de tais dados, sem incómodo para os sujeitos passivos[14].

---

[13] Sobre a vastíssima jurisprudência – e com notáveis resumos e apreciações críticas – em que têm assentado os pilares, hoje relativamente inquestionáveis, deste princípio, vd., por todos, PATRÍCIA NOIRET CUNHA, *A Tributação Directa na Jurisprudência do Tribunal de Justiça das Comunidades Europeias*, Coimbra Editora, 2006, pp. 68 e ss..

[14] Recorde-se que, na maioria dos casos, os imigrantes raramente visitam Portugal. Forçá-los a um tal incómodo, estipulando, além disso, prazos reduzidos para apresentação de elementos pessoais de despesas e documentação junto dos serviços locais de finanças em Portugal, é, não só penoso, mas profundamente injusto.

SÍNTESE DOS PRINCIPAIS ACÓRDÃOS DO TRIBUNAL DE JUSTIÇA
DAS COMUNIDADES EM MATÉRIA FISCAL
PROFERIDOS DESDE JUNHO DE 2006

1. Imposto sobre o Valor Acrescentando

1.1 Acórdão de 18.07.2007, Processo C-277/05

Conceito de Pagamento de Sinal
Os artigos 2.°, n.° 1, e 6.°, n.° 1, da Sexta Directiva devem ser interpretados no sentido de que os montantes pagos a título de sinal no âmbito de contratos que têm por objecto a prestação de serviços hoteleiros sujeitos ao IVA, devem ser considerados, quando o cliente exerce a faculdade que lhe assiste de resolver o contrato e esses montantes são conservados pela entidade que explora um estabelecimento hoteleiro, como indemnizações fixas de rescisão pagas para reparar o prejuízo sofrido na sequência da desistência do cliente, sem nexo directo com qualquer serviço prestado a título oneroso e, enquanto tais, não sujeitas a esse imposto.

1.2 Acórdão de 27.09.2007, Processo C-409/04

Conceito de Aquisição Intracomunitária
Os artigos 28.°A, n.° 3, primeiro parágrafo, e 28.°C, ponto A, alínea a), primeiro parágrafo, da Sexta Directiva devem, em relação ao termo "expedido", constante destas duas disposições, ser interpretados no sentido de que a aquisição intracomunitária de um bem só se verifica e a isenção da entrega intracomunitária só é aplicável quando o direito de dispor do bem como proprietário tenha sido transferido para o adquirente e o fornecedor prove que esse bem foi expedido ou transportado para outro Estado-Membro e que, na sequência dessa expedição ou desse transporte, o mesmo saiu fisicamente do território do Estado-Membro de entrega.

O artigo 28.°C, ponto A, alínea a), primeiro parágrafo, da Sexta Directiva, na redacção que lhe foi dada pela Directiva 2000/65, deve ser interpretado no sentido de que se opõe a que as autoridades competentes do Estado-Membro de entrega obriguem um fornecedor, que agiu de boa-fé e apresentou provas que justificam, à primeira vista, o seu direito à isenção de uma entrega intracomunitária de bens, a pagar posteriormente o imposto sobre o valor acrescentado sobre esses bens, quando se demonstre que essas provas são falsas, sem que, contudo, esteja provada a participação do referido fornecedor na fraude fiscal, desde que este tenha tomado todas as medidas razoáveis ao seu alcance para se assegurar de que a entrega intracomunitária que efectua não implica a sua participação nessa fraude.

O facto de o adquirente ter apresentado uma declaração às autoridades fiscais do Estado-Membro de destino relativa à aquisição intracomunitária, como a que está em causa no processo principal, pode constituir uma prova suplementar para demonstrar que os bens saíram efectivamente do território do Estado-Membro de entrega, mas não constitui uma prova determinante para efeitos de isenção de imposto sobre o valor acrescentado de uma entrega intracomunitária.

1.3 Acórdão de 11.10.2007, Processo C-283/06

Conceito de Imposto sobre o Volume de Negócios – Imposto Local sobre Actividades Económicas

O artigo 33.°, n.° 1, da Sexta Directiva deve ser interpretado no sentido de que não obsta à manutenção de um tributo fiscal que apresente as características de um imposto sobre as actividades económicas como o que estava em causa no processo.

1.4 Acórdão de 18.10.2007, Processo C-355/06

Conceito de Actividade Económica

Para fins de aplicação da Directiva IVA, uma pessoa singular que executa todas as actividades em nome e por conta de uma sociedade, sujeito passivo, em cumprimento de um contrato de trabalho que a vincula a essa sociedade, da qual é, além disso, o único sócio, gerente e empregado, não é, ela própria, um sujeito passivo.

1.5 Acórdão de 25.10.2007, Processo C-174/06

Conceito de Locação de Imóveis/Domínio Público
Para efeitos da isenção constante do artigo 13.°, B, alínea b), da Sexta Directiva, uma relação jurídica, no quadro da qual é concedido a uma pessoa o direito de ocupar e utilizar, mesmo de modo exclusivo, um bem público, a saber, áreas do domínio público marítimo, por tempo determinado e mediante remuneração, enquadra-se no conceito de "locação de bens imóveis".

1.6 Acórdão de 06.12.2007, Processo C-451/06

Conceito de Locação de Imóveis
Para efeitos da isenção constante do artigo 13.°, B, alínea b), da Sexta Directiva, a concessão do direito de pesca, a título oneroso, nos termos de um contrato de locação celebrado por dez anos pelo proprietário de uma lagoa para a qual este direito foi concedido e pelo titular do direito de pesca numa lagoa do domínio público, não constitui uma locação de bens imóveis, visto que esta concessão não confere o direito de ocupar o bem imóvel em questão e de excluir qualquer outra pessoa do benefício de tal direito.

1.7 Acórdão de 13.12.2007, Processo C-408/06

Conceito de Actividade Económica/Sujeitos Passivos
A não sujeição de um organismo de venda de quotas de leite a imposto, no que respeita às actividades ou às operações que realiza enquanto autoridade pública, na acepção do artigo 4.°, n.° 5, da Sexta Directiva, não pode causar distorções de concorrência significativas, numa situação em que esse organismo não é confrontado com operadores privados que forneçam prestações em concorrência com as prestações

públicas. Sendo esta consideração válida para todos os organismos de venda de quotas de leite que exercem a sua actividade numa determinada área de transferência, definida pelo Estado-Membro em causa, há que concluir que a referida área constitui o mercado geográfico relevante para determinar a existência de distorções de concorrência significativas.

1.8 Acórdão de 21.02.2008, Processo C-271/06

Conceito de Exportação com Provas Falsas

O artigo 15.º, ponto 2, da Sexta Directiva deve ser interpretado no sentido de que não obsta a que os Estados-Membros isentem de imposto sobre o valor acrescentado uma entrega de bens para exportação para fora da Comunidade Europeia quando, embora não se verifiquem os pressupostos da isenção, o sujeito passivo não tenha podido aperceber-se de que tais pressupostos não estavam preenchidos, mesmo tendo actuado com a diligência de um comerciante avisado, devido à falsificação da prova da exportação apresentada pelo comprador.

CLOTILDE CELORICO PALMA

Acórdão de 17 de Janeiro de 2008, Processo C-152/05

Subsídio de Propriedade em Território Alemão

Um subsídio de propriedade atribuído apenas aos sujeitos que, encontrando-se submetidos a tributação ilimitada em Imposto sobre o Rendimento, adquiram ou construam uma habitação em território alemão, é contrário ao Direito Comunitário, por não ser extensível a habitações localizadas noutros Estados Membros.

Acórdão de 17 de Janeiro de 2008, Processo C-256/06

Determinação do Imposto Sucessório

Um imposto sucessório que estabeleça diferentes métodos de determinação da matéria colectável e um diferente regime fiscal consoante o Estado em que se localizam os imóveis é contrário ao Direito Comunitário.

Comentários de Jurisprudência

Acórdão de 17 de Janeiro de 2008, Processo C-105/07

Tributação de Remunerações de Empréstimos
É desconforme ao Direito Comunitário a legislação belga que trata como dividendos (tributáveis) os pagamentos feitos enquanto remuneração de empréstimos concedidos por uma sociedade situada noutro Estado Membro, enquanto trata como juros (não tributáveis) as remunerações de empréstimos concedidos por uma sociedade situada na Bélgica.

GUSTAVO LOPES COURINHA

SÍNTESE DE ACÓRDÃOS DO TRIBUNAL CONSTITUCIONAL (2007)

ACÓRDÃO N.º 11/2007
Pedido de fiscalização abstracta preventiva da constitucionalidade das seguintes normas constantes dos, também seguintes, preceitos do Decreto da Assembleia da República n° 94/X, diploma que, revestindo a forma de lei orgânica, aprovou a Lei das Finanças das Regiões Autónomas e revogou a Lei Orgânica n° 13/98, de 24 de Fevereiro, diploma esse aprovado em 30 de Novembro de 2006 e enviado para promulgação do Presidente da República em 15 de Dezembro de 2006.

ACÓRDÃO N.º 42/2007
Autos de fiscalização concreta da constitucionalidade, vindos do Tribunal da Relação de Lisboa, em que figura como recorrente A. e como recorridos o Ministério Público e outros. Foi interposto recurso da decisão instrutória, tendo o agora recorrente sustentado a inconstitucionalidade da norma do artigo 123º do Código de Processo Penal interpretada no sentido de consagrar um prazo de três dias para a arguição de invalidades em processos de especial complexidade, assim como a inconstitucionalidade da norma do artigo 2º, n° 2, da Lei n° 5/2002, de 11 de Janeiro, na medida em que permite ao Ministério Público a prolação de decisão a determinar o levantamento do sigilo bancário.

ACÓRDÃO N.º 68/2007
Recurso de decisão para o Tribunal Constitucional ao abrigo do disposto na alínea b) do n.º 1 do artigo 70.º da Lei n.º 28/82, de 15 de

Novembro, para apreciação da conformidade constitucional do "artigo 77.º do Regulamento Geral das Canalizações de Esgoto da Cidade de Lisboa, Edital n.º 145/60 com redacção introduzida pelo Edital n.º 76/96".

ACÓRDÃO N.º 108/2007
Apreciação da questão da inconstitucionalidade da «*aplicação da Circular n.º 19/89, de 18 de Dezembro, da Direcção-Geral dos Impostos, que cria uma norma de incidência fiscal distinta daquela que está prevista na alínea* f), *in* fine, *do n.º 3 do artigo 3.º do Código do IVA, violando, assim, o princípio da legalidade em matéria de incidência fiscal, previsto nos artigos 165.º, n.º 1, alínea* i), *e 103.º, n.º 2, da CRP*».

GUILHERME W. D'OLIVEIRA MARTINS / MIGUEL BASTOS

SÍNTESE DE JURISPRUDÊNCIA DO SUPREMO TRIBUNAL ADMINISTRATIVO (2008)
(Fonte: www.dgsi.pt)

IMPOSTO/FIGURAS AFINS

IMPOSTO. TAXA. TAXA DE OCUPAÇÃO DO SUBSOLO. DOMÍNIO PÚBLICO MUNICIPAL. PRINCÍPIO DA IGUALDADE. INCONSTITUCIONALIDADE: Ac. do STA (2.ª) de 16-01-2008 (proc. n.º 0603/07), Rel. Jorge de Sousa

Sumário: **I – É de qualificar como taxa, por ter natureza sinalagmática, o tributo liquidado por um município como contrapartida pela utilização do subsolo com tubos e condutas, uma vez que o seu montante se destina a pagar a utilização individualizada do subsolo onde as mesmas foram colocadas. II – A imposição do pagamento de taxas desse tipo a empresa distribuidora de gás natural e não também a empresas, suas clientes, que consomem esse produto, não viola o princípio da igualdade. III – A definição dos bens do domínio público e o seu regime inserem-se na reserva relativa de competência legisla-**

tiva da Assembleia da República e já se inseriam nessa reserva à face da redacção da Constituição vigente em 1991, saída da revisão constitucional de 1989 [art. 168.º, n.º 1, alínea z)]. IV – Assim, eventuais alterações do domínio público municipal só poderiam ser efectuadas pelo Governo ao abrigo de autorização legislativa, o que não aconteceu com o DL n.º 33/91, de 16 de Janeiro, que aprovou as bases de concessão, em regime de serviço público, e construção das respectivas infra-estruturas, de redes de distribuição de gás natural. V – Por isso, se se pudesse encontrar no referido DL n.º 33/91 ou no contrato de concessão uma hipotética alteração, total ou parcial, da inclusão do subsolo das estradas municipais no domínio público municipal ou alteração do seu estatuto jurídico, esses diplomas seriam, nessa parte, organicamente inconstitucionais.

CONTRIBUIÇÃO ESPECIAL. DL N.º 43/98, de 3/3. LIQUIDAÇÃO. AUDIÊNCIA PRÉVIA. PRINCÍPIO DO APROVEITAMENTO DO ACTO: Ac. do STA (2.ª) de 23-01-2008 (proc. n.º 0837/07), Rel. António Calhau

Sumário: I – O exercício do direito de audiência prévia constitui uma importante manifestação do princípio do contraditório e uma sólida garantia de defesa dos direitos do administrado, sendo reconhecido pela doutrina e pela jurisprudência como um princípio estruturante da actividade administrativa cuja violação ou incorrecta realização se traduz numa violação de uma formalidade essencial que, em princípio, é determinante da ilegalidade do próprio acto. II – Mostra-se concretizada a participação da recorrente no procedimento em causa na medida em que, ainda que por intermédio de um seu representante, teve intervenção nas avaliações de onde resultou a quantificação da matéria colectável da contribuição especial, sendo a liquidação impugnada uma mera operação aritmética de aplicação da taxa devida àquela matéria, cujo conteúdo a recorrente não tinha possibilidade de influenciar.

IMPOSTOS SOBRE O RENDIMENTO

-IRS-

IRS. MAIS VALIAS. ARTIGO 43.º N.º 2 DO CIRS. DIREITO COMUNITÁRIO: Ac. do STA (2.ª) de 16-01-2008 (proc. n.º 439/07), Rel. Jorge de Sousa

Sumário: **I – O n.º 2 do artigo 43º do Código do IRS, aprovado pelo Decreto-Lei n.º 442-A/88, de 30 de Novembro, na redacção que lhe foi dada pela Lei n.º 109-B/2001, de 27 de Dezembro, que limita a incidência de imposto a 50% das mais-valias realizadas apenas para residentes em Portugal, viola o disposto no art. 56º do Tratado que Institui a Comunidade Europeia, ao excluir dessa limitação as mais-valias que tenham sido realizadas por um residente noutro Estado membro da União Europeia.**

IRS. GRATIFICAÇÕES. ARTIGO 2.º N.º 3 ALÍNEA H) DO CIRS. NÃO INCONSTITUCIONALIDADE: Ac. do STA (2.ª) de 31-01-2008 (proc. n.º 700/07), Rel. Jorge Lino

Sumário: **I – Não se verifica a *inconstitucionalidade*, nem formal nem material, da norma da alínea h) do n.º 3 do artigo 2.º do Código do IRS (*tributação das gratificações*). II – A sentença, a decidir essencialmente nesta concordância, deve obter *confirmação por remissão* – de acordo com o n.º 5 do artigo 713.º do Código de Processo Civil.**

-IRC-

CONVENÇÃO PARA EVITAR A DUPLA TRIBUTAÇÃO: DINAMARCA. REGULAMENTO. DENÚNCIA. ADMINISTRAÇÃO TRIBUTÁRIA. CIRCULAR. ÓNUS DA PROVA. ROYALTIES: Ac. do STA (2.ª) de 16-01-2008 (proc. n.º 381/07), Rel. Pimenta do Vale

Sumário: **I – Constando de Aviso da Direcção-Geral das Comunidades Europeias, publicado no Diário da República, a data em que** um dos Estados contratantes denunciou a Convenção, é a partir dessa data que tal denúncia começa a produzir efeitos. II – Tendo a Convenção sido regulamentada pela Administração Tributária através de Circular, essa regulamentação não produz efeitos em relação ao contribuinte, uma vez que aquele diploma apenas vincula a administração, inserido-se no domínio das relações de hierarquia. III – À Administração cumpre apenas o ónus da prova da verificação dos respectivos indícios ou pressupostos da tributação, ou seja, dos pressupostos legais da sua actuação e, ao invés, cabe ao contribuinte provar a existência dos factos tributários que alega como fundamento do seu direito. IV – Assim, cabe ao contribuinte o ónus da prova da qualidade de residente na Dinamarca da empresa de onde provêm a royalties.

REDUÇÃO DA TAXA DE IRC. AÇORES. DECRETO LEGISLATIVO REGIONAL N.º 22/99/A de 20/1. SEDE OU DIRECÇÃO EFECTIVA E ACTIVIDADE NOS AÇORES: Ac. do STA (2.ª) de 23-01-2008 (proc. n.º 645/07), Rel. Pimenta do Vale

Sumário: **A redução de 30% na taxa nacional do imposto sobre o rendimento das pessoas colectivas, prevista no artº 5º, nºs 2, als. a) e b) e 3 do Decreto Legislativo Regional nº 22/99/A de 20/1, só é concedida quando o contribuinte tiver a sede ou direcção efectiva da sua empresa nos Açores e ali esta exerça a sua actividade.**

IRC. CONVENÇÃO PARA EVITAR A DUPLA TRIBUTAÇÃO. NÃO RESIDENTE. PROVA. RESIDÊNCIA. RETENÇÃO NA FONTE: Ac. do STA (2.ª) de 31-01-2008 (proc. n.º 0888/07), Rel. António Calhau

Sumário: **I – Nos termos dos artigos 7.º das Convenções sobre dupla tributação celebradas entre Portugal e França e entre Portugal e a Alemanha, os lucros de uma empresa de um Estado contratante só podem ser tributados nesse Estado, a não ser que a empresa exerça a sua actividade no outro Estado contratante por meio de um estabelecimento estável aí situado. II – Só que, nos termos do n.º 4 do artigo 90.º do CIRC, na redacção então em vigor (Lei 32-B/2002, de 30 de**

Dezembro), quando não fosse efectuada, até ao momento de entrega do imposto, a prova de que, por força de uma convenção destinada a eliminar a dupla tributação celebrada por Portugal, a competência para a tributação dos rendimentos auferidos por um residente de outro Estado contratante não era atribuída ao Estado da fonte, ficava o substituto tributário obrigado a entregar a totalidade do imposto que deveria ter sido deduzido nos termos da lei. III – Tal interpretação não viola as referidas convenções internacionais, nem os artigos 8.º e 103.º da CRP, e muito menos os artigos 4.º e 11.º do EBF, pois as medidas para evitar a dupla tributação económica internacional e interna não são benefícios fiscais mas sim desagravamentos fiscais (exclusões fiscais ou situações de não sujeição tributária). IV – Estando em causa rendimentos obtidos por uma entidade não residente que não são imputáveis a estabelecimento estável situado em território português, e tratando-se de uma retenção na fonte a título definitivo, o facto gerador do imposto devido considera-se verificado na data em que ocorre a obrigação de efectuar aquela (artigo 8.º, n.º 8 do CIRC), ou seja, na data do pagamento ou da colocação dos rendimentos à disposição do seu titular.

IMPOSTOS SOBRE O PATRIMÓNIO

-CONTRIBUIÇÃO AUTÁRQUICA/IMI-

INCOMPATIBILIDADE, SUBSTITUIÇÃO E CADUCIDADE DE ALVARÁS DE LOTEAMENTO. TERRENO PARA CONSTRUÇÃO. DESTINAÇÃO OBJECTIVA OU SUBJECTIVA DO PRÉDIO. ESCRITURA DE DAÇÃO EM CUMPRIMENTO VÁLIDA. FUNDAMENTAÇÃO DO ACTO TRIBUTÁRIO. REVERSÃO DA EXECUÇÃO CONTRA O (BANCO) PROPRIETÁRIO: Ac. do STA (2.ª) de 16-01-2008 (proc. n.º 0768/07), Rel. Brandão de Pinho

Sumário: **I – Se no título aquisitivo é indicado que os terrenos transaccionados são para construção, devem estes ser considerados prédios urbanos, por força desta destinação subjectiva, nos termos do artigo 6.º, n.ºs 1 e 3, do Código da Contribuição Autárquica. II – O acto que indefere reclamação graciosa pode ser fundamentado**

Comentários de Jurisprudência

por remissão. III – Para efeito de liquidação de contribuição autárquica e com atinência ao que dispõe o artigo 158.º, n.º 2 do Código de Procedimento e de Processo Tributário, encontra-se devidamente fundamentado o acto de liquidação que indica a localização, o artigo matricial, o valor patrimonial, a data de liquidação, o ano a que esta respeita, a taxa aplicável, a inexistência de isenção e a colecta correspondente a cada prédio urbano.

IMPUGNAÇÃO DA FIXAÇÃO DE VALORES PATRIMONIAIS TRIBUTÁRIOS: PRÉVIO ESGOTAMENTO DOS MEIOS ADMINISTRATIVOS PREVISTOS NO PROCEDIMENTO DE AVALIAÇÃO. COMPROPRIEDADE: NOTIFICAÇÃO DOS COMPROPRIETÁRIOS EM NOME DE QUEM O PRÉDIO ESTÁ REGISTADO: Ac. do STA (2.ª) de 16-01-2008 (proc. n.º 0755/07), Rel. António Calhau

Sumário: I – Nos termos do artigo 134.º, n.º 7 do CPPT, a impugnação judicial de actos de fixação do valor patrimonial só pode ter lugar depois de esgotados os meios graciosos previstos no procedimento de avaliação. II – No caso de compropriedade, a actualização do valor patrimonial de um prédio deve ser notificada a todos os comproprietários, sob pena de ilegalidade do acto de liquidação do imposto resultante daquele. III – Não pode ser invocada a falta de notificação de um dos comproprietários quando essa omissão é da sua responsabilidade, por o prédio em causa não se encontrar registado em seu nome e por não ter apresentado qualquer declaração para efeitos de actualização da respectiva matriz quando o adquiriu, como lhe era imposto pelo artigo 14.º, n.º 1, al. i) do CCA, nem a AF dela ter conhecimento.

CONTRIBUIÇÃO AUTÁRQUICA. TERRENO PARA CONSTRUÇÃO. LOTEAMENTO. CADUCIDADE: Ac. do STA (2.ª) de 31-01-2008 (proc. n.º 0764/07), Rel. Beata de Queiroz

Sumário: I – Incide a contribuição autárquica sobre parcelas de terreno que se situam em zona de aglomerado urbano e foram declaradas, no título aquisitivo, como destinando-se a construção urbana.

II – A tal não obsta a circunstância de as ditas parcelas de terreno resultarem de loteamento cuja declaração de caducidade foi emitida antes da aquisição por parte do actual proprietário, por não terem sido concluídas no prazo fixado as respectivas obras de urbanização.

-SISA/IMT-

ISENÇÃO. ARTIGO 11.º N.º 31 DO CIMSISD. LEI N.º 30-G/2000, DE 29 de DEZEMBRO: Ac. do STA (2.ª) de 16-01-2008 (proc. n.º 316/07), Rel. Jorge Lino

Sumário: **Não gozam do benefício de isenção de sisa, ao abrigo do n.º 31 do artigo 11.º do Código do Imposto Municipal da Sisa e do Imposto sobre Sucessões e Doações, as transacções de imóveis operadas no ano de 2001 – em data posterior à entrada em vigor da Lei n.º 30-G/2000, de 29 de Dezembro, de revogação daquele benefício.**

IMPOSTOS SOBRE A DESPESA

-IVA-

IVA. IMPORTAÇÃO. DOCUMENTO. DEDUÇÃO. ARTIGO 35.º, N.º 5, ALÍNEA D), DO CÓDIGO DO IVA: Ac. do STA (2.ª) de 31-01-2008 (proc. n.º 0902/07), Rel. Brandão de Pinho

Sumário: **A adulteração da factura comercial que permite a realização de uma importação prejudica o exercício do direito de dedução, apesar de o sujeito passivo ter pago o IVA devido e a declaração de importação não sofrer de qualquer outro vício.**

OUTROS IMPOSTOS

-ADUANEIROS-

PRESCRIÇÃO. DIREITOS ADUANEIROS E IMPOSTO SOBRE O TABACO. RESPONSABILIDADE SOLIDÁRIA DE "ASSOCIAÇÃO RESPONSÁVEL"/ CONVENÇÃO "TIR". PROVIDÊNCIA CAUTELAR DE SUSPENSÃO DOS ACTOS DE EXECUÇÃO DE ACCIONAMENTO DE GARANTIA BANCÁRIA. ARTIGO 147.º, N.º 6 DO CPPT. ANTECIPAÇÃO DO JUÍZO SOBRE A CAUSA PRINCIPAL. ARTIGO 121.º DO CPTA. INDEFERIMENTO DE PEDIDO DE REENVIO PREJUDICIAL. ARTIGO 99.º DA REFORMA ADUANEIRA. APLICAÇÃO NO TEMPO DOS PRAZOS DE PRESCRIÇÃO. ARTIGO 48.º DA LGT: Ac. do STA (2.ª) de 16-01-2008 (proc. n.º 717/07), Rel. Jorge Lino

> Sumário: **I** – Uma vez completada a prescrição da obrigação, o devedor tem a faculdade de recusar o cumprimento da prestação ou de se opor, por qualquer modo, ao exercício do direito prescrito. **II** – Não há lugar à repetição da prestação que tenha sido realizada sem oposição ao exercício do direito prescrito. **III** – O processo de providência cautelar, previsto no n.º 6 do artigo 147.º do Código de Procedimento e de Processo Tributário, é meio adequado à suspensão de execução de garantia bancária atinente a dívida resultante de obrigação prescrita. **IV** – Quando o Tribunal concluir pela verificação da prescrição da obrigação tributária em causa no processo de providência cautelar de suspensão dos «actos de execução de accionamento da garantia bancária», justifica-se «antecipar o juízo sobre a causa principal», nos termos do n.º 1 do artigo 121.º do Código de Processo dos Tribunais Administrativos. **V** – Por força do artigo 99.º da Reforma Aduaneira (aprovada pelo Decreto-Lei n.º 46.311, de 27 de Abril de 1965, na redacção do Decreto-Lei n.º 244/87, de 16 de Junho), e nos termos do artigo 34.º do Código de Processo Tributário, verifica-se a prescrição da obrigação tributária referente a «direitos aduaneiros» liquidados no dia 21-6-1994, e cuja respectiva impugnação judicial, instaurada em 12-9-1996, tenha estado «parada por causa não imputável ao contribuinte» desde o dia 3-4-1998 até ao dia 1-7-1999.

PROCEDIMENTO E PROCESSO TRIBUTÁRIO

PETIÇÃO DE OPOSIÇÃO IRREGULAR POR FALTA DE INDICAÇÃO DO TRIBUNAL COMPETENTE. DECLARAÇÃO DE INCOMPETÊNCIA DO CHEFE DO SERVIÇO DE FINANÇAS. ANULAÇÃO: Ac. do STA (2.ª) de 9-01-2008 (proc. n.º 01051/07), Rel. Miranda de Pacheco

> Sumário: **I – Em caso de entrega de petição de oposição à execução fiscal, os serviços da administração tributária funcionam como verdadeiras secretarias judiciais e não como simples intermediários entre o apresentante e o tribunal. II – Confrontando-se com uma deficiência na petição de oposição apresentada, concretizada na falta de indicação do tribunal competente (artigo 108.º, n.º 1 do CPPT), ao Chefe de Repartição de Finanças compete recusá-la nos termos da alínea a) do artigo 474.º do CPC, ou no caso de assim não suceder, enviá-la ao tribunal tributário com jurisdição na área (artigo 208.º n.º 1 do CPPT), cabendo então ao tribunal providenciar no sentido da sanação dessa deficiência, se eventualmente entendesse que ela era necessária (artigos 19.º e 110.º, n.º 2 do CPPT).**

RECLAMAÇÃO PARA O JUIZ DA EXECUÇÃO. SUBIDA IMEDIATA INDEPENDENTEMENTE DE ALEGAÇÃO E PROVA DE PREJUÍZO IRREPARÁVEL NOS CASOS EM QUE A SUBIDA DIFERIDA LHES RETIRA TODA A UTILIDADE. ARTIGO 278.º N.º 3 DO CPPT. INDEFERIMENTO DE PEDIDO DE SUSPENSÃO DA EXECUÇÃO: Ac. do STA (2.ª) de 9-01-2008 (proc. n.º 738/07), Rel. Baeta de Queiroz

> Sumário: **I – O n.º 3 do artigo 278.º do Código de Procedimento e de Processo Tributário deve interpretar-se como abrangendo, nos casos de subida imediata das reclamações dos actos do órgão da Administração que dirige a execução fiscal, aqueles em que, independentemente da alegação e prova de prejuízo irreparável, a sua subida diferida lhes retiraria toda a utilidade. II – Assim, cabe na previsão daquele n.º 3 a reclamação do acto que indeferiu o pedido do executado de suspensão da execução.**

Comentários de Jurisprudência

SIGILO BANCÁRIO: ARTIGO 63.º-B DA LGT. FUNDAMENTAÇÃO POR REMISSÃO. FIXAÇÃO DA MATÉRIA COLECTÁVEL POR MÉTODOS INDIRECTOS. PROPORCIONALIDADE, ADEQUAÇÃO E NECESSIDADE DA DERROGAÇÃO DO SIGILO: Ac. do STA (2.ª) de 9-01-2008 (proc. n.º 1022/07), Rel. Miranda de Pacheco

> Sumário: **I – As decisões da administração tributária de acesso a informações e documentos bancários, de acordo com o artigo 63.º-B da LGT, devem ser fundamentadas com expressa menção dos motivos concretos que as justificam, podendo essa fundamentação, em face do disposto no artigo 77.º do mesmo diploma, consistir em mera declaração de concordância com os fundamentos de anteriores pareceres, informações ou propostas, incluindo os que integrem o relatório de fiscalização tributária. II – Não sendo possível comprovar e quantificar a matéria colectável dos contribuintes de forma exacta e directa (artigo 88.º da LGT) e, em geral, quando estejam verificados os pressupostos para o recurso a uma avaliação indirecta, a administração tributária tem o poder de aceder aos seus documentos bancários de acordo com a alínea a) do n.º 3 do artigo 63.º-B da LGT. III – A derrogação do sigilo bancário tem de ser ponderado à luz de um critério de proporcionalidade, adequação e necessidade, aferindo-se esta em função da impossibilidade de dispor de outras formas de aceder à informação pretendida.**

PRESCRIÇÃO. SUSPENSÃO. PAGAMENTO EM PRESTAÇÕES. PLANO MATEUS: Ac. do STA (2.ª) de 16-01-2008 (proc. n.º 416/07), Rel. António Calhau

> Sumário: **I – Nos termos do n.º 3 do artigo 34.º CPT, o efeito interruptivo da instauração da execução só cessa quando este processo estiver parado por facto não imputável ao contribuinte durante mais de um ano. II – A paragem decorrente da autorização de adesão ao regime previsto no DL 124/96 é imputável ao contribuinte, já que teve origem na solicitação de regularização das dívidas exequendas ao abrigo daquele regime excepcional, impedindo a AF de prosseguir com a cobrança coerciva daquelas dívidas. III – Só a exclusão daquele regime, a qual se processa apenas com o respectivo despacho**

de exclusão, determina o levantamento da suspensão da execução com a consequente cessação do seu efeito interruptivo do prazo de prescrição. IV – Por força do que dispõe o n.º 5 do artigo 5.º do citado DL 124/96, de 10/8, o prazo de prescrição suspende-se durante o período de pagamento em prestações, entendendo-se como período de pagamento aquele que foi concedido ao contribuinte para pagar e não apenas aquele em que ele efectivamente pagou.

IMPUGNAÇÃO JUDICIAL. PRESCRIÇÃO DA OBRIGAÇÃO TRIBUTÁRIA. INTERRUPÇÃO DA PRESCRIÇÃO. ARTIGO 34.º DO CPPT. INUTILIDADE DA LIDE: Ac. do STA (2.ª) de 16-01-2008 (proc. n.º 0451/07), Rel. Pimenta do Vale

Sumário: **I – A prescrição da obrigação tributária não constitui, *a se*, fundamento da impugnação judicial, por não respeitar à legalidade do acto de liquidação mas, antes, à sua eficácia. II – Deve, contudo, conhecer-se da mesma e oficiosamente, em tal meio processual, com atinência à respectiva inutilidade superveniente da lide, determinante da extinção da instância, conforme o disposto no artº 287º, al. e) do CPC. III – Sucedendo no tempo vários dos factos elencados no artº 34º, nº 3 do CPT como interruptivos da prescrição, não pode atender-se apenas ao primeiro, ignorando o segundo, como acontece no caso de ter sido instaurada a execução depois de deduzida impugnação judicial. IV – Não constando do elenco probatório se em relação à instauração da execução se verificou a situação a que alude o artº 34º, nº 3 do CPT, não se pode concluir que a lide é inútil por força da prescrição da dívida tributária, já que se ignora se a instauração da referida execução tem ou não condições legais para suspender o respectivo prazo.**

IMPUGNAÇÃO JUDICIAL. DIREITO À FUNDAMENTAÇÃO. ACTA DA COMISSÃO DE REVISÃO. BAIXA AO TRIBUNAL RECORRIDO PARA AMPLIAÇÃO DA MATÉRIA DE FACTO: Ac. do STA (2.ª) de 16-01-2008 (proc. n.º 0480/07), Rel. Miranda de Pacheco

Sumário: **I – O direito à fundamentação do acto tributário, ou em matéria tributária, constitui uma garantia específica dos contribuintes** e, como tal, visa responder às necessidades do seu esclarecimento, procurando-se informá-lo do itinerário cognoscitivo e valorativo do acto por forma a permitir-lhe conhecer as razões de facto e de direito que determinaram a sua prática e porque motivo se decidiu num sentido e não noutro. II – Vindo questionada no recurso jurisdicional a suficiência da fundamentação constante da acta da comissão de revisão e não constando do probatório o respectivo conteúdo, impõe-se a baixa do processo ao Tribunal recorrido para ampliação da matéria de facto, nos termos do artigo 729º, nº 3 do Código de Processo Civil, por forma a possibilitar uma decisão a respeito dessa questão de direito.

RECURSO DE REVISTA. ARTIGO 150.º DO CPTA. APLICAÇÃO DA LEI NO TEMPO: Ac. do STA (2.ª) de 16-01-2008 (proc. n.º 564/07), Rel. Pimenta do Vale

Sumário: I – Nos termos do disposto no artº 5º, nº 1 da Lei nº 15/2002 de 22/2, as disposições do CPTA não se aplicam aos processos que se encontrem pendentes à data da sua entrada em vigor e também não são aplicáveis aos processos pendentes as disposições que introduzem novos recursos que não eram admitidos na vigência da legislação anterior (nº 3 da citada Lei). II – Assim, tendo o processo de oposição à execução fiscal sido autuado em 2/1/97, não é admissível o recurso de revista previsto no artigo 150º do CPTA interposto do acórdão prolatado pelo TCA.

NÃO JULGAMENTO DA MATÉRIA DE FACTO: MERA REMISSÃO PARA OS ARTICULADOS. NULIDADE DA SENTENÇA: Ac. do STA (2.ª) de 16-01-2008 (proc. n.º 640/07), Rel. Lúcio Barbosa

Sumário: I – Na sentença, o Mm. Juiz deve especificar os fundamentos de facto da decisão, de harmonia com o preceituado no artº. 123º, n.º 2, do CPPT. II – Violando-se este preceito, incorre-se na nulidade de sentença prevista no n.º 1 do art. 125º do CPPT.

OPOSIÇÃO À EXECUÇÃO FISCAL. ERRO NA FORMA DE PROCESSO. CONVOLAÇÃO. IMPUGNAÇÃO JUDICIAL. MÉTODOS INDIRECTOS. REVISÃO DA MATÉRIA TRIBUTÁVEL: Ac. do STA (2.ª) de 16-01-2008 (proc. n.º 885/07), Rel. António Calhau

> Sumário: I – Em caso de erro na forma de processo, este será convolado na forma de processo adequada, nos termos da lei (artigos 97.º, n.º 3 da LGT e 98.º, n.º 4 do CPPT). II – Porém, nem sempre poderá ser feita a convolação, pois para tal é necessário que seja possível o prosseguimento do processo na forma processual adequada, designadamente a sua tempestividade e a adequação do pedido formulado. III – Pretendendo os oponentes discutir a legalidade concreta das liquidações com fundamento em erro nos pressupostos de aplicação de métodos indirectos na determinação da matéria tributável, também não é possível a convolação de oposição à execução fiscal em impugnação judicial por ausência de prévia apresentação do pedido de revisão da matéria tributável (artigos 91.º, n.º 1 da LGT e 117.º, n.º 1 do CPPT).

GARANTIA. CADUCIDADE. ARTIGO 183.º-A DO CPPT: Ac. do STA (2.ª) de 16-01-2008 (proc. n.º 800/07), Rel. Brandão de Pinho

> Sumário: A garantia prestada para suspender a execução caduca se, no processo de impugnação judicial, não for proferida decisão em 1.ª instância no prazo de três anos contados da apresentação desta – que não da prestação daquela –, nos termos do artigo 183.º-A do Código de Procedimento e Processo Tributário, na redacção da Lei n.º 32-B/02, de 30 de Dezembro. II – Tal regime de caducidade aplica-se tanto à garantia voluntariamente prestada como à coercivamente constituída pela Administração Fiscal como, aliás, à própria penhora.

RECURSO PRINCIPAL VERSANDO MATÉRIA DE FACTO E DE DIREITO. COMPETÊNCIA DO TCA. RECURSO SUBORDINADO PARA O STA VERSANDO EXCLUSIVAMENTE MATÉRIA DE DIREITO: Ac. do STA (2.ª) de 16-01-2008 (proc. n.º 940/07), Rel. Lúcio Barbosa

> Sumário: **Interposto um recurso para o TCA (versando alegadamente matéria de facto e de direito) e sendo interposto um recurso

subordinado para o STA (versando alegadamente matéria de direito) a competência para conhecer de ambos os recursos radica no TCA.

FIXAÇÃO DO RENDIMENTO COLECTÁVEL POR MÉTODOS INDIRECTOS. ARTIGOS 89.º-A DA LGT E 146.º-B DO CPPT. TEMPESTIVIDADE. LOCAL DE ENTREGA DA PETIÇÃO. DATA DE ENTRADA DA PETIÇÃO. INAPLICABILIDADE DO ARTIGO 77.º DO CPA: Ac. do STA (2.ª) de 16-01-2008 (proc. n.º 01/08), Rel. António Calhau

Sumário: **I – O requerimento de interposição de recurso do acto de fixação do rendimento colectável por métodos indirectos deve ser apresentado no tribunal competente (artigos 89.º-A da LGT e 146.º-B do CPPT). II – É extemporânea a petição de recurso que, entregue nos serviços de finanças, foi por estes remetida a tribunal onde deu entrada já depois de esgotado o respectivo prazo de interposição.**

AUDIÇÃO PRÉVIA ANTES DA LIQUIDAÇÃO. DISPENSA. ARTIGO 60.º N.º 1 ALÍNEA E) DA LGT. LEI N.º 16-A/2002, DE 31 de MAIO. NATUREZA INTERPRETATIVA: Acs. do STA (2.ª) de 23-01-2008 (procs. n.º 0394/07 e n.º 428/07), Rel. Jorge Lino

Sumário: **Tendo sido facultado ao contribuinte o direito de audição antes da conclusão do relatório da Inspecção Tributária, é dispensável que de novo seja ouvido antes da liquidação, salvo em caso de invocação de factos novos em relação aos quais ainda não tenha tido oportunidade de se pronunciar, de acordo com as disposições combinadas do n.º 1, alínea e), e do n.º 3 do artigo 60.º da Lei Geral Tributária (na redacção da Lei n.º 16-A/2002, de 31 de Maio, de natureza interpretativa).**

ACLARAÇÃO DE ACÓRDÃO. FALTA DE MENÇÃO DA TAXA DE JUROS DE MORA APLICÁVEL NA PARTE DISPOSITIVA DO ACÓRDÃO: Ac. do STA (2.ª) de 23-01-2008 (proc. n.º 447/07), Rel. Lúcio Barbosa

Sumário: **I – Constando da parte discursiva do acórdão qual a taxa dos juros de mora aplicável, a qual, porém, não é levada à parte dispositiva** do acórdão, é lícito ao interessado pedir a aclaração do ponto em questão. II – No caso, impõe-se explicitar melhor o sentido da decisão, dela fazendo constar expressamente qual a taxa aplicável aos juros de mora. III – Tal decisão considera-se complemento e parte integrante da sentença – art. 670º, 2, do CPC.

PRESCRIÇÃO DA OBRIGAÇÃO TRIBUTÁRIA. SUCESSÃO DE LEIS NO TEMPO. ARTIGO 297.º DO CÓDIGO CIVIL. INTERRUPÇÃO DA PRESCRIÇÃO. ARTIGO 34.º DO CPPT: Ac. do STA (2.ª) de 23-01-2008 (proc. n.º 0483/07), Rel. Baeta de Queiroz

Sumário: I – Faltando menos tempo para a prescrição se completar, à data da entrada em vigor da Lei Geral Tributária, no regime do anterior Código de Processo Tributário, do que os 8 anos da nova lei, é aplicável ao caso o prazo do Código de Processo Tributário. II – A citação para a execução, em 24 de Janeiro de 2000, produz efeito interruptivo da prescrição, nos termos do disposto no artigo 49º da Lei Geral Tributária, na redacção dada pela Lei nº 100/99, de 26 de Julho. III – A paragem da execução fiscal entre Janeiro de 2000 e de Novembro de 2005, por causa não imputável ao contribuinte, faz cessar o efeito interruptivo. IV – O tempo decorrido desde Janeiro de 2001, somado ao que medeia entre o início do prazo de prescrição – 1 de Janeiro de 1995 – e a sua interrupção, excede os 10 anos necessários para se completar a prescrição.
Fonte: www.dgsi.pt

OPOSIÇÃO À EXECUÇÃO FISCAL. CADUCIDADE DO DIREITO DE SE OPOR PELO DECURSO DO PRAZO. *OBITER DICTUM*. RECURSO JURISDICIONAL: Ac. do STA (2.ª) de 23-01-2008 (proc. n.º 0538/07), Rel. Baeta de Queiroz.

Sumário: I – Julgando o juiz caducado o direito de oposição à execução fiscal, acrescentando que, «ainda que assim não fosse», improcederia o seu fundamento – a nulidade do título executivo –, a sentença não enferma de nulidade por falta de fundamentação referida à nulidade do título executivo, pois tal questão não foi decidida, constituindo o que acerca dela consta da sentença um mero *obiter dictum*.

Comentários de Jurisprudência

RECURSO JURISDICIONAL. DECISÃO SURPRESA. QUALIFICAÇÃO JURÍDICA. PRINCÍPIO DO CONTRADITÓRIO: Ac. do STA (2.ª) de 23-01-2008 (proc. n.º 0574/07), Rel. Baeta de Queiroz

Sumário: **O princípio do contraditório, na vertente que proíbe a decisão surpresa, não impõe ao tribunal de recurso que, antes de decidir questão proposta pelo recorrente, o alerte para a eventualidade de o fazer com base num quadro normativo distinto do por si invocado, e até então não referido no processo.**

RECURSO JUDICIAL. ALEGAÇÕES. JUSTO IMPEDIMENTO. ARTIGO 146.º DO CÓDIGO DE PROCESSO CIVIL. DESERÇÃO: Ac. do STA (2.ª) de 23-01-2008 (proc. n.º 0637/07), Rel. Brandão de Pinho

Sumário: **I – Não constitui justo impedimento, nos termos e para os efeitos do artigo 146.º do Código de Processo Civil, o "lapso" do mandatário que, em vez de alegar nos termos legais em prol da revogação da decisão recorrida, antes "contra-alegou", sustentando o acerto da sentença e pedindo a sua confirmação. II – Em tal circunstancialismo, o recurso deve ser julgado deserto.**

PRESCRIÇÃO. DÍVIDAS À SEGURANÇA SOCIAL. LEI N.º 17/00, DE 8 DE AGOSTO. TÉRMINO DO PRAZO A UM SÁBADO. TRANSFERÊNCIA PARA O PRIMEIRO DIA ÚTIL SEGUINTE. ARTIGO 279.º ALÍNEA e) DO CÓDIGO CIVIL. INTERRUPÇÃO DA PRESCRIÇÃO: Ac. do STA (2.ª) de 23-01-2008 (proc. n.º 701/07), Rel. Baeta de Queiroz (vencido - Jorge Lopes de Sousa)

Sumário: **I – A disposição da primeira parte da alínea e) do artigo 279º do Código Civil é aplicável ao prazo de prescrição, cujo termo, se cair em Domingo ou dia feriado, se transfere para o primeiro dia útil. II – O mesmo acontece com o prazo que termine em Sábado, por interpretação actualista da norma, já que também este não é, presentemente, dia útil, ao contrário do que sucedia aquando da publicação do Código Civil.**

IMPUGNAÇÃO JUDICIAL. PETIÇÃO INICIAL DEFICIENTE. CONVITE À CORRECÇÃO DA PETIÇÃO: Ac. do STA (2.ª) de 23-01-2008 (proc. n.º 0890/07), Rel. António Calhau

Sumário: **I –** É sobre as partes que incumbe o ónus de formular as suas pretensões de forma clara, identificando na petição inicial o acto impugnado, a entidade que o praticou e expondo os factos e as razões de direito que fundamentam o pedido. **II –** O juiz pode, no entanto, convidar o impugnante a suprir qualquer deficiência ou irregularidade. **III –** Invocando o impugnante, de modo minimamente perceptível, os factos e as razões de direito por que pede a anulação do acto de liquidação, não pode o juiz deixar de apreciar a sua pretensão por falta de alegação ou obscuridade da petição inicial.

INFRACÇÕES TRIBUTÁRIAS

CRIMES

ABUSO DE CONFIANÇA FISCAL. FRUSTRAÇÃO DE CRÉDITOS FISCAIS. PRESCRIÇÃO. ARTIGOS 24.º DO RJIFNA E 105.º DO RGIT: Ac. do Tribunal da Relação do Porto de 31-01-2008 (proc. n.º 0714688), Rel. Jorge França

Sumário: **I – Nos termos do art. 121.º, n.º 3 do C. Penal, a prescrição tem sempre lugar quando, desde o seu início e ressalvado o tempo se suspensão, tiver decorrido o prazo normal de prescrição acrescido de metade. II – No crime de abuso de confiança fiscal, a apropriação pode consistir no diferente destino dado às quantias retidas relativamente ao imposto por lei, não havendo qualquer diferença, neste aspecto, entre o regime do anterior RJIFNA (art. 24.º) e o actual RGIT (art. 105.º).**

ABUSO DE CONFIANÇA FISCAL. ARTIGO 105.º N.º 4 do RGIT. LEI N.º 53-A/2006, DE 29 DE DEZEMBRO. (NÃO) DESCRIMINALIZAÇÃO. ARTIGO 2.º N.º 4 DO CÓDIGO PENAL: Ac. do Tribunal da Relação do Porto de 6-

02-2008 (proc. n.º 0713690), Rel. Maria Leonor Esteves (vencida: Maria do Carmo da Silva Dias)

Sumário: **A alteração introduzida no artigo 105.º do RGIT pela Lei n.º 53-A/2006, de 29 de Dezembro, suscita um problema de sucessão de leis penais a tratar no âmbito do n.º 4 do art. 2.º do Código Penal.**

ISABEL MARQUES DA SILVA/ANA LEAL

ACÓRDÃOS DO TRIBUNAL DE CONTAS

1.ª Secção

– Acórdão n.º 8/2004-1.ªs/PL – Processo n.º 113/2002 – Recurso ordinário n.º 35/03-SRM, - in Diário da República, II série, 9/2/2006, pp. 1921 e segs. – *Trabalhos a mais*. Nos termos da alínea c) do n.º 3 do artigo 44.º da Lei n.º 98/97, constitui fundamento de recusa de visto «a desconformidade dos actos e contratos [. . .] com as leis em vigor que implique [...] ilegalidade que altere ou possa alterar o respectivo resultado financeiro». O Tribunal de Contas considera que não obstante a deficientíssima redacção do texto legal – «desconformidade» é já uma «ilegalidade» – o que se afigura poder afirmar-se é que, se a «desconformidade» (qualquer «desconformidade») provocar ou for susceptível de provocar alteração do resultado financeiro do contrato, então temos por adquirido um fundamento de recusa de visto.

– Acórdão n.º 115/2007–1.ªs/ss – Processo n.º 699/07 – *Falta de publicidade de concurso público*. Ao omitir-se a publicidade no JOUE ou noutro meio de divulgação idóneo, a nível comunitário, os potenciais interessados, sedeados nos diversos Países da União Europeia, que se socorrem desse meio de divulgação para acederem aos concursos, ficaram, por plausível falta de conhecimento, impedidos de se apresentarem, falta de conhecimento e de participação que, podendo afectar a concorrência e o resultado financeiro do contrato, constitui fundamento de recusa do visto, nos termos do artigo 44.º, n.º 3, alínea c) da Lei 98/97.

Considerando, outrossim, que a exigência de publicidade no JOUE, responde a um imperativo de direito interno, mas também de direito comunitário e inexistindo nas Directivas referidas norma a autorizar a derrogação dessa publicidade, não é de fazer uso da faculdade prevista no n° 4 do artigo 44.º.

3.ª Secção

– Acórdão n.º 2/2007 – Proc. 2-RO-JRF/07 – *Responsabilidade financeira sancionatória*. Confirma a sentença recorrida, incluindo o critério de graduação das multas cujos montantes são, todavia, alterados considerando a modificação do artigo 65.º, n.º 2 da Lei n.º 98/97, de 26 de Agosto, e o previsto no artigo 2.º, n.º 4 do Código Penal.

– Acórdão n.º 1/2007 – Proc. n.º 2/2006-JRF – *Responsabilidade financeira sancionatória*. Confirma a sentença condenatória proferida em primeira instância, mantendo a medida da pena de multa determinada, que se mostra adequada à factualidade e à culpa concreta do Demandado e respeita as normas reguladoras da responsabilidade financeira sancionatória e os princípios enformadores do direito penal.

Nuno Cunha Rodrigues

RECENSÕES

The Conscience of a Liberal
PAUL KRUGMAN

Londres, WW Norton, N. London, 2007

"Nasci em 1953. Tal como o resto da minha geração considerava um dado adquirido a América em que cresci. Como muitos da minha geração manifestei-me contra as injustiças sociais, marchei contra os bombardeamentos no Cambodja, fui de porta em porta em apoio de candidatos progressistas. É só em retrospectiva que o ambiente político e económico da minha juventude aparece como um paraíso perdido, um episódio excepcional na história da nossa nação", escreve Paul Krugman, aqui livremente traduzido, a abrir o seu mais recente livro, *The Conscience of a Liberal*. Muitos dos que, entre nós, nasceram no mesmo ano ou em anos próximos, reconhecem-se no empenhamento social e político, ainda que não possam acompanhar a nostalgia pela sociedade, dado que aquela em que se inseriam era profundamente injusta na distribuição do rendimento, com escassas políticas sociais públicas, sem liberdades cívicas e a braços com uma guerra colonial. Aqueles que nasceram nos anos cinquenta do século XX, e se não deixaram seduzir pelos apelos e utopias revolucionárias, incorporaram, ainda assim, no seu ideário, o projecto de construção de uma sociedade que correspondesse àquela que o *New Deal* criou nos Estados Unidos e que as social-democracias europeias replicaram na Europa, assegurando décadas de prosperidade e justiça social.

As profundas mutações que se seguiram ao 25 de Abril e que incorporam muito desse ideário foram rapidamente confrontadas com as dificuldades que as alterações demográficas e o predomínio das políticas económicas de cariz conservador impuseram, perdendo muito da sua importância. O paraíso sonhado tendeu, rapidamente, a passar a paraíso perdido.

É, pois, natural que a investigação que Krugman conduz, no seu novo livro, sobre quando e porquê se perderam os efeitos do *New-Deal*, seja profundamente sedutora, tanto mais quanto se começa a viver um tempo de mudança económica, em que novos problemas requerem novas respostas.

Paul Krugman dispõe das qualidades adequadas a este tipo de indagação. Economista brilhante (galardoado com o importante prémio *John Bates Clark* da *American Economic Association* e autor de mais de vinte livros e centenas de artigos), tem manifestado um grande empenho político claramente expresso nas suas crónicas bi-semanais no *New York Times*, onde manteve uma violenta crítica das políticas económicas e sociais de Bush, tornando-se uma das mais reputadas vozes da esquerda americana e um alvo privilegiado dos *media* de direita, que nele vêem um "quasi-socialist", na expressão obviamente redutora de Bill O'Reilly, da *Fox*. No próprio *New York Times* e, apesar da longa tradição do jornal de alinhamento com a área progressista, nem sempre a sua colaboração foi isenta de dificuldades de que, de resto, dá conta o autor.

Tem sido, de resto, muito notada a evolução de Paul Krugman ao longo dos anos de colaboração com o *New York Times*, passando de entusiasta defensor da globalização, crítico até daqueles que, como Robert Reich e Lester Thorrow, tentaram introduzir algumas reservas à política económica de Bill Cliton, para posições situadas à esquerda do espectro político norte-americano. Da mesma forma, o texto sobre as consequências económicas do 25 de Abril que escreveu, em co-autoria com Jorge Braga de Macedo (na sequência de um dos seus primeiros empenhos profissionais a convite de Silva Lopes, que até nós conseguiu trazer um grupo de brilhantes economistas americanos), coloca-se em parâmetros muito diversos.

As suas crónicas no *New York Times* e no blogue *The Conscience of a Liberal* tornaram-se, de resto, uma referência obrigatória para os progressistas americanos (e não só) e um alvo de ataques de conservadores (e outros). Krugman parece, aliás, adorar esta situação e não se tem poupado a vivos debates (com Alan Grespan e Barack Obama, por exemplo, para citar dois recentes). Polemista brilhante, Krugman foi justamente distinguido como colunista do ano pela prestigiada revista *Editor and Publisher*.

Se o título do livro – *The Conscience of a Liberal* - retoma o próprio título do blogue de Krugman, não é possível deixar de assinalar que constitui uma resposta deliberada ao livro de Barry Goldwater de 1964, *The Conscience of a Conservative*, que ficou a marcar o início daquilo que Krugman apelida de *movement conservatism*. A intenção é, agora, a de desenhar um novo plano de acção em que os progressistas se reconheçam e que possa assumir o papel que décadas atrás desempenhou o *The Afluent Society* de John Kenneth Galbraith. O objectivo de influenciar a campanha eleitoral norte-americana e, sobretudo, a escolha do candidato presidencial democrata é, por outro lado, evidente.

Não é esta a primeira vez que Krugman escreve livros de intervenção que visam atingir e seduzir um público mais vasto que o dos economistas académicos e profissionais, fazendo-o sempre com textos de qualidade e uma escrita viva, empenhada e provocadora que se mantém integralmente em *The Conscience of a Liberal*. Recordem-se, a título de exemplo, *Peddling Prosperity: economic sense and non-sense in a age of diminished expectations*; *The Accidental Theorist and other dispatches from the Dismal Science*, ou *The Return of Depression Economics*. No mesmo período, escreveu ou actualizou, quase sempre em co-autoria com a mulher, Robin Wells, um conjunto importante de estudos académicos, tais como *Economics, Macroeconomics, Microeconomics* e *International Economics, Theory and Policy*.

Não está, assim, de qualquer forma em causa a qualidade universitária ímpar de Paul Krugman, nem a forma como assume decididamente que a ciência económica não é neutra, assim se opondo à hipocrisia dos economistas puros que se apresentam sob as vestes imaculadas de uma ciência impoluta.

Quem enceta um livro de Paul Krugman sabe, pois, ao que vai. Trata-se de uma obra em que é patente a raíz keynesiana do seu pensamento e a preocupação de questionar aquilo que tem sido o "mainstream" económico dos últimos anos – agora a dar sinais de alteração –, fornecendo pistas que possam sustentar novas políticas públicas.

Partindo da análise, que tem efectuado repetidamente sobre o aumento das disparidades do rendimento nos Estados Unidos da América e utilizando dados proporcionados pela investigação de Thomas Piketty e Emmanuel Saez, o autor vai-o atribuir à destruição dos alicerces do *New-Deal*, que tinha criado uma sociedade progressiva, com uma justa distribuição da riqueza, concluindo que esta alteração profunda do panorama económico se operou sob a batuta dos movimentos conservadores que ganharam expressão a partir da eleição de Ronald Reagan.

O mais interessante desta análise é, porventura, o modo como o autor desvaloriza o papel dos factores económicos para responsabilizar factores políticos pela emergência de uma situação de profunda desigualdade e pela marginalização de vastas camadas da população. A utilização dos receios securitários e a exarcebação dos problemas raciais surgem, então, como expressão da radicalização das posições políticas, criando um ambiente em que praticamente desapareceram os consensos bipartidários. Foi nesse quadro político e social que a coligação social que viabilizara o *New Deal* se rompeu, passando os Estados do Sul para as trincheiras conservadoras e ruindo o edifício construido pelas políticas de Roosevelt e dos presidentes que o seguiram (incluindo o próprio Eisenhower).

A superação do antagonismo político pareceria uma condição para ultrapassar este estado de coisas mas, um tanto paradoxalmente, Krugman recusa qualquer hipótes de entendimento bipartidário, concluindo que, neste momento, ser progressista significa ser homem de um só partido. Daí também que tenha criticado, nas crónicas do *New York Times*, de forma violenta e quase obsessiva, o pré-candidato Barack Obama que, de todos os democratas, se apresenta como o mais preocupado no estabelecimento de pontes e consensos e aquele que, mais facilmente, poria fim ao conflito inter-racial.

Na própria escrita do livro, Krugman optou, de resto, por um estilo que em nada facilita a redução da conflitualidade pois que, como notou David Kennedy, na *New York Times Review of Books*, quem já acreditava naquilo que o autor defende sairá confortado nas suas certezas, mas quem o criticava anteriormente reforçará a sua rejeição, pelo que dificilmente conquistará mais um adepto para a sua causa. O tom de várias recensões críticas (do *The Economist* ao *New York Review of Books*, passando pela de Kennedy) parecem confirmar essa assserção. Já um anterior livro seu fora objecto de fortes críticas provenientes de um dos editores da New Republic, publicadas no *Times*. Krugman, de resto, não gostou e respondeu no blogue, questionando a pertinência da publicação deste tipo de recensão num jornal de que era destacado colaborador.

Se é evidente a opção do autor por um estilo violento de análise e crítica (ainda que para muitos habituados a quase linchamentos ideológicos por apelarem a formas de activismo estatal seja, porventura, agradável ver o tipo de críticas que normalmente lhes são dirigidas endereçadas, agora, aos habituais guardiões da ortodoxia), não se deve daqui retirar que Krugman se inspire em qualquer credo socialista ou corresponda à figura do quasi-socialista. O autor é – isso sim – alguém que pensa que o capitalismo corresponde à ordem económica desejável, mas tal não impede que sejam necessárias correcções ao funcionamento livre dos mercados, mantendo-se o Estado na posição de garante do interesse público.

Tal como John Kenneth Galbraith – grande figura de economista e político, injustamente tratado nas últimas décadas e tantas vezes reconduzido à categoria de autor panfletário –, de quem Krugman seguramente gostaria de se sentir herdeiro, o autor luta por uma sociedade mais justa, o que o leva à defesa do chamado modelo social europeu, num momento em que são raros os seus apologistas deste lado do Atlântico, seduzido pelas sereias da modernidade e da globalização.

Num artigo recente (NYT, de 11 de Janeiro de 2008) Krugman foi, aliás, até ao ponto de considerar que a Europa (por ele chamada "Comeback Continent") se tem comportado melhor economicamente do que os Estados Unidos, em resultado de ter serviço nacional gratuíto, impostos mais altos que os EUA e uma regulação inteligente, mantendo uma presença forte do governo na economia.

Para além da análise de história económica, social e política dos Estados Unidos – porventura algumas vezes simplificada em excesso, mas sempre tratada de forma brilhante, aquilo que emerge como aspecto fundamental do livro é o apelo a um novo *New Deal* que assente em medidas de natureza fiscal e orçamental para a redução das desigualdades e na ampliação do sistema de segurança social e do serviço de saúde.

Poder-se-á, de facto, pensar que o efeito expansionista da economia, outrora prosseguido através de investimento em infra-estruturas, ou em pensões sociais possa ser conseguido através do aumento da despesa médica, cuja importância para a economia tem sido enfatizada por David Cutler – um economista não ortodoxo de Harvard, antigo assessor de Bill Clintton e actual consultor económico de Barak Obama. O financiamento público de uma parcela significativa dessa despesa poderá, na perpectiva de Krugman, reconstituir as bases de políticas mais preocupadas com o tema da igualdade. O objectivo é louvável e, porventura, até menos difícil de conseguir do que se sustenta no livro. O debate deverá, pois, deslocar-se para o plano dos meios e estratégias para o alcançar.

Apesar de algumas fragilidades que ficam assinaladas, de alguma frustração provocada por uma certa forma de sectarismo (que o autor exuberantemente demonstrou nas primárias democratas) como não recomendar a leitura de um livro como *The Conscience of a Liberal*?

Eduardo Paz Ferreira

IRS, Incidência real e determinação dos rendimentos líquidos
JOSÉ GUILHERME XAVIER DE BASTO
Coimbra Editora, 2007

A monografia publicada por José Xavier de Basto, *IRS, Incidência real e determinação dos rendimentos líquidos, Coimbra, 2007*, é um estudo completo e sistemático, sobre o regime jurídico português do IRS. O autor, jurista cultor de vários ramos do Direito Fiscal, conhecido pelo rigor e pelo tratamento analítico e crítico dos regimes jurídicos tributários, quer nas suas publicações (de que saliento a monografia de referência entre nós sobre o IVA, artigos sobre aspectos vários da tributação do rendimento, a crítica aos métodos indirectos), quer nas conferências e seminários em que participa, dispensa apresentações. Quanto à monografia que aqui recenseamos, saliente-se que ela vem preencher uma importante lacuna para quem trabalha com o Direito Fiscal, pois, como o autor nos diz no prefácio ao livro, a publicação de estudos sistemáticos sobre os "grandes impostos do sistema fiscal" escasseia entre nós.

O "IRS, Incidência real e determinação dos rendimentos líquidos" divide-se em duas partes.

A primeira, constituída pela Introdução, enquadra o IRS na história portuguesa dos impostos parcelares sobre o rendimento e no Direito Comparado, tomando como referência a caracterização e evolução dos impostos pessoais nos Estados da OCDE. A décima militar (ou décima), introduzida após a Restauração, é apresentada como um imposto geral, antecedente do IRS. Diz-nos o autor que a expectativa era grande em torno da justiça fiscal trazida pela décima, mas que, na verdade, as resistências a uma base tributária alargada, desde cedo se fizeram sentir, e as receitas ficaram aquém do esperado. Nos Sermões de Santo António, o Padre António Vieira, lembrou que "se queremos que sejam leves, se queremos que sejam suaves, repartam-se por todos" [1].

A ideia de repartição geral de encargos através de um imposto pessoal, concretizada nos finais do século XIX por Schanz-Haig e Simons, através da célebre fórmula de imposto único e progressivo, constituiu o modelo predominante nos Estados da OCDE durante grande parte do século XX. Tal modelo, consagrado na Constituição de 1976, apresenta tempos difíceis em economias crescentemente integradas e disto nos fala Xavier de Basto na Introdução. Se observarmos os cinco tipos de sistemas de tributação pessoal sistematizados pela OCDE e apresentados pelo autor nas páginas 26 e seguintes, verificamos que o IRS português, que nunca conseguiu ser um imposto único, consagra um sistema dual ou "semi-abrangente" (p. 31). Xavier de Basto dá-nos também conta da importância relativa das receitas do IRS no quadro nacional e no quadro da OCDE, e explica o conceito de rendimento subjacente ao IRS, bem como os traços gerais da base do imposto (pp. 39 e ss.).

A Parte II está dividida em vários capítulos (VI), correspondentes às diferentes categorias do IRS. Nestes capítulos, o autor explica, pormenorizadamente, o regime jurídico de cada uma das categorias, seguindo a própria estrutura do Código: objecto das regras de incidência, delimitações negativas de incidência, regras de determinação do rendimento colectável.

Assim, começa por explicar as regras de incidência, justifica alguns dos regimes (por ex., no caso da categoria A, a tributação das vantagens acessórias, nas pp. 62 e ss.; ou no caso da categoria B, a tributação dos actos isolados, nas pp. 162 e ss.), pronuncia-se sobre aspectos dos regimes que geram mais dificuldades interpretativas (veja-se, a propósito dos juros remuneratórios e moratórios, as pp. 248 e ss.), e tece considera-

---

[1] *Apud*, José Guilherme Xavier de Basto, IRS, Incidência real e determinação dos rendimentos líquidos, Coimbra, 2007, p. 16.

ções críticas sobre algumas das soluções legislativas (por ex., quanto à opção de fazer uma lista enumerativa de rendimentos da categoria A que constituem vantagens acessórias, nas referidas pp. 62 e ss., ou quanto ao regime fiscal do subsídio de refeição, nas pp. 71 e ss.; ou ainda quanto ao método de eliminação ou atenuação da dupla tributação económica de lucros e dividendos, pp. 258 a 279).

A propósito de cada uma das categorias, o autor trata do regime de determinação da matéria colectável, mas o grosso do estudo é dedicado às regras de incidência, o que demonstra que a técnica legislativa utilizada pelo legislador português, de enumeração exemplificativa dos rendimentos, torna o sistema bastante complexo.

Voltemos a nossa atenção, a título de exemplo, para o capítulo III, dedicado à categoria E (rendimentos de capitais): Xavier de Basto dedica algum tempo ao regime dos fundos de investimento, começando por criticar a sua localização sistemática no Estatuto dos Benefícios Fiscais, pois o regime que aqui é estipulado para os fundos de investimentos não cria medidas de carácter excepcional para tutela de interesses públicos extra-fiscais. O autor acaba porém por concluir que o legislador arranjou uma boa solução de compromisso, pois sendo os fundos, patrimónios autónomos, o seu regime não poderia ser tratado nem em sede de IRS nem em sede de IRC. Após essas considerações iniciais, várias páginas sistematizam o regime fiscal dos diferentes tipos de fundos, fornecendo ao leitor um tratamento completo do regime dos fundos. O mesmo tratamento sistemático e compreensivo é dado às royalties (pp. 307-309) e aos ganhos de swap (pp. 309-323). A propósito destes últimos, Xavier de Basto tece considerações críticas sobre o seu enquadramento na categoria E, nomeadamente, explicando que em teoria podem ser tributados na categoria B ou na categoria G (mais-valias), e chamando a atenção para o facto de o enquadramento numa ou em outra categoria ter consequências em termos de regime: as regras de determinação da matéria tributável em cada uma dessas categorias são diferentes, bem como as regras de retenção na fonte e de tributação de não residentes ("a qualificação como rendimentos de capitais conduzirá à obrigação de retenção na fonte do IRS por parte do respectivo pagador, que tenha contabilidade organizada, quer o titular seja uma pessoa singular quer seja uma pessoa colectiva", p. 315). Além disso, rejeita que todos os rendimentos de instrumentos financeiros derivados sejam rendimentos de capital, quer por razões conceituais, quer por razões de ordem prática, nomeadamente para se poder proceder a deduções (pp. 316 e ss.).

No capítulo IV (sobre os rendimentos prediais), o autor trata do conceito fiscal de renda e dá desenvolvimento crítico ao regime das rendas de sublocação (o Código só tributa o sublocador quando este, através da sublocação, consegue uma renda superior à que paga ao senhorio e só o tributa pela diferença). Destaque-se também, neste capítulo, as páginas dedicadas a um "juízo crítico sobre as regras de determinação do rendimento líquido" da categoria F (pp. 352 e ss.). Os capítulos V e VI tratam das duas últimas categorias (incrementos patrimoniais e pensões). Na categoria G, é dado particular destaque à tributação das mais-valias (conceito, princípio da realização, exclusões de incidência, determinação do rendimento líquido), optando o autor por fazer ainda uma síntese recapitulativa do regime fiscal das mais-valias. Finalmente, a propósito das pensões, Xavier de Basto estuda o regime dos vários tipos de pensões e conclui que esta categoria perderá em breve autonomia.

A clareza da linguagem conjugada com o rigor a que nos habituou Xavier de Basto, para além do já referido preenchimento de uma lacuna no tratamento da matéria, tornam este livro de leitura obrigatória.

Ana Paula Dourado

Direito Tributário Internacional
ALBERTO XAVIER
Coimbra, Almedina, 2007, 2ª Edição

Nesta obra, o Professor ALBERTO XAVIER, em colaboração com a Dr.ª CLOTILDE CELORICO PALMA e a Dr.ª LEONOR XAVIER, procede a uma actualização profunda da sua obra com a mesma denominação, datada de 1993 e objecto de reimpressão em 1997. Tratava-se, pois, de um aguardado retorno, após uma década em que esta obra fundamental para os práticos e teóricos do Direito Fiscal Internacional marcou uma viragem no conhecimento, divulgação e abordagem da matéria em Portugal[1].

Na verdade, a afirmação do Direito Internacional Fiscal no mundo académico e dos negócios, esteve muito ligada a esta obra do Professor ALBERTO XAVIER. No primeiro caso, colocando a matéria da tributação internacional nos *curricula* das universidades, muito em especial na Faculdade de Direito de Lisboa, onde viria a pertencer ao núcleo obrigatório das cadeiras de formação da menção de jurídico-económicas, com

---

[1] Sobre a recensão à 1.ª edição, vd. ANA PAULA DOURADO, "Alberto Xavier; Direito Tributário Internacional, Tributação das Operações Internacionais" (Recensão), *Fisco*, n.ºs 63-64, 1994, pp. 33-4.

muitos alunos de outras menções inscritos na cadeira de Direito Fiscal II. No mundo dos negócios, por ter coincidido com a recente era de internacionalização da economia portuguesa e o alargamento da rede de Convenções de Dupla Tributação registada na década de 90 e no novo século, rede essa que se situa actualmente em meia centena contra pouco mais de uma dúzia existente em 1993.

Se olharmos para a presente edição em termos meramente quantitativos, vemos que a obra cresce quase 50%, passando de 581 para 864 páginas, sendo para o efeito especialmente relevante a exaustiva recolha bibliográfica que teve lugar, envolvendo tudo o que de melhor se escreveu sobre esta matéria em 10 anos, em Portugal e no estrangeiro.

No que respeita à estrutura, é integralmente mantida: Título I – Objecto do Direito Tributário Internacional; Título II – Conteúdo e Natureza do Direito Tributário Internacional; Título III – Fontes do Direito Tributário Internacional; Título IV – Elementos de Conexão; Título V – Regime Unilateral Português (engloba as Zonas Francas da Madeira e Santa Maria); Título VI – Regime Convencional Português (em matéria de tributação do rendimento); Título VII – Competência Internacional e Relevância de Actos Públicos Estrangeiros.

Quanto às posições dogmáticas do autor, também as mesmas são, no essencial, mantidas. A influência do Direito Internacional Privado (ou melhor, do Direito de Conflitos) na construção jurídica do Direito Internacional Fiscal – em especial a propósito das matérias da qualificação e interpretação das Convenções –, os conceitos de Dupla Tributação Internacional (jurídica e económica), a estruturação das normas deste ramo do Direito por utilização de elementos de conexão, a explicação da elisão fiscal internacional enquanto fenómeno de manipulação artificial dos elementos de conexão e a abordagem a este fenómeno por recurso à figura da Fraude à Lei, são traços distintivos desta obra, desde a 1.ª edição há 15 anos.

Por isto, as matérias inovadoras, que são várias, não atingem particularmente o núcleo duro da obra, ou seja os Títulos I a III.

As alterações registadas correspondem, por isso mesmo, ao desenvolvimento de certas problemáticas particulares, sejam elas derivadas de modificações (em alguns casos, profundas) no regime fiscal, sejam impostas pelo levantamento de novas abordagens nos regimes já existentes. Assim, é a este respeito que a obra marca uma evolução significativa, chamando-se, agora, a atenção do leitor para alguns dos tópicos onde a mesma é evidenciada.

Logo no Título IV, as modificações legislativas do conceito de Estabelecimento Estável e a matéria da elisão fiscal internacional – subjectiva e objectiva (consoante os tipos de elementos de conexão deslocalizados) – são particularmente alargadas e actualizadas. Quanto a esta última matéria (elisão fiscal internacional), cresce mais de 5 vezes, passando das anteriores 28 para as actuais 133 páginas. As matérias dos *exit taxes*, das normas *CFC*, subcapitalização, e pagamentos a *off-shores* são analisadas numa perspectiva, simultaneamente, interna, internacional (Convenções) e comunitária (admissibilidade face à recente jurisprudência do TJCE. Já quanto ao regime dos preços de transferência, são de relevar o estudo profundo de matérias como os *cost-sharing agreements*, os acordos prévios e as relações com os regimes convencionais. E, por fim, a propósito da referência à Cláusula Geral Anti-Abuso enquanto instrumento de combate ao fenómeno da elisão fiscal internacional, fica-se com a posição do autor sobre a expressa admissibilidade da sua utilização num contexto convencional.

No Título V, notam-se as influências dos, entretanto aprovados ou alterados, regime da Zona Franca da Madeira, Lei Geral Tributária, Reforma Fiscal de 2000 Directivas Comunitárias aprovadas (Juros e Royalties, Poupança) ou modificadas (Fusões-Cisões e Mães-Filhas) e Reforma da Tributação do Património. Trata-se, portanto, de um Título totalmente refeito, que será muito útil aos práticos do Direito Fiscal, em especial pelo recurso a esquematizações, a que o autor já nos habitara.

O Título VI, por fim, é dedicado à densificação do regime convencional, com especial atenção às múltiplas Convenções que Portugal tem vindo a celebrar. Especial interesse merece a densificação dos conceitos convencionais sobre os rendimentos passivos, v.g. dividendos, juros e *royalties*. A respeito deste últimos, por exemplo, é feita um exaustivo elenco das suas modalidades e a delimitação precisa e rigorosa do conceito face a figuras como os pagamentos por *engineering*, *software* de computadores, obras audiovisuais, *know-how* e prestação de serviços técnicos. O estudo da evolução dos normativos convencionais, por vezes com soluções acentuadamente desviantes face aos paradigmas português e da OCDE, é outro dos pontos que merece ser referido neste Título.

O último Título – VII, sobre Competência Internacional e Relevância dos Actos Públicos Estrangeiros – é, igualmente, actualizado com a expressa referência às modificações introduzidas ou sugeridas pela OCDE, pelo normativo comunitário e pelas Convenções assinadas por Portugal, em certos casos com novidades que merecem ser acentuadas como a assistência na cobrança.

Sobre todos estes e muitos outros pontos – e sempre em vista das influências que o Direito Comunitário, legislativamente ou por intermédio do TJCE, tem vindo a imposto – versa esta obra de referência do Direito Tributário Internacional, da autoria de ALBERTO XAVIER.

Ana Paula Dourado
Gustavo Lopes Courinha

**Lei de Enquadramento Orçamental.
Anotada e Comentada**
GUILHERME D'OLIVEIRA MARTINS
GUILHERME WALDEMAR D'OLIVEIRA MARTINS
MARIA DE OLIVEIRA MARTINS

Coimbra, Almedina 2007

A Lei de Enquadramento Orçamental. Anotada e Comentada por Guilherme d'Oliveira Martins, Guilherme Waldemar d'Oliveira Martins e Maria de Oliveira Martins constitui um dos mais interessantes estudos de direito financeiro publicado entre nós. Revestindo, embora, a forma de anotação, constitui, em substância, um estudo aprofundado do direito orçamental vigente.

Guilherme d'Oliveira Martins é um nome prestigiado na sociedade portuguesa. Do seu impressionante currículo retenha-se, pela ligação directa ao presente estudo, a sua actividade parlamentar, a sua experiência como Ministro das Finanças e o desempenho actual das funções de Presidente do Tribunal de Contas. No plano académico leccionou finanças públicas e direito financeiro na Faculdade de Direito de Lisboa, colaborando, neste momento, com a Universidade Lusíada. Os seus filhos, Maria e Guilherme d'Oliveira Martins, naturalmente menos conhecidos, por ora, seguem as pisadas do pai na mesma área científica e mostram já idêntica qualidade científica, patenteada nas suas dissertações de mestrado *"A Despesa Fiscal e o Orçamento do Estado no ordenamento Jurídico Português"* e *"Contributo para a compreensão da Figura das Garantias Institucionais"*. A título de declaração de interesses o autor desta recensão regista que é orientador das respectivas dissertações de doutoramento, facto que não o torna menos crítico do seu trabalho, de harmonia com a concepção que tem dessas funções.

Pai e filhos, à semelhança do autor desta recensão, evocam o magistério académico de Sousa Franco como ponto de referência permanente no domínio do direito financeiro, área em que a obra e acção do nosso querido e falecido Mestre foi decisiva para a renovação e prestígio dos estudos.

A obra agora publicada manifesta sólidos e profundos conhecimentos, patentes na riqueza das indicações bibliográficas e na utilização da jurisprudência pertinente e nas qualificadas e muito trabalhadas observações. Não se trata, naturalmente, de uma reflexão sobre a possível evolução do direito financeiro e sua adequação às novas técnicas de gestão dos dinheiros públicos, mas antes de, como é expressamente assumido na contra-capa, de "… auxiliar os estudantes, os parlamentares e os juristas na tarefa sempre aliciante da interpretação do direito constituído".

Errará, no entanto, quem pretender diminuir a importância da obra, remetendo-a para o campo do material de apoio pedagógico. O que aqui se encontra é a mais completa reflexão sobre um instrumento com a importância da Lei de Enquadramento Orçamental, trabalho necessariamente prévio à formulação de quaisquer propostas.

Os autores mostraram já, em outras obras, o fôlego de que são capazes para essa reflexão e, seguramente, continuarão a manifestá-lo. O que o presente livro demonstra é que qualquer reflexão tem de partir de um conhecimento seguro das regras existentes e da sua interpretação no contexto evolutivo. Neste sentido, o acervo bibliográfico e jurisprudencial aqui carreado reveste-se da maior importância.

Não se poderá, em qualquer caso, deixar de atentar na crítica de fundo dirigida à actual legislação e ao tratamento de algumas áreas em que é preciso inovar, tais como a da informação à Assembleia da República, a revitalização dos orçamentos por actividades, o direito de emenda parlamentar e o regime das alterações orçamentais (pp. 241-265).

A lei de enquadramento orçamental constitui – na expressão dos autores – " pedra angular do sistema de organização, apresentação, debate, aprovação e controlo do orçamento do Estado". A "codificação" de normas que, de outra forma se encontrariam dispersas por vários diplomas representou um passo significativo para a arrumação do direito financeiro. Naturalmente que tal "codificação" não poderia ser imune às várias revisões constitucionais, à integração europeia – e, mais tarde, aos compromissos orçamentais assumidos por força do Pacto de Estabilidade e Crescimento – e à mudança profunda das concepções económicas e financeiras que caracterizaram os últimos anos. É, assim, correctamente, acompanhada a evolução do tratamento jurídico do enquadramento orçamental, desde a embrionária Lei n.º 64/77, à mais ambiciosa Lei n.º 91/2001 que, ainda assim, ficou muito aquém do ante-projecto da Comissão nomeada pelo Ministro das Finanças Sousa Franco, que apontara – como se podia ler no despacho de criação – para uma reforma que levasse em consideração razões de ordem constitucional, ou decorrentes da integração europeia, do princípio da unidade do sistema jurídico, das experiências estrangeiras, da tradição jurídica e financeira portuguesa, dos princípios fundamentais da democracia financeira e do próprio Programa de Governo.

Importa, contudo, ter presente a importância da legislação sobre o Tribunal de Contas (Lei n.º 98/97), que reflecte largamente o pensamento e a longa luta de Sousa Franco e Guilherme d' Oliveira Martins, assim como os Estatutos Político- Administrativos das Regiões Autónomas (Leis n.ºs 39/80 e 13/91, na parte relativa às finanças), da Lei das Finanças das Regiões Autónomas (Lei Orgânica n.º 1/2007) e das autarquias locais (Lei n.º 2/2007), diplomas que esperamos que os autores venham a anotar, a benefício de quantos estudam ou trabalham esta matéria.

Em toda essa evolução estiveram basicamente em causa o princípio da plenitude orçamental, os mecanismos de controlo orçamental e o equilíbrio de poderes entre os diferentes decisores orçamentais. A apreciação das várias leis – leis n.ºs 64/77, 18/78, 40/83, 6/91 – espelha bem a evolução das concepções sobre finanças públicas ao longo de um arco de trinta anos de gestão democrática dos dinheiros públicos.

Paradigmático é o diferente tratamento do princípio da plenitude, escassamente assumido na Lei n.º 64/77 e fortemente reforçado na Lei n.º 91/2001, ainda que com limites devidamente assinalados pelos autores, assinalando a passagem de uma tentativa de organização das finanças em novos moldes, acentuando a desorçamentação como via mais eficaz de gestão dos dinheiros públicos ou com maior correspondências nos ideais descentralizadores da Constituição, para a recuperação do princípio como factor de racionalidade e de disciplina e rigor, perspectiva que presidira às reformas liberais do oitocentismo, como nos é recordado.

Neste percurso, que os progressos tecnológicos e a velocidade de transmissão da informação vieram reforçar, assistiu-se a um redimensionamento da descentralização financeira, viabilizado pela jurisprudência constitucional, amplamente trabalhada no Comentário. O próprio âmbito de aplicação, que esteve na origem de uma transformação na epígrafe da lei – de lei de enquadramento do orçamento Estado a lei de enquadramento orçamental – teve a expressão mais significativa com as inovações da Lei n.º 2/2002.

Especialmente felizes são as anotações relativas ao controlo orçamental, dando bem conta da evolução desta matéria e do esforço crescente no sentido de uma solução que responda à necessidade de garantir uma eficaz utilização dos dinheiros públicos que exige o reforço e diversificação dos sistemas de controlo, importando técnicas de auditoria da gestão privada, tanto tempo ausentes da fiscalização financeira.

No que respeita ao equilíbrio de poderes entre os decisores financeiros, não se poderá esquecer o substancial reforço de poderes da figura do Ministro das Finanças, resultante do novo título V, introduzido pela Lei Orgânica n.º 2/2002, com a epígrafe Estabilidade Orçamental.

A referência mais importante deste novo título é, todavia, a criação de toda uma série de princípios e procedimentos destinados a assegurar as obrigações decorrentes do Tratado que institui a Comunidade Europeia, bem como do Pacto de Estabilidade e Crescimento, numa solução que, tal como os autores nos tinham já alertado, anteriormente, conduz à erosão ditada pela evolução dos poderes supra-nacionais e, particularmente, da União Europeia.

Pena é que o carácter recente da inovação legislativa, a par com as praticamente inexistentes bibliografia e jurisprudência, tenha determinado comentários menos ricos do que os que acompanham as restantes passagens da lei.

Estão, porventura, ausentes desta obra – o quem se compreende dada a sua natureza de comentário – as dimensões sociológica e política, necessárias à correcta percepção do fenómeno financeiro, que levaram já Michel Bouvier a falar, com felicidade, das finanças públicas como uma *science-carrefour*.

De resto, o tratamento político das finanças públicas, que tem atrás de si ilustres representantes, da escola clássica italiana à *public choice*, tem conhecido entre nós dificuldades evidentes, por se traduzir em desvios derivados de pré-compreensões, risco a que não escapa, sequer, a obra fundamental de Armindo Monteiro – *O Orçamento Português*, 1925 – veiculo dos fortes sentimentos anti-parlamentares que agitavam sectores da vida portuguesa, a cuja liderança aspiravam Armindo Monteiro e António Oliveira Salazar numa disputa que, sabida e com forte probabilidade infelizmente, foi vencida por este último. A questão que fica em aberto é, em todo o caso, a de saber se a análise económica não está sempre condicionada por opções ideológicas, tema que esteve na origem da viva e estimulante polémica (até pela enorme qualidade dos participantes) entre Avelãs Nunes e Teixeira Ribeiro sobre a natureza empenhada ou neutra as ciências económicas.

Não se esqueça, ainda assim que, logo na página 17, os autores nos tinham alertado para que "o consentimento tradicional tem de evoluir de modo a que a participação dos cidadãos através dos seus representantes não seja esvaziada nem perca sentido". É através de estudos destes que se podem criar as condições para que assim aconteça. Juntando-me ao voto dos autores, aproveito para recomendar a leitura do livro, obra de elevada qualidade e utilidade.

Eduardo Paz Ferreira

Um novo contrato social nas finanças públicas francesas?

La LOFL et la nouvelle gouvernance financière de l'État

ANDRÉ BARILARI e MICHEL BOUVIER

(2.ª ed.), Paris: LGDJ, 2007, 230 páginas.

Em França, os cultores das finanças públicas ainda vivem intensamente a reforma da Lei de 2 de Janeiro de 1959, que organiza as finanças do Estado, por via da lei orgânica de 1 de Agosto de 2001 (em francês Loi organique relative aux Lois de Finances – LOFL).

Esta reforma foi considerada duplamente importante: não só porque concretizou e densificou o conteúdo da constituição financeira, mas também porque aprofundou o enquadramento orçamental estadual.

Para percebermos um pouco qual a dimensão das alterações que foram introduzidas pela LOFL, basta referir que, genericamente, se trata de um novo contrato social no campo das finanças públicas. E, este contrato não passa apenas pela redefinição das relações entre o Parlamento e o Governo, mas, fundamentalmente, por substituir a contabilidade de meios pela contabilidade de resultados, à semelhança do que com o que sucede com as melhores práticas empresariais. Este novo paradigma aprofunda, assim, a gestão pública e influi grandemente na organização interna da Administração Pública.

Na obra que apresentamos na presente recensão, os Professores da Universidade Paris I (Panthéon-Sorbonne) analisam a origem e a aplicação prática da LOFL, nos últimos cinco anos. Da leitura das suas duas partes (a primeira, na qual se apresentam os pressupostos e componentes da reforma das finanças públicas, e a segunda, que estuda a sua execução e consequentes mutações na prática administrativa), interessa reter o novo modelo de programação financeira plurianual e a consequente redefinição dos níveis de responsabilização financeira.

O aprofundamento dos modelos de programação tem passado, no sistema público-financeiro francês, pela renovação integrada da democracia política e da gestão pública. É sabido que um dos grandes defensores da programação orçamental, nos anos sessenta, David Novick, relatava que o orçamento por programas foi introduzido pela primeira vez em 1942, quando o gabinete de guerra norte-americano empregou um conjunto de prioridades para o controlo e produção de materiais de guerra. A ideia básica de um programa, deste modo, foi sempre a de as decisões deverem basear-se em *outputs* (objectivos e medidas concretas) e não em *inputs* (pessoal e custos com o equipamento). A programação combina, assim, dois métodos de gestão orçamental: (1) a *program forecasting*, pela procura eficiente de objectivos e metas de acção, e a (2) análise de sistemas, pela comparação quantitativa de métodos de actuação. De facto, não só o Estado francês, como todos os Estados-membros da União Económica e Monetária estão comprometidos à observância da programação financeira plurianual, pelo menos, na apresentação do respectivo programa de estabilidade e crescimento.

Ora, este nexo de causalidade entre a previsão de resultados e plurianualidade permite-nos antever que predomina, nesta reforma da LOFL que a obra muito bem analisa, um apelo forte à racionalização dos recursos económicos, exigindo a definição de prioridades e de objectivos a que devam ser afectos os recursos orçamentais, esclarecendo que este racionalização deve ser operada por meio de programas orçamentais. Deste modo, promove-se a facilitação do controlo dos gastos e da responsabilização dos agentes administrativos em função dos objectivos que se pretendem alcançar.

De facto, com a técnica da programação orçamental, pretende-se, de facto, ultrapassar a orçamentação tradicional de meios, incrementalista por natureza e derivar para um orçamento-de-objectivos. Assume-se, de todo o modo, a new public management, pelo enfatizar do desempenho em detrimento da legalidade. É através dos três e's: economia, eficiência e eficácia, que é tratada a chamada accountability[1], que importa, alternativamente: (A) a obrigação de responder pelas contas (perspectiva norte-americana); (B) o fornecimento de explicações ou justificações e consequente aceitação da responsabilização (perspectiva australiana). A noção de accountability é hoje crucial na economia pública e nas finanças públicas. Trata-se de uma "resposta" especial que se liga à prestação de contas, sem, no entanto se poder reduzir a um conceito contabilístico. Há, assim, um encontro de vontades, que pressupõe uma apresentação, uma recepção e uma negociação, que gera um acordo ou um desacordo, entre mandante e mandatário num processo contraditório. Daí que tenha de existir uma relação de confiança e dessa relação e do modo como se concretiza depende a maior ou menor eficácia da responsabilização. Também no mercado, nas empresas, nas sociedades esse dever se manifesta, ainda que num lógica comum privada – no entanto quer no caso de um bem comum privado, quer no de um bem comum público o processo é semelhante.

Não obstante o modelo público-financeiro francês dar um especial enfoque à decisão das comunidades locais, ao contrário do que sucede com o modelo português, muito centralizado, esta obra trata de um novo conceito de serviço público que interessa reter. O de que reformulação do novo contrato social público-financeiro exige não só a prestação de contas e o assumir de responsabilidades – as duas componentes da *accountability* – como também a necessidade simultânea de redefinição do papel dos responsáveis dos programas e dos seus operadores, de reorganização das tutelas e de contratualização dos critérios de *performance* decisória, que ainda não se encontram generalizados nas finanças do Estado, ao contrário do que se passa nas estruturas empresariais privadas.

Guilherme Waldemar d'Oliveira Martins

---

[1] Não confundamos, contudo, "accountability" com responsabilidade. Esta implica uma obrigação de agir, enquanto aquela implica a obrigação de responder pelas acções e resultados das acções. Os instrumentos comuns da "accountability" são: (1) planos estratégicos; (2) acordos de desempenho; (3) prestação de contas; (4) auto-avaliação e (5) controlo de gestão.

A Fraude Fiscal – A Norma Incriminadora, A Simulação e outras reflexões
NUNO POMBO

Almedina, 2007, 320 páginas

Da autoria de NUNO POMBO, assistente da Faculdade de Direito da Universidade Católica Portuguesa, foi publicada pela Almedina, em Março de 2007, a sua tese de Mestrado, sob o título *"A Fraude Fiscal: a norma incriminadora, a simulação e outras reflexões"*. A obra é prefaciada pelo Prof. Doutor Pedro Soares Martínez, que, segundo se informa na nota do autor, presidiu às referidas provas de Mestrado. Aí destaca o insigne Professor relativamente ao discípulo confesso (cfr. nota do autor, p. 16), que "Nuno Pombo mantém integralmente a sua independência de espírito e a sua capacidade de crítica, sóbria e elegante (…) "não aspira, por certo, a plenitudes de certezas científicas; não sofre de excessos de especialização; dispõe de suficiente domínio das problemáticas fundamentais da Filosofia e da História; sabe Economia e sabe Direito". Na nossa opinião, a obra apresentada por Nuno Pombo comprova plenamente a justeza do elogio do Mestre.

O texto apresenta-se sistematizado em nove capítulos, seguidos das "conclusões" a que a investigação conduziu.

No primeiro capítulo "O Direito Penal Fiscal: Enquadramento", o autor traça claramente as fronteiras entre o direito penal e o direito fiscal, cuja aproximação qualifica de "perversa", fixa claramente o sentido com que empregará no texto os termos "evasão fiscal, ilícito fiscal e infracção fiscal", nem sempre unívocos, procede a uma breve resenha histórica, sem laivos de originalidade e restrita ao período pós-revolucionário, do direito fiscal punitivo legislado e finalmente toma posição relativamente à problemática da responsabilidade das pessoas colectivas no âmbito do direito penal fiscal, assumindo quanto a esta questão uma posição "conservadora", atento aos perigos das modernas concepções ditas "sistémicas". De muito interesse parece-nos ser a questão equacionada pelo autor a páginas 37 e 38, a do relevo da opção sistemática assumida pelo legislador na parte III do RGIT (sistematização dos crimes em tributários comuns, aduaneiros, fiscais e contra a segurança social) e suas consequências, designadamente a questão de saber se a referida sistematização obsta à punição de uma *fraude fiscal aduaneira*.

O capítulo II do livro é dedicado à análise do tipo objectivo de ilícito do crime de fraude fiscal, no qual o autor pretende fazer uma leitura guiada – e problematizada – do facto ilícito descrito na norma incriminadora do artigo 103.º do RGIT decompondo-o nos seus vários elementos. Merece uma referência autónoma, em capítulo próprio (capítulo III), de todos o mais extenso, o facto típico "celebração de negócio simulado". É neste capítulo, parece-nos, que a criatividade de Nuno Pombo melhor se revela, sendo particularmente interessantes as considerações que faz acerca da relação do artigo 103.º do RGIT com os artigos 38.º, n.º 2 e 39.º da LGT (ponto 7) e entre a simulação e a comparticipação criminosa no crime de fraude fiscal (ponto 10), na qual equaciona hipóteses diversas (um só, vários crimes, nenhum crime) atendendo à repartição entre os comparticipantes da vantagem patrimonial ilegítima. Nem sempre estamos de acordo com as soluções que propõe o autor, mas é inequívoco que as suas propostas interpretativas são aliciantes e se encontram bem fundamentadas, a obrigar a pelo menos idêntica fundamentação das divergências.

Seguem-se capítulos mais sucintos dedicados à análise do tipo subjectivo (capítulo IV), ao tipo qualificado de fraude (capítulo V), à tentativa (capítulo VI) e uma referência ao conceito dogmático de acumulação e sua relação com a fraude fiscal (capítulo VII), sentindo-se o autor depois apto a, com base na análise precedente, avançar para uma caracterização geral – que apelida de "minimalista" – do tipo legal de crime, o que faz no capítulo VIII, que tem duas páginas apenas. Na tese de NUNO POMBO, o crime de fraude fiscal é visto como um crime específico, de execução vinculada, de perigo concreto, de resultado cortado, que exige dolo específico mas não a participação da vítima e que "convoca algumas objecções que, no quadro de um discurso punitivo legitimador, podem ser assacadas aos tipos aditivos " (página 228).

Trata em seguida o autor da temática do concurso de infracções (capítulo IX), matéria que suscitou no passado viva polémica jurisprudencial e doutrinal no contexto dos tristemente célebres processos por "facturas falsas". Nuno Pombo documenta a polémica surgida na vigência do RJIFNA e reequaciona a questão no âmbito do RGIT relativamente aos crimes comuns de *burla*, *falsificação* e *destruição de documentos* e mais adiante relativamente ao crime tributário comum de *burla*.

Segue-se o capítulo dedicado à sanção (capítulo X), no qual o autor procura, simultaneamente com a análise jurídica, fazer um esboço de análise económica desta, terminando a obra com um capítulo dedicado ao bem jurídico protegido pela norma incriminadora. Perante a opção entre um bem jurídico patrimonial, identificado com o interesse patrimonial do credor tributário ou um bem jurídico não patrimonial, antes identificado com a verdade nas relações com o fisco, NUNO POMBO, depois de aludir às posições mais relevantes da doutrina portuguesa sobre a questão, acaba por adoptar uma posição intermédia. Na sua opinião, "o legislador mostrou a sua opção por um regime que combina, quanto ao interesse a proteger pela norma incriminadora, as duas grandes alternativas (...) estruturando o ilícito na base da ofensa às receitas fiscais do Estado e em torno da violação dos deveres de cooperação (página 285).

Pela temática da obra e pela ponderação dos argumentos que apresenta em prol das suas propostas de interpretação da norma incriminadora do crime de fraude fiscal, a obra de NUNO POMBO parece-nos ser de leitura indispensável aos estudiosos da criminalidade fiscal e aqueles que, no exercício das suas funções ou por causa delas, com ela necessariamente se deparam. A elegância da escrita do autor torna a sua leitura aliciante, mesmo para meros curiosos do tema.

Isabel Marques da Silva

**O Crime de abuso de confiança fiscal:
As consequências jurídico-penais da alteração
introduzida pela Lei n.º 53-A/2006, de 29 de Dezembro**
AMÉRICO TAIPA DE CARVALHO

Coimbra Editora, 2007, 132 páginas

O ano de 2007 começou com novidades legislativas no domínio do direito fiscal punitivo, concretamente com a alteração que a Lei do Orçamento de Estado para 2007 veio introduzir no tipo legal do crime de abuso de confiança fiscal previsto no artigo 105.º do Regime Geral das Infracções Tributárias (RGIT), traduzida no aditamento ao seu n.º 4 de uma alínea b) do seguinte teor: "a prestação, comunicada à administração tributária através da correspondente declaração, não for paga, acrescida dos juros respectivos e do valor da coima aplicável, no prazo de 30 dias após a notificação para o efeito". Ao estudo das consequências jurídico-penais dessa alteração dedica AMÉRICO TAIPA DE CARVALHO, Professor de Direito Penal da Escola de Direito do Porto da Universidade Católica Portuguesa, a monografia intitulada *"O crime de abuso de confiança fiscal: As consequências jurídico-penais da alteração introduzida pela Lei n.º 53-A/2006, de 29 de Dezembro"*, publicada pela Coimbra Editora em Setembro de 2007.

A obra encontra-se sistematizada em duas partes. A primeira parte, correspondente à teorização das implicações da referida alteração legislativa, tem estrutura semelhante à de um parecer jurídico (cfr., I – *A questão*; II – *A análise da nova exigência constante da alínea b) do n.º 4 do artigo 105.º do RGIT*; III – *A qualificação dogmática da exigência da notificação para a entrega da prestação tributária no prazo de 30 dias (alínea b) do n.º 4 do artigo 105.º do RGIT*); IV – *Conclusões*). Na segunda parte o autor faz a uma apreciação crítica da jurisprudência dos tribunais superiores proferida entre Fevereiro e Julho de 2007. O estilo de texto é um pouco coloquial, por isso mais vivo e impressivo, sobretudo na segunda parte, onde o autor parece querer dialogar com os arestos que se propõe comentar e com os quais não concorda, excepção feita ao Acórdão do Tribunal da Relação do Porto de 6 de Junho de 2007.

Partindo da questão formulada - "que consequências jurídico-penais tem esta alteração legal, que introduziu uma nova exigência para a punibilidade criminal da não entrega da prestação tributária deduzida e declarada?" –, posteriormente desdobrada em função da fase processual ou do momento em que se encontram os processos ou factos potencialmente abrangidos pela alteração legislativa (condenação transitada em julgado à data da entrada em vigor da lei e processos pendentes onde decorreu já ou não o prazo de 90 dias após o termo do prazo legal de entrega da prestação tributária já previsto no n.º 4 do artigo 105.º do RGIT antes da alteração legislativa introduzida pela Lei do Orçamento para 2008), o autor rapidamente avança para a conclusão que ao próprio parece "evidente e obrigatória" (página 14) – a de que enquanto em face à lei antiga a não entrega da prestação tributária dentro do prazo de 90 dias configurava já uma infracção criminalmente punível, face à lei nova uma tal omissão, durante o referido prazo, deixou de constituir infracção criminalmente punível, daí que a lei nova seja despenalizadora e não possa deixar de aplicar-se retroactivamente aos factos ocorridos antes da sua entrada em vigor, mesmo que já objecto de decisão transitada em julgado (artigo 2.º, n.º 2 do Código Penal e 29.º, n.º 4 da Constituição da República). Exposta a sua tese, o autor manifesta o seu acordo relativamente à alteração introduzida pelo legislador, considerando-a aconselhável e atribuindo-lhe a virtude de afastar em grande medida as críticas "de implacável cegueira" de que era objecto a anterior redacção da norma.

A fundamentação da posição do autor, já antecipadamente anunciada, encontra-se no número III da primeira parte da monografia. Aí procede TAIPA DE CARVALHO à fundamentação da tese segundo a qual a exigência de notificação constitui um elemento constitutivo do tipo de ilícito e não apenas uma condição objectiva de punibilidade. Desta concepção, retira o autor consequências quanto ao momento em que o delito se deve ter por consumado – aqui se afastando da interpretação quase unânime do n.º 2 do artigo 5.º do RGIT -, que considera ser, no caso de prestações deduzidas e não comunicadas, o momento em que termina o prazo de 90 dias contado a partir do prazo legal de entrega da prestação tributária e no caso de prestações deduzidas e comunicadas, o momento em que termina o prazo de 30 dias contado a partir da notificação feita pela administração tributária (páginas 48 e 49). Esta posição do autor tem, obviamente consequências quanto à prescrição do procedimento criminal, tornando o crime quase imprescritível pois a sua consumação, da qual depende o início da contagem do prazo de prescrição, está dependente de uma notificação da administração tributária para a qual a lei não fixa prazo. O próprio autor reconhece o problema (nota 28 da página 53) mas atribui ao legislador a responsabilidade pelo sucedido.

Nas conclusões TAIPA DE CARVALHO encontra-se a síntese das posições defendidas pelo autor.

Até à data, que saibamos, a tese de TAIPA DE CARVALHO não tem sido seguida pelos nossos tribunais superiores, que defendem maioritariamente que alteração introduzida pela Lei n.º 53-A/2006, de 29 de Dezembro no tipo legal de crime de abuso de confiança fiscal se traduz apenas em lei nova mais favorável, e não em lei despenalizadora. Este outro ponto de vista trazido pelo autor e a respectiva fundamentação traduzem-se numa perspectiva diferente de encarar o problema, mais favorável na perspectiva dos infractores ao menos em relação aos processos pendentes, que, embora não unânime e muito menos incontroversa, deve ser tido em devida conta. Os incontestáveis méritos do ilustre penalista isso reclama.

Isabel Marques da Silva

Revue Française de Finances Publiques
n.° 100, Novembre 2007
dir. MICHEL BOUVIER

Librairie Générale de Droit et Jurisprudence, Paris.

Ao assinalar a publicação do centésimo número, a *Revue Française de Finances Publiques* escolheu como tema a momentosa questão da "Nova Governança Financeira Pública: Grandes Apostas de Amanhã". Fazendo *jus* ao prestígio que adquiriu, ao longo de mais de vinte anos de existência, uma vez que foi criada no Outono de 1982, tendo sido publicado o primeiro número na Primavera de 1983, a *Revista* apresenta-nos um conjunto temático marcado por quatro ordens de questões: o Método, os Instrumentos, os Controlos financeiros jurisdicionais e o Processo de decisão. Quanto ao *método*, somos confrontados com temas diversificados e aliciantes, desde a dívida pública à relação complexa entre finanças públicas e finanças privadas, passando pela descentralização, pela reforma fiscal, pelas contas do Estado e pela relação entre consensualismo fiscal e consentimento do imposto. Relativamente aos *instrumentos*, fácil é de compreender uma grande importância dada à LOLF (Loi Organique des Lois de Finances), à certificação das contas do Estado ou aos efeitos da desmaterialização na acção das jurisdições financeiras. Já no tocante aos controlos financeiros jurisdicionais, o Tribunal de Contas (*Cour des comptes*), sentinela das finanças públicas, tem um lugar muito especial, desde a análise da evolução recente até ao tema da responsabilidade perante as jurisdições financeiras, passando pela prestação de contas e pela necessidade de manter um controlo jurisdicional para assegurar o cumprimento do ordenamento jurídico respeitante às leis de finanças. Acresce que nesta terceira ordem de temas avulta ainda a referência ao Tribunal de Contas Europeu, no momento em que comemora trinta anos de vida. Por fim, quanto aos *processos de decisão*, há um especial destaque atribuído: ao controlo parlamentar das finanças públicas; à modernização do Estado e sua reforma, ao serviço da ciência das finanças; às consequências da informatização; à descentralização e a fiscalidade local, a autonomia financeira das colectividades territoriais; e ao reexame das finanças da União Europeia.

Trata-se, deste modo, de um elenco muito diversificado de temas ligados às finanças públicas, numa perspectiva de mudança e de resposta aos desafios da modernização do Estado e da globalização.

Como salienta o Professor Michel Bouvier, Director da *Revista*, a nova gestão pública deve caracterizar-se por um conjunto de factores dinâmicos como: a internacionalização; a descentralização de redes financeiras públicas; a necessidade crescente de controlo das despesas públicas; a adaptação ao sector público de métodos de administração e de avaliação de resultados, importados da gestão das empresas; a implantação na realidade pública de uma cultura "de resultados"; a generalização da ideia de que o Estado deve descomprometer-se progressivamente para deixar mais espaço ao mercado económico e financeiro; a crescente responsabilização dos gestores de dinheiros públicos; a passagem do cidadão-contribuinte ao cidadão-cliente, com especiais responsabilidades atribuídas a todos quantos possam introduzir na vida pública um factor de verdade e de confiança; ou a explosão sem precedentes das despesas sociais. Este é o pano de fundo, num tempo em que aparecem e coexistem entre si novos centros de decisão públicos e privados, locais e internacionais, num processo de convergência de métodos e de regras. As fronteiras entre os fenómenos público e privado desvaneceram-se (ou tendem cada vez mais a desvanecer-se) obrigando a novas concepções e a novos quadros científicos e pragmáticos. Há, com efeito, uma "metamorfose" do Estado e da sociedade, que atinge, nos dias de hoje, uma fase de maturidade, no contexto do que Michel Bouvier designa como um novo "contrato social". O público e o estatal tendem a deixar de ser sinónimos, associando-se, cada vez mais, a uma cultura de resultados, à eficácia de gestão e à cultura democrática. A "governança" das finanças públicas pressupõe, deste modo, hoje, a existência de um novo «continente administrativo e político, alimentado por uma concepção sistémica de organização da ordem social, diversificada e unificada, que deixa adivinhar o que será o Estado no século XXI» — ainda segundo o director da *Revista*. Vai longe um conceito fechado e rígido do Estado e da acção pública que não considera a interinfluência de muitos factores, acções e racionalidades que caracterizam a sociedade contemporânea.

Está, pois, na ordem do dia a complexidade que obriga a considerar a mundialização das trocas, a emergência das novas tecnologias e uma maior exigência dos cidadãos na prestação dos serviços públicos. Deixa de se considerar o Estado como uma estrutura hierarquizada para passar também a envolver "redes financeiras públicas", nas quais se caracterizam a multiplicidade e a interactividade de entes públicos e privados. As finanças públicas regressam, assim, hoje, a um lugar privilegiado num contexto da transformação e da mudança. As modificações em profundidade na sociedade e no Estado não podem deixar de partir da esfera das finanças públicas. Aí se verifica quais as legitimidades em causa, quais as condições para um "contrato social" inovador, quais as mudanças traduzíveis em eficiência e equidade e quais os modos de ligar a cidadania activa à consolidação do Estado e da sociedade.

Ao lermos este número especial verificamos que os textos aqui reunidos, na sua diversidade, apresentam uma coerência interna significativa. Está em causa uma nova concepção do Estado e de governação, de direito e de legitimação, já não numa lógica burocratizada e formalista, mas, cada vez mais, indo ao encontro dos cidadãos e da legitimidade cívica, numa perspectiva descentralizadora e de proximidade, mas também recebendo os contributos de novos instrumentos de direito privado, que pretendem realizar o interesse público e prestar serviços públicos sem dispor de *jus imperii*, baseando-se em sistemas horizontais e "redes de instituições financeiras públicas". No entanto, estando em causa a defesa do interesse de todos (cidadãos contribuintes e cidadãos utentes), essencial se torna encontrar novos modos de administrar e de governar a coisa pública e o bem comum.

Guilherme d'Oliveira Martins

CRÓNICA DE ACTUALIDADE

UNIÃO EUROPEIA E OCDE – PRINCIPAIS INICIATIVAS DESDE JUNHO DE 2007

Brigas Afonso, Clotilde Palma e Manuel Faustino

1. FISCALIDADE DIRECTA

1.1. Ajudas de Estado: a Comissão proíbe isenção fiscal a favor de uma filial eslovaca da sociedade Glunz & Jensen (IP/07/1909, de 12.12.2007).

A Comissão Europeia decidiu que uma ajuda eslovaca ao desenvolvimento regional no montante de 42 milhões de coroas eslovacas (cerca de 1,15 milhões de euros), sob a forma de isenção fiscal a favor de Glunz & Jensen, é incompatível com as regras europeias em matéria de ajudas de Estado (e, em particular, com as linhas directoras relativas às ajudas regionais) e não poderia ser aprovada. Após o procedimento oficial aberto em Abril de 2007 (IP/07/588), a Comissão concluiu que a ajuda proposta não contribuía para o desenvolvimento regional e introduziria uma distorção significativa na concorrência num mercado específico, de que Glunz & Jensen detém uma parte importante (material de tratamento pré-impresso para artes gráficas). No entanto, a ajuda não deve ser devolvida, uma vez que ela não tinha sido ainda aprovada.

1.2. COM (2007) 785 Final – Comunicação da Comissão ao Conselho, ao Parlamento Europeu e ao Comité Económico e Social, de 10.12.2007.

A aplicação das medidas anti-abuso no domínio da fiscalidade directa, no seio da União Europeia e nas relações com países terceiros.

A Comissão Europeia adoptou uma comunicação convidando os Estados-membros a fazerem uma revisão geral das suas normas anti-abuso no domínio da fiscalidade directa, tendo em conta os princípios que decorrem da jurisprudência do Tribunal de Justiça Europeu e a considerarem as possibilidades de soluções coordenadas nestes domínio. Para evitar a fraude fiscal, os Estados-membros adoptaram normas anti-abuso com vista a impedirem a erosão da base tributável pelos agentes económicos nos seus territórios deslocalizando o seu rendimento para outros países. As normas anti-abuso existentes não respeitam muitas vezes as liberdades garantidas pelo Tratado e são cada vez mais contestadas. No quadro de uma abordagem comunitária coordenada da fiscalidade directa, a Comissão deseja poder ajudar os Estados-membros a ajustarem as suas normas anti-abuso às exigências do direito comunitário e a examinar soluções construtivas e coordenadas que é possível contrapor aos desafios que se colocam aos Estados-membros (IP/07/1878).

1.3. A Comissão Europeia abre a 14.11.2007 um inquérito formal ao projecto francês de ajudas fiscais às seguradoras.

A Comissão Europeia abriu um inquérito formal a fim de verificar se o projecto de ajudas fiscais aos organismos seguradores em razão das suas actividades de gestão de contratos de seguros ditos solidários e responsáveis é compatível com as normas do Tratado CE em matéria de ajudas de Estado. A França considera que estas ajudas são medidas sociais que beneficiam integralmente o consumidor final, sem discriminação quanto ao prestador do contrato de seguro e que elas são, por isso, compatíveis com o mercado comum. A Comissão não duvida do objectivo social geral das medidas, mas interroga-se sobre o seu carácter não discriminatório, e em que medida os consumidores beneficiarão efectivamente das medidas acordadas em favor dos organismos seguradores. A abertura de um inquérito formal permite aos terceiros interessados emitirem os seus pontos de vista. Ela não prejudica em nada o resultado do procedimento.
No final de 2006, as autoridades francesas notificaram uma série de medidas em favor do desenvolvimento de contratos de seguros solidários e responsáveis. A primeira medida consiste num regime

de isenção de imposto sobre as sociedades e de contribuição profissional em razão de operações de gestão de alguns contratos de seguro de doença. A segunda medida, prevê a dedução fiscal das dotações para provisões referentes a alguns contratos de seguros complementares colectivos que cobrem os riscos ligados à morte, à invalidez, à incapacidade. Uma terceira medida, a submissão progressiva das mútuas às normas fiscais de direito comum, será tratada no quadro de um procedimento distinto, relativo à extinção do regime fiscal especial a que estão actualmente sujeitas (IP/07/1692)

1.4. A Comissão modifica a 13.11.2007 as medidas transitórias para a mudança do regime fiscal dos centros de coordenação belgas.

A Comissão Europeia modificou as medidas transitórias que tinha concedido aos centros de coordenação belgas em 2003 para lhes permitir adaptarem-se à mudança de regime fiscal. Esta decisão segue-se a uma Acórdão do Tribunal de Justiça europeu que anula em parte a decisão da Comissão de 17 de Fevereiro de 2003 e que intervém depois de consulta das autoridades belgas e de terceiros interessados. A decisão autoriza retroactivamente os centros cujo acordo terminava entre 17 de Fevereiro de 2003 e 31 de Dezembro de 2005 a beneficiar do regime até 31 de Dezembro de 2005. A Comissão julga igualmente que a lei belga de 27 de Dezembro de 2006 que prevê prolongar, através de novas decisões de renovação do acordo, o regime dos centros de coordenação para além de 31 de Dezembro de 2005 é incompatível com o mercado comum. (IP/07/1682)

1.5. A Comissão pede a Espanha a 25.10.2007 que modifique as disposições fiscais discriminatórias aplicadas às pessoas não residentes contratadas para trabalhar num posto diplomático ou consular espanhol

A Comissão Europeia pediu formalmente a Espanha que modifique a legislação em virtude da qual as pessoas residentes noutro Estado-membro não têm direito a nenhuma dedução pessoal ou familiar quando são contratadas para trabalhar num posto consu-

lar ou diplomático espanhol. A Comissão considera que a referida disposição se opõe à livre circulação de pessoas garantida pelo Tratado, uma vez que os sujeitos passivos que tivessem a condição de residentes antes da sua contratação podem beneficiar de tais deduções. O pedido mencionado adoptou a forma de um parecer fundamentado, o que constitui a segunda fase do procedimento de infracção previsto no artigo 226.º do Tratado. Se Espanha não responder de forma satisfatória ao pedido fundamentado no prazo de dois meses, a Comissão poderá submeter o caso ao Tribunal de Justiça europeu. (IP/07/1600)

1.6. Procedimento de infracção contra a Alemanha, incriminada pelas suas normas em matéria de compensação de prejuízos transfronteiras a 28.10.2007.

A Comissão Europeia pediu oficialmente à Alemanha para modificar a sua legislação relativa à dedução transfronteiras de prejuízos, que ela julga incompatível com os princípios da liberdade de estabelecimento e de livre circulação de capitais no mercado único. O pedido foi efectuado sob a forma de parecer fundamentado, segunda etapa do procedimento de infracção previsto no artigo 226.º do Tratado CE. Se o Estado-membro em causa não modificar a sua legislação em conformidade, a Comissão pode decidir submeter o caso ao Tribunal de Justiça das Comunidades Europeias. (IP/07/1547)

1.7. A Comissão adopta a 24.07.2007 um procedimento de infracção contra a Suécia pelas suas normas restritivas em matéria de imposto sobre o rendimento aplicáveis aos contribuintes não residentes

A Comissão Europeia pediu formalmente à Suécia para eliminar as normas discriminatórias em matéria de imposto sobre o rendimento aplicáveis aos contribuintes não residentes. Ela considera que o regime sueco relativo à tributação dos não residentes não respeita a livre circulação de pessoas, sendo certo que ele não permite a um não residente que ganhe todo ou quase todo o seu rendimento na Suécia deduzir os juros hipotecários na mesma proporção que um residente. Por consequência, a Comissão pede à Suécia para permitir aos não residentes que ganhem todo ou quase todo o seu rendimento na Suécia os mesmos direitos em matéria de deduções que são conferidos aos residentes. O pedido apresenta-se sob a forma de um parecer fundamentado (segunda etapa do procedimento de infracção, previsto pelo artigo 226.º do Tratado CE). Se o Estado-membro visado não modificar a sua legislação no prazo de dois meses, a fim de se conformar com o parecer fundamentado, a Comissão pode decidir submeter o caso ao Tribunal de Justiça das Comunidades Europeias. (IP/07/1163)

1.8. A Comissão procede judicialmente contra a Suécia a 24.07.2007 por incumprimento de um Acórdão do Tribunal relativo às regras de isenção fiscal das mais-valias realizadas com a venda de habitações («Bodstadsrätt»)

Ao dar-lhe a possibilidade de apresentar a suas observações em conformidade com o artigo 228.º do Tratado CE, a Comissão Europeia decidiu abrir um novo procedimento de infracção contra a Suécia. Não obstante algumas modificações legislativas e o acórdão recente do Tribunal de Justiça das Comunidades Europeias, a lei sueca sobre a fiscalidade das mais-valias continua a favorecer na prática a aquisição ou a cessão de habitações situadas na Suécia, o que constitui uma discriminação na perspectiva das pessoas que desejam comprar ou vender uma habitação algures na Europa. Se a Suécia não der seguimento à carta de mora, a Comissão poderá endereçar-lhe um parecer fundamentado, antes de levar uma vez mais o assunto perante o Tribunal de Justiça, a fim de ser aplicada uma sanção. (IP/07/1162)

1.9 Tributação dos dividendos à saída: a Comissão toma medidas a 23.07.2007 contra a Áustria, a Alemanha, a Itália e a Finlândia.

A Comissão Europeia pediu oficialmente à Áustria e à Alemanha que modifiquem as suas legislações fiscais no que se refere aos pagamentos de dividendos devidos a empresas. Estes dois Estados-membros tributam mais gravosamente os dividendos pagos às empresas estrangeiras que os pagos às empresas estabelecidas nos seus territórios. Os pedidos são feitos sob a forma de parecer fundamentado, segunda etapa do procedimento de infracção previsto no artigo 226.º do Tratado CE. Se as legislações correspondentes não forem modificadas a fim de se conformarem com o parecer fundamentado, a Comissão pode decidir levar o assunto perante o Tribunal de Justiça das Comunidades Europeias. A Comissão solicitou igualmente à Itália e à Finlândia que formulassem as suas observações (primeira etapa do procedimento de infracção previsto pelo artigo 226.º do Tratado CE), relativamente às normas em vigor nestes dois países, segundo as quais os dividendos pagos a fundos de investimento estrangeiros podem estar sujeitos a uma tributação mais elevada do que os dividendos pagos aos fundos de pensões nacionais. A Itália e a Finlândia são convidadas a responder no prazo de dois meses. (IP/07/1152)

1.10 A Comissão abre a 23.07.2007 um procedimento de infracção contra a Alemanha, em virtude das suas normas discriminatórias para com as fundações familiares estrangeiras.

A Comissão Europeia pediu oficialmente à Alemanha para modificar o seu sistema de tributação das fundações familiares («Familienstiftungen») não residentes, por incompatibilidade com os princípios da livre circulação de capitais e da livre circulação de pessoas garantidos pelos artigos 56.º e 18.º do Tratado CE. O pedido foi apresentado sob a forma de parecer fundamentado (segunda etapa do procedimento de infracção previsto no artigo 226.º do Tratado CE). Se o Estado-membro visado não modificar a sua legislação a fim de se conformar com este parecer, a Comissão pode decidir submeter o caso ao Tribunal de Justiça das Comunidades Europeias. (IP/07/1151)

1.11 Ajudas a favor do transporte marítimo: a Comissão Europeia abre um inquérito à Dinamarca a 10.07.2007.

Este procedimento de exame segue-se ao pedido da Dinamarca para conceder às empresas de dragagem e de colocação de cabos no mar o mesmo regime de ajudas que mantém até ao presente para os navios de transporte marítimo registados no registo maritimo dinamarquês internacional (DIS – Dansk Internationalt Skibsregister). O regime em causa consiste em isentar os armadores do pagamento do imposto sobre o rendimento e das cotizações sociais dos seus marinheiros. (IP/07/1047)

1.12 A Comissão denuncia Espanha ante o Tribunal de Justiça a 06.07.2007 em virtude do regime discriminatório aplicado aos prémios de lotaria.

A Comissão Europeia decidiu denunciar Espanha ante o Tribunal de Justiça das Comunidades Europeias pelo modo como tributa os prémios de lotaria. Segundo a legislação espanhola, os prémios das lotarias organizadas no estrangeiro estão sujeitas ao imposto progressivo sobre o rendimento, enquanto os prémios procedentes das lotarias organizadas em Espanha por determinadas instituições estão isentos do imposto sobre o rendimento. A Comissão considera estas normas contrárias ao Trato CE e Acordo EEE por restringir a livre prestação de serviços. (IP/07/1030)

1.13 Procedimento de infracção contra o Luxemburgo a 05.07.2007.

A Comissão Europeia convidou formalmente o Luxemburgo a modificar a sua legislação fiscal sobre os rendimentos da poupança pagos sob a forma de juros a pessoas físicas residentes no Luxemburgo. A Comissão considera a legislação contrária ao Tratado CE porque ela constitui um obstáculo quer à livre circulação dos capitais (artigo 56.º do Tratado CE), quer à livre prestação de serviços (artigo 49.º do Tratado CE). O pedido apresenta-se sob a forma de parecer fundamentado que constitui a segunda etapa do procedimento de infracção previsto no artigo 226.º do Tratado. Se o Luxemburgo não responder a este parecer fundamentado de forma satisfatória no prazo de dois meses, a Comissão pode submeter o caso ao Tribunal de Justiça das Comunidades Europeias. (IP/07/1020)

1.14 A Comissão interpela a Grécia perante o Tribunal de Justiça a 05.07.2007 por tributação discriminatória dos dividendos pagos por sociedades estrangeiras

A Comissão Europeia decidiu interpor no Tribunal de Justiça das Comunidades Europeias (TJCE) um recurso contra a Grécia, que isenta os dividendos pagos às pessoas físicas pelas empresas gregas enquanto tributa os dividendos pagos pelas empresas de outros Estados-membros. Na medida em que este tratamento diferenciado é aplicado a dividendos provenientes de empresas estabelecidas na UE ou em países do EEE/AELE, a Comissão considera que é discriminatório e contrário ao Tratado do CE, que garante a livre circulação de capitais. (IP/07/1019)

1.15 A Comissão demanda a Grécia perante o Tribunal de Justiça a 05.07.2007 pela tributação discriminatória das sociedades de pessoas não residentes

A Comissão Europeia decidiu interpor no Tribunal de Justiça das Comunidades Europeias (TJCE) um recurso contra a Grécia tendo por objecto as normas fiscais em vigor neste país, em virtude das quais as sociedades de pessoas não residentes na Grécia são tributadas mais gravosamente (25%) que as sociedades residentes (20%). A Comissão entende que estas regras são discriminatórias e incompatíveis com o Tratado CE, que garante a liberdade de estabelecimento. (IP/07/1018)

1.16 Revisão da Directiva sobre a fiscalidade da poupança.

Nos termos do artigo 18.º da Directiva 2003/48/CE do Conselho, em matéria de rendimentos da poupança, a Comissão deve apresentar ao fim de cada período de três anos um relatório sobre o funcionamento da Directiva e de propor, se assim entender, as modificações que sejam consideradas necessárias para assegurar a eficácia da tributação efectiva dos rendimentos da poupança e eliminar as distorções indesejáveis da concorrência.
Durante o ano de 2007, a Comissão, que deverá apresentar o primeiro Relatório, provavelmente, no segundo semestre de 2008, ini-

ciou, nessa perspectiva, consultas a dois níveis: ao nível dos Estados e ao nível dos operadores económicos.

As consultas aos Estados processam-se institucionalmente no âmbito de dois grupos de trabalho distintos: o Grupo de Trabalho IV sobre a Fiscalidade Directa e o Grupo de Trabalho sobre a cooperação administrativa em matéria de fiscalidade directa. No primeiro caso, trabalha-se, desde 14 de Novembro de 2005, sobre um documento de trabalho redigido pelos serviços da Comissão, denominado «Questões relativas à interpretação e aplicação da Directiva 2003/48/CE do Conselho em matéria de rendimentos da poupança sob a forma de pagamento de juros». O Grupo de Trabalho «Cooperação Administrativa em matéria de fiscalidade directa» está encarregado de supervisionar a boa aplicação da Directiva no que diz respeito às trocas de informação e às transferências de fundos operadas em conformidade com a partilha de receitas prevista pelo artigo 12.º da Directiva.

Quanto aos operadores económicos foi criado um grupo de peritos – o grupo de peritos sobre a fiscalidade da poupança ou «grupo EUSD – European Union Saving Directive», que realizou até agora três reuniões: 22 de Março de 2207, 10 de Maio de 2007 e primeira quinzena de Setembro de 2007. O objectivo deste grupo de peritos é o de fornecer à Comissão o ponto de vista dos operadores económicos da União Europeia sobre a aplicação da Directiva da Poupança nos Estados-membros e, ao mesmo tempo, de possibilitar um primeiro exame aprofundado das repercussões potenciais sobre os mercados de eventuais modificações da Directiva que poderiam ser tidas em consideração durante o procedimento de reexame.

Todas as partes interessadas são convidadas a apresentar as suas contribuições, devendo enviá-las para o seguinte endereço electrónico: taxud_savingsdirective_review@ec.europa.eu

1.17 MCCIS – Matéria Colectável Consolidada no Imposto sobre as Sociedades.

Em Maio de 2007, a Comissão Europeia adoptou uma Comunicação intitulada «Realização do programa comunitário para a melhoria do crescimento e do emprego e para o reforço da com-

petitividade das empresa da UE: progressos realizados em 2006 e etapas seguintes, em vista da proposta de uma matéria colectável comum consolidada para o imposto das sociedades».

Para discussão na reunião do Grupo de Trabalho que trata este assunto e que teve lugar nos dias 27 e 28 de Setembro de 2007, a Comissão elaborou um documento de trabalho denominado: «MCCIS – Esboço de um quadro técnico (CCCTB/WP/057 + annexe) que traça um esboço possível dos princípios que hão-de reger a definição de uma matéria colectável comum consolidada a partir do reagrupamento dos diferentes estruturantes da matéria colectável num conjunto coerente de regras.

Na reunião do mesmo Grupo de Trabalho que teve lugar nos dias 10, 11 e 12 de Dezembro de 2007, continuou a análise do documento referido no parágrafo anterior e foram agendados, para análise, mais dois: «MCCIS – Esboço de um mecanismo de repartição (CCCTB/WP/060),sobre as regras de base da repartição da matéria colectável consolidada entre as diferentes entidades dos grupos consolidado; .e «MCCIS – Esboço de um quadro Administrativo (CCCTB/WP/061), que apresenta algumas regras fundamentais possíveis para a administração da MCCIS e refere-se tanto a sociedades individuais, como a grupos de sociedades.

1.18 Taxation Papers – Documentos de Trabalho

Está disponível em Documentos de Trabalho sobre Fiscalidade o Documento de Trabalho n.º 10, de Dezembro de 2006, intitulado «Uma Crónica do Pacote Fiscal – Fundamentos e o Objecto de uma Negociação Comunitária», por Philippe Cattoir

1.19 A Pressão fiscal nos países da OCDE: regresso aos níveis recorde de 2000

Segundo a publicação anual da OCDE, **Estatísticas das Receitas Públicas***, disponível desde 17-10-2007, a pressão fiscal média nos países da OCDE, medida pela relação entre os impostos e o produto interno bruto (PIB), regressou aos níveis de 2000, depois de uma redução de curta duração verificada entre 2001 e 2004. A pressão* *fiscal média dos 30 países da OCDE atingiu em 2005 (último ano para o qual estão disponíveis dados completos) os 36,2% do PIB, o mesmo valor recorde de 2000, acima dos 35,5% registados em 2004.*

1.20 A OCDE faz progressos na luta contra a fraude fiscal internacional, mas preconiza esforços suplementares.

Dois novos relatórios publicados pela OCDE em 12-10-2007, onde estão disponíveis, dão conta dos progressos feitos na luta contra a fraude fiscal internacional e, ao mesmo tempo, do que falta ainda fazer. Assim, **Melhorar o Acessos às Informações Bancárias para Fins Fiscais: Relatório de Progresso 2007**, *descreve as evoluções verificadas nos países da OCDE e em seis outras economias (África do Sul, Argentina, Chile, Índia e Federação Russa) no que se refreei ao acesso à informação bancária por parte das administrações fiscais. Por outro lado, o relatório* **Cooperação Fiscal: para regras do jogo equitativas – Avaliação de 2007 do Fórum Mundial sobre fiscalidade**, *compara os quadros jurídicos da cooperação fiscal internacional de 82 economias, pertencentes ou não à OCDE.*

1.21 Trabalhos de revisão da Convenção modelo da OCDE.

No período em análise, assinalam-se as seguintes ocorrências em matéria de trabalhos de revisão da Convenção modelo da OCDE:
– *Em 22-08-2007, o Comité dos Assuntos Fiscais da OCDE publicou para comentários uma versão revista do seu Relatório sobre a atribuição de lucros aos estabelecimentos estáveis, Parte IV, Seguros. Em 6 de Novembro de 2007, deu conta dos comentários recebidos;*
– *Em 30-10-2007, o Comité dos Assuntos Fiscais da OCDE tornou público um Projecto de Relatório para discussão pública, sobre os problemas convencionais relativos aos fundos de investimentos imobiliário (Real Estate Investment Trusts – REITS). Em 30 de Janeiro de 2008 publicou os comentários recebidos;*
– *Foram anunciados os comentários recebidos sobre os esboços para discussão relativos ao artigo 15.º, parágrafo 2.º, (tribu-*

tação dos rendimentos do trabalho dependente no Estado da fonte), tornado público em 12 de Março de 2007 e ao artigo 7º (Lucros das sociedades) do MCOCDE, tornado público em 10 de Abril de 2007.

1.22 Sistema fiscal para Pequenas e Médias Empresas (PME) – Conferência global do Diálogo Internacional sobre Fiscalidade (ITD)

De 17 a 19 de Outubro de 2007 realizou-se em Buenos Aires, Argentina, com a assistência de cerca de 250 participantes provenientes de 80 países, uma conferência sobre a fiscalidade global promovida pelo Diálogo Internacional sobre Fiscalidade (ITD) – uma iniciativa de colaboração entre o Banco Interamericano para o Desenvolvimento (BID), o Fundo Monetário Internacional (FMI), a Organização para a Cooperação e o Desenvolvimento Económico (OCDE) e o Banco Mundial – para analisar as experiências de alguns países com os sistemas fiscais aplicados a PME.

Salientam-se, nas conclusões, as relativas à necessidade de um desenho apropriado do sistema fiscal aplicável às PME tendo em vista minimizar a economia informal, tendo-se chamado a atenção que, mais do que as taxas, são a complexidade e a injustiça dos sistemas tributários os grandes obstáculos a vencer. Pediu-se, por isso, simplicidade e justiça, porque os sistemas complicados induzem a evasão, mesmo quando as taxas são baixas. Outro tema em foco foram os custos de contexto, que têm uma dimensão e um impacto tanto mais significativo, quanto menor é a dimensão do negócio. E aqui, uma vez mais, só a simplicidade pode ser o caminho a seguir.

1.23 Estudos de Política Fiscal da OCDE

A Colecção «Estudos de Política Fiscal da OCDE» foi, em 2007, enriquecida com dois novos e muito interessantes trabalhos:
– *N.º 15 – Encoraging Savings through Tax-Preferred Accounts (Março de 2007);*
– *N.º 16 – Fundamental Reform of Corporate Income Tax (Novembro de 2007).*

2. IMPOSTO SOBRE O VALOR ACRESCENTADO

2.1 Comunicação da Comissão sobre fraude
A 22 de Fevereiro de 2008, a Comissão apresentou uma Comunicação que apresenta medidas para combater a fraude em IVA (COM/2008/109).

2.2 Pacote IVA
A 12 de Fevereiro de 2008 foram aprovadas as Directivas n.º 2008/8/CE, n.º 2008/9/CE e o Regulamento (CE) n.º 143/2008, cujo acordo político foi alcançado no ECOFIN de 04.12.2007 (FISC 38, 9865/07, de 29.05.2007).

De acordo com a Directiva 2008/8/CE, temos novas regras de localização para os serviços de telecomunicações, radiodifusão e serviços electrónicos. Em conformidade com estas regras, estes serviços passam a ser localizados onde se encontra o consumidor, prevendo-se um sistema de *one-stop*, de acordo com o qual os prestadores poderão cumprir as respectivas obrigações fiscais no Estado membro onde se encontram estabelecidos, mesmo que se trate de operações efectuadas com outros Estados membros. De acordo com o aprovado, a receita será transferida do Estado membro onde o prestador se encontra estabelecido para o Estado membro onde se encontra o consumidor. Estas regras entrarão em vigor a 01.01.2010. As regras de localização das prestações de serviços de telecomunicações, radiodifusão e serviços electrónicos, no caso de o adquirente ser um particular, entrarão efectivamente em vigor a 01.01.2015. Desde essa data até 01.01.2019, acordou-se num esquema progressivo de repartição de receita: o Estado membro de estabelecimento do prestador irá reter 30% da receita de 01.01.2015 até 31.12.2016, 15% de 01.01.2017 a 31.12.2018 e 0% a partir de 01.01.2019 em diante.

O Pacote IVA inclui igualmente a Directiva 2008/9/CE, relativa ao reembolso do IVA a sujeitos passivos não residentes e o Regulamento que vem alterar o Regulamento n.º 1798/2003/EC.

2.3 A Comissão leva a tribunal a Finlândia
A Comissão a 31.01.2008 decidiu apresentar junto do TJCE o facto de a Finlândia excluir do âmbito de aplicação do IVA os serviços

remunerados prestados pelos serviços públicos de assistência jurídica (IP/08/139).

2.4 A Comissão leva a tribunal França
A Comissão a 31.01.2008 decidiu apresentar junto do TJCE o caso da legislação francesa do IVA aplicável às funerárias (IP/08/145).

2.5 A Comissão leva a tribunal o Reino Unido e Espanha
A Comissão a 31.01.2008 decidiu apresentar junto do TJCE o caso da legislação do Reino Unido sobre o reembolso de IVA a sujeitos passivos não residentes e iniciar um procedimento pelos mesmos motivos a Espanha (IP/08/141).

2.6 Procedimento de infracção contra a Áustria, Malta e a Finlândia
A Comissão a 31.01.2008 decidiu solicitar à Áustria, Malta e Finlândia que alterassem a sua legislação que determina a inclusão do imposto de matrícula no valor tributável do IVA (IP/08/135).

2.7 Procedimento de infracção contra a Polónia
A Comissão a 31.01.2008 decidiu solicitar à Polónia que alterasse a sua legislação no que respeita à aplicação de uma taxa reduzida de IVA à transmissão de determinados artigos de criança bem como às condições de isenções das transmissões de imóveis (IP/08/149).

2.8 Estudos sobre fraude
Foram publicados dois estudos pela Comissão, a 17 de Janeiro de 2008, sobre as consequências de certas medidas de combate à fraude no IVA (disponíveis no respectivo site).

2.9 Novas regras relativas a taxas
O ECOFIN de 04.12.2007 aprovou as orientações quanto ao futuro trabalho sobre taxas reduzidas constante da Comunicação da Comissão de Julho de 2007.

O ECOFIN aprovou ainda as linhas gerais de uma Proposta de Directiva que prevê a renovação temporária das derrogações actualmente aplicáveis em matéria de taxas reduzidas do IVA à República Checa, Chipre, Malta, Polónia e Eslovénia.

2.10 Comunicação da Comissão ao Conselho de 23.11.2007

Esta Comunicação aponta determinados elementos chave para o alargamento de uma estratégia contra a Fraude em IVA na UE (COM (2007) 758 final).

2.11 Proposta de Directiva que altera a Directiva 2006/112/CE

Esta Proposta de Directiva apresentada em Novembro de 2007, pretende modificar pontualmente a Directiva n.º2006/112/CE, de 28.11. Neste contexto, propõem-se alterações nas regras relativas ao gás e à electricidade. Relativamente ao exercício do direito à dedução, propõe-se que no caso de bens imóveis de utilização mista seja limitado à proporção da utilização para efeitos profissionais desde que os bens sejam afectos ao património da empresa.

2.12 Procedimento de infracção contra a Holanda

A 18.10.2007 a Comissão avançou com a segunda fase do procedimento de infracção contra o referido Estado membro em virtude da incompatibilidade da aplicação da taxa reduzida do IVA a determinados animais vivos, especialmente aos cavalos (IP/07/1545).

A Comissão iniciou igualmente um exame relativamente a esta situação na Áustria, na República Checa, em França, na Alemanha, na Irlanda, em Itália e no Luxemburgo.

2.13 Proposta de Directiva e de Regulamento para a modernização da legislação relativa aos serviços financeiros e de seguros

A Comissão apresentou a 05.10.2007 uma Proposta de Directiva para modernizar e simplificar as regras do IVA relativas aos serviços financeiros e de seguros. Para o efeito, apresenta-se igualmente uma proposta de Regulamento com uma lista com "definições claras e precisas", dos serviços isentos. Permite-se ainda a opção pela tributação relativamente a determinados serviços, possibilitando-se, desta forma, o exercício do direito à dedução do imposto suportado e introduz-se o conceito de "grupo de partilha de custos", permitindo-se aos operadores a realização de investimentos em comum repartindo os custos destes investimentos com isenção de IVA.

2.14 Procedimento de infracção contra o Reino Unido, a Alemanha e a Suécia

A 24.07.2007 a Comissão avançou com a segunda fase do procedimento de infracção contra os referidos Estados membros em virtude da incompatibilidade da respectiva legislação IVA relativa aos serviços postais (IP/07/1164).

2.15 Procedimento de infracção contra Portugal

A 03.07.2007 a Comissão avançou com um procedimento de infracção contra Portugal em virtude da incompatibilidade da respectiva legislação IVA relativa à incidência do IVA sobre o IA (IP/07/1003).

2.16 Procedimento de infracção contra o Reino Unido e a França

A 03.07.2007 a Comissão avançou com um procedimento de infracção contra os referidos Estados membros em virtude da incompatibilidade da respectiva legislação IVA relativa ao reembolso as sujeitos passivos não estabelecidos (IP/07/1004).

2.17 Comunicação da Comissão sobre as taxas reduzidas

A 05.07.2007, a Comissão apresentou uma Comunicação sobre a sua estratégia quanto às taxas reduzidas do IVA, cuja principal conclusão é a de que, do ponto de vista económico, uma única taxa reduzida por Estado membro será a melhor opção (MEMO/07/277 e IP/07/1017).

2.18 A Comissão leva a tribunal a Itália, Espanha e França

A Comissão levou a tribunal a Itália devido ao tratamento de sujeitos passivos estabelecidos nesse Estado membro, tratados, por vezes, como não estabelecidos, assim como a Espanha, por não aplicação do IVA aos "registradores de la propriedad" e a França, por aplicação da taxa reduzida a serviços fornecidos no âmbito da assistência judiciária (IP/07/1031, de 06.07.2007).

Crónica de Actualidade

3. CONCORRÊNCIA FISCAL PREJUDICIAL

3.1 Código de Conduta da Fiscalidade das Empresas

O grupo do Código de Conduta da Fiscalidade das Empresas tem continuado os seus trabalhos sobre rollback e standstill das medidas qualificadas como prejudiciais. A Presidência do Grupo mudou, tendo desde 16 de Outubro de 2007 assumido a presidência a Senhora Jane Kennedy, Financial Secretary of the Treasury no Reino Unido, em substituição da Senhora Dawn Primarolo, que assumiu funções como Ministra da Saúde no Reino Unido.

3.2 Fórum da OCDE para as Práticas da Concorrência Fiscal Prejudicial

O Fórum da OCDE tem reunido regularmente, tendo-se debruçado, essencialmente, sobre a matéria da troca de informações entre países membros e não membros.

Sobre a matéria, foi publicado o Relatório "Tax Co-operation: Towards a Level Playing Field", 2007 Assessment by the Global Fórum on Taxation.

A lista dos paraísos fiscais, neste momento, está reduzida a três países: Andorra, Liechtenstein e Mónaco.

4. IMPOSTOS ESPECIAIS DE CONSUMO HARMONIZADOS E IMPOSTO SOBRE VEÍCULOS

41. A Comissão pede a 02.07.2007 à Áustria, Irlanda e Itália que modifiquem as disposições fiscais que prevêem a aplicação de um preço mínimo de venda ao público dos cigarros.

A Comissão Europeia pediu formalmente à Áustria, Irlanda e Itália que modifiquem a respectiva legislação em virtude de estes Estados-Membros fixarem um preço mínimo de venda ao público dos cigarros. A Comissão considera, em conformidade com a jurisprudência do Tribunal de Justiça das Comunidades Europeias (TJCE) que estes preços mínimos são contrários à legislação comunitária e falseiam a concorrência. Os pedidos mencionados adoptaram a forma de pareceres fundamentados, o que constitui a segunda fase do procedimento de infracção previsto no artigo 226.º do Tratado. Se estes Estados-Membros não responderem de forma satisfatória ao pedido fundamentado no prazo de dois meses, a Comissão poderá submeter os casos ao TJCE (IP/07/995).

4.2 A Comissão demanda a Finlândia perante o TJCE a 03.07.2007 pela tributação do imposto sobre veículos.

A Comissão Europeia decidiu interpor no Tribunal de Justiça das Comunidades Europeias um recurso contra a Finlândia devido à ausência, na respectiva legislação, de uma norma explícita que preveja que uma pessoa que não resida na Finlândia e que aí se desloque, por um curto período de tempo, não está sujeita ao pagamento do imposto sobre veículos. (IP/06/1877).

4.3 A Comissão inicia a 03.07.2007 um processo de infracção contra Itália e Portugal com a finalidade de modificarem certas disposições fiscais em matéria de impostos especiais de consumo.

A Comissão Europeia notificou formalmente a Itália para modificar a respectiva legislação em virtude de considerar que este Estado-Membro concede um tratamento discriminatório aos óleos lubrificantes regenerados, originários de outros Estados-Membros. Notificou igualmente Portugal para modificar certas disposições anti-abuso da sua legislação, consideradas desproporcionadas em função dos fins prosseguidos, relativas à circulação e detenção de mercadorias sujeitas a IEC, (notificação prévia das expedições em regime de suspensão dos IEC). Os pedidos mencionados adoptaram a forma de pareceres fundamentados, o que constitui a segunda fase do procedimento de infracção previsto no artigo 226.º do Tratado. Se estes Estados-Membros não responderem de forma satisfatória ao pedido fundamentado no prazo de dois meses, a Comissão poderá submeter os casos ao Tribunal de Justiça europeu. (IP/07/998).

4.4 A Comissão demanda a Polónia perante o TJCE a 23.07.2007, por violação das regras comunitárias em matéria de tributação da electricidade.

A Comissão Europeia decidiu interpor no Tribunal de Justiça das Comunidades Europeias (TJCE) um recurso contra a Polónia, por considerar que este Estado-Membro não alinhou o seu sistema de tributação às normas comunitárias em vigor. Face ao direito comunitário, o IEC sobre a electricidade é exigível no momento do fornecimento pelo distribuidor ao retalhista, sendo estes os sujeitos passivos do imposto. Todavia, na Polónia, o IEC sobre a electricidade é devido pelo produtor, no momento do fornecimento (IP/07/404).

4.5 Novo procedimento de infracção iniciado a 18.10.2007 contra a França por ausência de transposição da Directiva 2003/96/CE, relativa à tributação dos produtos petrolíferos e energéticos.

A Comissão Europeia decidiu iniciar um novo procedimento de infracção contra a França por incumprimento de um acórdão do TJCE, relativo à não transposição pela França da Directiva 2003/96/CE. A abertura deste novo procedimento adoptou a forma de um processo por incumprimento em conformidade com o artigo 228.º do Tratado CE. Após um novo parecer fundamentado, a Comissão poderá demandar uma segunda vez o TJCE propondo neste último caso sanções pecuniárias nos termos do referido artigo do Tratado (IP/07/1545).

4.6 A Comissão pede à Polónia e à Finlândia a 23.10.2007 que modifiquem a respectiva legislação em matéria de tributação sobre veículos automóveis.

A Comissão Europeia pediu formalmente à Polónia e à Finlândia em 23/10/20077 que modifiquem a respectiva legislação em matéria de tributação sobre veículos automóveis por considerar que as respectivas legislações discriminam negativamente os veículos usados importado (IP/06/918).

4.7 O ECOFIN de 14.11.2007 discutiu uma proposta de compromisso da Presidência Portuguesa em matéria de tributação dos veículos automóveis.

No seguimento de um intenso trabalho do Grupo de Questões Fiscais, o Conselho ECOFIN de 14/7/2007 analisou uma proposta de compromisso elaborada pela Presidência Portuguesa com o objectivo de se alcançar um acordo em matéria de tributação dos veículos automóveis. Apesar de, do ponto de vista técnico, se ter verificado um consenso alargado, a verdade é que não foi possível um acordo, dado que, oito Estados-Membros consideraram que não era necessária a harmonização da fiscalidade automóvel.

4.8 A Comissão passa a 28.11.2007 à segunda fase do procedimento de infracção contra a Roménia em matéria de tributação sobre veículos automóveis.

A Comissão Europeia passou à segunda fase do procedimento de infracção contra a Roménia em matéria de tributação sobre veículos automóveis por considerar que a respectiva legislação discrimina negativamente os veículos usados importados. O pedido mencionado adoptou a forma de um parecer fundamentado, o que constitui a segunda fase do procedimento de infracção previsto no artigo 226.º do Tratado. Se a Roménia não responder de forma satisfatória ao pedido fundamentado no prazo de dois meses, a Comissão poderá submeter o caso ao TJCE (IP/07/1799).

4.9 A Comissão apresenta a 06.12.2007 uma proposta de Decisão do Conselho que autoriza Portugal a aplicar uma taxa reduzida à cerveja produzida na Região Autónoma da Madeira até ao máximo de 300.000 hl anuais.

Face à legislação comunitária em vigor (Directiva 92/83/CEE) os Estados-Membros podem aplicar uma taxa reduzida (até 50% da taxa normal) à cerveja produzida por pequenas empresas independentes, até ao limite máximo anual de 200.000 hl.

Portugal fundamentou o pedido alegando que os 200.000 hl não são suficientes para compensar as desvantagens competitivas a que estão sujeitas as cervejeiras da Região Autónoma da Madeira.

4.10 O Conselho do Ambiente de 20.12.2007 adopta uma decisão que autoriza a França a continuar a aplicar, até 31.12.2012, uma taxa reduzida à gasolina sem chumbo consumida na Córsega, tendo em vista compensar parcialmente os custos adicionais derivados da situação geográfica e das dificuldades de distribuição (IP/7/286).

4.11 A Comissão Europeia passa em 31.01.2008 à segunda fase do procedimento de infracção contra a Áustria, Malta e Finlândia, devido à inclusão do imposto de registo no valor tributável IVA dos veículos automóveis.

A Comissão Europeia pediu formalmente à Áustria, Malta e Finlândia que modifiquem a respectiva legislação, face à inclusão do montante do imposto de registo no valor tributável IVA, no caso de transmissão de veículos automóveis. Os pedidos adoptaram a forma de pareceres fundamentados (segunda fase do procedimento de infracção previsto no artigo 226.º do Tratado). Se as referidas legislações não forem alteradas no prazo de dois meses de acordo com os pareceres fundamentados, a Comissão Europeia poderá submeter os casos ao TJCE (IP/08/135).

4.12 A Comissão Europeia inicia a 31.01.2008 um processo de infracção contra a Áustria e a Irlanda pela fixação de preços mínimos dos cigarros.

A Comissão Europeia decidiu interpor no Tribunal de Justiça das Comunidades Europeias (TJCE) um processo contra a Áustria e a Irlanda, tendo como objecto a fixação de um preço mínimo de venda ao público dos cigarros. A Comissão Europeia considera, com base na jurisprudência pacífica do TJCE, que os preços mínimos violam a legislação comunitária, distorcem a concorrência e apenas beneficiam os fabricantes, protegendo a sua margem de comercialização. Para alcançar o objectivo de reduzir o consumo de tabaco, a Comissão Europeia preconiza o aumento dos impostos especiais de consumo sobre os cigarros (IP/8/148).

4.13 A Comissão Europeia apresenta a 14.02.2008 uma proposta de directiva relativa ao regime geral dos impostos especiais de consumo (que revoga a Directiva 92/12/CEE), propondo medidas que visam reforçar a luta antifraude e simplificar as regras relativas às compras fronteiriças, de carácter comercial ou para uso particular.

A Comissão Europeia aprovou uma proposta que visa reforçar a luta contra a fraude e remover alguns obstáculos fiscais inúteis que entravam a circulação de mercadorias sujeitas a impostos especiais de consumo na União Europeia. Esta proposta tem como objectivo rever a directiva relativa ao regime geral dos impostos especiais de consumo (bebidas alcoólicas, tabacos e produtos petrolíferos e energéticos). Estabelece um quadro jurídico que permitirá a utilização de um sistema informático para controlo dos movimentos de produtos sujeitos a impostos especiais de consumo que circulam em regime de suspensão. Este sistema de informatização dos movimentos e dos controlos dos produtos sujeitos a impostos especiais de consumo (EMCS), que deverá estar disponível a partir de Abril de 2009, facilitará a luta contra a fraude no sector dos impostos especiais de consumo porque facultará às administrações fiscais um meio mais rápido e mais eficaz de troca de informações. Esta proposta tem ainda como objectivo liberalizar as regras aplicáveis às bebidas alcoólicas adquiridas num Estado Membro e transferidas para outro Estado Membro. Visa ainda simplificar as regras relativas aos movimentos comerciais de mercadorias sujeitas a impostos especiais de consumo (IP/08/241).

61ème CONGRES INTERNATIONAL
DE L'INTERNATIONAL FISCAL ASSOCIATION

Jacques Malherbe
Philippe Malherbe

L'International Fiscal Association (IFA), association mondiale de fiscalistes, qui compte 12.000 membres s'est réunie cette année à Kyoto. A chaque congrès, deux sujets principaux sont discutés, sur la base de rapports nationaux et d'un rapport général. Plusieurs séminaires sont en outre organisés.

A l'occasion de ce Congrès, le Professeur Jean-Pierre Le Gall (France), président du Comité scientifique, passait le flambeau à M. Robert Couzin (Canada).

Le transfert des actifs immatériels dans les groupes de sociétés

Prix de transfert et actifs immatériels

M. Toshio Miyatake, avocat à Tokyo et organisateur principal du congrès, était aussi le rapporteur général du premier sujet, consacré à l'application des prix de transfert aux droits de propriété intellectuelle[1]. Le premier sujet n'a pas fait l'objet d'un rapport portugais. Le rapport brésilien de M. Gabriel F. Leonardos rappelle la réglementation brésilienne des prix de transfert applicable aux importations et aux exportations. Les biens immatériels sont, dans ce pays, laissés en dehors des règles de prix de transfert, la déductibilité des redevances et honoraires d'assistance technique étant en revanche strictement limitée.

---

[1] Les rapports généraux et les rapports nationaux consacrés aux sujets principaux sont publiés dans les Cahiers de droit fiscal international, vol. 92 A et 92 B..

La plus grande partie du commerce mondial se déroule entre sociétés affiliées au sein de groupes. Les prix auxquels les sociétés liées entre elles mais résidant dans des pays différents se transfèrent des biens et services – et particulièrement les droits de propriété intellectuelle, qui représentent aujourd'hui des valeurs considérables – sont un sujet de préoccupation tant pour le fisc que pour les contribuables. Le fisc est soucieux de ne pas voir une matière imposable lui échapper par transfert vers d'autres souverainetés, parfois à basse fiscalité. Le contribuable cherche les éléments permettant de fixer le prix normal de telles transactions, en l'absence d'éléments de comparaison.

Une série d'exemples a été choisie par le «panel» de discussion pour illustrer les problèmes à résoudre.

Les employés comme actif immatériel

Un groupe d'employés hautement qualifiés peut-il constituer un élément de propriété intellectuelle? On songe notamment à une banque d'affaires, dont les cadres ont un potentiel de rétention de la clientèle. S'ils sont débauchés en groupe par une autre banque, le coût que devra exposer l'ancienne banque pour reconstituer une telle force de travail sera supérieur aux montants des appointements payés: la différence constitue le reflet d'un actif immatériel.

Un problème de prix de transfert se pose donc si une banque d'affaires transfère ses cadres à une filiale située dans un autre pays. Le même problème pourrait se poser par exemple pour le département «achats» d'une multinationale.

Le propriétaire d'un actif immatériel: mère ou filiale?

Si une marque appartient à la société-mère mais si la filiale distributrice, par l'usage de cette marque et les frais de publicité qu'elle expose, développe le rayonnement de la marque, n'y a-t-il pas création d'un actif immatériel dans la filiale?

Telle a été la question posée dans l'affaire Glaxo: une société-mère britannique avait exposé des frais de recherche et de développement mais sa filiale américaine avait fait des efforts considérables de marketing local.

L'affaire ayant été réglée de façon extra-judiciaire, la solution précise qui lui a été donnée n'est pas connue.

Restructurations

Le problème est particulièrement aigu en cas de restructuration. Imaginons une société-mère établie dans le pays A qui a une fonction de production et vend à une filiale F établie dans le pays B qui a une fonction de vente. Après restructuration, les brevets et marques auront été transférés par la société-mère à une société commettante («principal») établie dans une juridiction à faible taxation. L'ancienne société-mère assumera une fonction de fabrication sous contrat tandis que l'ancienne filiale de vente assumera une fonction de vendeur à la commission, lui assurant une rémunération de commissionnaire et un paiement pour ses services.

Si le transfert d'un élément incorporel est indiscutable de la part de la société-mère, faut-il considérer que la société-filiale avait développé un actif immatériel local? Le possède-t-elle encore alors qu'elle est devenue commissionnaire?

L'administration fiscale considérera sans doute que l'ancien distributeur a été privé d'un actif immatériel consistant dans sa possibilité de profits futurs et qu'il y a lieu de considérer la valeur de cet actif avant et après le transfert, la différence étant soumise à impôt en raison du transfert par l'ancien distributeur à la société commettante.

L'OCDE effectue une distinction entre le distributeur simple, qui se borne à acheter des produits et à les revendre (supermarché, par exemple), et le distributeur licencié, qui a le droit d'exploiter la marque et lui ajoute une valeur en développement de nouveaux produits ou en y joignant des services. Ce dernier développe un actif immatériel.

Evaluation

Un autre problème est l'évaluation d'un tel actif.

Il sera souvent difficile de trouver une opération comparable entre parties indépendantes.

Parfois, on aura recours à la méthode basée sur la division des profits résiduels: pour la rémunération des fonctions de routine, des comparaisons avec des parties tierces sont disponibles. La valeur du solde, qui représente celle des profits résiduels, doit être partagée entre les deux parties. Cette méthode est la plus adaptée.

Super-redevance

On sait que les Etats-Unis, s'écartant de l'évaluation des actifs immatériels au moment de leur transfert, considèrent que le prix de transfert de tels actifs doit inclure un élément tenant compte du revenu qui en sera tiré dans l'avenir.

L'OCDE a toujours critiqué l'obligation de pratiquer les évaluations en présence d'un élément d'incertitude. Cela revient à introduire de façon hypothétique une clause de révision de prix dans un contrat.

Néanmoins, l'Allemagne, après vingt ans d'objections à cette méthode, vient de l'adopter dès lors que les revenus réalisés diffèrent considérablement sur une période de dix ans des revenus projetés. L'administration considère que, dans un tel cas, les parties indépendantes auraient prévu une clause d'ajustement de prix sur la base des revenus effectivement réalisés.

Enfin, il faut tenir compte d'éléments géographiques. Cette problématique de transfert d'actifs immatériels a été aggravée par les délocalisations, fréquentes à notre époque. Ainsi, l'Allemagne considérera très facilement qu'il y a un transfert de fonctions vers l'étranger.

L'OCDE s'est penchée sur ce problème et prépare, pour publication en 2008, un texte sur les restructurations, incluant les délocalisations. Les redéploiements transfrontaliers de fonctions d'actif et de risque entraînent des réductions de base taxable dans les pays de départs. On voit ainsi des distributeurs transformés en commissionnaires, des fabricants transformés en fabricants à forfait ou sous contrat («toll or contract manufacturers») et des sociétés «principals» se créer dans des juridictions à faible fiscalité. Une réaction contre cette érosion des bases fiscales est normale.

A quel contribuable faut-il attribuer ce revenu?

Le second «panel» du Congrès aborda une question fondamentale mais rarement étudiée: à qui un revenu doit-il être attribué? Sous la direction du Professeur Claus Staringer et sur un rapport général de Madame Joanna Wheeler, et notamment un rapport français de MM. Nicolas Melot et Franck Le Mentec, différentes situations de fait ont été examinées.

Le rapport portugais, dû à Madame Glória Teixeira, professeur à l'Université de Porto, souligne l'application par le Portugal, du principe de l'attribution du revenu à son titulaire juridique selon des critères économiques.

Le rapport brésilien de M. Luis Gustavo A.-S. Bichara relève au contraire l'importance de la propriété économique ("beneficial ownership") en droit interne. En revanche, sur le plan international, elle ne peut être mise en œuvre à défaut de base légale.

Les enjeux sont considérables: la débition de la taxe par une personne lui attribue-t-elle nécessairement le droit à la prévention de la double imposition prévu par les traités? En particulier, la double imposition sera-t-elle évitée quand l'impôt étranger a été payé au nom d'une autre personne?

Sociétés de services

Un premier cas est celui des sociétés de services personnels. Si un individu qui rendait des services personnels transfère cette activité à une société de services, l'Etat de la source du paiement, où est situé le client, va-t-il considérer l'individu ou la société comme sujet d'impôt?

L'article 15 du traité modèle de l'OCDE, relatif à l'imposition des rémunérations dans le pays où le travail est exercé, a ainsi connu une évolution remarquable. En présence d'une société se chargeant de mettre à disposition des travailleurs, le Professeur Vogel, dans son Commentaire des conventions préventives de double imposition, considérait initialement que l'entreprise était l'employeur. Par conséquent, si le travailleur demeurait moins de 183 jours dans le pays où il exerçait son activité, le revenu n'était taxable que dans le pays de résidence de l'employeur, souvent une juridiction à faible fiscalité.

Le commentaire OCDE témoigne d'une réaction à cet égard (art. 15.8): L'employeur réel sera celui qui utilise le travail mis à sa disposition avec la conséquence que la rémunération pourra être taxée dans le pays où l'activité est exercée.

Sociétés contrôlées et sociétés conduits

Un second problème examiné fut celui des sociétés étrangères contrôlées et des sociétés conduits. Dans les premières, le revenu gagné à l'étranger dans un pays à faible fiscalité généralement, est attribué aux actionnaires par l'Etat de résidence de ceux-ci. En cas d'interposition d'une société conduit, c'est cette fois l'Etat de la source qui refuse de tenir compte de la résidence de la société conduit et considère que le revenu a été gagné directement par les actionnaires de celle-ci, appliquent, le cas échéant, à la retenue à la source le régime qui serait applicable dans le cas de cette attribution directe.

Dans les deux cas se pose la question de la violation d'un traité.

Sociétés étrangères contrôlées

Dans le cas des sociétés étrangères contrôlées, n'est-il pas contraire au traité conclu entre l'Etat de la résidence de l'actionnaire et celui de la résidence de la société contrôlée d'imposer dans le premier le revenu gagné dans le second alors que la société établie dans le second n'a pas d'établissement stable dans le premier Etat? L'OCDE, dans son commentaire, considère qu'il n'y a pas violation du traité. Les règles sur les sociétés étrangères contrôlées sont des règles de droit interne et non des règles conventionnelles. Le revenu est attribué à une personne différente de la société, à savoir l'actionnaire. Il y a donc double imposition économique, impliquant taxation du même revenu dans le chef de deux personnes, non couvertes par le traité, et non pas double imposition internationale, prohibée par le traité dans le cas de taxation du même revenu dans le chef de la même personne dans deux Etats.

Divers pays ont exprimé des réserves quant à cette interprétation, notamment la Belgique et les Pays-Bas.

La jurisprudence est divisée: le Conseil d'Etat français, dans l'affaire Schneider du 28 juin 2002, a considéré qu'une telle imposition, en

France, violait le traité conclu par la France avec la Suisse. En revanche, les juridictions britanniques (Bricom Holdings, 3 avril 1996) et finnoises (Ozy Abp, 20 mars 2002) ont considéré que le traité n'était pas enfreint.

Conduits Indofood

La jurisprudence sur les sociétés conduits est tout aussi incertaine.

L'affaire Indofood, jugée par une Cour britannique, présente cette caractéristique d'être un litige civil et non un litige fiscal.

La société indonésienne Indofood avait levé des fonds sur les marchés financiers à l'intervention d'une société spécialisée («special purpose company») située à l'Ile Maurice. En effet, il existait à l'époque un traité entre l'Indonésie et l'Ile Maurice, réduisant les retenues à la source sur intérêts à 10 %.

L'Indonésie a ensuite résilié son traité avec l'Ile Maurice. Pour résoudre le problème de retenue à la source, une société néerlandaise a été interposée entre la société de l'Ile Maurice et la société indonésienne. La question se posait de savoir si cette société néerlandaise était le bénéficiaire effectif, au sens du traité, des intérêts payés.

La Cour anglaise a considéré que la notion de bénéficiaire effectif était un concept de droit international des traités: le bénéficiaire effectif est celui qui n'est pas obligé de transférer le revenu à un autre, soit juridiquement, soit économiquement, soit en pratique. En l'espèce, la société néerlandaise devait transférer le revenu puisque la société de l'Ile Maurice devait elle-même rémunérer les investisseurs.

Dans les affaires Prévost et Indofood, des cours canadienne et anglaise ont refusé de reconnaître l'interposition d'une société néerlandaise dans une chaîne de distribution de dividendes.

Trusts

Un troisième problème est celui des trusts. Le trust de droit anglo-saxon crée une relation entre le constituant, qui transfère des biens à un «trustee» aux termes d'un acte de trust, en faveur d'un bénéficiaire qui percevra le cas échéant un revenu et ultérieurement le capital. Les trusts peuvent être révocables ou irrévocables et le «trustee» a parfois un pouvoir discrétionnaire ou, au contraire, doit verser au bénéficiaire un revenu fixe. La situation envisagée est celle d'un «grantor trust» dans lequel le constituant a conservé des pouvoirs, est lui-même bénéficiaire ou a fait bénéficier des revenus du trust certains membres de sa famille. Dans de tels cas, le constituant peut rester imposable d'après la législation locale, notamment au Canada et aux Etats-Unis.

L'Etat de la source de revenus (dividendes, intérêts) payés au trust peut considérer au contraire que le revenu doit être attribué au «trustee» ou au bénéficiaire. Le taux de retenue à la source peut être différent et l'Etat de la résidence refusera d'accorder au constituant, imposable dans cette juridiction, un crédit d'impôt pour l'impôt payé dans l'Etat de la source par le bénéficiaire, puisque l'impôt a été payé par une personne différente.

Groupe de sociétés

Un quatrième problème concerne l'imposition des groupes de sociétés. Deux méthodes d'imposition des groupes existent: dans l'une, un Etat considère chaque société du groupe comme séparée pour le calcul du profit ou de la perte et attribue celui-ci à la société qui contrôle le groupe. Dans la seconde approche, dite de l'absorption, il y a consolidation complète et le résultat de l'activité de la filiale est attribué à la société mère du groupe comme s'il n'existait qu'un seul contribuable.

La société mère est-elle le bénéficiaire effectif du revenu perçu par sa filiale et peut-elle réclamer un crédit d'impôts au titre de la retenue à la source effectuée dans l'Etat de la source? L'Etat de la source n'est pas obligé par le traité de suivre la règle de l'Etat de la résidence selon laquelle le revenu de la filiale est attribué à la société mère.

Usufruit et transfert de coupons

Un cinquième et dernier problème concerne la séparation du manteau et du coupon des titres sous forme de constitution d'usufruit portant sur les dividendes ou de transfert de coupons de dividendes.

Un transfert d'usufruit a donné lieu à la décision du Conseil d'Etat français du 29 décembre 2006 dans l'affaire Bank of Scotland. La filiale française d'une société mère américaine désirait obtenir des fonds d'une banque du Royaume-Uni. Plutôt que de convenir d'un paiement d'intérêts, qui aurait été fiscalement moins avantageux, la société mère américaine a transféré un usufruit de trois ans sur les actions de la filiale française à la banque britannique. Celle-ci, recevant ainsi des dividendes au lieu d'intérêts, pouvait bénéficier d'un avoir fiscal français, lui permettant l'imputation d'une partie de l'impôt des sociétés payé en France sous forme d'un remboursement partiel de cet impôt en faveur de titulaires d'actions. L'administration a considéré, avec succès, que la banque écossaise n'était pas le bénéficiaire effectif des dividendes mais que le bénéficiaire était resté la société mère américaine. D'autre part, elle a considéré qu'il y avait abus de droit et que l'opération était artificielle: en l'espèce, la société américaine avait assumé diverses obligations qui équivalaient pratiquement à une garantie du prêt.

L'examen de ces diverses hypothèses révèle la complexité du problème juridique posé. Les règles d'attribution du revenu sont souvent des règles nationales. Sont-elles censées incorporées dans les traités? En revanche, le concept de bénéficiaire effectif est un concept conventionnel. Comment l'appliquer en droit national?

Prochains Congrès

Le prochain congrès de l'Association aura lieu à Bruxelles du 31 août au 5 septembre 2008. Les deux sujets principaux traités seront, d'une part, la non discrimination en droit international et européen (rapporteurs généraux: MM. L. et P. Hinnekens) et, d'autre part, les nouveautés en matière de taxation internationale des intérêts (rapporteur général: M. P. Hinny).

L'OCDE annonce par ailleurs une conférence à l'occasion du 50e anniversaire de son Traité modèle, organiséee à Paris les 8 et 9 septembre 2008, immédiatement après le congrès de l'IFA à Bruxelles. L'agenda fiscal international suit donc l'évolution incessante de cette matière mouvante.

BREVE APRECIAÇÃO DAS PRINCIPAIS MEDIDAS FISCAIS NO ORÇAMENTO DO ESTADO PARA 2008

Carlos Loureiro
Sócio da Divisão de Consultoria Fiscal da Deloitte

O presente artigo tem por objectivo a identificação das principais alterações introduzidas pela Lei do Orçamento do Estado para 2008[1] (doravante designada "OE 2008") em matéria fiscal, numa perspectiva essencialmente empresarial, bem como alertar para eventuais questões polémicas que, em regra, surgem com as alterações legais operadas por este instrumento legislativo.

Atendendo às limitações de espaço subjacentes ao presente artigo, analisaremos apenas e sumariamente as alterações que reputamos de mais relevantes na área fiscal, algumas das quais justificariam, de *per se*, artigos específicos discutindo as respectivas implicações, que poderão ser retomados em ocasião considerada oportuna.

Imposto sobre o Rendimento das Pessoas Singulares

Relativamente à tributação das pessoas singulares, o legislador fiscal não consagrou alterações relevantes, nomeadamente de natureza estrutural. Assim, as modificações introduzidas confinam-se, em geral, à penalização continuada da tributação das pensões – mediante a convergência com a tributação do rendimento do trabalho – e ao aumento percentual (em 2,1%) dos escalões de imposto e deduções, por forma a acompanharem a previsível evolução da taxa de inflação (quiçá ultrapas-

---

[1] Lei n.º 67-A/2007, de 31 de Dezembro.

sada pela pressão inflacionista sentida nas economias europeias, em face da crise financeira induzida pelo denominado "sub-prime").

Adicionalmente, cumpre destacar o aumento da dedução à colecta aplicável a sujeitos passivos deficientes, as medidas de apoio ao fomento da natalidade e aos desportistas de alta competição, bem como a redução dos pagamentos por conta de 85% para 75%, no tocante aos sujeitos passivos de IRS que aufiram rendimentos da Categoria B – Rendimentos do Trabalho Independente.

O OE 2008 implementa igualmente o denominado Regime Público de Capitalização, um dos objectivos emblemáticos anunciados pelo Governo. Este regime será de adesão voluntária individual e visa a atribuição de prestações complementares às concedidas pelo sistema de Segurança Social. Neste âmbito, serão dedutíveis à colecta de IRS 20% dos montantes aplicados em contas individuais geridas em regime público de capitalização, com o limite máximo de € 350 por cada sujeito passivo. Contrariamente ao regime consagrado para os Planos Poupança Reforma, esta dedução é aplicável aos sujeitos passivos em situação de reforma.

Imposto sobre o Rendimento das Pessoas Colectivas ("IRC")

Pagamentos de rendimentos a entidades não residentes em Portugal

Em sede de tributação das empresas, saúda-se a concretização da há muito aguardada agilização e simplificação dos procedimentos administrativos exigidos para que os pagamentos de rendimentos a entidades residentes em Estados com os quais Portugal celebrou uma Convenção para Evitar a Dupla Tributação ("CDT") e a entidades sedeadas no espaço comunitário, possam beneficiar das disposições destes instrumentos de Direito Internacional.

Neste contexto, o novo regime prevê, como principais alterações, que:
i. Para pagamentos efectuados em ou após 1 de Janeiro de 2008, deverá ser obtido um formulário Modelo 21-RFI[2], devidamente certificado pelas autoridades fiscais do Estado de residência do

---

[2] Aprovados pelo Despacho 30.359/2007, de 31 de Dezembro.

beneficiário do rendimento, até ao dia 20 do mês seguinte àquele em que ocorreu o facto tributário (anteriormente, o formulário teria de ser certificado até à data em que ocorreu o facto tributário). Caso o formulário não seja obtido atempadamente, e contrariamente ao regime em vigor até 31 de Dezembro de 2007, não será devido pela entidade pagadora dos rendimentos o valor do IRC correspondente à retenção na fonte em falta, acrescido de juros compensatórios, desde que o formulário supra referido seja obtido pelo substituto tributário *a posteriori*. A validade do formulário actualmente em vigor é de um ano a contar da data da sua certificação.

No entanto, existe uma responsabilidade contra-ordenacional derivada do atraso na obtenção dos certificados exigidos, aplicando-se coimas cujo montante varia entre Euro 500 e Euro 2.500[3], por infracção;

ii. Mais discutível e merecedora de análise ponderada é a introdução de um regime retroactivo para os pagamentos efectuados até 31 de Dezembro de 2007. Nestes casos, é igualmente permitida a obtenção *a posteriori* da prova da residência fiscal do beneficiário do rendimento, sem prejuízo da responsabilidade contra-ordenacional, independentemente de já ter sido efectuada a liquidação do imposto, excepto quando tenha havido lugar ao pagamento do imposto e não esteja pendente reclamação, recurso hierárquico ou impugnação judicial;

iii. Prevê-se a possibilidade de reembolso do imposto pago em excesso das taxas previstas nas CDT ou normas comunitárias aplicáveis, mediante preenchimento dos formulários Modelo 22-RFI, 23-RFI e 24-RFI, mantendo-se o prazo de dois anos após o imposto se tornar devido.

Sendo de saudar a simplificação de procedimentos e desoneração do substituto tributário relativamente ao imposto não retido, entendemos que se perdeu uma oportunidade privilegiada de efectuar uma reforma

---

[3] Assumindo uma conduta negligente.

mais profunda e ambiciosa, numa área que se tem revelado especialmente penalizadora para a competitividade do nosso sistema fiscal.

Menos-valias na liquidação de sociedades

O regime fiscal das liquidações societárias foi igualmente alterado, sendo que nas situações em que os sócios das sociedades liquidadas sejam sujeitos passivos de IRC deixam de ser dedutíveis na sua totalidade, e independentemente do período de detenção das partes de capital, as menos-valias apuradas na liquidação de sociedades residentes em país, território ou região com regime fiscal claramente mais favorável, constante de lista aprovada por Portaria do Ministro das Finanças.

Adicionalmente, no âmbito de aplicação do Regime Especial de Tributação dos Grupos de Sociedades ("RETGS"), prevê-se ainda que as menos-valias de liquidação sejam igualmente dedutíveis, mas apenas no montante que exceder os prejuízos fiscais transmitidos no âmbito da aplicação daquele regime. Esta nova redacção suscita alguns problemas práticos, nomeadamente na determinação do que são os prejuízos fiscais transmitidos, sendo que, salvo melhor opinião, por "transmitidos" deverão ser entendidos os prejuízos fiscais efectivamente utilizados no âmbito de aplicação do RETGS pelas sociedades dissolvidas/liquidadas.

Acordos prévios de preços de transferência

Outra novidade que se saúda, nomeadamente por poder obviar a processos contenciosos morosos entre os contribuintes e a Administração Tributária, é a possibilidade de os sujeitos passivos solicitarem à Direcção-Geral dos Impostos a celebração de um acordo prévio de preços de transferência, o qual estabelecerá o método ou métodos de preços de transferência susceptíveis de assegurar a determinação dos termos e condições de mercado, nas operações realizadas entre entidades relacionadas. O acordo celebrado é válido por um período que não poderá ultrapassar três anos.

Não obstante o exposto, uma vez que os acordos que vierem a ser estabelecidos não são passíveis de reclamação ou recurso, tal facto poderá revelar-se bastante restritivo quanto às garantias dos contribuintes.

Benefícios fiscais

Remuneração convencional do capital social

No que se refere à temática dos benefícios fiscais, a medida potencialmente mais relevante para as empresas prende-se com a criação de uma dedução ao lucro tributável, em sede de IRC, correspondente à denominada remuneração convencional do capital social, a qual será calculada mediante a aplicação da taxa de 3% ao montante das entradas realizadas em numerário – para efeitos da constituição de sociedade ou de aumento do capital social realizados nos anos de 2008 a 2010 – pelos sócios de entidades qualificadas como Pequenas e Médias Empresas ("PME's"), nos termos do anexo ao Decreto-Lei n.º 372/2007, de 6 de Novembro.

O benefício fiscal em apreço é cumulável unicamente com os benefícios relativos à interioridade, desde que globalmente não ultrapassem Euro 200.000 por entidade beneficiária, durante um período de três anos.

Neste âmbito, mantemos algumas reservas quanto ao alcance efectivo da medida introduzida, pelo que, em nossa opinião, dever-se-ia equacionar a introdução de outras medidas com um alcance mais objectivo, ou alargar o âmbito de aplicação deste benefício a outras entidades.

Benefícios fiscais à interioridade

Concretizando o objectivo reiterado pelo Governo de incentivar a fixação de empresas nas zonas interiores e menos desenvolvidas do País, o OE 2008 consagra o reforço dos incentivos fiscais à interioridade que, em sede de IRC, se traduzem na redução de 20% para 15% da taxa de IRC incidente sobre os lucros das empresas localizadas nas áreas beneficiárias deste regime. Nos casos de instalação de novas entidades nessas áreas, a redução será da actual taxa de 15% para 10%, a qual vigorará nos primeiros cinco exercícios de actividade. Em ambos os casos, a aplicação do benefício depende do exercício da respectiva actividade principal nas áreas beneficiárias.

Regime fiscal dos Investidores de Capital de Risco ("ICR") e das Sociedades Gestoras de Participações Sociais ("SGPS")

Numa tentativa de promover factores cada vez mais críticos para o sucesso empresarial, como sejam a capacidade empreendedora, de inovação e de assumir riscos, o regime fiscal previsto para as Sociedades de Capital de Risco ("SCR") passa a ser igualmente aplicável aos ICR, nomeadamente no que respeita (i) à desconsideração para efeitos do cômputo do resultado fiscal das mais-valias e menos-valias realizadas relativas a partes de capital, (ii) à eliminação da dupla tributação económica e (iii) ao benefício fiscal associado à dedução à colecta de uma importância correspondente à soma das colectas dos cinco exercícios anteriores.

Neste contexto, cumpre salientar que o regime fiscal especial aplicável às mais-valias e às menos-valias realizadas por SGPS, SCR e ICR em partes de capital (*v.g.*, desconsideração em regra, para efeitos fiscais, das mais-valias e das menos-valias realizadas em partes de capital detidas por período não inferior a um ano), passa a aplicar-se independentemente da transacção subjacente configurar uma transmissão onerosa.

Esta alteração tem um alcance significativo, uma vez que parece prefigurar-se que uma menos-valia resultante da liquidação de uma sociedade efectuada por uma SGPS, a partir de 1 de Janeiro de 2008, não releva para efeitos de determinação do lucro tributável daquela. Caso se confirme este entendimento, consideramos ser mais um golpe no já tão pouco atractivo regime fiscal das sociedades *holding* portuguesas, por comparação com outras jurisdições fiscais que concorrem com Portugal na captação de investimento internacional.

Imposições comunitárias

Na sequência de uma recente decisão proferida pelo Tribunal de Justiça das Comunidades Europeias, os aumentos do capital social realizados em numerário foram excluídos da Tabela Geral do Imposto do Selo, eliminando-se assim a tributação em 0,4% anteriormente prevista, medida que se saúda, como forma de desonerar a capitalização das empresas portuguesas.

O OE 2008 reflecte ainda um conjunto de medidas inspiradas pelas normas comunitárias, em diversas áreas, sendo de salientar a equiparação às regras internas das condições exigidas para a dispensa de retenção na fonte, relativamente aos dividendos pagos a sócios comunitários (passando a bastar uma participação de 10%, detida durante o período de pelo menos um ano), bem como no tocante às disposições relativas ao cálculo do valor do Imposto sobre o Valor Acrescentado (IVA) dedutível em entidades com actividade mista.

Omissões mais relevantes do OE 2008

Apesar de sempre termos defendido que a Lei do Orçamento do Estado não é o meio próprio para a implementação de reformas fiscais de carácter estrutural, não podemos deixar de salientar algumas omissões constantes do OE 2008 que, em nossa opinião, urge introduzir no ordenamento jurídico-fiscal português.

A título preliminar, entendemos que o Governo foi conservador na introdução de medidas que promovam o tão necessário desagravamento e simplificação, bem como fomentem a competitividade fiscal. Mantém-se igualmente incipiente o estímulo às actividades produtoras de bens transaccionáveis, nomeadamente através da redução da oneração fiscal das empresas que operam neste sector fundamental para o desenvolvimento da economia nacional.

O OE 2008 não contemplou ainda a harmonização das regras de determinação do lucro tributável, em sede de IRC, às Normas Internacionais de Contabilidade, bem como à adequação das mesmas ao Novo Sistema de Normalização Contabilística, que deveria ter entrado em vigor no passado dia 1 de Janeiro de 2008. Trata-se de uma matéria fundamental, que urge concretizar com a máxima brevidade, por forma a permitir aos agentes económicos a adaptação dos respectivos sistemas de informação contabilística em tempo útil.

Por último, apesar dos inequívocos alertas dos agentes económicos do sector, bem como dos especialistas na matéria, o Governo não promoveu qualquer alteração relevante ao regime em sede de IVA aplicável às operações relativas a bens imóveis, tendo apenas sido introduzidos pequenos ajustamentos ao mesmo. Perdeu-se assim a oportunidade de ajustar um regime bastante gravoso para as Empresas do sector imobiliário, nomeadamente relativamente à impossibilidade de renúncia à isenção de IVA em contratos de sublocação, no impedimento à dedução de imposto incorrido após a vigência de uma locação isenta e à inadmissibilidade de renúncia à isenção de imposto relativamente a imóveis que não estão constituídos em propriedade horizontal.

PLANEAMENTO FISCAL ABUSIVO
– O Decreto-Lei n.º 29/2008, de 25 de Fevereiro

Mónica Velosa Ferreira

Na sequência da autorização legislativa constante do Orçamento do Estado para 2007 (Lei n.º 53-A/2006, de 29 de Dezembro), foi recentemente publicado o Decreto-Lei n.º 29/2008, de 25 de Fevereiro, que estabelece deveres de comunicação, informação e esclarecimento à administração tributária sobre esquemas ou actuações de planeamento fiscal abusivo, respeitante ao IRS, IRC, IVA, IMI, IMT e Imposto do Selo.

No preâmbulo do diploma sustenta-se que este regime visa produzir um importante e significativo efeito de regulação das actuações com efeitos abusivos das entidades que prestem consultadoria no campo tributário porquanto «*possibilita a percepção social de que as lacunas legislativas serão preenchidas em conformidade com o programa do legislador e com o princípio da igualdade, e que as posições fiscais dúbias e abusivas dos contribuintes e demais sujeitos passivos serão devidamente expostas, prevenidas e combatidas, designadamente pelos procedimentos próprios anti-abusivos*».

Visa-se, em primeira linha, conhecer os esquemas e actuações propostos e não tanto a identificação dos beneficiários desses esquemas (n.º 2 do artigo 8.º). De facto, a circunstância do diploma não compreender no dever de comunicação a cargo dos promotores, qualquer indicação nominativa ou identificativa dos clientes ou interessados relativamente aos quais tenha sido proposto o esquema de planeamento fiscal ou que o tenham adoptado, parece mostrar que a Administração Fiscal, nesta fase, estará sobretudo interessada em conhecer o *modus operandi* das entidades que prestam aconselhamento fiscal.

De harmonia com o Decreto-Lei n.º 29/2008, de 25 de Fevereiro, configuram situações de planeamento fiscal, sujeitas a comunicação obrigatória ao Director-Geral dos Impostos, qualquer operação, plano, proposta, projecto, conselho, instrução ou recomendação, que determine, ou se espere que determine, a obtenção de uma vantagem fiscal, considerando-se como tal a redução, eliminação ou diferimento temporal de imposto ou a obtenção de benefício fiscal, que não se alcançaria, no todo ou em parte, sem a utilização do esquema de actuação (artigos 2.º e 3.º).

O âmbito de aplicação do diploma pode suscitar dúvidas, uma vez que parece apontar para um dever de comunicação de todas e quaisquer operações de planeamento fiscal mesmo que não sejam consideradas ilícitas ou abusivas. Em todo o caso, a interpretação do diploma deverá ser efectuada em consonância com a lei habilitante que autorizava o governo a adoptar medidas de carácter preventivo relativamente a práticas de evasão e de planeamento fiscal agressivo.

O dever de comunicação, recai, designadamente, sobre as instituições de crédito e demais instituições financeiras, revisores oficiais de contas, advogados, técnicos oficiais de contas, bem como sobre outras entidades que prestem serviços de contabilidade. Note-se, porém, que não envolve actuação como promotor, o aconselhamento sobre esquemas ou actuação de planeamento fiscal por advogado ou solicitador no contexto da «*avaliação da situação jurídica do cliente, no âmbito da consulta jurídica, no exercício da sua missão de defesa ou representação do cliente num processo judicial, ou a respeito de um processo judicial, incluindo o aconselhamento relativo à maneira de propor ou evitar um processo, quer as informações sejam obtidas antes, durante ou depois do processo, bem como no âmbito dos demais actos próprios dos advogados e solicitadores (...)*». Não envolve, igualmente, actuação como promotor as recomendações sobre esquema ou actuação de planeamento fiscal feitas por revisor oficial de contas no âmbito e para os efeitos das respectivas funções de interesse público de revisão legal de contas (artigo 5.º e 6.º).

Paralelamente, o legislador optou por elencar as situações de planeamento fiscal abrangidas pelo dever de comunicação, ficando, nos termos do artigo 4.º, sujeitos os esquemas ou actuações, que se reconduzam a uma das seguintes situações:

    a) impliquem a participação de entidade sujeita a um regime fiscal privilegiado, considerando-se como tal a entidade cujo território de residência conste da lista aprovada por portaria do Ministro das Finanças ou quando aí não for tributada em imposto sobre

o rendimento idêntico ou análogo ao IRS ou ao IRC ou ainda quando o imposto efectivamente pago seja igual ou inferior a 60% do imposto que seria devido se a referida entidade fosse considerada residente em território português;
b) impliquem a participação de entidade total ou parcialmente isenta;
c) envolvam operações financeiras ou sobre seguros que sejam susceptíveis de determinar a requalificação do rendimento ou a alteração do beneficiário, designadamente locação financeira, instrumentos financeiros híbridos, derivados ou contratos sobre instrumentos financeiros;
d) impliquem a utilização de prejuízos fiscais.

Conforme acrescenta o n.º 2 do artigo 4.º, independentemente da correspondência com uma destas situações, estão sempre abrangidos pelo diploma os esquemas de planeamento fiscal que sejam propostos com cláusula de exclusão ou de limitação da responsabilidade em benefício do respectivo promotor.

O dever de comunicação consagrado no presente diploma deve ter lugar nos 20 dias subsequentes ao termo do mês em que o esquema ou actuação de planeamento fiscal tenha sido proposto pela primeira vez (artigo 7.º).

No que concerne às contra-ordenações, prevê-se que o incumprimento do dever de comunicação a cargo dos promotores seja punível com coimas de € 5.000 a € 100.000 ou de € 1000 a € 50.000, consoante aplicada a ente colectivo ou a pessoa singular. Acrescentando o n.º 2 do artigo 17.º que estando em causa o incumprimento do dever de esclarecimento, a cargo dos promotores sempre que interpelados pelo Director-geral dos impostos, a coima aplicada seja de € 1.000 a € 50.000 ou de € 500 a € 25.000, conforme se trate de ente colectivo ou singular. Complementarmente, determina-se que o incumprimento do dever de comunicação a cargo do próprio contribuinte/utilizador (sempre que o esquema ou actuação de planeamento fiscal não tenha sido objecto de acompanhamento por um promotor ou esse promotor não seja residente ou não esteja estabelecido em território português), seja punível com coima de € 500 a € 80.000 ou de € 250 a € 40.000, consoante aplicável a pessoa colectiva ou singular.

Uma última nota para indicar que os modelos de declarações para cumprimento dos deveres de comunicação previstos neste diploma são aprovados por portaria do Ministério das Finanças e que os promotores que prestem apoio, assessoria ou aconselhamento quanto à implementação de esquemas de planeamento fiscal em curso à data da entrada em vigor do presente diploma, 15 de Maio de 2008, ficam sujeitos às obrigações de comunicação aqui previstas.

Trata-se de um diploma que originará diferentes interpretações e cuja experiência de aplicação prática permitirá ajuizar com segurança da adequação do regime jurídico. Acompanharemos, com especial atenção, os desenvolvimentos do recente grupo de trabalho encarregado da regulamentação da legislação sobre o planeamento fiscal abusivo.

JUBILAÇÃO DO PROFESSOR PAULO DE PITTA E CUNHA

Eduardo Paz Ferreira

Jubilou-se, no ano de 2007, o Professor Paulo de Pitta e Cunha, vulto maior da Universidade Portuguesa, decano da Faculdade e do grupo de ciências jurídico-económicas. Lamentavelmente a jubilação não tem, entre nós, a expressão que lhe é dispensada nas mais prestigiadas universidades estrangeiras, nem se referencia o jubilado com a expressão latina de *professor emeritus*, bem mais adequada à autoridade e prestígio destes mestres e à gratidão de uma escola onde, como no caso concreto, o professor leccionou durante quarenta e cinco anos.

Foi, ainda assim, o Professor Pitta e Cunha alvo dos mais variados sinais de reconhecimento, estando em preparação um livro de estudos em sua homenagem, aberto à colaboração de todos os seus colegas, admiradores e antigos alunos. No último Conselho Científico em que participou foi unânime o aplauso. O Presidente do Conselho, Professor Jorge Miranda, bem como os decanos dos vários grupos, sublinharam o brilho das suas aulas, bem recordaram os vários títulos a que o homenageado se distinguiu e os serviços que prestou à Faculdade.

Com a saída do Professor Pitta e Cunha o Conselho deixou de contar com professores doutorados antes da reestruturação da Faculdade de 1977. O Professor Pitta e Cunha soube, como ninguém, assegurar a transição ficando-se a dever-lhe, em larga medida, o prestígio e consolidação da escola nos últimos trinta anos, fruto de uma feliz conjugação de tradição e modernidade.

O Professor Pitta e Cunha prestou outros e muito relevantes serviços à Faculdade, presidindo ao Conselho Científico, dirigindo a Revista e, sobretudo, criando o Instituto Europeu, através do qual motivou um corpo docente de excepção, que assegurou à Faculdade um papel central na formação de quadros qualificados no domínio da integração europeia. Prolongaria, aliás, essa actividade, projectando-a em grandes conferências internacionais que organizou e presidindo à AUROP e à AREP. Foi o primeiro professor português a obter a cátedra Jean Monnet, tendo-se afirmado como um nome incontornável nos meios comunitários.

Desenvolveu, por outro lado, o Professor Pitta e Cunha uma intensa actividade no domínio internacional, contando-se entre os seus amigos que, por essa via, estreitaram laços com a Faculdade de Direito de Lisboa, nomes como Richard Musgrave, Alan Peacok, Vito Tanzi, Jean Claude Goutron e Étienne Cerexhe.

Pessoalmente, recordo, com vivo prazer, as suas estimulantes qualidades e o entusiasmo com que leccionava a matéria de Economia Política II no início da década de 70, bem como a notável modernidade e abertura patenteada nas suas exposições, de que felizmente existe registo escrito.

A mesma qualidade se pode encontrar nos seus textos de direito fiscal, de direito comunitário e até de finanças públicas (ainda que só tenha passado esporadicamente pela regência da disciplina), que constituem permanentes fontes de inspiração para quem trabalha nesta área. Ao Professor Pitta e Cunha, bem com a outro brilhante docente – o professor Sousa Franco – devo o meu interesse pelas ciências jurídico-económicas.

Universitário por excelência, o Professor Pitta e Cunha não se furtou a contribuir de outros modos para o progresso do seu país, tendo sido responsável pela reforma fiscal de 1985, trabalho de um fôlego e dimensão ímpar e graças ao qual Portugal entrou na modernidade fiscal e deu cumprimento a um comando da constituição de 1976. Este aspecto foi, aliás, já sublinhado por vários colaboradores, amigos e alunos do Professor Pitta e Cunha em jornadas e em publicação que me orgulho de ter organizado.

Um dos aspectos que mais marcadamente resulta da análise do percurso pessoal e científico do Professor Pitta e Cunha é a sua extrema coerência. Keynesiano nos tempos da sua formação (por influência do ensino de João Lumbralles), keynesiano se mantém ainda hoje, embora aceitando as contribuições neo-keynesianas, em tempos em que a morte científica do grande economista foi tantas vezes decretada e a sua evocação considerada de mau gosto passadista. Europeu convicto nos tempos em que a Europa significava para os portugueses uma esperança de democracia e progresso, europeu convicto se mantém, o que naturalmente não o impede de formular reservas e sugestões quanto a alguns dos caminhos que a União Europeia trilha e que a poderão, aliás, afastar cada vez mais dos cidadãos. Fez um caminho que muitos docentes desta casa tentaram que não fosse um percurso solitário – utilizando o feliz título das memórias de Augusto Athayde, antigo docente desta Faculdade – e que, de algum modo se assemelha ao de Pierre Mendés France, grande figura moral e política europeia.

A Universidade torre de marfim nunca encontrou um defensor no Professor Pitta e Cunha, que sempre considerou as ciências sociais de um ponto de vista empenhado.

O Professor Pitta e Cunha não hesita em ser uma voz incómoda quando isso se revela necessário. Num ambiente de banalização do ensino superior e de potencial esmagamento das escolas de prestígio pelo processo de Bolonha, sua palavra é seguramente mais necessária do que nunca e continuará a fazer-se ouvir.

Coube-me a pesada tarefa de suceder ao Professor Pitta e Cunha como decano do grupo, uma vez que o sucessor natural, o professor Sousa Franco, que aqui recordo com emoção e saudade, nos deixou num momento em que a Universidade e o país dele tanto poderiam esperar. A tarefa é particularmente delicada atendendo à circunstância de a Reforma do Plano de Estudos de 2006 ter reduzido significativamente o número de disciplinas jurídico-económicas. Ao professor Pitta e Cunha posso, no entanto, garantir que continuarei a defender intransigentemente o ensino das cadeiras do nosso grupo, naturalmente sem o seu brilho, mas seguramente com a mesma determinação.

AGREGAÇÃO DO PROFESSOR FERNANDO ARAÚJO

Eduardo Paz Ferreira

Concluiu as suas provas de agregação, na Faculdade de Direito de Lisboa, o Doutor Fernando Araújo, professor associado da Faculdade, tendo sido aprovado por unanimidade por um júri integrado pelos professores Diogo Leite de Campos, Jorge Braga de Macedo, Jorge Miranda, Rebelo de Sousa, Meneses Cordeiro, Fausto de Quadros, Miguel Teixeira de Sousa, Paulo Otero e Eduardo Paz Ferreira.

Licenciado em Direito na Universidade Católica Portuguesa, Fernando Araújo concluiu o mestrado (1990) e o doutoramento (1998) na Faculdade de Direito de Lisboa, onde foi aprovado no concurso para professor associado do Grupo de Ciências Jurídico-Económicas em 2001.

A sua dissertação de doutoramento – *Adam Smith. O conceito Mecanicista da Liberdade, Coimbra*, Almedina, 2001, iniciada ainda quando assistente do grupo de ciências-histórico jurídicas, mas apresentada já no âmbito das ciências jurídico-económicas, atestava bem a sua grande erudição, assentando numa bibliografia impressionante e numa profunda capacidade de investigação e reflexão.

O Professor Fernando Araújo tem desenvolvido uma brilhante carreira universitária, revelando uma estimulante curiosidade intelectual que o tem levado a trilhar caminhos ainda quase inexplorados na Universidade Portuguesa, a par com outros já mais tradicionais. Na sua vasta bibliografia, encontram-se títulos como *A Procriação Assistida e o Problema da Santidade da Vida*, Coimbra, Almedina, 1999, *A Hora dos Direitos dos Animais*, Coimbra, Almedina, 2003.

Na área económica, publicou *Introdução à Economia*, cuja terceira edição data de 2005 e, ainda, *O Ensino da Economia Política nas Faculdades de Direito e Algumas Reflexões sobre Pedagogia Universitária*, 2001, texto do programa de cadeira apresentado no concurso para professor associado, em que prolonga a tradição de investigação da história do ensino a outras faculdades como nunca antes tinha sido feito, em resultado da forte afectividade e admiração, que com ele partilho, por aquela Escola onde os nossos pais se licenciaram.

Na Faculdade de Direito de Lisboa assegura, desde 1990, a regência de Economia Política na licenciatura e tem orientado mestrados de Filosofia do Direito, frequentemente em diálogo com professores do grupo de jurídicas, e Análise Económica do Direito, disciplina em que tem sido intensa a sua actividade.

Foi justamente na área da Análise Económica do Direito que concentrou as suas provas de agregação, rompendo com uma tradição de diversificação existente na Faculdade, a benefício das concentração numa só matéria, como se parece justificar neste tipo de provas.

O seu curriculum foi enriquecido com a publicação de uma dissertação original – *A Teoria Económica do Contrato*, Coimbra, Almedina, 2007 – obra de grande solidez e que lança mais uma ponte entre as reflexões dos grupos de ciências jurídicas e de ciências jurídico-económica. A lição, intitulada a tragédia dos baldios (tradução controversa de *commons*), pôs em evidência as excelentes qualidades pedagógicas, ao mesmo tempo que permitiu mais uma incursão em domínios científicos de ponta, em termos intelectualmente provocatórios, tão do agrado de Fernando Araújo.

A cadeira proposta no Relatório foi a de Análise Económica do Direito, tendo-me cabido a sua análise e discussão. Tive já, pois, oportunidade de expressar publicamente algumas reservas. Tive, também, ocasião de expressar o meu apreço (bem maior) pelo trabalho, que reforçou a minha convicção sobre a necessidade e vantagem de introduzir a disciplina a nível dos novos mestrados, como veio, efectivamente, a suceder, demonstrando o elevado nível a que a mesma será leccionada.

DOUTORAMENTOS DE NAZARÉ DA COSTA CABRAL E SÉRGIO VASQUES

APD

Em 2007, o Grupo de Jurídico-Económicas da Faculdade de Direito de Lisboa e o IDEFF passaram a contar com mais dois professores, que defenderam brilhantemente as suas teses de doutoramento nas áreas do Direito Financeiro e do Direito Fiscal. Trata-se de Nazaré da Costa Cabral e de Sérgio Vasques.

NAZARÉ DA COSTA CABRAL

Nazaré da Costa Cabral tem feito todo o seu percurso académico na Faculdade de Direito da Universidade de Lisboa: licenciou-se nesta Faculdade em 1994, concluiu aqui o mestrado em 1998 (sobre o Financiamento da Segurança Social), e discutiu o doutoramento em 2007, na Área de Ciências Jurídico-Económicas, com o tema *Programação e Decisão Orçamental – Da racionalidade das decisões orçamentais à racionalidade económica*. Autora de várias publicações na área da Segurança Social e do Direito Financeiro, Nazaré da Costa Cabral foi assessora e adjunta, respectivamente, dos Gabinetes do Ministro do Trabalho e da Solidariedade e do Secretário de Estado da Solidariedade e Segurança Social, exercendo funções de consultoria jurídica e de produção normativa do sistema de segurança social (1997 a 2002).

Fez parte, designadamente, do Grupo de Trabalho encarregue da preparação da Lei de Bases do Sistema de Solidariedade e Segurança Social (Lei n.º 17/2000, de 8 de Agosto), e no quadro da regulamentação desta Lei de Bases, das comissões técnicas para os «aspectos de financiamento da segurança social» e para o «novo quadro legal de pensões», de cujos trabalhos resultou a aprovação, respectivamente, do regime jurídico sobre o financiamento da segurança social e das novas regras de cálculo das pensões de reforma por velhice e invalidez. Foi também conselheira técnica, do Gabinete do Secretário de Estado da Segurança Social (Junho de 2006 até Outubro de 2007), exercendo funções específicas de preparação de legislação no quadro do processo de reforma da segurança social (v.g. Lei de Bases da Segurança Social, Lei que cria o Indexante dos Apoios Sociais, Novo Regime Jurídico de Protecção Social na Invalidez e na Velhice, Novo Regime Jurídico do Financiamento do Sistema de Segurança Social). Faz parte, desde 2005, do grupo de contacto em Portugal, no âmbito do projecto *TRESS – network*, sob o patrocínio da Comissão Europeia, encarregue da monitorização e relatório da aplicação nos Estados membros, dos regulamentos comunitários sobre a protecção social dos trabalhadores migrantes.

A tese de doutoramento intitula-se "Programação e Decisão Orçamental – Da Racionalidade das Decisões Orçamentais à Racionalidade Económica".

Na tese, a autora propõe-se tratar os sistemas orçamentais contemporâneos, tendo presentes duas características fundamentais, que se entrecruzam e justificam reciprocamente: por um lado, a subordinação dos orçamentos aos intrumentos de programação; por outro lado, a construção destes sistemas orçamentais tendo por base uma (nova) concepção de racionalidade orçamental.

Assim, na primeira parte do trabalho, a autora analisa o conceito de programação, designadamente estabelecendo uma contraposição deste relativamente ao planeamento económico (convencional). Procura encontrar os elementos de semelhança, mas acima de tudo os elementos distintivos entre os dois institutos, para concluir pela ideia de que a programação constitui uma forma mitigada, minimalista – mas não necessariamente menos exigente – de planeamento. Ainda no plano dogmático, a autora propõe a separação entre duas formas principais de programação, fixar-lhes os respectivos traços característicos (designadamente a sua plurianulidade) e apontar os respectivos exemplos: de um lado, a programação económica (de que constituem hoje exemplo maior, para os países da União Europeia, os programas de estabilidade e crescimento ou de convergência); de outro, a programação financeira, instrumento hoje reclamado na generalidade dos sistemas de orçamentação, incluindo o sistema orçamental da própria Comunidade Europeia.

Na segunda parte, a autora analisa o conceito de racionalidade económica, tendo em conta as duas instituições típicas dos sistemas económicos capitalista e socialista, naquele o mercado, neste o plano.

Na terceira parte, Nazaré da Costa Cabral começa por analisar a evolução histórica dos sistemas orçamentais (sobretudo ao longo do século XX), à luz quer da sua interligação com o planeamento económico, quer tendo por base a ideia, então dominante, de racionalidade económica. A autora analisa seguidamente os sistemas orçamentais contemporâneos que rompem em definitivo com os seus antecessores. Da mesma forma que estes são sistemas fortemente enquadrados (e condicionados) pelos instrumentos de programação económica e financeira (que se sucede ao planeamento económico), ostentam hoje uma nova concepção de racionalidade: ao decisionismo orçamental dos sistemas integrados e à ideia de os orçamentos incorporam uma previsão e uma visão global do estado da economia, contrapõem a ideia (mais modesta), *neo-incrementalista*, de um orçamento que será tanto mais *racional* quanto maior credibilidade conseguir trazer para a implantação e desenvolvimento da política económica (*maxime* da política orçamental). O conceito de *credibilidade* é hoje marca dominante da política económica que, no limite, se projecta na própria orçamentação, designadamente através de inúmeras *"fiscal rules"*, de formas e forças jurídicas distintas e de eficácia diferenciada.

A autora finaliza o seu trabalho, abordando em concreto a situação orçamental portuguesa. E propõe-nos a ideia de que é possível vislumbrar já hoje, ainda que de forma embrionária e não formalmente integrada, um *sistema de planeamento ou programação da despesas pública*, constituído por quatro peças ou patamares interligados, a que correspondem por sua vez novas regras orçamentais: *i) Planeamento de longo prazo da despesa pública*, designadamente das despesas que têm impacto de longo prazo ou efeitos intergeracionais (o caso das despesas com a segurança social, saúde, cuidados continuados, etc.); *ii) Programação (macro)económica de médio prazo*: com destaque para os programas de estabilidade e crescimento que o Governo apresenta, anualmente, à Comissão no quadro do processo de supervisão multilateral no âmbito do PEC; *iii) Programação financeira de médio prazo*: preparada e apresentada pelo Governo ao Parlamento no quadro do processo orçamental; *iv) Orçamentação*, marcada paulatinamente pela substituição do modelo planificador da década de oitenta, pela concepção *programadora,* mediante a implementanção do modelo da *orçamentação por objectivos*, em estreita articulação com o sistema de *gestão por objectivos*.

Em suma, segundo a autora, o sistema português de orçamentação, seguindo tendência internacional, aparece hoje fortemente enquadrado do ponto de vista substantivo, formal e temporal, limitado por isso na sua capacidade de decisão discricionária, ainda que isso seja hoje entendido como condição essencial de um exercício credível, temporalmente consistente, da política económica, *maxime* da política orçamental.

SÉRGIO VASQUES

Sérgio Vasques licenciou-se em Direito pela Universidade Católica Portuguesa em 1994, concluiu mestrado em Ciências Jurídico--Económicas na mesma universidade em 1999 e doutorou-se em 2007 na Faculdade de Direito da Universidade de Lisboa, onde exerce funções docentes como Professor Auxiliar, e onde secretaria a Pós-Graduação em Direito Fiscal (IDEFF). Exerceu funções nos últimos anos como jurista do Centro de Estudos Fiscais da Direcção-Geral dos Impostos, como adjunto do Secretário de Estado dos Assuntos Fiscais, assessor do Ministro das Finanças e assessor do Ministro do Ambiente, tendo participado de diversos trabalhos de concepção e reforma de tributos públicos, nomeadamente na reforma dos impostos especiais sobre o consumo e da tributação automóvel, bem como na concepção de taxas ambientais sobre as águas e resíduos. Integra a equipa de redacção do periódico Fiscalidade, é correspondente português do periódico EC Tax Review e faz parte do conselho editorial da revista Fórum de Direito Tributário (Brasil). Possui diversos títulos publicados na área da fiscalidade, entre os quais Regime das Taxas Locais: Introdução e Comentário (Almedina, 2008), Os Impostos Especiais de Consumo (Almedina, 2001), Eça e os Impostos (Almedina, 2000) e Os Impostos do Pecado: O Álcool, o Tabaco, o Jogo e o Fisco (Almedina, 1999).

A tese de doutoramento (O Princípio da equivalência como critério da igualdade tributária) trata do Princípio da equivalência e da sua aplicação às taxas. A tese essencial que o autor pretende sustentar com este trabalho é a de que o princípio da igualdade, uma vez projectado sobre taxas e contribuições, exige que estas sejam repartidas de acordo com o custo provocado pelo contribuinte ou de acordo com o benefício que a administração lhe proporciona. O autor fixa o sentido essencial do princípio da equivalência no proibir que se introduzam nos tributos comutativos diferenciações alheias ao custo ou ao benefício, assim como no proibir que o valor destes tributos ultrapasse esse mesmo custo ou benefício. A partir deste princípio o autor extrai exigências diversas na delimitação da base de incidência objectiva e subjectiva dos tributos comutativos, na composição da sua base tributável, na fixação do respectivo valor ou na afectação da receita que geram.

No primeiro capítulo da tese, Sérgio Vasques procede à exploração do princípio da igualdade tributária, com a preocupação de dar a conhecer os esforços que a ciência jurídico-fiscal tem feito no sentido de superar a tradicional doutrina da proibição do arbítrio. No segundo capítulo, explora a tipologia dos tributos públicos, procurando delimitar com maior rigor os muitos tributos comutativos e paracomutativos que se encontram nos sistemas fiscais contemporâneos e procurando também superar a tipologia dicotómica que recentemente se impôs entre a doutrina portuguesa. No terceiro capítulo do trabalho, o autor procede à exploração histórica do princípio da equivalência, demonstrando a ligação que este mantém com o pensamento tributário liberal mas também com a expansão do Estado Providência da modernidade. Com o quarto capítulo da tese, procede o autor à fixação do sentido essencial do princípio da equivalência, analisando as diferentes compreensões que a doutrina dele tem feito, esclarecer as questões terminológicas que o rodeiam e identificando as espécies tributárias a cuja repartição ele se adequa. O quinto capítulo é dedicado à fixação dos corolários do princípio da equivalência na conformação dos tributos comutativos, explorando o autor problemas tão variados como a fragmentação da base de incidência objectiva de taxas e contribuições, o emprego de bases tributáveis específicas, a metodologia de cômputo de custos e benefícios, a consignação de receitas tributárias ou o controlo das normas de natureza extrafiscal que atravessam taxas e contribuições. O trabalho é concluído com um excurso dedicado às taxas de licença, figuras cuja autonomia conceitual o autor põe em causa com argumentos convincentes.

ALTERAÇÕES NA SECRETARIA DE ESTADO DOS ASSUNTOS FISCAIS

Eduardo Paz Ferreira
Ana Paula Dourado

NOVO SECRETÁRIO DE ESTADO

Carlos Manuel Baptista Lobo, que iniciou funções de Secretário de Estado dos Assuntos Fiscais, é mestre em ciências jurídico económicas pela Faculdade de Direito de Lisboa e assistente desta Faculdade desde 1994, aguarda a discussão da sua tese de doutoramento, intitulada *Sectores em Rede – Regulação para a Concorrência*. A concorrência – tema já do seu mestrado (*Concorrência Bancária*) – e a fiscalidade são os seus domínios mais relevantes de investigação.

Membro da direcção do IDEFF, de que foi fundador, exerceu funções de secretário executivo em diversas pós-graduações na área fiscal, sendo, em larga medida, credor do êxito das mesmas.

Espírito ecléctico, Carlos Lobo tem multiplicado a sua actividade em inúmeras iniciativas, não só no campo do Direito, mas em vários outros, com relevo para o das artes, como o atesta a Galeria que tem animado.

O novo Secretário de Estado, enquanto Assistente da Faculdade de Direito leccionou, desde 1994, diversas cadeiras do grupo de Jurídico-Económicas: Relações Económicas Internacionais, Finanças Públicas e Direito Financeiro, Direito Económico, Direito Fiscal e Direito Comunitário.

Do seu curriculum consta, para além da actividade académica, o exercício de funções em gabinetes ministeriais, da advocacia e de consultadoria.

Em 9 de Novembro de 1995, foi nomeado Adjunto do Gabinete do Ministro das Finanças do XIII Governo Constitucional e, posteriormente, Assessor do Gabinete do Ministro das Finanças do XIV Governo

Constitucional, cargo que ocupou até Julho de 2001. Durante o período de permanência nos gabinetes ministeriais, representou Portugal em diversos comités e coordenou o Grupo para a Introdução do Euro na Administração Pública Financeira, de 1996 até 2002.

Participou na elaboração de variada legislação comunitária, como perito nacional, em matéria fiscal, bancária, valores mobiliários e de concorrência.

Coordenou diversas comissões e grupos de trabalho, onde se destacam: o Grupo de Política Fiscal Internacional do Ministério das Finanças (1996-2001); o Grupo de Trabalho encarregue da elaboração do Regime Fiscal Contratual do Investimento Internacional (1997-1999); o Grupo de Acompanhamento dos Procedimentos de Negociação com a Comissão Europeia, tendo sido encarregado dos assuntos relativos à Zona Franca da Madeira, do Regime Fiscal Contratual, do Regime Fiscal da Interioridade, entre outros (1996-2002).

Noutra vertente profissional, em Julho de 2001 tornou-se fundador e sócio da Sociedade de Advogados "Sousa Franco, Paz Ferreira & Associados, Sociedade de Advogados" e, em 2004, da "Paz Ferreira e Associados – Sociedade de Advogados rl".

Da sua qualidade técnica, criatividade, experiência profissional e capacidade de selecção – bem patente na excelência dos membros do seu Gabinete –, muito há a esperar num momento em que, consolidados os resultados obtidos pela Administração Fiscal, se impõe reequacionar o seu relacionamento com os contribuintes, objectivo já por si assumido em intervenções públicas. Se Carlos Lobo dispuser de condições políticas e financeiras – dentro do espaço apertado do Pacto de Estabilidade – tudo leva a crer que poderá introduzir significativas alterações no sistema fiscal português, adequando-o mais às profundas transformações sociais e tecnológicos do dealbar do século. Este é, aliás, um domínio sobre o qual tem reflectido com muita qualidade.

Naturalmente impedido de continuar a sua colaboração com a Faculdade e o IDEFF, nos termos em que o vinha fazendo, esperamos poder continuar a contar com o seu apoio e presença nas iniciativas que levamos a cabo. Temos, também, o gosto de o ver integrar o elenco de membros do nosso Conselho Consultivo.

NA SAÍDA DE AMARAL TOMAZ

Eduardo Paz Ferreira
Ana Paula Dourado

João Amaral Tomaz cessou as funções de Secretário de Estado dos Assuntos Fiscais em Janeiro de 2008. Tendo exercido o cargo durante três anos deixou a marca de competência, seriedade e empenhamento que lhe foi sendo reconhecida ao longo de toda a carreira profissional.

Amaral Tomaz conjuga a experiência na carreira fiscal com a universitária, tendo estado presente em momentos fundamentais da moderna fiscalidade portuguesa, tais como a Reforma Fiscal de 1985 e os trabalhos preparatórios da introdução do IVA (1981-86). Todos quantos com ele se cruzaram – entre ao quais temos a felicidade de nos incluir –, ficaram vivamente impressionados pelas suas qualidades profissionais e humanas.

Dispunha, assim, Amaral Tomaz de condições excepcionais para impulsionar e dinamizar a máquina fiscal e reflectir sobre os problemas da fiscalidade portuguesa, bem como sobre as suas perspectivas futuras. Foi quanto fez com o maior brilho. Impulsionou, também, de forma decisiva, a cooperação com as autoridades judiciárias e com relevantes órgãos de polícia criminal, designadamente com o Ministério Público e com a Polícia Judiciária.

A Amaral Tomaz está ainda o Estado Português devedor pela sua importante actuação no domínio comunitário. Conselheiro Técnico Principal da REPER com a função de Coordenação do Núcleo de Economia e Finanças, de Abril de 1993 a Agosto de 2001, acompanhou um período decisivo da fiscalidade europeia. Mais tarde, foi assessor para a negociação das perspectivas financeiras da União Europeia no Gabinete do Secretário de Estado dos Assuntos Europeus, de 1/3/2004 a 31/10/2004; Assessor do Secretário de Estado do Tesouro e das Finanças, de 1/9/2001 a 31/12/2001; membro suplente do Comité Económico e Financeiro da

União Europeia, de Julho de 2000 a Abril de 2002, porta-voz da Delegação Portuguesa no Grupo que preparou a nível técnico, a negociação das Perspectivas Financeiras da União Europeia para o período 2000-2006, de Junho de 1997 a Março de 1999. Foi, ainda, membro da Delegação Portuguesa no Comité de Política Económica da União Europeia Abril, de 1993 a Junho de 2000.

Entre os cargos exercidos no Ministério das Finanças, salientam-se o de Assessor do Secretário de Estado dos Assuntos Fiscais, de Abril de 1990 a Outubro de 1991 e o de Director do Núcleo do Imposto sobre o Rendimento (NIR), em 1988/1989.

Apesar da brilhante carreira na área fiscal, exerceu funções docentes na Faculdade de Direito da Universidade do Porto (2004); no Instituto de Estudos Superiores Financeiros e Fiscais (IESF) (1991/1999); no Instituto do FMI em Washington (1995 e 1999); no Instituto Nacional de Administração (INA) (1982/1988); no Instituto Superior de Economia e Gestão (ISEG) (1986/1992) e ainda no Instituto Universitário dos Açores (1980).

A sua superior qualidade científica, em particular na área financeira e fiscal levaram-no a colaborar com instituições internacionais. Nesse contexto, foi membro do Grupo de Especialistas do Departamento de Finanças Públicas do Fundo Monetário Internacional e participou em várias missões internacionais, desde 1988.

A energia, o dinamismo e o sentido do dever cívico que caracterizam Amaral Tomaz são o garante da certeza de que irá continuar a desenvolver intensa actividade nestes domínios, em Portugal ou no estrangeiro, mas sempre contribuindo para o prestígio da Administração Pública Portuguesa. Por nós, para além de continuarmos a seguir a sua carreira com a maior atenção, esperamos poder continuar a beneficiar do apoio que nunca recusou ao IDEFF e à Faculdade de Direito de Lisboa. Temos, ainda, a honra de o contar entre os membros do Conselho Científico da Revista.

NOVO DIRECTOR GERAL DOS IMPOSTOS

Eduardo Paz Ferreira

José António de Azevedo Pereira ocupa o cargo de Director-Geral dos Impostos desde Outubro de 2007, cargo em que sucede a João Durão, tornando-se, assim, o terceiro Director-Geral no prazo de um ano.

Universitário brilhante (a posse foi adiada para poder completar o concurso para professor catedrático), Azevedo Pereira prolonga a experiência, encetada com Paulo Macedo, de recorrer a especialistas de gestão e docentes universitários para chefiar um Direcção-Geral de importância decisiva.

Azevedo Pereira licenciou-se Instituto Superior de Economia e Gestão da Universidade Técnica de Lisboa, onde viria a prestar provas de agregação. Concluiu o doutoramento na Manchester Business Scholl, tendo exercido funções docentes na Universidade dos Açores, no ISEG, no Instituto de Gestão Bancária, onde coordena, desde 1998, os cursos de licenciatura em gestão bancária e de pós-graduação em mercados financeiros. Tem artigos e livros publicados em Portugal e no estrangeiro.

Exerceu diversos cargos de administração de empresas e desenvolveu processos de consultadoria e formação em entidades públicas e privadas, tais como o Ministério das Finanças, o Tribunal de Contas, a ANACOM e a Secil.

No discurso da tomada de posse, Azevedo Pereira assumiu uma linha de continuidade com o trabalho de Paulo Macedo e João Durão, que considerou serem credores agradecimentos por terem dado "(....) Um contributo decisivo para o incremento da sua credibilização e reconhecimento público".

A circunstância do actual Director-Geral ter significativa actividade na área dos mercados financeiros assegurará um especial interesse por essa área tão sensível à fiscalidade e tão importante para a arrecadação de receitas.

A Azevedo Pereira colocam-se dois desafios fundamentais. Em primeiro lugar, a articulação com a Direcção-Geral e a manutenção de altos níveis de motivação, objectivo que parece disposto a prosseguir, como resulta claro do seu discurso de tomada de posse. Em segundo, a prossecução do ambicioso objectivo – para que apontou no mesmo discurso – de tornar a máquina fiscal mais simples, mais eficiente e mais equitativa.

O objectivo de tornar o pagamento dos impostos mais suportável pelos cidadãos "(...) na convicção de que constituem o seu contributo para que todos possamos viver numa sociedade mais justa, mais segura e mais democrática" é totalmente partilhado e apoiado por esta Revista.

NA SAÍDA DE PAULO MACEDO

Eduardo Paz Ferreira

Paulo Macedo cessou funções de Director-Geral dos Impostos em Julho de 2007. Tendo cultivado, ao longo da sua carreira, um perfil de discrição não admira que, aquando da sua tomada de posse, o seu nome não fosse especialmente conhecido do grande público. Muitos terão visto na sua designação apenas mais uma tentativa de importar técnicas (e técnicos) do sector privado para o público. Muitos dos seus alunos, no ISEG a na AESE, ou daqueles que acompanhavam as suas actividades de gestão sabiam já da excelência do seu trabalho. No meio fiscal era, também, conhecida a sua grande competência.

Pessoalmente, apenas me cruzara com Paulo Macedo numa reunião da Comissão para o Desenvolvimento da Reforma Fiscal (Comissão Silva Lopes) mas amigos, que prezo sobremaneira, tinham-me alertado para o magnífico trabalho que realizara no quadro daquela Comissão, assim como na de Reavaliação dos Benefícios Fiscais, bem como para o seu início de carreira, nos anos oitenta, na Arthur Andersen, que soube reunir, nessa época, fiscalistas da maior qualidade.

As minhas expectativas eram, pois, altas. O desempenho de Paulo Macedo à frente da Direcção-Geral dos Impostos excedeu-as claramente e correspondeu a um período de mudança profunda, consolidando uma imagem de excelência da DGCI, ao mesmo tempo que lograva inverter a tradicional indiferença ou tolerância para com a evasão fiscal. O seu trabalho assentou numa reorganização e reafectação de recursos, na motivação dos trabalhadores, no desenvolvimento dos processos informáticos, no aligeiramento da carga burocrática e no reforço da cooperação com o Ministério Público e a Polícia Judiciária.

O Presidente da República concedeu-lhe o grau de grande oficial da Ordem do Infante Dom Henrique. O Ministro Teixeira dos Santos, no fim da sua comissão de serviço, louvou-o, sublinhando nomeadamente "... as excelentes qualidades pessoais, técnicas, de direcção e de liderança evidenciadas pelo Dr. Paulo Moita de Macedo e que se manifestaram nos resultados alcançados pela DGCI. Saliento, neste âmbito, a evolução positiva da cobrança fiscal, do cumprimento voluntário das obrigações fiscais, sejam declarativas ou de pagamento, da promoção da colaboração com outras entidades no combate à fraude e evasão fiscais, da motivação e valorização dos funcionários e da melhoria das instalações".

O Estado Português manifestou-lhe, assim, a sua gratidão. Tal como – aspecto especialmente significativo – o fizeram os trabalhadores da DGCI, num almoço de despedida, a que tive o grato prazer de me associar, dando por bem gasto o dinheiro de uma multa de trânsito que paguei para poder chegar a horas, ainda que sabendo que o homenageado não apreciaria essa transgressão.

Falar de Paul Macedo é também, como ele sempre insistia, falar da Direcção-Geral dos Impostos e da excelente equipa de colaboradores de que se rodeou e que merecem, também eles, a nossa admiração e a gratidão do Estado Português.

Se acção de Paulo Macedo se traduziu em palpáveis benefícios para o Estado, ela teve também outro aspecto importante que se traduziu em dotar a Administração Fiscal de um rosto, chamando a atenção para os servidores do Estado que, na sua área de actuação, prosseguem um trabalho de grande qualidade. Das muitas sugestões que me fez para as actividades da Associação Fiscal Portuguesa e do IDEFF retive o seu permanente empenho em divulgar a acção dos seus serviços, mas também de outros responsáveis da Administração Pública.

Docente Universitário no ISEG desde 1986 e, mais tarde, no MBA da AESE, sempre cultivou o antigo Director-Geral um relacionamento privilegiado com a Universidade. Pôde, assim, a Faculdade de Direito de Lisboa beneficiar por diversas vezes de palestras suas e de outras formas de apoio. Foi também a nossa Faculdade a primeira instituição fora da Administração Fiscal, a servir de palco à exposição sobre Fiscalidade e Educação Cívica, vector que muito cultivou.

Pessoalmente, tive o privilégio de beneficiar dos seus conselhos e sugestões, bem como do apoio a várias iniciativas da Associação Fiscal e do IDEFF. Foi, assim, na conjugação de esforços que sedimentei a minha admiração e estima por Paulo Macedo que partilho com tantas outras pessoas.

JOÃO DURÃO CESSOU FUNÇÕES DE DIRECTOR-GERAL

Eduardo Paz Ferreira

O Dr. João Durão ocupou o cargo de Director-Geral dos Impostos entre a saída de Paulo Macedo e a posse de Azevedo Pereira, fazendo-o com a dedicação e o empenho que têm caracterizado toda a sua carreira de quadro da DGCI e dando continuidade ao excelente trabalho que desenvolvera anteriormente no cargo de subdirector geral, que agora volta a ocupar.

A sua competência e o elevado sentido de dever granjearam-lhe enorme prestígio entre os trabalhadores da DGCI e entre todos aqueles que se interessam pelas matérias fiscais. A seu propósito lembro-me sempre da repetida chamada de atenção de Paulo Macedo para os servidores do Estado que, sem qualquer alarido ou obsessão de protagonismo, garantem o bom funcionamento dos serviços e honram a Administração Pública.

João Durão integra um conjunto de subdirectores-gerais de perfil muito semelhante e praticamente todos da mesma geração, que souberam conservar a tradição de um dos mais prestigiados serviços da Administração Pública, ao mesmo tempo que perspectivaram o futuro da fiscalidade e potenciaram o uso das modernas facilidades tecnológicas. São assim credores da gratidão do Estado Português, sempre avaro a manifestá-la.

Como Subdirector Geral, o Dr. João Durão tem tido a seu cargo a importantíssima área da Inspecção tributária, abrangendo a área da investigação da fraude, bem como a da cooperação e troca de informações com outras administrações fiscais. É substituto legal do Director-Geral.

Com larga experiência na Administração Tributária, João Durão ingressou na DGI pouco depois da licenciatura em Gestão de Empresas pelo ISCTE (1977), tendo percorrido os vários degraus da carreira. Em 1990 foi nomeado chefe de Divisão de Concepção da direcção de serviços do IRC. Exerceu funções de Chefe de Gabinete do Director-Geral dos Impostos (1996) e foi nomeado gestor tributário em 2000. Desde 2002 exerce as funções de Subdirector-Geral. Foi membro da Comissão de Revisão do IRC e coordenador do respectivo Código Anotado editado pela DGCI.

Docente universitário, na área de Fiscalidade e Direito Financeiro, é co-autor do Guia de Impostos de Portugal.

NOVO DIRECTOR-GERAL DA DGAIEC

Eduardo Paz Ferreira

Tomou posse, no dia 1 de Janeiro de 2008, o novo Director-Geral das Alfândegas e dos Impostos Especiais sobre o Consumo, o Dr. João Manuel Almeida de Sousa, na sequência da cessação de funções, por motivo de aposentação, do Director-Geral, o Dr. Luís da Silva Laço.

O Dr. João Manuel Almeida de Sousa, fez uma longa carreira na DGAIEC, onde exerceu as funções de inspector principal no Gabinete de Auditoria Interna, de Director dos Serviços de Tributação Aduaneira e, mais recentemente, as funções de Subdirector-Geral, tendo solidificando uma imagem de competência e dedicação.

Licenciado em Finanças pelo ISCEF, do seu currículo destaca-se a actividade de administrador principal na Comissão Europeia, nos Serviços de Estatística (EUROSTAT), onde desempenhou funções na área das estatísticas do comércio extra e intracomunitário, tendo sido responsável pelo sector da metodologia das estatísticas do comércio extra comunitário. Igualmente relevante é a colaboração prestada ao grupo de cooperação aduaneira durante a Presidência portuguesa da União Europeia de 2000.

Foi, ainda, representante em vários comités da Comissão Europeia, dos quais se destaca o Comité da Nomenclatura e o Comité de Chefes de Unidade das Pautas Aduaneiras.

Conjuga, assim, o Dr. João Manuel Almeida de Sousa, experiência acumulada em duas áreas fundamentais para o cargo, a da administração aduaneira e da integração europeia.

VÍTOR CALDEIRA ELEITO PRESIDENTE DO TRIBUNAL DE CONTAS EUROPEU

Eduardo Paz Ferreira

Tomou posse como Presidente do Tribunal de Contas Europeu, no passado dia 16 de Janeiro, Dr. Vítor Caldeira. Membro do Tribunal de Contas Europeu, desde Março de 2000, foi eleito pelos seus pares como Presidente, para um mandato de três anos.

Licenciado em Direito pela Faculdade de Direito da Universidade de Lisboa, tem feito uma notável carreira na área da fiscalização e controlo financeiro, tendo ocupado os cargos de Inspector Director e de Subinspector-Geral na Inspecção-Geral de Finanças.

Responsável pela área de Coordenação dos Controlos Comunitários e do sistema de Controlo Interno da Administração Financeira do Estado Português, foi, ainda, Presidente da Comissão Interministerial de Cordenação e Controlo do Sistema de Financiamento do FEOGA-Garantia, representante da IGF no Grupo Interserviços de Assuntos Comunitários do Ministério das Finanças e membro da delegação portuguesa do Comité Consultivo de Coordenação da Luta Anti-Fraude no âmbito da Comissão Europeia.

Participou nos trabalhos do Grupo de Representantes Pessoais dos Ministros das Finanças para a boa gestão financeira e em grupos de trabalho ad hoc do conselho no âmbito da protecção dos interesses financeiros das Comunidades e da luta antifraude.

Foi consultor da OCDE no âmbito da iniciativa SIGMA, tendo desenvolvido trabalhos designadamente junto dos Ministérios das Finanças da República Checa, Polónia e da Estónia.

Anteriormente à sua designação como Presidente do Tribunal de Contas Europeu, foi responsável pela auditoria das actividades bancárias da União Europeia, da CECA, das Escolas Europeias, dos Organismos descentralizados e da Agência de Aprovisionamento da Euratom.

De 2002 a 2006 foi o membro responsável pela Declaração de Fiabilidade do Tribunal, sendo, desde 2005 decano do grupo CEAD (*Coordenação, avaliação, fiabilidade, desenvolvimento, comunicação*) e, desde, 2006 membro responsável pela divisão ADAR (*Audit Development and Reports*).

Ao apresentar o programa do Tribunal para o próximo ano ao Comité de Controlo Orçamental do Parlamento Europeu, o Dr. Vítor Caldeira apontou como objectivos: uma substancial melhoria do Relatório Anual, o aumento do número de auditorias, a entrega em tempo dos relatórios anuais sobre as agências e a condução de um ambicioso programa de reformas. As suas qualidades profissionais e pessoais levam-nos a estar certos que conseguirá cumprir os objectivos, contribuindo para um aperfeiçoamento das instituições europeias.

ALTERAÇÕES NO TRIBUNAL DE CONTAS

CONSELHEIRO ERNESTO CUNHA, VICE-PRESIDENTE DO TRIBUNAL DE CONTAS, NA COMISSÃO DE AUDITORIA DA NATO

Eduardo Paz Ferreira

O Conselheiro Ernesto Cunha foi novamente designado pelo Conselho do Atlântico Norte, sob proposta do Governo Português, para um mandato de 4 anos como membro da Comissão de Auditoria da NATO, *International Board of Auditors for NATO*.

Entre 1997 e 2001 já havia exercido idênticas funções, tendo sido designado, sob proposta unânime dos seus pares, para Presidente daquele órgão internacional de auditoria externa e independente.

Licenciado em Direito pela Faculdade de Direito da Universidade de Lisboa, exerceu as funções de Subdirector-Geral e Director-Geral no Tribunal de Contas. É Juiz Conselheiro do Tribunal de Contas desde 1990, tendo começado por desempenhar funções na Secção Regional da Madeira do Tribunal de Contas, como juiz residente e presidente da respectiva comissão instaladora, cargo que exerceu até 1994, tendo nessa data ingressado na 2.ª secção do Tribunal.

Em 2002 foi eleito Vice-Presidente do Tribunal tendo assegurado em regime de substituição as funções da presidência do Tribunal, especialmente, no que respeita à condução dos trabalhos do Plenário Geral, com destaque para a votação do parecer sobre a Conta Geral do Estado, e os relatórios de todas as auditorias preparatórias e instrumentais do mesmo, da 1.ª, 2.ª e 3.ª secções, bem como o exercício de todas as competências administrativas e financeiras do presidente do Tribunal.

Participou, ainda, em representação do Presidente do Tribunal em várias reuniões do Conselho Directivo da INTOSAI e do Comité de Contacto dos presidentes dos Tribunais de Contas dos Países membros da União Europeia.

Em 2005 foi nomeado para ocupar o cargo de Comissário Auditor na Agência Espacial Europeia, cargo que exerceu até 2006.

Trabalhador incansável, o Conselheiro Ernesto Cunha granjeou grande prestígio no Tribunal de Contas e no sistema de controlo financeiro em geral. Permanentemente actualizado, tem dado uma contribuição notável para o desenvolvimento da auditoria pública em Portugal e no Estrangeiro. Emblemático é o louvor que lhe foi dirigido pelo Secretário-Geral da Nato "Your period of service as Chairman has been marked by important developments in the Organization, and under your leadership the Board has begun to reorganise and modernise accordingly. At this time I should like to take the opportunity to convey to you how much your professional approach to the demanding workload, your efficient management style and your ability to pursue and reach consensus have been appreciated at all levels."

O IDEFF tem tido o privilégio de poder contar com ele no seu corpo docente e eu o de o ter como amigo e interlocutor científico.

NOVOS MAGISTRADOS

Mónica Velosa Ferreira

O Tribunal de Contas tem quatro novos magistrados. Tomaram posse no dia 24 de Outubro de 2007, na sequência de um concurso curricular para recrutamento de juízes conselheiros que decorreu perante um júri constituído pelo Conselheiro Presidente do Tribunal de Contas, Conselheiro Guilherme d'Oliveira Martins, pelo Vice-Presidente do Tribunal de Contas, Conselheiro Ernesto Cunha, pelo Juiz Conselheiro decano, Conselheiro João Pinto Ribeiro, pelo Professor Doutor António Pinto Barbosa, Professor Catedrático da Faculdade de Economia da Universidade Nova de Lisboa e pelo Professor Doutor Eduardo Paz Ferreira, Professor Catedrático da Faculdade de Direito da Universidade de Lisboa.

Aos novos juízes conselheiros, de quem tanto há a esperar da sua grande competência profissional, desejamos as maiores felicidades.

JUIZ CONSELHEIRO
ANTÓNIO MANUEL DOS SANTOS SOARES

Licenciado em Direito pela Faculdade de Direito da Universidade de Coimbra, ingressou no Ministério Público em 1973.

O seu conhecimento do direito financeiro é particularmente demonstrado pelo exercício da função de auditor jurídico junto do Ministério das Finanças, cargo que exerceu entre 1987 e 1999. Mais recentemente, ocupou o lugar de auditor jurídico junto do Ministério da Defesa Nacional. Está colocado actualmente na 1.ª secção do Tribunal de Contas, tendo sido relator do Acórdão que recusou o visto ao pedido de empréstimo da Câmara Municipal de Lisboa.

O Juiz Conselheiro Santos Soares junta-se a outros conselheiros igualmente oriundos da magistratura do Ministério Público como os Conselheiros Carlos Morais Antunes, Amável Dias Raposo, Nuno Lobo Ferreira e Manuel Mota Botelho.

Apresenta um vasto e diversificado currículo do qual se destaca a participação nas comissões de revisão do Código de Justiça Militar, do Estatuto da Polícia Judiciária Militar, do projecto de proposta de Lei Orgânica dos Tribunais Criminais Militares e do Regulamento de Disciplina Militar, entre Dezembro de 1999 e Julho de 2000.

JUÍZA CONSELHEIRA
HELENA MARIA MATEUS DE VASCONCELOS ABREU LOPES

Licenciada em Direito pela Universidade de Lisboa. Diplomada com o Curso de Alta Direcção em Administração Pública.

Entrou para a Direcção-Geral do Tribunal de Contas em 1981. Em 1996 foi nomeada Subdirectora-Geral, cargo em que granjeou admiração e respeito pelo trabalho desenvolvido. Aprovada no concurso, exerce funções na 1.ª secção do Tribunal de Contas.

Apresenta um variado e qualificado currículo, quer no plano interno, quer internacional, do qual se destaca a participação como membro do comité de formação da EUROSAI, e como membro de grupos de trabalho no âmbito da cooperação técnica entre instituições de controlo financeiro externo e da auditoria da contratação pública.

É desde 1997, consultora da OCDE/SIGMA para a área do controlo financeiro externo e comissária de Contas da União da Europa Ocidental, para os exercícios de 2006, 2007 e 2008.

Em matéria, formativa tem colaborado com as escolas nacionais de Administração Pública de França, China e Dinamarca. Em Portugal, colabora com o ISCTE e com o IDEFF, o qual tem tido o privilégio de poder contar com ela no seu corpo docente.

JUIZ CONSELHEIRO
JOSÉ MANUEL MONTEIRO DA SILVA

É a segunda vez que exerce funções de juiz conselheiro do Tribunal de Contas, exercendo actualmente funções na 2.ª secção.

Licenciado em Economia pela Universidade Técnica de Lisboa em 1974. Mestre em 1980 e Doutor em 1981, pela Universidade da Pennsylvania nos Estados Unidos da América.

Universitário de prestígio. Professor Associado da Universidade dos Açores, onde leccionou as cadeiras de Economia Regional, Economia Portuguesa e Introdução à Micro Economia. Foi Director do Centro de Estudos Europeus e vogal da comissão directiva do Centro de Documentação Europeia da Universidade dos Açores, instituição, onde exerceu também o cargo de Director de Departamento de Economia e Gestão.

Pró-Reitor da Universidade do Algarve e Presidente do Conselho Pedagógico e da Comissão de Estágios na mesma universidade.

O Juiz Conselheiro Monteiro da Silva, manteve também uma actividade empresarial, quer no sector privado, em importantes empresas açorianas, quer no sector público, como Presidente do Conselho de Administração da EDA.

Antes da sua nomeação como juiz conselheiro era Presidente do Conselho de Administração da Agência para a Promoção do Investimento dos Açores.

Participou em dezenas de conferências e seminários, tanto em Portugal, como no Estrangeiro, e tem diversos trabalhos publicados nas áreas da Economia, Desenvolvimento Regional e Matrizes Input – output, com larga divulgação na comunidade científica.

JUIZ CONSELHEIRO
RAUL JORGE CORREIA ESTEVES

Com uma vasta carreira na administração pública, nas áreas das finanças públicas e da fiscalidade, bem como na leccionação, o Conselheiro Raúl Esteves, junta-se agora ao Tribunal de Contas, onde desempenha funções na 2.ª secção.

Licenciou-se em Economia pelo Instituto Superior de Ciências Económicas e Financeiras da Universidade Técnica de Lisboa, tendo concluído o Mestrado em Política Fiscal pela Harvard Law School - Harvard University (LLM / International Tax Program) em 1979. Foi Visiting Scholar na Harvard Law School da Universidade de Harvard e no Lincoln Institue for Land Policy.

O Juiz Conselheiro Raul Esteves, exerceu as funções de assessor do Ministro das Finanças em diversos Governos, com responsabilidades na análise de conjuntura e na concepção e controle da política orçamental e da política fiscal. Foi, ainda, membro de diversas Comissões ou Grupos de Trabalho. Tarefas que desempenhou com brio.

Conselheiro técnico principal do quadro da Representação Permanente de Portugal junto da União Europeia, tendo exercido a presidência do grupo das questões financeiras e das questões económicas na primeira Presidência Portuguesa da União Europeia. Nesta área destaca-se, ainda, o importante papel desempenhado no quadro das negociações para a adesão de Portugal à CEE.

Exerceu actividade docente no ISCEF, na Universidade Católica, no Instituto Nacional de Administração, no Instituto Superior de Gestão e no Instituto de Estudos Superiores Fiscais.

No momento do concurso para juízes conselheiros ocupava as funções de controlador financeiro do Ministério da Educação.

Tem participado com regularidade em colóquios e seminários. É autor de diversos estudos e trabalhos no domínio das Finanças Públicas e da Política Fiscal, muito referenciados pela comunidade científica e profissional.

CONFERÊNCIAS, COLÓQUIOS, SEMINÁRIOS E OUTROS EVENTOS

PORTUGAL:

23 a 27 de Junho de 2008: Conferência internacional **"Portugal e os EUA – Novos horizontes económicos para a relação transatlântica"**, organizada pelo Instituto de Direito Económico Financeiro e Fiscal (IDEFF). As conferências, nas quais participarão oradores de ambos os lados do Atlântico, versarão temas relacionados com Finanças Públicas, Relações Internacionais, Economia, Direito da Concorrência, Direito das Sociedades Comerciais e Direito Fiscal Internacional. Todas as conferências terão lugar no auditório da Faculdade de Direito da Universidade de Lisboa.
Mais informações em: *www.ideff.com*

Programa:

23 de Junho: Abertura da Conferência (9h30); Tecnologias da Informação e de Comunicações – Novas Sociedades de Informação dos dois lados do Atlântico? (10h15 -13h00); Europa e EUA – Modelos económicos e sociais em confronto? (14h15 – 16h45); Sistemas jurisdicionais e o seu impacto sobre a conflitualidade económica – nos EUA e na EU (17h00 – 19h30).

24 de Junho: As relações políticas/diplomáticas Portugal/Europa – Estados Unidos – Uma História de Alianças e Tensões (9h30 -12h30); Sustentabilidade das finanças públicas e da segurança social dos dois lados do Atlântico – Que contrato social para uma nova geração? (14h30 – 17h00); Cooperação Estados Unidos – Portugal no domínio da educação e da investigação e desenvolvimento – As experiências recentes e o futuro (17h15 – 19h30).

25 de Junho: Relações comerciais Europa – Estados Unidos – no quadro da OMC e no quadro da disciplina do investimento estrangeiro dos dois lados do Atlântico (9h30 – 12h45); Regulação e Concorrência na Europa e nos EUA – um processo de larga convergência e algumas divergências (14h30 – 17h15); O Governo das sociedades-empresas e as novas tendências de auditoria - à luz das regras do 'International Accounting Standards Board' (IASB) (17h30 – 19h30);

26 de Junho: Mercados de Valores Mobiliários – A supervisão financeira e a integração das bolsas dos dois lados do Atlântico (9h30-12h30); A Globalização e os processos de reforma fiscal - A Concorrência Fiscal Internacional (14h30 – 16h30); Problemas de dupla tributação - Portugal/Europa – Estados Unidos (17h – 19h).

27 de Junho: Relações Luso-Atlânticas e Euro-Atlânticas Pós-Iraque – mesa redonda (10h – 12h30); Empresas portuguesas no mercado norte-americano e empresas americanas no mercado português – experiências cruzadas – *mesa redonda* (15h – 17h30); Sessão de encerramento (18h).

27 de Janeiro a Junho de 2008: Ciclo de Conferências em **Direito Transnacional**, organizado pela Faculdade de Direito da Universidade Católica de Lisboa e que conta com intervenções nas áreas da Regulação, do Direito Financeiro e Fiscal Internacional, do Corporate e do Direito Comunitário. Todas as conferências realizar-se-ão das 18h às 20h, em lugar a definir.

Mais informações em: www.ucp.pt

Programa:

27 de Março: Direito Comunitário – Papel do Tribunal de Justiça (Miguel Poiares Maduro, *Advogado-Geral no TJCE*);

Março/Abril: Corporate (Frank Gevurtz, *Univ. Pacific*);

Abril: Direito Financeiro Internacional (Jan Dalhuisen, *King's College London*);

29 de Maio: Global Taxation (Charles Gustafson, *Georgetown University*);

Junho: European Internal Market and the Lisbon Treaty (Andrea Biondi, *King's College London*).

Crónica de Actualidade

A decorrer

O IDEFF oferece actualmente quatro cursos diversos de pós-graduação, com cargas horárias totais que vão das 50 às 170 horas (de Novembro de 2007 a Junho de 2008). É possível a frequência de módulos avulsos de alguns dos cursos de pós-graduação, permitindo assim aos interessados a formação em matérias muito específicas do direito económico, financeiro e fiscal ou a conclusão faseada da pós-graduação em mais do que um ano lectivo. Quer a frequência dos cursos completos, quer a frequência de módulos avulsos origina créditos para efeitos do estágio de advocacia.

Mais informações em: *http://www.ideff.pt/Cursos/cursos.html*

Cursos:
   Pós-Graduação em Direito Fiscal
   Pós-Graduação Avançada em Direito Fiscal
   Pós-Graduação em Direito da Concorrência e da Regulação
   Pós-Graduação Avançada em Finanças e Gestão do Sector Público

ESTRANGEIRO:

Entre 17 de Janeiro e 24 de Abril de 2008 – **Colloquium on Tax Policy and Public Finance** – New York University School of Law.
   Mais informações em: *http://www.law.nyu.edu/colloquia/taxpolicy/schedule08.html*

De 21 a 23 de Abril de 2008 – Curso sobre **Transfer Pricing and Business Restructuring**, Amesterdão – International Tax Academy (IBFD).
   Mais informações: *http://www.ibfd.org/portal/app?bookmarkablePage=org.ibfd.portal.presentation.TaxCourses*

De 19 a 22 de Maio de 2008 – Curso sobre **Introduction to European Value Added Tax**, Amesterdão – International Tax Academy (IBFD).
   Mais informações: *http://www.ibfd.org/portal/app?bookmarkablePage=org.ibfd.portal.presentation.TaxCourses*

De 2 a 3 de Junho de 2008 – Curso sobre **Tax Aspects of Fund Structuring and Acquisition Techniques**, Amesterdão – International Tax Academy (IBFD).

Mais informações: *http://www.ibfd.org/portal/app?bookmarkablePage=org.ibfd. portal.presentation.TaxCourses*

De 16 a 19 de Junho de 2008 – Curso sobre **Tax Treaty Negotiations**, Amesterdão – International Tax Academy (IBFD).

Mais informações: *http://www.ibfd.org/portal/app?bookmarkablePage=org.ibfd. portal.presentation.TaxCourses*

De 7 a 11 de Julho de 2008 – Curso sobre **Principles of International Taxation**, Amesterdão – International Tax Academy (IBFD).

Mais informações: *http://www.ibfd.org/portal/app?bookmarkablePage=org.ibfd. portal.presentation.TaxCourses*

Entre 7 e 25 Julho de 2008 – Curso de Verão sobre **Public Finance** (coord. Dr Jonathan Leape) – London School of Economics.

Mais informações em: *http://www.lse.ac.uk/collections/summerSchool/brochure/ economics/EC270.htm*

Entre 7 e 25 Julho de 2008 – Curso de Verão sobre **Finance** (coord. Dr Amil Dasgupta e Dr Michela Verardo) – London School of Economics.

Mais informações em: *http://www.lse.ac.uk/collections/summerSchool/brochure/ accountingAndFinance/AF250.htm*

De 14 a 15 de Julho de 2008 – Curso sobre **Avoidance of Double Taxation**, Amesterdão – International Tax Academy (IBFD).

Mais informações: *http://www.ibfd.org/portal/app?bookmarkablePage=org.ibfd. portal.presentation.TaxCourses*

Entre 14 e 18 e 21 e 26 de Julho de 2008 – Curso de Verão sobre **Direito Fiscal Internacional** (coord. Prof. Dr. Kees van Raad) – Universidade de Leiden (International Tax Law Center).

Mais informações em: *http://www.itc-leiden.nl/SUMMERCOURSEJuly2008/tabid/ 446/Default.aspx*

De 28 a 30 de Julho de 2008 – Curso sobre **Principles of Transfer Pricing**, Amesterdão – International Tax Academy (IBFD).
Mais informações em: *http://www.ibfd.org/portal/app?bookmarkablePage=org.ibfd.portal.presentation.TaxCourses*

Entre 28 de Julho e 15 de Agosto de 2008 – Curso de Verão sobre **The Political Economy of Public Policy** (coord. Dr. Torun Dewan e Dr. Valentino Larcinese) – London School of Economics.
Mais informações em: *http://www.lse.ac.uk/collections/summerSchool/brochure/economics/EC260.htm*

De 8 a 10 de Setembro de 2008 – Curso sobre **International Tax Aspects of Permanent Establishments**, Amesterdão – International Tax Academy (IBFD).
Mais informações em: *http://www.ibfd.org/portal/app?bookmarkablePage=org.ibfd.portal.presentation.TaxCourses*

Revista de Finanças Públicas e Direito Fiscal

REGRAS EDITORIAIS

A revista será construída a partir dos contributos de diversas personalidades que serão convidadas a escrever artigos, comentar jurisprudência e elaborar recensões críticas, segundo critérios temáticos ou de actualidade. Os contributos resultarão, ainda, da apresentação espontânea de textos para apreciação. Será estimulada, em especial, a publicação de textos de novos autores.

Os artigos não devem exceder os 50 mil caracteres (incluindo espaços e notas de rodapé) e devem conter um resumo (*abstract*) em Português, e Inglês (até 400 caracteres incluindo espaços), bem como três palavras chave. Os artigos podem ser publicados em Português, Inglês, Francês e Espanhol.

Uma foto do(s) autor(es), a preto e branco, e uma pequena biografia devem acompanhar o artigo para publicação.

Todas as outras ilustrações, gráficos, quadros, fotos deverão ser, também, entregues pelo autor aquando da entrega do artigo.

Os artigos, comentários de jurisprudência e recensões devem ser originais e não submetidos a outras publicações, devendo estar formatados em word.

Os comentários de jurisprudência não devem exceder os 20 mil caracteres e as recensões 7500 caracteres (incluindo espaços).

Os artigos deverão ser enviados por email para sarapina@netcabo.pt

No caso de colaborações não solicitadas os autores devem remeter os seus nomes completos e um breve *curriculum vitae*. Nestes casos os artigos serão submetidos à avaliação imparcial por especialista(s) e a decisão final da publicação será tomada pela Comissão de Redacção, tendo em conta o parecer. As referências ao longo do artigo seguem as normas harvard e a bibliografia é apresentada, no final do texto, da seguinte forma:

Livro: APELIDO, Nome dos autor(es) – *Título do livro*. Edição. Local de Publicação: Editor, Ano.

Capítulo de livro: APELIDO, Nome dos autor(es) – «Título da contribuição/capítulo». In *Título do livro*. Local de Publicação: Editor, Ano. Páginas.

Artigo de revista: APELIDO, Nome dos autor(es) – «Título do artigo». In *Título da revista*. Local de Publicação. ISSN. V., N.º, Ano e Páginas.

Websites: APELIDO, Nome dos autor(es) – *Título do documento*. [Consultado em: data de consulta]. Disponível em: endereço na Internet.